U0003610

中國金融大歷史

從史上最富有的兩宋到錯失全球霸主的大明朝

※初版書名為《中國金融史3000年［中］》

西元960～1644年

陳雨露、楊棟——著

年表——

中國金融史上的第一次〔兩宋～大明，AD960～1644〕

960年 北宋是第一個不抑制土地兼併的朝代，宋太祖趙匡胤也是第一個不實行「均田制」的開國之君。⬇參見p.43

960年 宋太祖頒布世界上第一部稅法——《商稅則例》，只一次性徵收二%的商稅。⬇參見p.47

960年～ 宋太祖年間，白銀第一次成為民間交易的媒介，北宋貨幣最終價值也以白銀衡量。⬇參見p.47

960年～ 宋太祖年間，在北宋律令中有一條「經商罪」，所有官員不得經商盈利，開國宰相趙普因為開了高利貸店被罷相、貶官，高官因經商被殺多人。⬇參見p.50

960年～ 宋太祖年間，勞動力不是奴隸制，也不是封建制，而是「自由勞動力」。全國民戶分為「主戶」、「客戶」，所謂「主戶」就是有土地的人，「客戶」就是沒有土地的佃戶。大家身分平等，客戶只是主戶雇傭的勞動者，可以自由離職。⬇參見p.44

960年～ 北宋王朝幾乎開放所有行業，〈清明上河圖〉中，所有一切都出現商品化，人們終於找到了真正的財富。⬇參見p.54

約998～1022年 宋真宗時期，成都民間印造一種兌換紙鈔，代替銅錢，是僅在四川使用的地方貨幣，稱為「交子」，是人類第一代紙幣。⬇參見p.58

約1002年 四川交子鋪遭存款人擠兌，為人類史上第一次金融危機，交子持有人損失了二〇%到三〇%的錢財。⬇參見p.67

1022年後 宋仁宗之後，「交子」改官辦，並定期限額發行。此前的交子被稱為「民交子」，此後的交子則被稱為「官交子」，民交子可以等額兌換為官交子。⬇參見p.74

約1040年 宋仁宗慶曆年間，北宋商稅收入已經突破了兩千萬貫，民戶為一千九百萬戶，如果考慮疆域範圍，仁宗朝的稅收、民戶數，都已遠遠超過了大唐盛世的巔峰開元之治。⬇參見p.84

約1043年 宋仁宗期間，范仲淹推新政重農抑商，發明「錢引」制度，即配額。商人生產多少鹽、生產多少鐵，能賣多少茶葉，都要有相應的「錢引」。其中的「鹽鈔」後來取代交子，成為北宋通行全國的紙幣。整個宋代，鹽鈔的信用都強過官交子，一直到南宋滅亡。⬇參見p.89

1044年 仁宗期間，東京汴梁人口已達百萬以上，僅商行就有一百六十多行，洛陽、成都、揚州、蘇州、廣州等一批大城市崛起，當時西歐最大的城市只十萬人。⬇參見p.94

約1045年 包拯丈量全國土地，設立「仁宗限田令」：所有官員購買田地不得超過三十頃，多出來的土地必須充公。⬇參見p.92

1069年 宋神宗熙寧二年，王安石推出「青苗法」，官府強迫放貸給農民，利息為本金的四〇%，甚至曾高達一〇〇%、三〇〇%。⬇參見p.101

1070年 宋神宗熙寧三年，王安石推行「保甲法」，由保長、甲正向百姓收取青苗錢，並由這些人決定把錢發給誰、收多少利息。⬇參見p.105

約1073年 熙寧六年前後，歲入約為熙寧元年五倍，僅青苗錢就足抵熙寧元年的所有歲入。⬇參見p.112

約1074年 熙寧年間，「鹽鈔」已成為比交子更重要的紙幣；宰相呂惠卿增印鹽鈔，即所謂「空券」，用於軍隊購買軍糧、支付軍餉，但空券上市之日即貶值九〇%，最後一文不值。⬇參見p.115

1075年 宋神宗熙寧八年，王安石復相推出「市易法」，改向商人強迫放貸款，商人抵押的商品，必須官方賣完，私商才能賣，因此演變成官營壟斷性商業、手工業，私商再無生存空間。⬇參見p.116

1075年 熙寧八年，封建官僚私人控制的土地已經占全國土地的七〇%，剩下的三〇%大部分又控制在寺廟手中。⬇參見p.117

1084年 宋神宗承認王安石變法失敗。⬇參見p.118

1112年 宋徽宗政和二年，蔡京廢黜所有官營手工業工廠、鹽場、茶場、酒場，所有官營的產品，其生產、運輸、銷售都可由民間自定，只需在中樞朝堂領取特種行業營業許可證——錢引。但錢引何時過期不公告，變相搶奪商人財富。⬇參見p.139

960～1127年 北宋王朝是世界古代科學技術的巔峰，四大發明中，北宋發明了指南針、活字印刷術；曆法方面，北宋統天曆與今天的公曆完全一致；數學方面，也有了多元高次聯立方程式。⬇參見p.54

1127年～ 宋高宗之後，廣州、泉州、明州和臨安是南宋四個最大的海上港口，與五十多個國家進行海上貿易。第一代世界海上貿易的締造者，其實不是荷蘭人，而是南宋。⬇參見p.167

1136年 宋高宗取締各地紙幣發行權，開始發行紙幣「會子」。主要用於支付軍需，只在局部地區流通。⬇參見p.174

1140年～ 宋高宗紹興年間，臨安沒有宵禁，各種攤販應有盡有，「櫃坊」也脫離了客棧的原始形態，成為專營信貸的金融機構——「質庫」，匯款、放貸動輒以「千萬錢」計！臨安成為世界上第一個不夜城！⬇參見p.167

1142年 宋高宗推行「經界法」重新推行「耕者有其田」。與歷代的授田不同，經界法由土地占有人自行出具「砧基簿」（地契）標明面積，一經保甲公議即具備法律效力，經官府覆核、確認後，「砧基簿」便成為土地私有權文書。⬇參見p.166

1206年 宋寧宗期間，南宋貨幣史上第一次出現了三界會子並行，引起通貨膨脹，臨安米價在兩個月內上漲三倍左右。⬇參見p.187

約1228～1233年 宋理宗紹定年間，南宋會子再次出現三界並行的局面，紙幣貶值達到九〇%。⬇參見p.189

約1234年 宋理宗為挽救幣信，按舊會子面值二比一的比例，兌換黃金或白銀（後改為五比一）。當時市場上的實際兌換比例為一〇比一。史稱會子「提稱」。隔年，會子與銅錢的兌換比例下降到約五比一，是「提稱」中官方最終的會子價格，成為市場上公認的交易價格。⬇參見p.190

約1241～1252年 宋理宗淳佑年間，會子已無法流通，土地都集中在官家豪強手中。⬇參見p.194

1127～1278年 南宋瓷器、造船、紡織均達到中國古代巔峰，至今現代工藝仍無法超越宋瓷工藝。⬇參見p.156

1127～1278年 南宋的教科文發展程度被譽為「東方文藝復興時代」：南宋共有私立書院三百一十座，為歷代之最；發明了焦煤煉鐵術、冶銀吹灰法，還第一次在醫學領域區分了婦科、內科、兒科和外科。➡參見p.156

1127～1278年 南宋瓷器燒製技術是中國歷史上公認的巔峰，宋瓷現在的市場價格驚人，一個小小的南宋鴛鴦水滴拍賣價，居然高達新臺幣五千萬元以上。➡參見p.167

1127～1278年 南宋是中國古代圖書業的巔峰時期，到了今天，一套宋版圖書的價格，也足以在中國一線城市買上一套豪宅。➡參見p.167

1127～1278年 南宋銅錢幾乎遍及當時全世界，成為「第一代世界貨幣」：福建所鑄的銅錢成為南洋諸國貨幣；兩浙所鑄的銅錢成為日本、朝鮮諸國貨幣；廣東所鑄的銅錢在印度、北非等國也有使用。即便存在很多以貨易貨的貿易，海外商人也主動要求南宋商人搭配給一些銅錢。➡參見p.170

1206～1378年 蒙古人統治中國的元朝期間，把人分四等級，蒙古人是第一等、色目人是第二等、漢人是第三等、南人是第四等，在人事、法制、軍事、科舉等方面，都有不同待遇。➡參見p.255

1213～1215年 黃河以北很大地區被蒙元帝國軍隊毀滅，今河北、河南、山東一帶基本上都變成了牧場。土地上的百姓強壯者為奴隸，無用者無分男女、老幼、貴賤，一律殺掉；存活者被稱為「驅口」，以區別那些不會說話的「牲口」。➡參見p.214

1260年 元世祖忽必烈發行「中統元寶」，以白銀為本；又發行「中統銀貨」，以黃金為本。中統元寶、中統銀貨統稱為「元寶鈔」，歷史上「金元寶」、「銀元寶」大抵來源於此。➡參見p.211

約1268年 中統鈔基本面值本來為兩貫，後因通貨緊縮，下降到五百文、三百文、二百文、一百文、五十文、三十文、二十文、十文，甚至出現五釐、三釐面值的中統鈔，中國貨幣史上第一次、也是唯一一次有這麼小面值的紙幣。卻仍強制要求以中統鈔繳稅，大幅洗劫漢人與南人的財富。➡參見p.213

約1284年 元惠宗至元二十一年，海外貿易改由帝國專營，是中國古代政府第一次大規模經營海上國際貿易。過去，蒙元帝國的海外貿易一向由色目人壟斷，此後利潤，帝國與色目人按「官七商三」分配。➡參見p.224

1289年 元惠宗至元二十六年，蒙元帝國共發行了一九〇萬錠至元鈔，僅至元二十六年一年，大都金銀價格漲幅提高六至七倍。⬇參見p.228

1309年 元武宗至大三年，發行至大通寶、大元通寶，但在試鑄階段就已夭折，根本沒有流通，使得這兩種銅幣成為今天貨幣收藏中的極品。⬇參見p.240

約1355年 元末起義各軍領袖發行貨幣，其中劉福通鑄行的「龍鳳通寶」銅錢，在當代錢幣收藏中，是一種極品，普通的小平錢現價大概每枚在新臺幣五萬元左右。⬇參見p.259

約1358年 元末時期，朱元璋在自己的地盤推行土地改革：凡軍隊所到之處，由朱元璋本人親自為願意留在當地的無地戶簽發土地所有權憑證「戶由」。戶由上寫明了這些人在朱元璋手中領到的田產、房宅，日後要向他繳納一〇%的收成做為稅收，因此得到糧食，又得民心。⬇參見p.267

約1361年 朱元璋設「寶泉局」，鑄造「大中通寶」，因比一般貨幣更重，商人爭相來做買賣，雖然江南商人多回收重鑄，但達到朱元璋取得物資的目的。⬇參見p.268

約1364年 朱元璋改鑄折五錢、折十錢，大中通寶小平錢的銅材降到正常值三公克左右。⬇參見p.268

1368年 明太祖朱元璋將百姓主要劃分為四類：民戶、軍戶、匠戶、灶戶，在他規畫中並沒有商人，洪武年間的商稅應該在一〇〇%以上。⬇參見p.284

1368～1398年 明太祖洪武年間，任何人下海都要有朝廷頒發的特許經營牌照——「票號文引」，否則，私自出海貿易與貪汙六十兩白銀以上的貪官同罪——梟首示眾、全家充軍。⬇參見p.305

1368年～ 明太祖廢宰相，殺百官，成立錦衣衛，負責懲處違反皇帝意志的大臣，任何阻礙行動的人都格殺勿論。⬇參見p.287

1375年 明太祖洪武八年，發行大明寶鈔，同時廢止金銀交易。大明寶鈔是沒有任何準備金的紙鈔，超量增發立刻引發了一場超級通貨膨脹。但大明寶鈔卻被開國功臣拿去強買土地，造成十多起流民暴亂。⬇參見p.272

1403年 明成祖永樂元年，嚴格禁止金銀交易，並強制回收大明寶鈔、限制大明寶鈔發行數量，以提升大明寶鈔價值。另發行銅錢「永樂通寶」，但國內並未流通，只供明成祖個人購買海外商品使用。⬇參見p.302

1406～1424年 明成祖下令遷都，重建北京的工程從永樂四年開始動工。永樂十六年至二十二年，遷應天、松江、蘇州、常州十五萬富戶到北京，應天一半以上的人口，被強行遷徙到北京（遷徙時，土地一律充公）。⬇參見p.301

1402～1424年 明成祖遣鄭和下西洋七次，原為尋找建文帝，後來擊潰海上巨寇陳祖義、活捉錫蘭王亞烈苦奈兒、以武力平息蘇門答臘內亂，並生擒蘇幹剌，還帶回三十多個國家的朝貢使臣。⬇參見p.305

1402～1424年 明成祖下令，居住在海外的中國人，無論是元朝時祖先就逃亡海外、也無論是出門做生意還是當海盜，都必須立即回國，如果被鄭和抓回來，就要殺頭。⬇參見p.308

1402～1424年 明成祖時，除了皇帝與皇帝的使者可以下海，其他人一律不准私自去海外做生意；另外，只准外國人來大明帝國做生意，且衣食住行由官方支付，帶來的商品也由官府高價買下，目的是宣揚國威。⬇參見p.306

1406～1424年 永樂中後期，大明寶鈔濫發嚴重，糧價大概上升三十倍有餘，平均每年上漲一倍半，大明寶鈔在市面上已經幾乎不能使用。⬇參見p.302

1424年 明仁宗即位，停止下西洋的赦令占三條：立即把諸國使臣送回去；立即停止製造、維修下西洋寶船；下西洋的費用，立即轉撥用於賑濟災民。⬇參見p.309

1424年 明仁宗承認遷都北京是錯誤決策，決定還都南京。因自唐宋以來，中國的經濟重心南移，以北京為首都，宮廷與官僚開銷不得不從南方運至北京。可惜未及執行就駕崩。⬇參見p.314

1425年 明宣宗定下「票擬」和「批紅」制度，導致明代中後期有很多太監權勢熏天。⬇參見p.318

1429年 明宣宗宣德四年，宰相夏原吉宣布：順天、應天、蘇松等地的商人，繳稅要上繳實物商稅，還要上繳大明寶鈔，數額按官定價格的四十倍徵收，宣宗改為五倍。導致商業關門歇業，並使大明寶鈔在市面上絕跡，金銀成為交易工具。⬇參見p.315

1521～1566年 明世宗廣開「皇店」，只要皇店經營的東西，其他商人一律不得經營，一經查獲，資財罰沒、人即收監。官員則開「官店」，熱門行業是放高利貸的當鋪業。⬇參見p.340

1567年 明穆宗隆慶元年，因為銀荒，開放海禁、承認私商下海合法、進口白銀。⬇參見p.348

1567~1644年 隆慶到明末，共有一・五億兩白銀從海外流入中國，約占新大陸四三%~五七%的白銀，甚至超過西班牙的全世界三分之一白銀存量。⬇參見p.349

1581年 明神宗萬曆九年，張居正施行「一條鞭法」，把所有的田賦、徭役都改為繳交白銀，白銀完全取代秦漢以來的銅錢、北宋以來的紙幣，成為最主要的交易貨幣。⬇參見p.356

1596年 明神宗萬曆二十四年，設「萬曆礦稅」，派出「稅監」，對窮人、富人，小官、大官，活人、死人（挖古墓），十年內掠劫全國財富，但其實皇帝只拿到三分之一，甚至只有十分之一，其他都進了宦官口袋。流民再起。⬇參見p.362

1621年 明思宗天啟元年，東林黨當權，本身是官商集團，帝國的稅收，七成五來自小農的田賦；隔年，更高達八成。⬇參見p.370

1624年 明思宗天啟四年，魏忠賢不增田賦，加徵商稅，大明帝國商稅共徵得五百四十八萬兩、工商業的「雜項銀」兩百二十萬兩。⬇參見p.374

1637年 明思宗崇禎十年，日本德川幕府決定關閉國門，日本開始長達兩百年的「閉關鎖國」。對明朝來說，一則是倭寇徹底消失了，二則是來自日本的白銀也不見了。⬇參見p.378

1639年 崇禎十二年，西班牙屬地呂宋島上，三萬早已定居於此的華人被屠殺，隨後呂宋島對華貿易中斷，大明帝國最重要的海外白銀輸入也被迫停止。⬇參見p.379

約1640年 崇禎十三年，荷蘭人進攻麻六甲海峽，次年，麻六甲被荷蘭人攻破，非但美洲白銀不能輸入中國，就連澳門的白銀貿易也被迫停止。⬇參見p.379

1642年 崇禎十五年，每年從海外貿易流入大明帝國的白銀只剩一百多萬兩。崇禎十三年之前，每年流入的白銀為三百萬兩。⬇參見p.379

1644年 李自成攻破皇城後，在皇宮內庫發現三千七百萬兩白銀、數萬兩黃金；其軍隊在北京官員、宦官家中又「助捐」出七千萬兩白銀。證明民間財富被搜刮殆盡。⬇參見p.383

推薦序——

從金融角度，找到重新閱讀中國歷史發展的新觀點

——沈中華（實踐大學財金系講座教授）

最近十年中國大陸學界對金融歷史的研究有股熱潮，我揣測有三個原因：第一，過去的歷史偏向宮廷史，歷史的主軸圍繞著皇帝發展，再推展出皇位爭奪、後宮爭寵、政治、外交、軍事等，原因大概是這些事的史料清楚，花一些時間查證，再穿插一些稗官野史傳統、稀有祕聞想像、官場奸邪鬥爭感嘆，往往就夠吸睛。以當年明月所著的《明朝那些事兒》最為有名，大概就將上述的哏一網打盡。但對金融這方面的故事，資料少，作者必須投入心力大，當年明月可說是較少提到金融，留下空間與他人發揮。

其次，過去早期歷史上的金融史其實就是經濟史與貨幣史的綜合，而貨幣的鑄造、成色又是重點。由於沒有一致性的數據，記載往往不夠詳細，所以學者往往憑想像創造出有趣的故事。例如，我們都知道由於銅錢重，故四川有飛錢，但其影響卻較少人討論。又例如元代領土遼闊，故發展交子，但然後的結果還是很少人深入論述。明朝張居正啟用一條鞭法，稅收不以實物繳稅而改以銀子交稅，可以說是銀本位正式開始，當時也造成商賈更富有，窮人更易流離失所，但更深入分析卻無；甲午戰爭，日本藉著清朝庫平銀的賠款，與國際接軌改為金本位，地位大幅提高，如虎添翼，但是否五年後打敗俄國原因？或未來中日戰爭遠因，很少人深入論述；也有人說推翻滿清的是個意外，我則喜歡說是金融泡沫所造成，但卻有論述沒資料，所以學者可以自由發揮。

第三，自宋鴻兵以《貨幣戰爭》一書，由於將貨幣行為形容為戰爭，相當傳神，且內容生動，在全球華人世界大賣，引起了注意，一些中國大陸的經濟與金融博士生紛紛撰寫以這方面為主的論文，

而大陸的社會及自然科學基金的設計（相當於我們的國科會）也鼓勵學者以專著申請計畫，且接受結果以出版專書，或評職稱亦接受專書，故許多大學老師紛紛投入金融史的研究。此時他們的金融史書如雨後春筍紛紛冒出，如《金融歷史其實很有趣》、《每天讀點金融史》、《金融史上的那些人那些事》、《匯率戰爭》、《錢眼裡的歷史風雲》等等。

本書兩位作者就是在大學財經領域，研究金融史的佼佼者。他們的前一本書《世界金融大歷史3000年》主要談的是西方的金融，內容充實、文筆幽默，投入極大心力蒐集資料。本書是兩位作者再接再厲，以中國金融史為核心，希望能一眼望穿中國金融史的發展，並做更深入的分析。由於在較早歷史上金融史幾乎就是「貨幣史」或「白銀歷史」，在較近歷史上，才加入了「票號史」、「錢莊史」、「銀行史」，所以本書及《中國金融大歷史：從西周封建經濟到唐朝盛世真相》以貨幣史或白銀歷史為主，並對金融的影響做更進一步的分析。例如在本書談到宋金的貨幣戰爭，以及宋朝的紙幣交子發行量超過鐵錢準備，引發第一次中國金融危機。

在台灣，由於金融史撰寫以書為主，但台灣財經金學院升等制度的設計重文（章）輕書，不利學者以書籍升等，故在財金領域，只有清華大學的賴建誠教授及劉瑞華教授專注經濟史或金融史（如有遺漏請見諒），如不限財經領域，歷史系則較多，如中研院林滿紅教授的清代白銀史。我自己也寫了一些（或許也稱之為極少）金融史的文章，例如〈取之不盡，用之不竭，是造物者之無盡藏——不容忽視的貨幣史〉（《貨幣崛起》的推薦序）。這部分兩岸的發展差異頗大。目前也有越來越多人關注台灣經濟金融史，值得欣慰。

目錄

北宋。宋太祖　西元960～976年

第一章

趙匡胤架空官僚制度，經濟生產力是大唐帝國的兩倍

北宋 宋哲宗～宋欽宗 西元1085～1127年

第四章

半套的凱因斯學說：缺乏產權、法律約束的財政擴張政策

經歷了多次變法，北宋王朝再度養成一批官家豪強，對資源的控制能力已經滲透到社會各個階層。宋徽宗和蔡京的財政擴大政策，是在完全缺乏契約、產權、法律約束的前提下推行投資、消費政策，投資的是皇室、花錢的是封建官僚，而賺錢的只有官商。

宋高宗～宋孝宗
西元1127～1189年

第五章

宋光宗～宋恭帝
西元1189～1279年

第六章

第七章

蒙古貴族不斷要錢、對外征戰需要軍餉

忽必烈三位理財大臣，都因得罪貴族倒臺　209

蒙元帝國統治集團出身游牧民族，並始終保留原始社會的傳統：帝國就是所有兄弟姊妹的共同財產，大汗有的東西我們一定也要有。由於內有貴族的需索，加上對外征戰需要軍費，忽必烈只好不斷劫掠民間的財富。

第八章

國之亂源在貴族，無窮貪欲敗朝綱亂天下

第九章

不重經濟，重農、抑商、禁貿易，令天下皆窮

明朝。明惠宗～明宣宗 西元1398～1435年

第十章

鄭和的船隊由六十二艘海船組成，海船長一百五十公尺、寬六十一公尺，最大的戰艦排水量約在三萬噸左右，直至西元一九四九年中國共產黨建國之前，中國都沒有能力再次建造這種噸位的巨艦！這麼偉大的技術與船隊，為什麼輸給了哥倫布的成就？

袋，接著又成為官僚兼併土地的利器。皇帝與封建官僚再一次徹底洗劫了整個社會的財富，民間沒有資本、沒有商業，更淪為奴隸、淪為流民……

楔子——

西漢以來的財富循環魔咒，唯北宋一朝短暫掙脫

西元前二〇六年，再無人能阻擋劉邦入主咸陽秦皇宮，天下終歸於漢。劉邦也許不會想到，大漢帝國建立的財富循環模式，將在此後數千年王朝中不斷往復重現，無論多麼偉大的帝國，都未能逃出這個宿命中的循環。

秦末群雄逐鹿，戰亂損耗了大筆的社會財富；劉邦登基的時候，連四匹白馬都沒湊齊，丞相、大將都要坐牛車上朝。然而，僅僅不到一個世紀之後，破敗的大漢帝國就一躍變為當時世界上最強盛的國家。

五十年後的文景之治，中國單一農業原糧產量已經突破三千四百市斤，這是西歐一千七百年後的勞動生產率。《漢書》[1]記述了當時的景象：農人家中糧食充盈，幾輩子也吃不完；郡縣府庫的糧食全是滿滿的，多到來不及吃而腐朽不能食用；國庫中存了幾百億個銅錢，許多穿錢的繩子也已經腐朽，官員卻沒有時間清理。

復興大漢雄風是每一個人乃至整個民族的夢想，人們不斷在故紙堆中找尋，究竟是什麼原因令滿目瘡痍的大漢帝國，在不足百年的時間裡由弱變強，又是什麼原因創造了當時世界第一的勞動生產率（原糧產量突破三千四百市斤）？

《二年律令》開創「耕者有其田」盛世

西元一九八三年十二月，湖北省荊州市出土了一份漢代竹簡《二年律令》[2]，意為呂后[3]稱制二年頒布的法律。按《二年律令》記載，當年漢帝國對全國無土地之人登記造冊，所有人都可以在大漢王朝治下，得到真正屬於自己的土地，最低等級的庶人可以獲得一頃田。

《二年律令》是中國歷史上第一次以法律形式確定土地所有權，此前中國土地所有權屬於皇帝或諸侯，這是無數後來者追求的大同世界——「耕者有其田」。

接下來的漢文帝信奉「無為而治」[4]，他開放了帝國對所有產業的管理權，冶鐵、煮鹽、畜牧、漁業、貿易、手工業，就連鑄幣權也完全開放，包括普通農人在內的天下人都可以自由鑄幣。其後便有了中國第一代盛世——文景之治，《漢書》記載當時的景象為：城郭之間風行養馬，休息的時候，每個村落邊上都有成群的人以賽馬為樂，人們紛紛把自己的馬匹牽出來向大家炫耀，養母馬的人只好躲在家裡……

面對繁榮的盛世，太史公[5]司馬遷在《史記．貨殖列傳》中一語便道破了財富天機：「天下熙熙皆為利來，天下攘攘皆為利往。」只要人人都有機會追求財富，盛世便一定會如影隨形。

身處盛世的人也許並不知道，《二年律令》締造了「耕者有其田」，也為帝國埋下了莫大危機。《二年律令》塑造了「皇權—封建官僚—小農」的社會架構，皇帝位於金字塔頂端，皇帝之下是三公

---

1 又名《前漢書》，是歷史上第一部紀傳體斷代史。東漢史學家班固編撰，記述西漢漢高祖元年（西元前二〇二年）到新朝地皇四年（西元前二三年）史事。

2 湖北張家山漢墓出土的竹簡之一，記載西漢時期頒布的一套律令，因啟用於呂后二年，故稱《二年律令》。

3 呂雉（西元前二四一～前一八〇年），漢高祖劉邦之妻，是漢惠帝、少帝時期的實際掌權者。

4 源自老子的《道德經》，是道家的基本思想與基本的修行方法。

5 漢武帝時期設立的官職名稱。所有上疏都會先呈給太史公閱過，位階在丞相之上。《史記》作者司馬遷是歷史上最著名的太史公。

九卿[6]等封建官僚，居於金字塔底層的則是庶民百姓。

在這個社會架構中，皇權只有借助封建官僚，才能統治廣袤的帝國，也就必須賦予封建官僚獲得超額財富的權力，否則誰會效忠於一家一姓呢？然而，掌握權力的封建官僚本身卻是一個強勢分利集團，當掠奪財富的成本比創造財富更低時，封建官僚必然會選擇掠奪。

這是一個壓力單向傳導機制，封建官僚不但不會分散財富掠奪權力，還會為了自身利益，將之無限擴大；當壓力傳導到最末端的小農時，普通百姓甚至連生存都成為奢望。

漢武帝以貨幣、財政聚斂財富，竟使民商變官商

文景之治之後四十年，漢武帝劉徹發動了對匈奴的戰爭。元狩四年（西元前一一九年）大漢帝國與匈奴決戰，斬殺匈奴兵九萬人，終於迫使匈奴把劫掠之手轉向了西方的羅馬帝國。不過，大漢帝國也為此付出了昂貴的代價，四萬多名戰士、十一萬匹戰馬再也沒有回到故鄉，曾經錢糧堆積如山的國庫，早就空空如也。

為了確保對匈奴的優勢，漢武帝是中國歷史上第一個依靠貨幣改革聚斂財富的皇帝。他廢黜了民間流通的四銖錢，同時推出三種新的貨幣：「皮幣」、「白金幣」和「三銖錢」。帝國臣民必須限時將手中的四銖錢換成這三種貨幣：「皮幣」只是一塊鹿皮，可兌換四十萬錢；白金幣最高可兌換三百錢；至於「三銖錢」則與四銖錢一比一兌換。

即使劉徹貴為皇帝，誰又會以真實財富換取這些無法流通的虛值貨幣？民間開始自行鑄造「五銖錢」，即「郡國五銖」，雖然漢武帝劉徹為禁止私鑄，殺掉了幾十萬人，仍然是「犯法者眾，吏不能盡誅取」[7]。

接下來，漢武帝推出了一連串令人匪夷所思的財經政策，「算緡令」[8]、「告緡令」[9]、「鹽鐵官營」[10]……這些政策使大漢帝國「得民財以億計」[11]，但中產以上的人家也被一掃而空。

就在此時，另一個群體卻因為自身的職業而倖免於難，他們就是封建官僚。非但如此，封建官僚利用這些機會，掌控了帝國所有賺錢產業，從此市場中的主體變為「官商」。

以官商為主的市場，不可能促進分工、誘發創新，更不可能具備大量吸納貨幣資本的能力。如此，帝國所有財富只剩下一個去向，也是人類最基本的生活生產資本——土地。《漢書》記載了當時的景象：帝國的官員，下至少府、大農、太僕，上自王侯三公，無不如《鹽鐵論・刺權》所說：「攘公法、申私利、跨山澤」。董仲舒[12]對此做出了精準的評論：「富者連阡陌，貧者無立錐之地」[13]！

漢宣帝通貨緊縮，難挽帝國頹勢

然而，無論封建皇帝多麼有權勢、封建官僚多麼貪心，在某一個時間點上，社會財富總量還是有限，必須留住維持全體臣民基本生存的財富。一旦封建官僚的劫掠超出了底層黎庶的承受極限，社會

6 古代官制之一，自秦始皇才確立百官體制，三公泛指輔佐皇帝的最高位大臣，分掌國政、軍事和糾察職責，實際官職名稱歷代略有差異。九卿原為眾卿之意，分別職掌：宮中保安、財政、宗廟禮儀、皇室輿馬、刑獄、山海池澤、宮門衛兵、「蠻夷」事務及宗室事務等，各朝的九卿官名各有不同。

7 出自《漢書・食貨志下》：「……天下大抵無慮皆鑄金錢矣。犯者眾，吏不能盡誅取，於是遣博士褚大、徐偃等分曹循行郡國舉並兼之徒守、相為利者……」

8 朝廷跟商人徵收財產稅的政令。

9 鼓勵百姓向朝廷告發商人逃稅違法行為的政令。

10 鹽鐵由政府統一收購、銷售的制度，藉以穩定鹽鐵價格、增加政府收入。

11 出自《漢書・食貨志下》：「……得民財以億計，奴婢以千萬數，田大縣數百頃，小縣百餘頃，宅亦如之……」

12 董仲舒（西元前一七九～前一〇四年），西漢大儒與政治家，歷經高祖、文帝、景帝、武帝四朝。他「罷黜百家，獨尊儒術」的提議，使儒學成為中國社會正統思想，鞏固了漢武帝的集權統治。

13 出自《漢紀・武帝紀四》：「……至秦則不然，用商鞅之法，改帝王之制，除井田，民得賣買，富者田連仟伯，貧者亡立錐之地……」

動亂便會如影隨形。西元前一〇六年，四十萬流民突然衝入了首都長安，曾經強盛的大漢帝國陷入風雨飄搖之中。

此後的漢宣帝劉詢看清了問題所在：封建官僚借助手中的貨幣優勢兼併土地，失去土地的小農成為帝國最大的敵人。為了讓農人安心耕種、讓軍馬回到土地，漢宣帝即位之初就宣布：帝國將不再鑄造新的貨幣，任由原有貨幣在流通中自然逐漸消失。

漢宣帝在位二十五年，史書上沒有一次有關鑄幣的紀錄。國家完全停止貨幣供應，結果必然是物價暴跌。當時關東平原的糧價降至「穀石五錢」[14]（每石稻穀只賣五錢）、每畝土地不足三十錢——一個沒有金錢的世界，將是一個清平的天下。

漢武帝通貨膨脹，劫掠了天下之財；漢宣帝通貨緊縮，萬方黎庶就能獲益了嗎？

在「皇權—封建官僚—小農」的社會框架裡，誰擁有更多的貨幣，誰就可以擁有更多的土地。從占有貨幣比例來計算，通貨緊縮使得強勢分利集團的財富倍增，在接下來的土地兼併中，當然就擁有更強大的力量。

所以，無論漢宣帝多麼節儉、多麼努力，宣帝年間是漢朝流民最多的時期之一。漢宣帝之後的四十年間，《漢書》記載了十六次流民大爆發，動輒百萬的流民遊蕩於廣袤富饒的關東平原，卻得不到維持自己生命的一點財富。漢平帝年間，憤怒的長安市民甚至燒掉漢武帝劉徹的陵墓，火光照亮了未央宮……

官僚制度崛起，大漢帝國成為財富循環肇始者

現在，回顧大漢帝國的盛衰循環，一條財富增加、轉移、毀滅的軌跡便清晰呈現於前。

面對殘破的帝國，呂雉實現了「耕者有其田」，漢文帝又開放帝國所有產業，在「三十稅一」[15]的超低稅收環境下，冶煉、商業、運輸、畜牧、漁業等一批新興行業崛起，終於創造了輝煌的文景盛

世。

憑藉雄厚的財富，漢武帝一舉蕩平數百年為禍北方的匈奴，但也迅速花光了四代君王的積蓄。因此便想透過鑄幣聚斂天下財富，當超級通脹使得增發貨幣失效，漢武帝便把手直接伸向了所有產業。

然而，參與掠奪的絕非漢武帝一人。封建官僚做為強勢分利集團，完全不遵守財富規則，掠奪超出了帝國居民承受的極限，於是人們失去土地、失去工作、沒有能力組建家庭，最終成為流民。

整個財富循環的邏輯是：「耕者有其田」、開放經濟管制→經濟大爆發→封建官僚崛起→官商兼併土地→小農成為流民→帝國崩潰，最終的結果：國弱、民貧，唯獨官富。在中國漫長的歷史中，大漢帝國是這個循環的肇始者，卻並非終結者，此後歷朝歷代無不陷入此一怪異循環。

晉武帝廢官方鑄幣，士族高門把持天下

西元二六五年，司馬炎建立了西晉。立國伊始，晉武帝司馬炎就開始推行「占田制」[16]：每丁可以從帝國得到七十畝土地。為遏制士族高門對小農的掠奪，司馬炎直接廢棄了官方鑄幣，西晉也成為中國歷史上唯一沒有官方貨幣的朝代。

然而，司馬炎創建「太康之治」十年後，士族高門還是滲入朝廷各個角落，把天下土地盡收彀中。《晉書》[17]記載這個年代：朝政均出於士族高門，朝綱法紀蕩然無存，官場賄賂公行，舉國上下已經見不到一個忠臣和賢能的人，天下事都可以做交易，成了一個騙子的市場。

14出自《漢書．宣帝紀》：「……比年豐，穀石五錢。」

15地主須將土地產量的三十分之一，向國家繳納耕地稅。

16西晉的土地制度之一。「占」指土地辦理登記後，就有了使用權。男子每人可登記七十畝田，女子三十畝田。

17二十四史之一，唐代房玄齡等二十一人合著。記載從三國時期司馬懿，到東晉元熙二年（西元四二〇年）劉裕廢晉帝自立間史事，及其間十六國的政權情形。

西晉的結局非常悲慘，在士族高門把持之下，帝國甚至失去了必要的行政能力，根本無法對抗北方游牧民族。從晉惠帝永平元年（西元二九一年）起，到隋文帝開皇元年（西元五八一年），在幾乎整整三個世紀裡，中國北方都處於一種大動亂、大破壞、大分裂之中。可憐蒼蒼烝民，喪亂三百餘年，中原人口「百不遺一」[18]，河洛一帶盡成廢墟。

隋唐無為而治，成就古代盛世首次巔峰

西元五八一年，隋文帝楊堅再次統一中原，此後，楊堅推行「輸籍法」：每位男丁至少可以從帝國政府手中領到一百畝土地；同時，楊堅廢黜了鹽鐵專營、對民間開放了所有工商業管制。天下只有一種人不能做生意，那就是封建官僚。

在輝煌的「開皇之治」中，中州大地再現「耕者有其田」，全國農戶數也從開皇元年的四百一十萬，增加到隋煬帝大業元年的八百九十萬。也是在「開皇盛世」[19]中，中國第一次在全國推出統一的貨幣標準——二．四二克的隋五銖。

大隋王朝曾經是世界上最強盛的帝國，大唐帝國的創始者李淵在一場動亂中全盤繼承了這些財富。大唐帝國很幸運，連續出現武則天、李隆基等數位信奉「無為而治」的帝王。武周年間，大唐帝國以「除罪金簡」[20]等方式，再次確立了每戶小農的土地所有權，廢除全國商稅（關津），解散絕大部分官手工業。

事實證明，漢民族創造財富的能力十分驚人，在大唐帝國巔峰「開元之治」[21]中，中國農業勞動力人均原糧產量高達四千五百二十四市斤，清朝的「康乾盛世」僅為此一數字的一半。

倏忽而來的財富引起了封建官僚的覬覦。開元初年，宰相張說著〈錢本草〉[22]隱喻帝國的危機：「錢，味甘，大熱，有毒；偏能駐顏，采澤流潤，善療飢，解困厄之忠立驗。能利邦國，汙賢達，畏清廉。貪者服之，以均平為良；如不均平，則冷熱相激，令人霍亂。」為杜絕封建官僚借助貨幣優勢

兼併土地，開元九年（西元七二一年）正月唐玄宗發布了史無前例的「開元限購令」[23]，試圖以皇權鐵腕牢牢把帝國限定在「耕者有其田」的軌道。這道命令在唐史中被稱為「檢田括戶」[24]；自此之後，帝國禁止一切土地買賣，任何土地交易都將被帝國政府視為非法！

開元十三年（西元七二五年），中國古代盛世達到了第一個巔峰，唐玄宗登泰山舉行「封禪」，這是中國古代太平盛世最具指標意義的大典。

「開元限購令」解禁，大唐帝國難逃財富循環魔咒

然而，巍巍而立的大唐帝國，終究還是未能逃脫歷史中的財富循環。三十年後，奸相楊國忠開放了「開元限購令」，在天寶十一年（西元七五二年）一道名為《禁官奪百姓口分永業田詔》的詔書中，楊國忠提出貧富分化情有可原，此後，帝國將承認以現金完成的所有土地交易。三年後的天寶十四年（西元七五五年），大唐帝國共有八百九十一萬四千七百戶農人，其中三百五十六萬五千五百萬戶已經淪為「莊客」（喪失了土地）；那一年，杜甫寫下「朱門酒肉臭，路有凍死骨」的詩篇；那一年，一次

18 出自《晉書．孫綽傳》：「……自喪亂已來六十餘年，蒼生殄滅，百不遺一，河洛丘墟，函夏蕭條……」

19 隋文帝結束南北分裂，統一天下，勵精圖治，出現了前後二十多年盛世，史稱「開皇之治」。

20 武則天曾到嵩山祈福，派遣太監胡超向眾神投簡，以除罪消災，是中國歷史上唯一一份以黃金鑄造的「罪己詔」。金簡原文為：「上言：大周圀主武曌好樂真道，長生神仙，謹詣中嶽嵩高山門，投金簡一通，乞三官九府，除武曌罪名。太歲庚子七月甲寅，小使臣胡超稽首再拜謹奏。」

21 唐玄宗在位前期所出現的盛世。

22 張說（西元六六七～七三〇年），唐玄宗宰相，擅長文學，歷仕四朝、三次為相。這篇是他以為官數十年經歷，仿《神農本草經》體例寫成的散文，兩百多字寫盡金錢的性質、利弊、積散之道。

23 史上最嚴厲的土地買賣禁令：無論何種原因，任何人都不准買賣土地，以徹底斬斷官僚蠶食農民的財富。

24 每戶（主要針對富人階層）只能擁有政府規定的土地數量，超過的土地收歸國有，再交給農民耕種。

社會大動亂的一切條件都已經齊備……

天寶十五年（西元七五六年），大唐盛世毀於安史之亂。

漢、晉、隋、唐千年往事，中州帝國的盛衰輪迴如此相似：流程的開始是「均田制」[25]、流程的結束是普通人變成「流民」；最終，無論官民、無論貴賤、無論生命還是財富，一切都在亂世中毀於一旦。

這是一個纏繞中華民族上千年的魔咒，為了破解這個魔咒，雄才偉略的晉武帝、唐玄宗等人甚至使用廢棄貨幣、廢棄土地交易等極端手段，然而，所有的方法最後均以失敗告終，在西元後的第一個千年裡，無論多麼偉大的帝國，都在這個魔咒之下灰飛煙滅。

令人驚訝的是，自宋代開始，這個封印千年的魔咒似乎消失了，趙匡胤、忽必烈和朱元璋都放棄了「均田制」，宋、元、明三代也未大規模授田。即使如此，**宋代國勢仍然超越了大唐開元之治的巔峰，貨幣從銅錢演進為紙幣，隨後的大明帝國以白銀為貨幣，整個帝國甚至曾經擁有世界上三分之一以上的白銀**。

在這近七百年中，可敬的先人究竟如何做到這些？貨幣又將經歷什麼樣的興衰輪迴？我們能逃脫中原王朝的千年宿命嗎？答案盡在本書中。

25 自北魏到唐朝沿用的土地制度，即立戶口確定人數後，按人數授給田地。

北宋。

宋太祖
西元960～976年

第一章

趙匡胤架空官僚制度，經濟生產力是大唐帝國的兩倍

重商輕武、文治天下，登古代科學技術的世界巔峰

大宋王朝要想不重蹈亡唐之跡，
在剝奪武將軍權之後，
就必須改變唯金錢是圖的惡劣社會信仰，
否則下一個反叛者遲早會出現。
只有所有人都鄙薄暴力，
認同勞動才是創造財富的唯一手段，
才能避免玉石俱焚的社會大騷亂。

趙匡胤權謀釋兵權，節度使無奈還權中央

宋太祖趙匡胤能兵不血刃集權中央，豈是只憑杯中物，而是以蠶食鯨吞的方式，一步一步打散節度使[1]的廂軍[2]，奪回兵權錢糧，終使州縣治權重回中樞朝堂。

後周顯德七年（西元九六〇年）正月初四，殿前都點檢（京城最高軍事長官）趙匡胤在石守信、王審琦等「義社十兄弟」[3]擁立下黃袍加身，這就是大宋王朝的開始——陳橋兵變。

趙匡胤摸爬滾打於刀劍鋒鏑之中，自己就是造反起家，當然明白那句民謠的含義——「天子者，兵強馬壯者為之，寧有種乎」[4]。前朝往事昭昭在目，他一定認真思考過如何穩固大宋王朝，畢竟母親杜太后在陳橋兵變之時，就曾經提醒他：「皇帝是一條不歸路，一旦失敗，即使想回頭做普通百姓，亦不可得！」

立國之後，宰相趙普在一次閒談中對趙匡胤說：「五代十國滅亡也沒有別的原因，就是方鎮節度使權力太重了，幹弱枝強。」接著，這位極不厚道的宰相又提醒皇帝：「大宋王朝要想避免亡國之禍，就必須剝奪將領的權力、禁止他們在地方收取錢糧、上收他們的兵權（稍奪其權，制其錢穀，收其精兵）[5]，只有這樣才能杜絕一切後患，讓天下安定。」

宋太祖趙匡胤（927 ~ 976）。

杯酒釋兵權？假的！但杯酒是真，釋兵權也是真！

接下來就是所謂的「杯酒釋兵權」了，故事梗概如下：某天，趙匡胤請義社兄弟吃飯。耳酣面熱之際，新任皇帝突然提出了一個問題：「如果有一天，你們手下貪圖富貴，再把黃袍披到你們身上，你們怎麼辦？」（人孰不欲富貴，一旦有以黃袍加汝之身，雖欲不為，其可得乎？）[6]

皇帝的話不言自明，於是，當年的兄弟、今日的臣下紛紛匍匐在地：「臣等愚鈍，我們不知道怎麼辦，還望陛下放我們一條生路。」（臣等愚不及此，惟陛下哀矜，指示可生之途。）[6]

面對一群可憐蟲，趙匡胤大度地說：「人生如白駒之過隙，所謂富貴不過是手裡錢多點、子孫沒有貧困的憂慮，你們何不交出兵權，我再賞給你們良田美宅，從此以後，做一個富家翁豈不是更好？」（人生駒過隙爾，不如多積金，市田宅，以遺子孫，歌兒舞女，以終天年，君臣之間，無所猜嫌，不亦善乎？）[6]

義社十兄弟再次紛紛拜倒，表示還是皇帝聰明，願意服從命令，立即交出兵權，回家當富翁去了。

1唐代開始設置的軍官。唐初，邊疆有事的話，出征有大總管，無事鎮守地方，則有大都督。高宗永徽以後，都督帶使而持有中央的節鉞者，稱為節度使，並非正式官名。
2北宋軍隊分為「禁軍」、「廂軍」，禁軍由皇帝親自掌握，廂軍則是節度使手下的軍隊。
3趙匡胤與劉守忠、李繼勛、石守信、王審琦、劉慶義、楊光義、劉廷讓、韓重贇、王政忠等九人人結為「義社十兄弟」，是陳橋兵變中趙匡胤取得政權最重要的主力。
4出自《新五代史．安重榮傳》：「……嘗謂人曰：『天子寧有種耶？兵強馬壯者為之爾』。」
5出自《續資治通鑑長編》卷二。
6出自《宋史．石守信列傳》卷二五〇。

很多人都因此佩服宋太祖，這真是一個好辦法，一頓酒席就上收了兵權，沒有屠戮開國功臣，君臣之義也得以保全。

簡單回顧完這個故事，這裡首先要問一個問題：五代十國六十年，中原大地走馬燈一樣換了八姓十四君，除了趙匡胤，還有哪個皇帝能靠喝酒降服驕兵悍將？按照這個邏輯，如果漢獻帝把曹操、孫權、劉備叫到一起吃頓飯，「三國演義」豈不就沒有了？

如果你對這個故事的真實性產生懷疑，那麼，恭喜你，你已開始理性分析歷史。

這個故事的雛形出自宋真宗年間丁謂所撰《丁晉公談錄》[7]。據《丁晉公談錄》記載，大宋王朝剛建立時，趙匡胤仍然經常和義社十兄弟一起喝酒。請注意，《丁晉公談錄》只是記載這些人一起喝酒，並沒提到任何談話內容。

宋徽宗年間的《續資治通鑑長編》開始出現上述君臣對答，不過《長編》作者李燾在自注中已經說明對這段對話的真實性存疑，因為這些內容在起居注、實錄、會要、國史中均無記載。清朝有亂改歷史的壞習慣，在清人畢沅編撰的《續資治通鑑》[8]中，上述內容開始變得活靈活現，彷彿作者親赴一千年前那頓酒席，也去敬了趙匡胤一杯酒。

在這故事裡，趙匡胤和義社兄弟的對答，簡直一副流氓無賴模樣，所有人物的臺詞就是簡單一句話：當官就是為錢。既然為了錢，省卻中間貪汙腐敗的風險，直接拿到錢豈不是更好？

如果義社十兄弟只認錢，焉能成為股肱之臣？如果趙匡胤只有錢眼裡的胸懷，又怎能締造一代盛世？「杯酒釋兵權」不過是後世對「權勢」二字的揣測，是史籍寫手不負責任的杜撰。

唐末以來，各地節度使的方鎮就是一個獨立王國，除了過年過節時，給皇帝送上一筆供奉（即「餘羨」），其他事情根本不用聽命於皇帝；他們自己收稅、任命官員、訓練軍隊。這些人絕大多數是今朝有酒今朝醉的土匪：有人用泥土做成貨幣，有人因楊柳吐絮而徵稅，有人甚至把稻草當做茶葉，強

行賣給天下黎庶。

大宋王朝剛建立時，這些節度使絲毫不見收斂，長此以往，五代十國的命運也許馬上就要在新朝重演。令人驚訝的是，趙匡胤確實很快就做到了「稍奪其權，制其錢穀，收其精兵」，讓這些刀頭舔血的暴徒放下屠刀。

如果沒有杯酒釋兵權，趙匡胤又是怎麼做到這些的呢？

趙匡胤裁撤廂軍收回治權、稅收，節度使從此有名無實

符彥卿原是後周驍將，當年遼國入寇中原時，他曾把萬貫家財散給鄉人，號召大家奮起抗擊遼國入侵；後來，符彥卿累功出鎮天雄節度使；趙匡胤稱帝後，符彥卿照樣當他的節度使，而且位列大宋王朝三公，是地位最高的節度使之一。

《宋朝事實》[9]記載，大宋王朝建立後，符彥卿經常親自過問、清點稅收情況，想用多少錢，就從民間徵多少稅，最後甚至發展到連宋太祖的餘羡都剋扣。至於轄內的政務，就不要指望這位節度使了，對他來說，只要有錢就可以贖罪；符彥卿喜歡名犬、名馬，沒有錢，用犬、馬、鷹、豹來抵也可以。

對付這樣一個貪婪的節度使，趙匡胤居然絲毫沒有加罪。

乾德元年（西元九六三年）正月，符彥卿入朝拜見皇帝，趙匡胤賜襲衣、玉帶、美人和名馬，又按唐賜功臣字之制，賜其「崇、仁、昭、德、宣、忠、保、正」八字。

7.宋代筆記之一，記錄北宋真宗時宰相丁謂（封晉國公）的談話內容，文中可見北宋時期的典章制度、朝野見聞。

8與《資治通鑑》相銜接，記載宋太祖（西元九六〇年）到元順帝（西元一三六八年）史蹟，是相當完整的宋遼金元編年史。

9南宋李攸著，詳實記載北宋典章制度，史料價值極高。

在符彥卿看來，新任皇帝還是很可靠的，自己不過是換了個皇帝送餘羨而已，日子不會有多大變化。趙匡胤不但沒有謀求自己地盤的意思，還不斷給自己撥款興修水利，條件是現在大宋已經宣布廢黜徭役，所有工程不得自民間徵調民夫，要由自己手下的廂軍完成。

就在符彥卿為境內工程做準備時，皇帝又下了一道命令，要求方鎮派廂軍中的精壯者，史稱「精兵」，到外地從事建築工作——全國都在興修水利，部分較巨大的工程確實需要各節度使派兵協作完成。

聽起來廂軍是一種軍隊，實際上，廂軍是從民戶中抽出來的壯丁，大部分士兵拖家帶眷，就為混口飯吃。廂軍中戰鬥力最強的士兵是一些體格健壯、沒有家室的「城中少年」、「鄉間少年」，恰恰就是這些人，不但經常在軍隊裡鬧事，還經常搞搶劫之類的娛樂活動，是城裡、鄉里一害。這一次很巧，體格健壯、沒有家室都是朝廷遴選「精兵」的標準。

對體格健壯、沒有家室的人來說，離開故鄉赴京城工作並無多大害處，反正到哪裡都從事搶劫；對符彥卿來說，這也不是什麼離譜的事情，反正這段時間自己不用支付軍餉跟糧草，樂得耳根子清淨。

接下來的事情，符彥卿卻感覺不太對勁了。

乾德元年二月，剛剛從趙匡胤那裡領賞回來，這位皇帝就下詔斥責他執行力太差，不但自己是不法之徒，治下郡縣也未能大治（專恣不法，屬邑不治）[10]。鑑於符彥卿治理地方的能力太差，皇帝親自給符彥卿派來一批知縣。

離譜的是，皇帝派來的這批知縣並不是七品芝麻官，而是一批朝堂上的實權派：右贊善大夫（即今總統府祕書長）、大理正（即今司法院院長）、屯田員外郎（即今財政部國有財產局長）、監察御史（雖為從八品，卻有權參劾宰相）……可憐符彥卿，以前見皇帝時，就得對這些人點頭哈腰，現在居然一下子全出現在自己地盤上。

幾位高官下車伊始，就開始指手畫腳，還從京城調來一批同樣級別很高的「場務監官」負責本縣稅收，從此收上來的錢就與他節度使無緣了。

右贊善大夫周渭奉命出知永濟縣，符彥卿身為節度使也不得不出郊相迎，周渭在馬上見了符彥卿，只是作了個揖，連馬都沒下（略不降屈）[11]。這位周渭祕書長剛一到任，就開始重審當地案件，連個招呼都沒打，就把當年給符彥卿送錢、送名馬、送名犬的人都給喀嚓了。

在古代，司法、稅收權本是區域治權的象徵，現在，堂堂天雄節度使、管內觀察使、大名尹、領大名府事的符彥卿，居然被幾個知縣給架空了。儘管名義上他們是自己手下的知縣，但這些人都是皇帝欽點，跟天雄節度使可沒什麼關係。

符彥卿忽然發現自己被趙匡胤糊弄了——此時，他的廂軍已經被調去修河堤，精銳也被皇帝拉去背磚頭，他根本沒有反抗的實力！

沒有了錢、沒有了權、沒有了軍隊，看你怎麼跟我鬥！

開寶二年（西元九六九年），有人檢舉符彥卿謀反，符彥卿被貶為鳳翔節度使。宋太祖馬上又以「彥卿患疾」為名，要求他不必到鳳翔就任，來洛陽居住就可以了。可憐符彥卿，曾經擁雄師十萬，從此也只得忘情山水，不再過問政務。

符彥卿這樣的軍閥尚且坐以待斃，其他節度使只能任由趙匡胤「收其精兵」、「稍奪其權」。**此後，大宋王朝軍權統一於中央禁軍，地方廂軍成為純粹的工程兵；方鎮節度使不能擅自任命縣尉，州縣治權也再次回到中樞朝堂。**

10出自《宋史紀事本末》卷二：「……時符彥卿久鎮大名，專恣不法，屬邑頗不治，故特選常參官強幹者往涖之，自是遂着為令。」

11出自《宋史・周渭列傳》：「……時魏帥符彥卿專恣，朝廷選常參官強幹者涖其屬邑，以渭知永濟縣。彥卿郊迎，渭揖於馬上，就館始與相見，略不降屈。」

改變社會信仰：重商倡文，勞動力是創造財富的唯一手段

趙匡胤知道，要制驕兵強帥，不蹈前朝覆轍，必須讓人民從根本摒棄暴力，於是重商倡文，使金錢、品格成為社會的基本信仰，帝國方能長治久安。

對趙匡胤來說，解決個把符彥卿等只是細枝末節的技術性問題，沒有符彥卿可能還會有石守信，沒有石守信可能還會有王審琦。要想從根本上解決問題，單純靠武力、權謀、欺騙肯定是不行的。

五代以來「兵驕則逐帥，帥強則叛上」[12]，中原帝國變成一個弱肉強食的叢林社會，人類已退回生存競爭的動物層次。如果所有人認同的服從方式不是妥協而只有暴力，這樣社會根本就不會有道德底線，既然劫掠是每個人都認同的致富手段，金錢必然成為社會唯一的信仰。

大宋王朝要想不重蹈亡唐之跡，在剝奪武將軍權之後，就必須改變這種惡劣的社會信仰，否則下一個反叛者遲早都會出現。只有所有人都鄙薄暴力，認同勞動才是創造財富的唯一手段，才能避免玉石俱焚的社會大騷亂。

顯然，趙匡胤認知到了這一點。

暴力雖然卑鄙血腥，在聚斂財富、消滅異己方面確實有短平快的效果，但如何才能讓天下人鄙薄暴力呢？

皇帝是一國之君，一言一行在帝國臣民眼中都是榜樣，如果為政者始終宣導並以身作則，無疑就能在天下形成這種風氣，久而久之也就會形成一種社會習慣。為了做到這一點，哪怕要小題大做、要借題發揮。

以文制武，武將難與文官爭鋒

趙匡胤發揮的「小題」之一就是貨幣。

宋初鑄幣量不足，市場上的貨幣仍舊以五代貨幣為主，很多錢文上都有舊時的年號。登基之初，趙匡胤曾諄諄叮囑宰相趙普，一定不能以前朝年號為新朝年號。

乾德年間的某一天，趙匡胤突然發現了一枚舊時銅錢，上面印著「乾德」的字樣。這不是大宋王朝的年號嗎？

查證之下，原來自己的「乾德」年號曾是後蜀年號之一。趙匡胤非常生氣，據說為此還把宮廷裡一個房間砸了個稀巴爛，又把宰相趙普叫來一頓臭罵，最後告訴趙普：「你是一個不稱職的宰相，宰相當用讀書人，天下只有讀書人方能治之！」

自此，趙匡胤開始推行徹底的以文治武政策，武將出身的人，即使在軍隊裡也不得做主導者，必須在文官出身的官僚管理之下。在這種思想的主導下，武將很快失去了昔日的風采，有將領甚至感嘆：「即使我能擊潰契丹、收回燕雲十六州，也不若狀元鼎甲之榮！」

如果暴力不為所有社會層面所接受，當然也就不會有人靠暴力搶奪天下！

善待前朝遺孤，容忍異端開創新局

趙匡胤發揮的「大做」，是身體力行和對子孫的約束。

陳橋兵變後，大宋王朝善待後周遺孤，不僅宋太祖趙匡胤本人，也包括整個北宋的九位皇帝，沒有人對後周遺孤動手。我相信很少有人知道趙匡胤完成此事的方式，這種婦人之仁不符合某些治史者

12 出自《新唐書．兵志》。

心目中的帝王雄才偉略，自然不可能像「杯酒釋兵權」一樣被廣而告之。

趙匡胤曾以惡毒詛咒來約束自己的子孫——太祖勒石，這塊誓碑鎖在太廟之中，新任皇帝登基後才有資格入內跪拜，特摘錄內容如下：

第一，保全後周皇室子孫，縱然犯下謀逆之罪也只能令其自盡，不得拉到大街上去砍頭，更不得連坐家屬。

第二，不得殺讀書人，也不得殺勸諫皇帝之人。

第三，大宋王朝，不得增加農田之賦，此為永制。

凡我子孫，有違此誓，天誅地滅。

這就是趙匡胤為大宋王朝歷代君王樹立的治國理念——容忍敵人、容忍異端。只有一個容忍異端的世界，才可能為創新提供一個良好的社會環境，士農工商才可能獲得更多財富。如果社會風氣非此即彼、如果每個人都要無敵於天下、如果每個人都要消滅一切反對者（競爭），焉能為創新留下一絲一毫空間？

「稍奪其權，制其錢穀，收其精兵」，不一定全靠陰損的權謀。只要天下人都鄙薄暴力，事情就算辦成了！

可以用恩格斯（Friedrich Von Engels）[13]的一句話總結這段歷史：「每一時代的社會經濟結構形成現實基礎，每一個歷史時期由法律設施和政治設施，以及宗教的、哲學的和其他的觀點所構成的全部上層建築，歸根到柢都是應由這個基礎來說明的。」[14]

鼓勵自由競爭，唯創新才能富足

要使國富民強，就不能讓「地主」專美於前，因此，趙匡胤既不實行「均田制」，也不抑制土地兼併，且重商輕武，讓天下百姓自由競爭，不僅達到富國目的，更使北宋人才輩出。

兩千多年前那場震鑠古今的鹽鐵論戰中，西漢賢良文學曾經一針見血地指出，普通人把財富藏在自己的院子裡，而皇帝的院落是整個天下，只有民富才會有真正的國強！皇帝要讓自己院落裡的錢生出更多的錢，最有效的途徑就是讓國民變得富足起來。

這個道理說起來很簡單，卻是世界上最難辦到的事情：在某個特定的時間點上，天下財富的總量是一定的，國民富足了、皇帝必然就窮困。很多皇帝就是耐不住財富的誘惑，最後把自己的天下搞丟了。

讓自己院子裡的錢先多起來，宋太祖做到了。

宋代是中國古代經濟最為輝煌的時期，請注意，這裡沒有之一。唐朝在三百年間產出了五百九十億斤糧食，宋代首尾三百年共生產糧食一千二百八十億斤，比大唐帝國的一倍還多。而大宋王朝的面積即使在鼎盛時期，也不足唐朝一半。

《宋史．河渠志》[15]記載太祖、太宗年間當時的情況：天下之人都湧向京

宋太祖朝錢幣：宋元通寶。

©As6022014@wikimedia

13德國哲學家，馬克思主義的創始人之一，在馬克思過世後，幫助馬克思完成了其未完成的《資本論》等著作，並且領導國際工人運動。

14出自《反杜林論》，人民出版社，第24頁。

15元朝丞相脫脫和阿魯圖先後主持修撰，成書於至正五年（西元一三四五年），是二十史中最龐大的史書。

城，汴京的百姓比盛唐時富足十倍，即使有水旱災害的年景，水利設施也足以保證豐收；水路之上，舳艫蔽日，天下已經沒有財貨匱乏之虞。（悉集七亡國之士民於輦下，比漢唐京邑，民庶十倍。甸服時有水旱不至艱歉者，有惠民、金水、五丈、汴水等四渠，派引脈分，咸會天邑，舳艫相接，贍給公私，所以無匱乏。）

北宋有一幅畫叫〈清明上河圖〉，描述了當時的富足景象，這幅長達五公尺的畫卷穿越了千年時空，展示了一個畫中汴梁。明代詩人吳寬曾這樣形容〈清明上河圖〉：剛剛打開畫卷，就恍然感覺自己置身汴京，如遊龍般穿梭汴河之上，又絕無塵土撲面之感。

僅僅是文字和圖畫就已經讓人心馳神往，如果能置身於繁華的東京汴梁，又能一窺什麼樣的景色呢？從五代十國的天下大亂到如此盛世，趙匡胤是怎麼做到的呢？

財富根基由土地轉為人才

要清楚一個朝代的財富源流，就必須明白

財富的根基，畢竟貨幣只是財富代表而非本質。

宋代之前，中國最值錢也是最保值的東西是土地，然而，土地卻是官家豪強的囊中之物，只有成為最大的官僚，才能成為最大的地主，然後才是最大的商人。包括漢靈帝、唐僖宗在內的亡國之君，都不遺餘力地禁止土地兼併。然而，所有禁止土地兼併的努力都以失敗告終，一代代強盛的帝國無不走向了衰亡。

北宋是第一個不抑制土地兼併的朝代，趙匡胤也是第一個不實行「均田制」的開國之君。結果，北宋王朝不但逃脫西漢、大唐帝國留下的魔咒，還開創一代前所未有的盛世經濟巔峰！

為什麼？

如果土地是最值錢的東西，就一定要抑制兼併，因為，兼併土地就等於搶劫財富，抑制兼併就等於抑制官家豪強搶奪財富。反過來說，如果土地不是值錢的東西，也就沒有必要抑制土地兼併。

土地不值錢，那什麼最值錢？

創新，創新技術、創新產品、創新行業，這

北宋畫家張擇端所作〈清明上河圖〉（局部）。

才是最值錢的！

北宋年間，財富的根基是每一個人的才能，「貧富無定勢，田宅無定主，有錢則買，無錢則賣」[16]，這才是一種正常的社會階層流動機制，只有一個具備創新能力的社會，才可能產生大規模的財富流動。靠搶劫致富其實是弱勢群體才會做的事，這些人或者孔武有力、或者權傾一方，但他們始終不敢與真正的強者站在同一起跑點上競爭——說穿了，你就是沒本事！

關於這段歷史，首先回顧一下馬克思主義經濟學的論述。在馬列主義（Marxism-Leninism）經典作家的論述裡，資本主義產生的必要條件是勞動力成為商品，勞動力要成為商品必須具備兩個先決條件：第一，勞動者必須有人身自由；第二，貨幣資本高度集中。

用當代經濟學語言複述這兩個條件：第一，社會生產體系中不存在強制性主體，所有人力資本均可自由流動；第二，生產資料自由流動，向最有效率的生產者手中集中。

五代十國時，為地主耕種的人並不是自耕農，而是流離失所的農人，他們被稱為「部曲」，在地主家吃飯、穿衣，主人將之視為牲畜；這些人的婚姻也由主人指定，隨主人姓氏、沒有戶籍。（自幼無歸，投身衣飯，其主義奴畜之，及其成長，因娶妻，此等之人，隨主屬貫又別無戶籍。若此之類，名為部曲）[17]

這不是封建制，而是奴隸制！

北宋初年中原大地的勞動力不是奴隸制，也不是封建制，而是馬克思經濟學中所謂的「自由勞動力」。

全國民戶分為「主戶」、「客戶」，所謂「主戶」就是有土地的人，「客戶」就是沒有土地的佃戶。無論主戶還是客戶都是「齊民」，大家身分平等（主戶之於客戶皆齊民乎）[18]，客戶只是主戶雇傭的勞動者。客戶另有發財的路子可以「起移」（辭職），不需要取得土地所有者發給「憑由」（介紹信），每年收穫之後，就可以告訴地主去留意向，地主不得故意「沖勒」（卡住檔案，就是不放）。

以前不敢走，是因為走了就沒飯吃。土地兼併使天下人喪失了財富，「競次」[19]變得極其慘烈，人們只能留在土地上當奴隸，才能苟延殘喘。

現在不願留，是因為有的是發財的路子。北宋王朝幾乎開放所有行業的進入資格，只要你願意，想做什麼就做什麼。終北宋一朝，從未聽說所謂「抑商」，尤其是對小攤小販，朝廷才沒工夫去收那點可憐的稅（其販夫販婦，細碎交易，並不得收其算）[20]。

要看清楚一個經濟體是否有活力，不是看這個經濟體有多少大企業、大公司，更不是看它有多少世界五百強。一百年前，今天的世界五百強絕大多數還沒有生出來，英特爾（Intel Corp.）、微軟（Microsoft）、思科（Cisco）可都是一、兩個人起家的小作坊！

要看清一個經濟體是否強盛，最精準的資料是：有多少中小企業在競爭中成長、勝出直到成為全球性的跨國公司；所以今天我們才會反覆強調「支持中小企業」、「支持小微企業」，因為他們創造了近一半的就業機會、八成稅收和幾乎所有創新。

所以，只要對小企業開放所有的行業、留下足夠的創新空間，每一個普通人都能尋找機會、賺取金錢，在無數次試錯中，優秀者一定會脫穎而出，也一定能撐起明天！

16出自南宋・袁采《袁氏世範》卷三〈富家置業當存仁心〉。
17出自唐《唐律疏義・鬥訟》。
18出自南宋・胡宏〈與劉信叔書〉：「雖天子之貴，而保民如保赤子，況主戶之於客戶，皆齊民乎！」
19競次（race to the bottom）是指剝奪勞動階層的各種保障、壓低工資、放任自然環境的損害為代價，以獲得價格優勢的一種手段。
20出自《宋太祖護商詔令》。

從《金瓶梅》看北宋王朝的財富邏輯

若生在鹽鐵國家專營的前朝歷代，西門慶定無販鹽致富的機會。當時西門慶使的是白銀，而非銅錢，北宋貨幣最終價值需以白銀衡量，白銀從此成為中國貨幣家族成員。

相信很多人都聽說過一部叫做《金瓶梅》[21]的小說，故事就發生於北宋年間，主角西門慶恰恰就是一個小商小販。在此借助這群市井人群的成長，解析北宋王朝的財富邏輯——只有每個市井之人有了發財的機會，才有可能國富民強。

金瓶故事的開始，西門慶跟武大郎一樣是地攤商販。與武大郎自始至終只賣燒餅不同，擺地攤的西門慶很快就找到新的發財途徑——販鹽，並拿到自己的第一桶金——五百兩白銀。

糧食與錦帛等大宗物資免稅，其他只收二%營業稅

請注意，筆者說西門慶開始販鹽，不是說他販賣私鹽。

西漢以降，歷代王朝總是控制鹽、鐵、茶、菸、酒、香藥等的生產與銷售，唐末朝廷收入有九〇%都來自於這些專賣行業。北宋王朝雖然同樣也把觸角伸及鹽、鐵等行業，但很少真正控制它們的生產和銷售，最嚴厲的時候也只是向生產者發放「折中」（類似於今天的「配額」），生產和銷售兩端始終控制在私商手裡。**宋太祖一朝，京城、江南和河北路一帶，甚至完全開放了鹽、鐵、酒、茶，帝國只是將其做為普通商品徵稅。**

西門慶拿著自己的第一桶金，轉手在湖州、松江和河北路之間做起綢緞貿易。古語相傳「百里不販樵，千里不販糴」[22]，除了貿易極盛的漢文帝、隋文帝等幾個時代，百姓很少從事千里以外的長途

販運。盛唐時期貿易也算發達，但京城長安與山東、江南一帶的糧食販運主要是官府漕運，民間商人極少涉及。

宋太祖登基當年，即建隆元年（西元九六〇年），趙匡胤馬上頒布世界上第一部稅法——《商稅則例》。

《商稅則例》規定，對任何客商只一次性徵收二%的商稅，此後不得再有所留難。在當時，糧食、錦帛兩種貨物是數量最大、利潤最高的貿易商品，稅收額也最大。然而《商稅則例》不但明確規定糧食、錦帛等大宗物資免徵商稅，還要求各地不得將任何行政費用加在這兩種商品的貿易上。

富藏於民，白銀成為貨幣的最終本位

請注意，西門慶手中用的是白銀，不是銅錢。

在下一章會提到，北宋王朝建立在五代十國的廢墟之上，立朝時全國貨幣五花八門，又被分為不同的幾個大區，不同區域有不同貨幣。各地貨幣並不統一，如此長途販運，哪種貨幣才被認可呢？

隨著全國範圍貿易興盛，商人自己必然追求貨幣統一，能在全國得到認可的貨幣當然只有黃金和白銀，其中最主要的是白銀。開寶四年（西九七一年）朝廷下詔嚴懲偽造金銀之罪（並不是禁止金銀交易），可見當時金銀交易之盛。

宋太祖年間，白銀第一次成為民間交易的媒介之一，成為中國貨幣家族成員。在這個意義上，北宋貨幣最終價值必須以白銀衡量，正因如此，討論北宋貨幣是否官鑄、重量是否足值，其實沒有意義，因為白銀才是所有貨幣的最終本位。

21 明・蘭陵笑笑生著，與《水滸傳》、《西遊記》、《三國演義》並稱四大奇書，是中國第一部文人創作的長篇白話章回小說。

22 因成本考量，木柴不會販運到百里以外買賣，糧食也不會販運到千里以外買賣。

金瓶梅故事的結局，西門慶成為當地富戶。也許大多數人並沒有注意到，西門慶的產業涉及醫藥（中藥鋪）、紡織（綢緞莊）、餐飲（酒館）等多個行業，唯獨缺少一個領域描寫——土地，這也是金瓶故事中所有富人不曾涉及的行業。

一九八七年，盧興基先生在《中國社會科學》撰文，以「金瓶故事」為題慨嘆西門慶，認為北宋年間人們已經開始用新的商業思想價值考慮問題，這預示著一個「天崩地裂」的新時代即將到來。

最後，用《宋史》中的一句話做為這一節的結尾：各地的財富，大部分都分散在各家各戶，並不在官家。（一邑之財，十五六入於私家）

官員不能撈錢抓權，只能搏個傳世美名

北宋武將無用武之地，文官無治下實權，俸祿豐厚又不能經商，只能把力氣花在文化與經濟的發展，使得百業興盛、文化大家輩出，華夏民族文化在趙宋時期達到了前所未有的巔峰。

在前朝演繹的財富流轉中，封建官僚是經濟體中一種無可遏抑的病毒，他們的財富源自於小農，卻又會反噬小農。由於他們的存在，會在第一時間把所有社會壓力以級數擴大到社會最底層，又遮罩住皇權所有的惠民政策。所有社會財富向上流動，成本卻向下擠壓。

北宋王朝和西漢帝國、大隋帝國、大唐帝國一樣，都採用了「皇權—封建官僚—小農」的社會架構，宋太祖趙匡胤又是如何倖免於難的呢？

文官武將沒事做，官僚制度逐漸式微

回答這個問題之前，先來討論一個史學界的說法。自北宋以來，人們都認為北宋王朝「積貧積弱」。

你也許要問：「北宋王朝經濟不是極其強盛嗎？怎麼又變成了貧窮、弱小，還『積貧積弱』呢？」

其實，與前朝有權傾朝野的大臣不同，終北宋一朝，封建官僚的勢力都非常弱小；與前朝富可敵國的封建官僚相比，**終北宋一朝，封建官僚也都非常貧窮。弱與貧，皆為封建官僚，這就是所謂的「積貧積弱」**。

趙匡胤為了降低武將身分、防止武將反叛，弄出一個「兵不知將、將不識兵」[23]的軍事體制，武將手中多沒有實權。就連北宋備受尊敬的文官，同樣沒什麼權力，只能領一份乾餉。

武官、文官都只是有個待遇，根本不給實權。

北宋年間，唯一有事可做的中央機構是二府和三司，二府是掌管全國行政的中書省（政府）、掌管全國軍事的樞密院（樞府），三司是掌管全國財政的度支、鹽鐵、戶部。就連二府三司的第一行政長官，也都是臨時指派的。

其餘衙門還有三省六部二十四司，但這些衙門的官差日常事務其實只有一件，那就是——領薪水，其他職責（指差遣）都是被臨時指派，與自己的官職毫無關係。

總之，務必讓所有官員都找不到方向，也不知道自己是否有權、到底有什麼權。

在古代，一個封建官員的成長，不僅意味著職務的升遷，重要的是有多少解決實際問題的能力。調和真金白銀的衝突，就必然有真金白銀的誘惑，所以官員必須洞悉人性的弱點，才能平衡各種利

23 出自《宋史・兵志》。

益，最終解決矛盾。

一旦有了這種歷練，封建官僚往往就把才能用到撈錢的路子——這些人吃過見過，無論好人、壞人、能人、庸人都能擺平，將手中權力運用得淋漓盡致，所謂「監督之制」根本就是一句空話。

所以，封建官員的成長絕對是一把雙刃劍，既為封建帝王管理天下，又蛀空了帝國的財富根基。

趙匡胤為警告官員不得從商，拿宰相趙普開刀

在趙匡胤看來，封建官員根本就不是問題；既然我不告訴你該做什麼，乾脆告訴你什麼不能幹；有一件事當官的絕對不能做，那就是「經商」（含手工業）。

在北宋律令中，有一條非常奇怪的罪名叫做「經商罪」，大宋王朝所有官員不得經商盈利，也不得讓別人替代自己倒買倒賣[24]（臣僚自今不得因乘傳出入，齊輕貨，邀厚利，並不得令人於諸處回圖）[25]。

總之，俸祿之外的錢，都是不該拿的！

對大宋王朝來說，趙普有定江山社稷之功，是北宋王朝第一位宰相，不僅是「稍奪其權，制其錢穀，收其精兵」的首倡者，也曾經「半部《論語》治天下」。另外，趙匡胤與趙普私交甚篤，即使在稱帝之後，還經常獨自去趙普家。這位皇帝稱呼趙普的妻子為「嫂嫂」，喜歡吃嫂嫂親手做的烤羊肉。

君臣際遇、聖眷之隆，莫過於此！

開寶六年（西元九七三年）的某一天，北宋王朝有一位貶官非常鬱悶，他就是右監門衛將軍趙玭。唐宋相傳，京城有十六衛軍，是帝國最精銳的部隊，右監門衛是十六衛的一衛，右監門衛將軍是第三把手。

不料趙玭的兒子居然在汴京大街上開副食店，賣瓜子、豬頭肉、小吃什麼的。以前朝的眼光看，

如此高官的兒子居然混到在大街上開門臉，此情此景簡直把封建官僚的臉給丟光了。

但丟人，並不是問題。

問題是，趙匡胤知道了這一切，然後把趙玭一擼到底（撤除一切職務），讓他在家好好反省。對此，趙玭很是不服氣，於是他想到了一個辦法。

某日清晨，趙玭上朝時，「偶遇」宰相趙普。

趙玭如今只是一個被罷官的幹部，遇到當朝宰相，卻沒有絲毫避讓。不但如此，還攔住馬車，毫無懼色地把宰相拖下車。

在百官上朝的路上，趙玭開始大聲痛斥這位宰相，揭開他一些不乾淨的老底。

趙玭：「我聽說（請注意「聽說」二字）你身為宰相，卻去做木材生意？」

趙普：「……」（無語）

趙玭：「你從秦州（甘肅天水）、隴州（陝西隴縣）運來高大的木材，在京城販賣，有這事嗎？」

趙普：「……」（繼續無語）

在趙玭的喝罵聲中，趙普慌忙登上馬車，跑了。

這件事發生在早朝之前，地點又在上朝的路上，人物是趙玭、當朝宰相和眾多朝官——擺明了是告宰相趙普黑狀，讓皇帝知道，不只我一個人做生意，你的首輔之臣在做更大的生意。

趙玭的行為果然收到了效果，還沒等群臣在朝堂上商議政事，事情就傳到了皇帝的耳朵裡。身為故交，趙匡胤當然知道趙普的秉性——他確實手腳不太乾淨，曾收受別人十幾瓶金瓜子，還被臨時跑到他家吃烤羊肉的趙匡胤逮個正著。

24用低價實進物品後，以高價賣出，從中非法牟利。
25出自《宋史．食貨志》。

這一次，趙匡胤準備再給自己的手下上一課——以宰相趙普為例。

朝會開始的時候，宮殿裡突然站滿閣門衛士（宮廷衛兵）。趙匡胤沒等大臣們開口，就直接下令衛士把趙普趕出朝堂。

就在衛士要衝向趙普時，太子太傅王溥站出來向皇帝求情：「臣不求陛下寬恕趙普，但因為小吏一句話就開革宰相，未免不合法度，臣請徹查此事，再據實定罪。」

結果，這件事由王溥負責查辦。他給出的答案是：趙普前段時間買了塊地，現在正在蓋房子，在這個過程中，當朝宰相沒有倒賣木材，只是在秦州、隴州買了點建材，然後做很多大木筏，用木筏把建材運到京城。所謂倒賣木材，是趙普的建材到京後，把無用的木筏拆了，然後賣掉拆下的木頭。

最後的處理結果是：趙玭為發洩心中不滿，惡意中傷重臣，發配汝州；至於趙普，無罪。

大家千萬不要以為是王溥救了趙普，根本不是這麼回事。

鑑於皇帝當時的表現有點過激，王溥斷定趙匡胤又在借題發揮、小題大做，想藉此給滿朝重臣一個警示。然而，為幾根木頭就罷免一個宰相，怎麼說也是不可能的事情，要想真的讓趙普不能翻身，得找一個更狠的理由。

於是，王溥在案卷中又對趙普的房子進行說明：蓋房子的地皮不是趙普的，而是一個皇家的菜園

明朝畫家劉俊所作〈宋太祖夜訪趙普〉。

子，趙普居然用遠郊的一塊空地，糊弄到這塊好地皮；不僅如此，趙普還在這塊地段上蓋了一個旅店——邸店，也就是北宋的高利貸交易場所。

這就足夠了！

趙玭被發配之後，堂堂大宋開國宰相趙普被交由御史臺問罪，最終因經營邸店被罷相、貶去河陽（今河南商孟）。

宋太祖一朝，趙普是因經商被貶斥級別最高的官員，其餘因經商被殺的高官共二十九人。每逢大赦，經商之官遇赦不赦——讓你再跟黎庶搶錢嘛！

官員無法斂財建功，轉而追求名聲

當官不能做事，又不能貪汙，那麼這些人靠什麼吃飯呢？俸祿，非常豐厚的俸祿。

北宋的官俸體系非常複雜，真要說明白，估計又得是一篇博士論文。所以，在此只能說：這是一筆非常豐厚的收入，不幹活的時候有工資，幹活的時候另給獎金，另外還有服裝費、午餐費、僕人費等各種福利。以正七品俸祿為例，月薪三十兩白銀，按宋代米價折合，到今天約新臺幣五十多萬。

縣令都能年薪六百萬！幹活就被皇帝猜忌，又有如此豐厚的俸祿，堂堂大宋王朝，上自中書令、侍中、尚書，下至給事、郡縣小吏，大家不問朝政、一起怠工，都以被閒置為樂事，一碰到事情，就說自己不能勝任（筋力完壯，少虧謂病不任事）。

這麼多官、拿這麼多錢，不為黎庶幹活，他們在做什麼呢？

科舉可不是今天的高考，不但數年一次，每次全國也就一百多個進士名額，但凡能金榜題名者，一定都是絕頂聰明之人。在北宋，這些絕頂聰明之人有了新的事業，且非常具有挑戰性和創新性——文化產業。既然不能在朝堂之上建功立業，那就追求文名傳世吧！

歐陽修（生於西元一〇〇七年）、李覯（生於西元一〇〇九年）、邵雍（生於西元一〇一一年）、周敦頤（生於西元一〇一七年）、司馬光（生於西元一〇一九年）、張載（生於西元一〇二〇年）、王安石（生於西元一〇二一年）、沈括（生於西元一〇三一）、程顥（生於西元一〇三二年）、程頤（生於西元一〇三三年）……以上人物排名不分先後，而且沒有列全。這些巨匠都是中國文化史上的大家，幾百年都未必能出一個，然而，在不足三十年的時間裡，宋朝就能列出這樣一份名單。

官無事民自富，科技商業繁榮發達

北宋王朝是世界古代科學技術的巔峰。請注意，是世界巔峰、不是中國巔峰。除造紙術外，四大發明中的其他三項均誕生於北宋；曆法方面，北宋統天曆與今天的公曆完全一致；數學方面，秦九韶等一批數學家定義了多元高次聯立方程式，就連《射鵰英雄傳》（故事背景是宋朝）裡的東邪等武林高手，都經常以數學題考校對手……

在西歐尚處於黑暗中世紀的時候，宋初便有了四大書院：岳麓書院、白鹿洞書院、石鼓書院、應天府書院。

這是繼西周之後，又一代中華文化盛世！

隨著文化業興盛的還有印刷業，北宋大規模的印坊已有十萬左右的印版，這也同樣得益於趙匡胤開放私印圖書的限制。

亂世之源，表為流民、實為官吏。這些人本是最聰明的一群人，只要封建官僚能不與民爭利，自然也就「官無事，民自富」。在那幅傳承已過千年的〈清明上河圖〉中，所有一切都出現了不可過止的商品化，人們終於找到了真正的財富，那根本就不再是土地。

紡織業：東京開封絲綢業集中了來自全國各地的能工巧匠，四百多張織機、擁有一千多名工匠的工廠，只是中等規模。

造船業：北宋初年所造海船長達十餘丈，載重量達兩百噸以上，所貯糧食可供水手一年食用，甚至還可釀酒、養豬，現代分艙隔水工藝就是源自於此。

餐飲業：當時汴京有正店七十二家，相當於今天的星級酒店，大批茶坊和食店則散布於街頭巷尾。

娛樂業：瓦肆勾欄是當時的劇院、小劇場，大的劇場可以容納上千人，說書、小唱、雜劇、講史、小說、舞蹈以及雜技等等。如同《宋史・文苑傳》提到的：令人「終日居此，不覺抵暮」。

馬克思（Karl Marx）曾經說過：「城市工業本身，一旦和農業分離，它的產品一開始就是商品。」[26]這不是資本主義萌芽，而是資本主義興起！所以，陳寅恪[27]先生才說：華夏民族文化，歷數千年之演進，造極於趙宋之世！

26出自《馬克思恩格斯全集》卷二五。

27陳寅恪（西元一八九〇～一九六九年），現代歷史學家、古典文學研究家，為中央研究院院士，著有《柳如是別傳》、《寒柳堂記夢》、《隋唐制度淵源略論稿》、《唐代政治史述論稿》等。

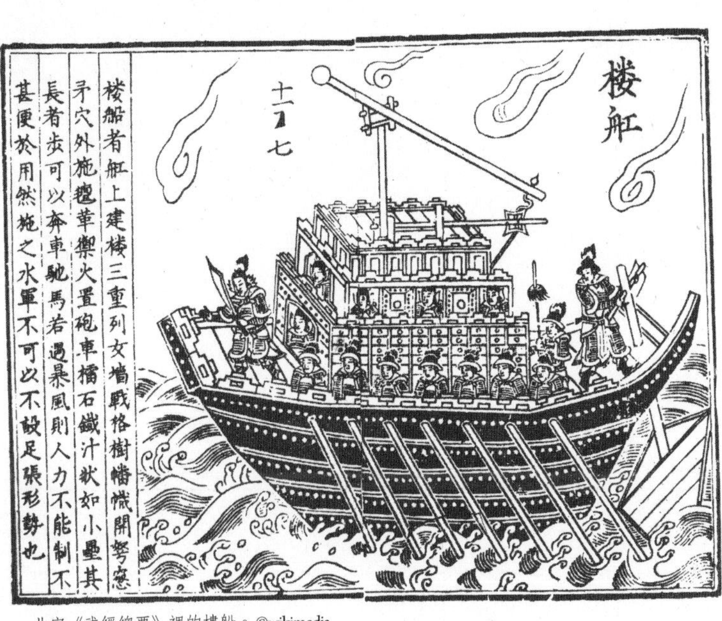

北宋《武經總要》裡的樓船。©wikimedia

北宋。

宋太宗～宋真宗
西元976～1022年

第二章

武力打不贏，北宋靠貨幣戰爭收服契丹人

人類第一代紙幣「交子」的興衰榮辱

強者可以印貨幣掠奪弱者財富，
這個邏輯卻不可能反過來：
貨幣爭霸的基礎是產業創新，
強國根本不用理會弱國的貨幣，大不了不跟你做生意；
弱國卻必須購買強國商品——因為自己造不出來。

北宋不統一貨幣，銅錢、鐵錢、紙幣並用

怎樣才能讓蜀人不繼續造反呢？讓蜀人的錢花不出去，沒錢就無法造反了！

宋軍入蜀前，這裡本來是銅、鐵並行，兑換比例約為四比十。宋軍入蜀後，沒有官鑄銅錢，官府又堅決禁止銅錢私鑄和流入，銅錢數量急速下降，兩者實際兑換價格超過了一比一百。

北宋貨幣是中國古代貨幣的巔峰之作，錢文、製作工藝都稱得上前無古人、後無來者。但是，北宋貨幣又極為特殊，西漢帝國、大隋帝國、大唐帝國，每一代鼎盛封建王朝都出現了統一的貨幣，可是，北宋王朝卻從來沒統一貨幣。

北宋年間，全國貨幣分為典型的幾個區域，開封府、兩浙路、廣南東西兩路等經濟富庶的地方用銅錢，成都府等地用鐵錢，陝府西路則銅鐵兼用，不但如此，最後還搞出來一個「交子」——即人類第一代紙幣。

交子的起源在於蜀地，這個地方原來用鐵錢。

後蜀為抗周世宗，開始鑄行鐵錢

蜀地是一個相對封閉的地理環境，正是因為蜀道之難，才使其免遭戰亂。五代十國一甲子亂世中，中原大族和大批百姓入蜀定居，天府蜀地得保獨善其身，始終是一派承平氣象。

十國之一的後蜀末代君主孟昶是一個才華橫溢的人，詩詞歌賦、文墨工筆，樣樣精通，喜歡打球（蹴鞠）、馬術，還是對聯的發明者。

對普通人來說，「才華橫溢」絕對是溢美之詞，但用在一個帝王身上就未必是件好事了。因為，

所謂「才華橫溢」，可能是根本不知人間冷暖。

他們的藝術才華只會把繁瑣的世務變得更加迷離，比如，這位「才華橫溢」的孟昶就任命了一批「才華橫溢」的大臣：宰相歐陽炯擅長吹笛、知樞密使事（最高軍事長官）王昭遠擅長填詞……

承平時節，這些人或許可以用來裝點門面；多事之秋，這些人竊據朝堂就會捅出婁子。

後蜀廣政十八年（後周顯德二年，西元九五五年），蜀地世外桃源式的生活結束了，當年，後周攻取了後蜀的秦、鳳等州。面對強大的周世宗，孟昶上表請和，但最後的署名卻是「大蜀皇帝」。

《宋史》提到，孟昶這個自稱皇帝的署名，激怒了周世宗柴榮，他一怒之下沒有給孟昶回信，於是孟昶非常害怕，開始在劍門、白帝積極屯兵備戰。

唯天有設險，劍門天下壯；一夫怒臨關，百萬未可傍。[1]不過，以蜀道做為防守屏障是有前提的，那得要有錢。

防守方不能出蜀，必須把戰場引到蜀道之上，劍門（四川劍閣縣北）、白帝（重慶奉節縣東）就是這樣的地方。把軍隊、物資運到這些地方，跟進攻這些地方沒什麼區別，後蜀同樣要翻越猿猴難攀的崇山峻嶺——那得耗費多少資財！

周世宗好心計。你不是要防守嗎？只需做出猛虎在山之勢，就能把你拖到筋疲力盡，把你耗費得差不多了，再慢慢收拾你！

從那個時候起，為了供養兵需，後蜀就已經開始鑄行鐵錢了。

周世宗雖然沒有攻取蜀地，卻為趙匡胤掃平後蜀奠定了堅實的基礎。乾德二年（西元九六四年），宋太祖趙匡胤派兵攻取後蜀，整個戰事只用了六十六天。

然後，孟昶就被弄到汴梁成了秦國公，專心致志去寫詩詞了。這個時候，詩人皇帝才想到一個問

1出自唐．杜甫《劍門》。

題：「以豐衣美食養兵三十年，為何無一人為我向東發一箭？」

孟昶投降了，蜀地卻重陷戰爭。

防造反，趙匡胤出奇招：改變貨幣發行

降宋之前，蜀地富庶程度直追江南，也正因為蜀地富庶，伐蜀主將王全斌才放縱部下搶奪財貨。至於王全斌本人，除了經常隨意剋扣降兵降將的軍餉，連後蜀士兵原有的隨身財物也不放過，甚至數以萬計地殺降。

王全斌的所作所為終於激起了眾怒，乾德三年（西元九六五年）二月，原後蜀文州刺史全師雄率領數萬後蜀降兵反叛，一度圍攻成都。《宋史》記載了當時的情形：王全斌專殺降兵，擅自取走官庫裡的錢財，奪人妻女，搞得怨聲載道，最終激起兵變。（專殺降兵，擅開公帑，豪奪婦女，廣納財貨，斂萬民之怨嗟，致群盜之充斥）

蜀人為這場叛亂付出了十多萬條生命，叛亂也在宋人和蜀人之間種下了仇恨的種子，從此，蜀人不再信任宋朝官員、宋朝官員也一直視蜀人為叛亂之源。

怎樣才能讓蜀人不繼續造反呢？

讓蜀人的錢花不出去，沒錢就無法造反了！

趙匡胤統一全國後，不惜耗費國庫中的銅材，收兑南唐等地原來的惡錢和鐵錢，**唯獨在蜀地，大規模發行鐵錢、極小規模發行銅錢，運銅錢入境者死罪**。

蜀地誰在用銅錢？

大宋王朝派來的高級官員。除了這些人，所有銅材一律只能出、不能進。

誰在用鐵錢？

除了這些高級官員以外的所有人，都必須用鐵錢。繳稅則一律用錦帛、糧食、白銀或者實物，徭

門不收鐵錢。

宋軍入蜀前，這裡本來是銅、鐵並行，由於貨幣私鑄，銅錢、鐵錢並無多大區別，銅、鐵錢兌換比例約為四比十。宋軍入蜀後，沒有官鑄銅錢，官府又堅決禁止銅錢私鑄和流入，銅錢數量急速下降，最直接的結果就是銅鐵比價飆升，兩者實際兌換價格超過了一比一百。（鐵雖百無得一銅）

以銅錢計價，銅錢在宋廷統治者手中，鐵錢在蜀地原居民手中，蜀人名義財富立刻貶值百倍。

不過，宋廷只獲得名義上的財富，只有限制銅錢流入，才能維持現有的銅鐵比價，一旦以銅錢購買當地物資，銅鐵比價自然會隨之下降。如此比價之下，宋廷根本拿不到真實的財富。

趙光義名為統一貨幣，實為洗劫四川財富

開寶九年（西元九七六年），趙匡胤在「燭影斧聲」[2]的傳說中駕崩，新任皇帝宋太宗趙光義又想到一個更好的法子。

太平興國四年（西元九七九年），趙光義提出，全國貨幣終究要統一，比如益州的鐵錢。當然，這是一個重大的政策，要先試點、後推廣，不搞一刀切。於是以十年為限，逐年增加蜀地銅錢流通比例，蜀地每年一〇%貨幣改為發行銅錢，直到十年後，才完全取代當地鐵錢。

聽起來這個政策還是滿不錯的，為貨幣統一指明了方向；實際上，根本不是這麼回事。趙光義統一貨幣的唯一手段（請注意「唯一」二字）只是要求蜀地開始以銅錢繳納稅收，按銅錢投放量，每年遞增一〇%計算，每年稅收中也要遞增一〇%的銅錢。

蜀地稅收確實每年遞增了一〇%，至於投放一〇%的銅錢，根本就沒那麼回事，依舊是私運銅錢

2趙匡胤召弟弟晉王趙光義進入寢宮，兩人獨自對飲。當夜趙光義留宿於禁宮。第二天趙匡胤便已去世。趙光義按遺詔即帝位。「燭影斧聲」疑案就指此事。也有人認為不是疑案，只是趙光義弒兄奪位的藉口。

入境者死、蜀地銅錢一律出蜀，蜀人無法依靠正常途徑獲得銅錢。銅鐵比價本就已高達一比一百，如今每個人的賦稅都要收一○%的銅錢，還要年年遞增。

黎庶只能以更賤的價格向朝廷出售自己的財富，太平興國五年（西元九八○年），蜀地銅、鐵比價居然達到了一比四百，蜀地財富遭到一次空前大洗劫。在這盤趙光義精心布下的棋局中，蜀地百姓完全處於被動挨打地位，連還手的機會都沒有。

蜀地物價騰貴，人們的日子一天不如一天，即使偷偷融化佛像、毀掉古銅器甚至去盜掘古墓，也只能交到四○%或五○%的稅賦，很多人因此獲刑入獄。

這還用十年嗎？三年就把蜀地的財富搶得差不多了。

宋真宗淳化四年（西元九九三年），青城縣茶商王小波、李順聚眾百餘人起事，義軍橫掃了整個川蜀，北宋王朝被迫放棄這種「剃頭式」的搶劫。

四川發展出人類第一代紙幣——交子

四川蜀地在人類貨幣史上，占有極重要的地位，即使在宋太祖、宋太宗、宋真宗三代帝王貨幣政策的打壓下，蜀地始終是北宋最富裕的地區之一，並且發展出人類的第一代紙幣——交子。

史籍中並未確切記載源自北宋蜀地交子產生於何時，只是《續資治通鑑長編》卷五十九中提到過一句「自李順作亂遂罷鑄。民間錢益少，私以交子為市。奸弊百出，獄訟滋多」。這句話讓歷代學者、貨幣收藏者對交子起源，展開了豐富的想像。

其中最有想像力的說法是：交子的創始人是王小波、李順起義軍。持這種觀點的人，大概是想把第一張紙幣的榮譽歸於起義軍；實際上，如果交子真是王小波、李順創立，那麼交子就應該隨著義軍覆亡。然而，交子最盛行的時代，恰恰是王小波、李順覆亡之後。所以，事實並非如此。

流傳最廣泛的說法則是：鐵錢實在是太重了，為蜀人交易帶來了很多不便，於是，人們集思廣益發明了交子，即紙幣。持這種觀點的人不乏日人加藤繁[3]、范文瀾[4]一類的大師級人物，他們無一例外舉出了一個例子：匹絹要兩萬鐵錢，實在是太重了。與鐵錢相比，紙幣輕便易於攜帶，在不允許銅錢流通的情況下，以紙幣代替鐵錢。這種說法聽起來還是滿有道理的。

東漢初年公孫述據蜀、三國蜀漢、五代孟蜀時期，蜀地都曾出現過鐵錢，但都沒有產生交子；僅就北宋而言，鐵錢流通的地區也不只蜀地，河東、陝西及廣南、江南和福建等地也是銅、鐵兼用，這些地方都沒有產生交子。

宋太祖、宋太宗、宋真宗三代帝王先後在蜀地發行過四種鐵錢，即平蜀錢、大鐵錢、景德大鐵錢、祥符大鐵錢。

其中，流通範圍最廣的是平蜀錢，每文僅重一錢，其餘幾種大鐵錢雖重約兩錢，每枚卻能當十枚、乃至百枚平蜀錢使用。以祥符大鐵錢與平蜀錢的兌換比例，按照「匹絹兩萬錢」的價值計算，僅重二十餘斤。

一匹絹加上包裝的重量，想來比二十斤少不了多少，鐵錢計量重量在古代交易中並不是一個大

3 加藤繁（西元一八八〇～一九四六年），日本歷史學家、東洋史家、文學博士，明治、大正、昭和時期的中國經濟史著名學者，被譽為日本研究中國經濟史的第一人。

4 范文瀾（西元一八九三～一九六九年），中國歷史學家，曾任職於南開大學、北京大學、北京師範大學、中國大學、輔仁大學等。著有《中國通史簡編》、《水經注寫景文鈔》、《太平天國革命運動》、《范文瀾史學論文集》等。

數。所以，蜀地產生交子，主要原因並不在於鐵錢沉重。

那麼，交子究竟是怎樣產生的呢？

以下憑著零星史料以及對金融學的理解，還原這段歷史：「金銀天生非貨幣，貨幣天生是金銀」[5]，不僅因為金、銀、銅等貴金屬易於分割，而且因為這些重金屬確實生產費力，可以代表財富。**紙幣取代金屬貨幣需要一個最重要的條件，那就是：所有人都信任發行紙幣的人，相信他有能力兌付所有持幣人的財富。**

北宋紙幣——交子。

那麼，什麼人才有能力讓所有人都信任他呢？

有錢人、特別有錢的人、特別有錢而又有信譽的人，只會耍嘴皮子的官府絕對沒有這種信譽。漢武大帝如此武功，推行皮幣尚且無疾而終，何況是「積弱積貧」的北宋。

民比官富，有錢人私印存款憑證

太祖、太宗、真宗三代帝王不遺餘力地削弱蜀地經濟基礎，但蜀地始終是北宋最富裕的地區之一，正是所謂的「揚一益二」[6]。

更關鍵的是，這裡最富裕的人不是官，而是民。

根據《宋會要》[7]記載，整個中國歷史上，富裕的城市都是郡縣所在地，城市既為統治者的行政中心，也是非獨立的經濟中心。唯獨北宋年間的蜀地，州不如縣、縣不如鎮，最富有的地方都是各縣自發形成的市鎮——正月燈市、二月花市、三月蠶市、四月錦市、五月扇市、六月香市、七月七寶市

[8]、八月桂市、九月藥市、十月酒市、十一月梅市、十二月桃符市——成千上萬艘船隻航行在各條河流之上，桅杆連綿千里不絕。（建帆高掛，則動越萬艘，連檣直進，則倏逾千里……）[9]

西方第一代貨幣也出現於封建城堡之外的市鎮，隨著封建城堡外交易逐步發展，各城鎮開始自己鑄造銀條。後來，信譽卓著的商人憑藉自己的存銀開創了匯票，再逐步演變為銀行券。

蜀地交子應該也是這樣一個過程（交子之法，出於民之所自為）[10]。先說《續資治通鑑長編》中提到的前半句「民間錢益少，私以交子為市」。

第一步，存單。最初的交子並非紙幣，而是類似唐朝邸店開出的存款憑證，存錢的邸店逐步發展為「交子鋪戶」，存款者要給交子鋪三%的手續費。交子面額完全按存款人存入的現款數目臨時填寫（書填貫，不限多少）[11]。因為不能用做支付手段，初期的交子實際是存款憑據，與紙幣的性質完全不同。

第二步，支付媒介。現代銀行對存單收取三%的提現手續費，是一種又昂貴、又不靠譜的銀行中間業務，應屬於被整頓之列。一取、一存就要花掉本金的六%，還不如直接把交子交給對方。拿到交子後，收款方可以直接以交子去交子鋪兌現，這樣就省下了三%的匯兌費用。於是，交子鋪開出的交

5出自馬克思《資本論》。

6揚州位於第一，益州居於第二。這是唐代後期社會上對揚、益二州繁榮的稱道。

7由當朝史官收集當時的詔書奏章原文，加以分類編寫而成，共五百卷。

8以多種寶物裝飾的器物。

9出自北宋．蘇德祥《新修江瀆廟碑》。

10出自明．邱浚《大學衍義補》卷二七：「呂祖謙曰：『……蜀用鐵錢，行旅齎持不便，交子之法出於民之所自為，托之於官，所以可行。』」

11出自《宋朝事實．財用》卷一五。

子在當地就成為了交易媒介（無遠近行用）[11]，成了交子從存單演變為紙幣的關鍵。

第三步，貨幣創造。對現代銀行來說，存款者不可能在某個時刻全部提現，否則就是金融危機了。所以，銀行只要留出維持日常營運的現金（學名「準備金」），就可以把其餘的錢用來放貸款了；貸款者拿到現金，會將這些錢再存到銀行，然後銀行再用這些錢放貸；一來二去，本來一塊錢的存款，可能產生十塊錢的現金，這就是所謂的「貨幣創造」。

用存款創造存款，交子鋪賺翻了！

存款能自己再創造存款，這無疑是一筆巨大的財富，交子鋪當然也會意識到這一點。於是部分精明的交子經營者意識到，挪用別人的現錢放貸，放貸後還可以再增加存款，從而使自己手上的錢成級數增加；部分愚蠢者則用留存的現金買房子、買店鋪、買寶物（收買蓄積，廣置邸店屋宇，田園寶貨）[11]，用現代的話來說，叫做「侵蝕存款者利益」。

從事農村金融的人一定知道，養殖、種植業每年都有一個用錢的高峰期，那就是每年收穫的季節。養魚戶在出漁時，要拚命向水塘撒飼料，養豬戶要在出欄時拚命催肥，農產品收購者也要在此時集中資金組織收購。

北宋時，蜀地以蠶桑、種植為主，在每年麥子將熟、新絲上市時（每歲絲蠶米麥將熟）[11]，**交子鋪在沒有存款的情況下，提前印行一批交子**（又印交子一兩番，捷如鑄錢）[11]，**借助自身信譽創造貨幣，用於放貸款，著實賺上一筆**。

直到此時，交子才是完整意義上的銀行券，成為世界上最早的紙幣。

人類歷史上的第一次金融危機

最後，解釋一下《續資治通鑑長編》中那句話的後半段「奸弊百出，獄訟滋多」。

《續資治通鑑長編》雖是一部私人編纂的史書，卻帶有鮮明的官方背景。作者李燾累任累遷州縣官、實錄院檢討官等，而「奸弊百出，獄訟滋多」是一句帶有嚴重情緒性的話，指的便是侵蝕存款人利益的交子鋪。

在某個時間點，交子鋪印刷的交子面值確實已經大於鐵錢準備，如果有人煽風點火搞一下擠兌，交子必然不能全額兌付現金。

坊間傳聞交子鋪用存款人的錢買房子買地、增印很多交子收購新絲，結果，存款人集體衝向交子鋪，引爆了人類有史以來的第一次金融危機，一批交子鋪因此倒閉，史稱「爭鬧」。所謂「爭鬧」史籍僅是一帶而過，想來規模不會很大。

那麼，在人類第一次金融危機中，紙幣（交子）持有人損失了多少錢呢？損失了二〇％到三〇％的錢財，一貫錢（一千錢）的交子最後只能拿到七、八百錢。

先別急著痛斥北宋蜀地交子鋪，當代經營最穩健的銀行槓桿比率，不知比這要高出多少倍。二〇一一年，中國人民銀行把存款準備金率提高到二〇％，銀行界就叫苦連天了。實際上，即使二〇％存款準備金、銀行再留出五％的超額準備金、加上營運現金，銀行準備金率也不會超過三〇％。也就是說，在存款準備金率最高的時代，如果所有人都拿著存單在同一個時點去銀行提款，任何一家銀行最多只能支付三〇％的存款。相較之下，交子鋪能兌換七〇％到八〇％的存款，準備金率已經很高了。

金融的本質是信用，有信用時是金融，沒信用時就被稱為「騙術」（Ponzi scheme，學名龐氏騙局）[12]**。人類社會發展到今天，只要經濟還在運行，融資就會永遠存在，有融資就必然有信用，有信**

12由投機商人查爾斯．龐茲（Charles Ponzi）創始。又稱「非法集資」或「非法吸金」，利用新投資人的錢，向舊投資者支付利息和短期報酬，製造賺錢的假象，以騙取更多的投資金額。

用就必然有人會失信，這是人性常態。

信用與騙術、金融與龐氏騙局，其實只有一線之隔，其中的差別在於騙術和龐氏騙局不能真正創造財富，金融卻把錢送到最能創造錢的地方。幾個富商「奸弊百出」並不是多大的問題，經濟運行會自動淘汰信用卑劣者，最優秀者、最有實力者、最有信用者，終將在競爭中勝出。

當年，成都富商公議：由市面實力最雄厚的十六家富商出面整頓交子，此後，只有這十六家富商可以發行交子，交子面式統一，持票人可以到十六家富商中任意一家兌付鐵錢。

防外族拿鐵幣改鑄兵器，北宋在四川全面禁鐵幣改紙幣

由於四川北方游牧民族利用貿易，取得四川的鐵幣之後改鑄兵器，北宋王朝禁不了貿易，只好禁鐵幣。官府開始與擁有交子鋪的民間十六富商爭奪交子的權利。新任知府張詠與十六富商鬥法不成，益州轉運史薛田再接再厲，終於將交子發行權收歸國有。

大宋王朝西北居住著一個游牧民族——党項族，多在鄂爾多斯、甘肅走廊一帶活動。他們用自己的馬匹、牛羊換取北宋的糧食、紡織品、瓷器，首領僅在名義上接受北宋王朝的冊封（定難軍節度使）。

然而，北宋王朝並沒有真正統治驍勇善戰的党項人。

宋太平興國五年（西元九八〇年），宋太宗收到一份大禮。那一年宋太宗很高興，西夏國因爭奪王

位內亂，新任首領李繼捧為獲得強大的外援，主動提出把自己的夏、綏、銀、宥、靜五州獻給宋廷，党項貴族所有宗族子弟內遷至東京汴梁。

對於這份厚禮，宋太宗當然不會客氣，立即下令所有党項貴族內遷，並以極高的效率任命了夏、綏、銀、宥、靜五州地方官。

對党項族人來說，這絕對是一個餿主意，相當於把所有後代都抵押給宋朝了。最直接的結果就是：李繼捧的反對者李繼遷公開反叛，李繼遷、李繼捧大打出手。雙方爭奪的焦點在陝北橫山一帶，李繼捧的支持者是北宋王朝，李繼遷最重要的支持者則是橫山一帶的南山党項。

按照党項族當時的生產力發展水準，本來是連鐵器都造不出來的，以精鐵鑄造兵器就更不可能了，按常理推測，李繼遷戰勝的機率並不大。

唐朝以來，蜀地與党項之間的貿易已經有數百年歷史，史載，北宋初年商路上揚起的煙塵就如同天上的烏雲。北宋在橫山地區沒有建立有效的統治，只有在這裡，蜀地鐵錢才能換成銅錢，於是，蜀人對党項貿易趨之若鶩。

偏偏南山党項就是蜀人最主要的交易夥伴，他們的漢化程度已經相當高。雙方開戰之後，鐵錢對南山党項有了新的意義，據《劍橋中國遼西夏金元史》[13]記述，南山党項所獲得的鐵錢都被重

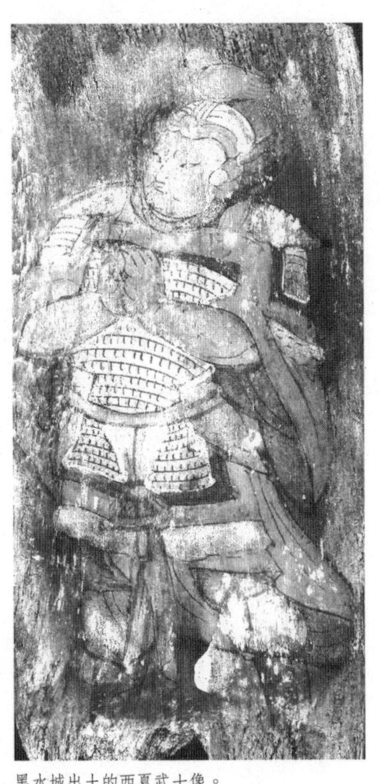

黑水城出土的西夏武士像。

13傅海波、崔瑞德編，史衛民等譯。一九九八年，中國社會科學出版社出版。

鑄成兵器。

要防止南山党項繼續鑄造兵器，就必須防止他們獲得鐵錢。

要防止南山党項獲得鐵錢，就必須禁絕與他們貿易。

要禁絕與南山党項貿易，禁絕不了……

問題的癥結在於南山党項也有自己的優勢，除了牛羊、馬匹之外，南山党項還有一個重要的資源——烏池、白池。烏池、白池出產青鹽、白鹽，品質遠高於北宋土產的解鹽（山西解池出產的鹽），價格卻只是宋朝的五分之一。

正是因為青鹽、白鹽的存在，即使宋廷關閉了橫山一帶的官方貿易場地（榷場），還是有一批自發的民間小市場（和市），蜀地鐵錢還是源源不斷地變成党項戰士手中的利劍。

既然禁絕不了宋夏貿易，就得禁絕蜀地鐵錢！

關鍵人物一：張詠想整垮民間交子鋪，改成官方發行

真宗年間（西元九九八年～一〇二二年），蜀地出現了交子，而且出現「爭鬧」。問題終於有了答案：用交子取代鐵錢，既遏制蜀地，也能防止南山党項繼續獲得鐵錢！

當然，如果能由官府自己發行交子就更可靠了。

只要原發行者喪失信譽，更有信譽的發行者自然取而代之，十六富商因而取代原來星羅棋布的交子鋪。如果十六富商不主動喪失信譽，朝廷還可以有很多方法讓他們被迫喪失信譽……

第一位關鍵人物，益州知府張詠就此出場。張詠，進士及第，詩文俱佳，是真宗、仁宗兩朝重臣，官至禮部尚書，死謚「忠定」，號稱「治蜀名臣」，甚至有人將其與趙普、寇準並列為北宋三相……

還有另一種解釋：與西漢義縱、武周索元禮一樣，張詠是個什麼都敢幹的傢伙，他心黑手毒、心

思縝密；年輕時曾身懷萬錢出遊，夜投邸店，就因為店家說了一句「今夜有生意了」，張詠就殺了人家全家，事後還縱火滅跡。

不過，張詠又與西漢、初唐的酷吏不同，他為官後嫉惡如仇、忠於職守，還曾經把大部分精力用在對付蜀地富人身上……

真宗咸平六年（西元一〇〇三年），張詠剛到成都時，蜀地第一波金融危機剛剛結束，十六富商正聯名發行新交子。

新任知府張詠很有經濟學頭腦，他認為：交子鑄幣權的背景是十六富商卓著的市場聲譽，如果官府再為十六富商確定交子發行權，就更是錦上添花了；張詠同時發現，鑄幣權有著特殊的價值，交子發行權其實是一種特殊的收入（鑄幣稅）。

既然是一種收入，十六富商就要為此付出代價。

張詠會晤了十六富商的首腦人物王昌懿，雙方進行友好會談，王昌懿表示要全力支持新任知府，張詠強調益州府衙高度重視交子發行工作，將以府衙的名義，為十六富商確認發行交子的特准權；張詠還指出，為了體現官民一家親，十六富商要為益州知府承擔成都一部分公共費用，比如，無償為衙門修建河堤、建糧倉、賑濟老弱孤寡……

這個主意聽起來不錯，對十六富商來說，獲得官府特准等於確認了交子合法性，十六家私商成了中央銀行，為中央銀行牌照出點血，值得！

此後，每當知府衙門有事（或者沒事），十六富商就會定期、不定期向衙門支付一筆交子。張詠拿到這些交子，也不怎麼兌現，十六富商手中的鐵錢儲備並未因此顯著下降，雙方相安無事多年，交子也就這麼流通下來了。

張詠到任後第四年的某一天，十六富商之首的王昌懿家中突然出現了一批不速之客，這些人手裡拿著刀槍，還帶著大批交子，要求當場兌付鐵錢——他們是知州張詠派來兌換現金的。王昌懿是十六家富戶中的首富，如果他倒下，十六富商將無一倖免，當天，十六家富戶硬咬著牙兌付了這些鐵錢。如果說知府大人有急事，集中兌換一批鐵錢，事情也說得過去。不過，接下來的事情就不太尋常了。

成都市面上出現種種傳聞：有人說，知府帶著士兵去了王昌懿的交子鋪，這哥們是不是犯事了；有人說，知府張詠帶人去王昌懿家取錢，但並未取到，一怒之下知府查封了王昌懿家；有人說，十六富商跟以前的交子鋪沒什麼區別，他們把大家的錢都拿去買宅子買地、甚至放高利貸了，現在，連官府都取不到現錢……

所有傳聞都歸結到一個結論：大家一起去十六家富戶兌付現金吧！

這次比較幸運，與之前交子鋪不同，十六富商發行交子不足數年，交子多集中在成都少數富戶手中。這些人人數較少卻占了交子數量的大頭，他們知道內情，也知道交子擠兌的危險性：如果這十六家富戶最終真的不能兌付現金，所有人的財產都會在瞬間化為烏有。

最後，成都富商公議，富人都不參與擠兌，但要求十六家富戶承諾分期兌換現金，兌換現金後是否再次轉存，由存款者自定。

這一次張詠沒能擠垮十六家富戶，別著急，咱還有後招。

《宋史．食貨志》記載，「張詠鎮蜀，一交一緡，以三年為一界而換之」。張詠定下的這個所謂「三年為一界」的章程，得益於上一次擠兌事件中成都富商與十六富商所簽的協定，既然十六家富商簽訂了現金兌換協議，為了公平起見，那麼也要跟所有人簽訂兌換協議：每三年為一限，一旦到期，十六富商要向所有持幣人兌換一次現金。

宋真宗朝錢幣：咸平、景德、祥符元寶、天禧通寶。

至於時機，就選擇新絲上市的時節。**十六富商與成都富商之間確實有協議，不過兌現的時機自定，斷然不會選擇同一時間點，更不會選擇新絲上市的季節。現在，三年後所有交子持幣人都要來兌換現金……**

實在太損了，原本十六富商可以借交子實現自己的信用擴張，如今不但不能擴張貨幣，還要定期把所有現金都兌換給持幣人。

這日子還過不過了？

可謂交子之幸的是，真宗大中祥符三年（西元一〇一一年），就在第一次兌換即將到期時，張詠被調走了。儘管《宋史》對張詠讚頌有加，但在我看來，還是時人的一句評論更為中肯：「幸好張詠生在太平盛世，若是生在亂世，那真是不堪設想……」

關鍵人物二：薛田保留交子鋪，但直接將發行權收歸國有

讓十六富商喪失信譽的第二位關鍵人物，是益州轉運使薛田。

薛田，進士及第，歷任知縣、御史中丞、三司度支判官等職。其中，三司度支判官專管錢糧，相當於四川財政廳長兼央行成都分行行長。也就是說，薛田金融從業經驗多年，熟悉貨幣運行規律。所以，與誠心想搞垮十六富商的張詠不同，薛田不但想保住交子鋪，還想將之收歸朝廷所有。

薛田到蜀地任職的時候，北宋和党項已經打了很多年，蜀地距離前線很近，負責為陝北前線提供糧食、布匹、生鐵等戰爭物資，收上來的錢經常不夠花。

如果衙門掌握了交子發行權，那就不一樣了！

張詠走後，成都市面已有公議：「為保證交子發行，交子仍以三年為屆，到期可兌換為現錢，也可以將舊交子換成新交子。」在實際運行中，絕大部分人都選擇將舊交子換為新交子。

可現在，薛田來了。

大中祥符末年（西元一〇一五年），薛田剛剛到任就上書宋真宗，要求官府上收交子發行權。《宋朝事實》記載了薛田奏摺的內容：

第一，貨幣代表著錢財，成都十六富商就如同漢代七王之亂中的劉濞，一旦有了鑄幣權，就會有很多想法，何況蜀地本身就是一個多事之地。

第二，與党項人戰爭久拖不決，關鍵之一就是党項人從蜀地弄走了很多鐵錢。如果官府發行交子，就可以杜絕鐵錢出境。

第三，如果官府有了交子發行權，就無需斂財而保證軍需。當然，官府也不能白白為民間印刷交子，可以效仿最初的交子鋪收取三%的工本費！

結論：所以，既然不能廢棄交子，那麼就應該禁止民間私印交子，改成官辦（廢交子不復用，則貿易非便，但請官為置務，禁民私造）[14]。

在薛田鼓動下，益州知州寇瑊下令十六富商交出交子鋪，並直接查封了印刷場、庫房、印鑑（令收閉交子鋪，封印卓、更不書放）[15]。

對於這個極其離譜的命令，十六家富商公議停發、停兌現錢。那存款者要兌換現錢怎麼辦？十六富商表示：冤有頭、債有主，前面左轉找知府！

估計十六富商的原意是：一旦自己罷工，交子不能流通、街市再無人群、市面陷入蕭條……要知道，蜀地可是要靠私商為前線供應糧食等後勤物資的……

薛田：「罷工？這生意乾脆你就不要做了。」

仁宗天聖元年（西元一〇二三年），薛田出任益州知州，立即下令在蜀地設立「交子務」，即官方紙幣發行機構。自此，交子務歸朝廷直屬，由朝廷派人任「監官」，此前的交子被稱為「民交子」，而此後的交子則被稱為「官交子」，民交子可以等額兌換為官交子。

官交子面值一至十貫，共十種，上蓋「益州」銅印及敕字、大料例、年限、背印、青面紅團等六枚大印；每兩年一屆，屆滿不兌現錢，僅以舊交子換新交子，兌換時要繳三％的「紙墨費」。當年，發行交子一百二十五萬六千三百四十貫，以三十萬貫鐵錢做兌換本金，占紙幣發行額的二三％。

在薛田簡單而粗暴的干涉下，民交子就這樣敗亡了。

承平年代官府的信譽最高，只要「交子務」不亂發交子，以官交子替代民交子也不是不可行。問題在於，宋夏戰爭中，北宋王朝把交子當成一種禦敵的武器，而且在嚐到甜頭後，還有點上癮，最終導致官交子信譽崩潰。

北宋打不贏遼夏，靠貨幣戰爭取勝

西夏和遼國是北宋的國土威脅，也是重要的貿易經商國。身處貨幣市場強者的北宋，在武力對抗上不敵兩國，於是改對兩國發動銀彈攻勢，用心狠手辣的貨幣政策，令西夏與遼國不得安生。

仁宗寶元元年（西元一〇三八年），党項首領李元昊建立西夏帝國，自稱「兀卒」，意思是「青天子」，並稱北宋皇帝為「黃天子」。為懲罰李元昊膽敢與北宋王朝平起平坐的行為，宋夏雙方在兩千多里的戰線上大打出手。

14出自《續資治通鑑長編》卷一〇一。
15出自《宋朝事實．財用》卷一五。

宋仁宗大量發行交子，對西夏發動貨幣戰爭

雙方開戰之後，北宋第一個動作不是調兵遣將，而是下令益州交子務立即增發三十萬貫交子。三十萬貫交子全部帶有暗記，以區別於內地交子，這種交子不准在北宋蜀地交易，更不准兌換鐵錢，只能運往秦、延、渭、環、慶諸州支付軍餉及糧商貨款，通常百姓會把手中的貨幣拿到西夏地盤上採購物資。

這些特殊的交子不能變現，流通區域僅限宋夏邊境，說白了就是廢紙，但党項人並不知情。

宋仁宗還同時下令：宋夏邊界的榷場、和市，對出口西夏的貿易一律視為走私，要堅決打擊，卻並未下令禁止進口西夏商品。畢竟想禁絕青、白鹽是不可能的事情，現在不拿貨物去交換，用紙幣去騙也不錯……

西夏文字典《文海》[16]裡這樣解釋「金錢」：「錢也，買賣種種價值用是也。」宋夏開戰之前，榷場、和市已經存在了數百年，蜀地交子也是他們的主要貨幣。

三十萬貫交子憑空流入西夏，擺明就是想做沒本錢的買賣——搶劫。可憐西夏地盤本來就不大，境內立刻出現了這樣的文字記載：「尺布至直錢數百」[17]、「一絹之直八九千」[18]，甚至高達「五十餘千」[19]……

此後，北宋王朝不斷對陝北用兵，也就不斷用增發貨幣的損招，最後甚至創出了一種「陝北交子」，專用於在西北戰場支付軍需。

西夏錢幣。

貨幣戰爭永遠是一把雙刃劍，重創敵人的同時也會傷害自己。之前，党項人接受交子並不是因為北宋朝廷的強制力，更不是由於北宋軍隊強大，而是因為交子交易媒介的有效性，持幣者可以在蜀地換回自己想要的東西。

現在，陝北交子只是「虛行印刷」、不能兌換鐵錢，也不能拿到蜀地交易貨物，於是，西夏人很快放棄了對交子的幻想，轉而依靠另一種貿易方式——「打擄」。所謂「打擄」即暴力搶劫，留給宋人非常慘痛的記憶：每次雙方交戰，西夏軍隊都會在戰後縱兵搶劫，邊境六、七百里之內「焚蕩廬舍，屠掠居民而去」[20]……

但交子暫時衰敗並不意味著北宋經濟崩潰。交子只是一種地方性貨幣，大規模印發交子的初衷也不是劫掠民間財富，而是為了劫掠西夏。後來，這批交子逐步回流到國內，北宋王朝借助強大的經濟實力，以蜀地官交子兌換了這批陝北交子。

陝北交子的事情解決了，這場北宋王朝與西夏之間的貨幣戰爭，雙方都留下慘痛記憶。沒關係，北宋貨幣戰爭，還有下一場。

---

16 西夏王李元昊命人創製西夏文，並編印了多種不同類型、規模的西夏文字典。《文海》是其中編寫質量最好、學術價值最高的一本，解釋了西夏文字的構成與含義。約成書於十二世紀中葉。

17 出自《續資治通鑑長編．宋紀》卷四三：「……多云元昊為寇三年，雖連陷城寨，未能有我尺寸之地，而絕其俸賜，禁諸關市，今賊中尺布可直錢數百，以此揣賊情安得不困！」

18 出自宋．蘇轍《龍川別志．卷下》。

19 出自宋．蘇軾《因擒鬼章論西羌夏人事宜劄子》：「……歲賜既罷，和市亦絕，虜中匹帛至五十餘千……」

20 出自《續資治通鑑長編》卷一三七。

宋太宗禁止對遼貿易，用貨幣打敗遼國鐵騎

歷代游牧民族中，契丹是最特殊的一族：它是唯一曾經與中原王朝和平共處長達百年的游牧民族。他們不是最驍勇的民族，卻是最長命的少數民族帝國，除漢、唐以外，遼帝國甚至比北宋之前任何一個中原王朝都要長命。

大唐帝國行將崩潰時，契丹首領耶律阿保機趁機於西元九〇七年稱帝，建立了遼帝國。當時，契丹貴族已完全漢化，遼帝國完整借用唐帝國官制、禮制、宮廷制度，是漢族帝國縮影。

後晉天福三年（西元九三八年），石敬瑭[21]以割獻燕雲十六州為代價，換得契丹支持，自此，中原王朝門戶大開，喪失了抵禦北方游牧民族入侵的天然屏障。後周以來，歷代帝王無不夢想收復燕雲十六州，當然也包括雄才偉略的趙匡胤。

這絕非一件容易的事，陳橋兵變

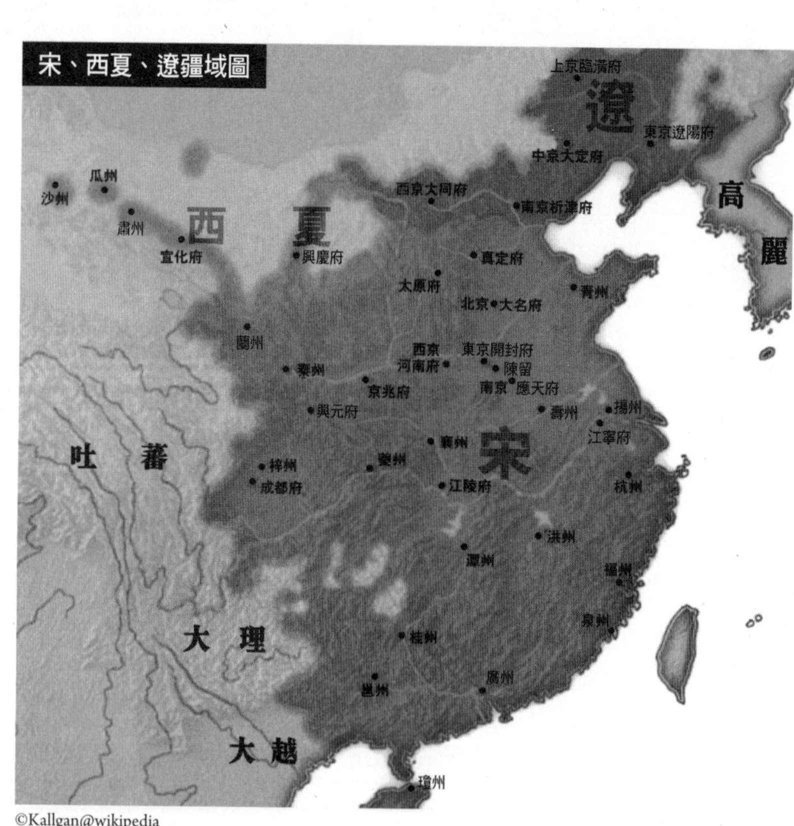

時，遼帝國立國已逾半個世紀，三十萬軍隊以騎兵為主；當時的北宋不過就二十萬軍隊，還是以步兵為主。

於是，趙匡胤想到了另外一種方式對付契丹：金錢！

趙匡胤每年都要省吃儉用存下一筆錢，即「封椿庫」。「封椿庫」是用來收回燕雲十六州的專項資金，等積蓄了足夠的金錢，就向遼國贖買燕雲十六州；如果遼國不肯出售燕雲十六州，那麼「封椿庫」就是武力奪回燕雲十六州的本錢。

趙匡胤算了一筆帳：如果用二十匹絹買一個契丹騎兵的人頭，兩百萬匹絹就可以買到十萬個契丹騎兵，那麼，遼國將精銳盡失……可惜上天沒有給趙匡胤這個機會，封椿庫還沒存夠，趙匡胤就「未富先死」。

宋太宗統一北漢後，北宋有一百多萬士兵，遼帝國僅有三十多萬士兵。但只比較士兵數是沒有用處的，北宋一百萬士兵中，能作戰的不足三十萬，其餘都是不能打仗的工程兵，只為防止流民鬧事而已，北宋王朝把軍隊做為收容流民的大本營，失地黎庶可以在這裡領到維持生存的薪水。

此後，北宋王朝對契丹屢戰屢敗，太宗朝高梁河之戰北宋兵潰，宋太宗趙光義不知從哪裡搶到一頭毛驢，才逃脫被俘的命運。按照以往的經驗，游牧民族一旦取得軍事優勢，往往會迅速推進，甚至占領整個北方。然而，儘管北宋王朝在戰場上屢戰屢敗，兩國仍舊在這片土地上共同存在了一百五十四年。

不靠軍隊，宋太宗又是用什麼方法阻擋契丹驍勇的鐵騎呢？答案是：貨幣。

宋太宗在高梁河一役被打成重傷，一怒之下關閉了宋遼之間的所有榷場，下令停止對遼所有貿

21 五代時期後晉開國皇帝，西元九三六～九四二年在位，曾割讓燕雲十六州獻給契丹，被稱為「兒皇帝」。

易：宋人敢偷運一升糧食過界、遼人敢來北宋買糧食，一律處斬！

這比動員一百多萬軍隊都好用。

遼帝國經濟繁華區域僅限於南京、上京、東京、西京和中京，其餘地方還過著半農半牧的生活，五京地區所產糧食、手工業品，根本無法滿足整個帝國的需要。既然北宋王朝不允許公開貿易，那就只有靠走私了。

要把北宋商品走私到遼帝國，首先要在北宋地盤上買到東西；要讓宋人冒著生命危險把糧食賣給契丹人，價格肯定要遠高出北宋市場上原本的糧價。

要出得起這麼多錢，遼人得先有宋朝的錢……

雖然遼人冶煉技術絲毫不遜於北宋，但是遼帝國沒有銅礦，也就造不出銅錢。但造不出銅錢，還可以鑄造鐵錢：北宋地界銅、鐵錢兼行，既然北宋王朝銅鐵錢官方兌換比例為一比四，那麼遼人用一比十、甚至更高的比例交換銅錢，總該可以了吧？

這是不可能的事情！

強者可以印刷貨幣掠奪弱者財富，這個邏輯卻不可能反過來：貨幣爭霸的基礎是產業創新，強國根本不用理會弱國的貨幣，大不了不跟你做生意；弱國卻必須購買強國商品——因為自己造不出來。既然如此，弱國貨幣在對外貿易上根本沒什麼發言權。

當時宋遼之間的產業差異就是這個情況。

北宋幾乎掌握著所有產業制高點，陶瓷、造紙、織錦、造船、茶葉……本來，遼帝國畜牧業還有點優勢，可以對大宋王朝出口馬匹。但宋人來遼國「搞」馬的方式卻從來都不是買，而是偷。宋太宗

宋太宗朝錢幣：太平通寶、淳化元寶、至道元寶。

©As6022014@wikimedia

想出一個相當陰損的點子：凡我宋人，能到契丹地盤上偷回一匹馬的，賞錦帛二十匹。當時殺一個契丹士兵的賞格[22]才五千錢，比二十匹錦帛少一半。

以上產業差異造成了一個嚴重的後果，大宋王朝可以不買遼國的東西，遼國卻必須來北宋購買商品。雖然十枚鐵錢可以在北宋換到一枚銅錢，但遼國鐵錢不可能全都弄到北宋來換成銅錢，更多的鐵錢還是要在遼國境內自己消化。

買不到北宋的物資，遼帝國開始以鐵錢大量購買民間物資，自行消化這部分貨幣。最直接的結果，就是五京等經濟繁華區域立即爆發超級通貨膨脹，即使帝國集中所有人力物力確保供應的上京也是「斗粟直數縑」[23]。很快，契丹人不再信任自己的任何貨幣，轉而信任實物——羊、錦帛和糧食。

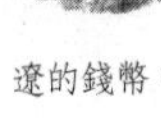

遼的錢幣。

通膨之後，遼帝國南部經濟發達區域，繼而爆發了罕見的饑荒，遼聖宗統和初年「山前諸路大饑」[23]，不知有多少人死在往北宋販賣糧食的路上，一部分人乾脆直接跑到北宋官府，要求容納自己為子民……

既然經濟上沒有比較優勢，遼帝國拿出了自己最後的優勢——刀劍出鞘！

22 懸賞所定的報酬數。
23 出自《遼史・本紀第二十八》：「甲申，遼議定冊禮，遣耶律努克使金。時山前諸路大饑，乾、顯、宜、錦、興中等路粟直數縑，民削榆皮食之，既而人相食。」

澶淵之盟，是遼國的騙術，還是北宋的和平謀略？

宋真宗景德元年（遼統和二十二年，西元一〇〇四年），遼聖宗親帥二十萬軍隊入寇北宋，揮兵直奔汴京，十一月，雙方未經一次大戰就打到了澶州（今河南濮陽）。

戰爭結果則是：開戰當年，宋遼雙方在澶州議和，自此，北宋每年向遼帝國無償提供「歲幣」銀十萬兩，絹二十萬匹（後改為三十萬），這就是宋史中著名的「澶淵之盟」。

關於澶淵之盟，除宋朝之外的中國歷史上，無數人、無數次對此噴過口水，認為這是不平等條約，更有人說，這根本就是一次訛詐，入侵之初遼帝國就已經派降臣王繼忠來北宋索要「歲幣」。真的是這樣嗎？

澶淵之盟全文摘要如下：第一，遼主尊宋帝為兄，宋帝尊遼蕭太后為叔母；第二，雙方精誠合作，共同治理黃河、緝捕盜賊；第三，雙方撤出邊境所有軍隊，官方機構只留榷場。

真宗時期主導澶淵之盟的是名相寇準，事後他經常以此居功自傲，他的繼任者王旦則對此做了最好的總結：**澶淵之盟以來，天下生靈得以安享太平，雖然每年給遼國一些歲幣，但不足用兵費用的一%。**

有人說，即使如此，北宋也不應該送給遼國「歲幣」，開始一個「金錢換和平」的惡例。

對北宋來說，主要收入來自商稅，一旦宋遼開戰，生意是肯定做不成了，蓬斷草枯、凜若霜晨，「丁壯斃于鋒刃、老弱委以溝壑」[24]是所有人都不願意見到的結果；對遼帝國來說，積雪沒脛、堅冰在鬚，師老於堅城之下，再打下去是什麼結果，誰也說不清（敵頓澶淵，去境北千里許，人馬罷乏）[25]。不用金錢換和平，難道虛耗天下千萬黎庶的生命，去換得帝王一時虛榮？

澶淵之盟後，宋遼兩國百年桴鼓[26]不鳴，不但成為中國歷史上中原漢族與游牧民族融合的典範，遼國也成為北宋抵擋高麗、女真、党項等其他民族的第一道防線，雖無燕雲十六州之地，卻收十倍

之功。

什麼都能出口到遼國，只有貨幣和圖書例外

澶淵之盟後宋遼關係發展迅速，北宋出口商品涉及糧食、香藥、犀象、茶、蘇木以及各種手工業品，甚至包括硫磺、硝石一類的戰爭物資也可以出口。但是，有一種物品絕對不能在貿易場上出境，即「貨幣」。

據彭信威[27]先生考證，不考慮交子，北宋官民鑄幣數量約為一千多億貫，是唐朝的一百多倍。然而，這是一個商品經濟特別發達的朝代，終北宋一朝，始終存在「錢荒」問題，所以，才有交子、鐵錢出現。

自己的銅錢都不夠用，怎麼能流到遼國？

宋真宗規定，宋人在榷場只能以貨易貨，嚴禁以銅錢購買，但遼人可用銅錢、白銀、錦帛購買北宋貨物——送到遼國的歲幣，最後全部回流北宋地界。北宋朝廷還對這項政策給了一個冠冕堂皇的理由：宋遼邊市的目的是互通有無，宋錢購買力太高，不能讓少數民族兄弟吃虧！

除了貨幣，北宋還堅決禁止另外一種東西流入遼境——圖書。

澶淵之盟時，遼帝國就曾提出一條建議（北宋沒有答應）：雙方共修唐史。契丹人同樣以大唐正統繼承者自居，現在的情況不過是又一個南北朝。這個建議一定給北宋留下深刻的印象，直至遼帝國亡

24 出自《續資治通鑑長編．禮記》。
25 出自《續資治通鑑長編》卷五八。
26 即戰鼓，桴乃擊鼓的槌。
27 彭信威（西元一九〇七年～一九六七年），民初著名的貨幣史學家、錢幣學家，曾任職於復旦大學、上海財經學院。著有《中國貨幣史》。

國，北宋始終嚴禁「九經」[28]以外的任何圖書進入遼國，處罰措施之嚴，甚至超過了走私銅錢。

澶淵之盟簽訂後第二年，北宋詩人魏野著行《草堂集》。一年後，遼國給北宋送來一封國書：《草堂集》有大唐遺風，可惜遼國現在只「弄」到半部書稿，懇請皇兄賜予另外半部。

為求一部新書，遼帝甚至以國書向北宋王朝索要！如此文化，其經濟、貨幣焉能不盛？

北宋國勢也在澶淵之盟後的仁宗朝達到了巔峰：《宋史》記載，慶曆年間北宋商稅收入已經突破了兩千萬貫，民戶為一千九百萬戶，如果考慮疆域範圍，仁宗朝的稅收、民戶數，都已遠遠超過大唐盛世的巔峰開元之治。

然而，封建官僚永遠是不甘寂寞的，要這些人有位無權、有錢無勢，顯然是非常困難的。一旦封建官僚試圖改變「積貧積弱」的現狀，北宋王朝就再也不平靜了。

28 《易經》、《詩經》、《書經》、《禮記》、《左傳》、《周禮》、《儀禮》、《公羊》、《穀梁》等九部儒家經典的合稱。

宋仁宗～宋神宗
西元1022～1085年

第三章

王安石變法圖「錢」，官兵流氓聯手吸盡民脂民膏

封建官僚死灰復燃，引北宋走上敗亡之路

封建官僚一旦以合法的身分滲透進商業，
所有賺錢的行業必定壟斷於官府之手。
慶曆新政之後，北宋禁軍開始全面滲入商業、銀錢拆借……
北宋王朝當然需要一個強勢集權對抗外敵，
但慶曆新政在不足一年的時間裡，
就變成官僚新秀的一場盛宴，這恐怕是皇帝始料未及的。

范仲淹新政抓權又摟錢，催生「錢引」「鹽鈔」兩種紙幣

太宗、真宗兩朝的無為而治，造就了大宋王朝的富裕繁榮，卻在仁宗朝范仲淹推行新政之後變了調。新政表面上為國為民，實際上卻是范仲淹抓權摟錢的工具，進而催生了「錢引」與「鹽鈔」兩種紙幣。

民間經濟鼎盛、封建官僚「積貧積弱」的北宋是一個清平世界，第一個大力改變這種情況的人是范仲淹。范仲淹在仁宗慶曆年間官拜參知政事，死諡文正，所著〈岳陽樓記〉[1]更是以一句「先天下之憂而憂，後天下之樂而樂」名垂千古。

但為什麼洋洋灑灑一篇〈岳陽樓記〉沒有一句話提到岳陽樓，而是一直在描寫洞庭湖？

那是因為仁宗年間的「岳陽樓」其實是一家名滿江湖的青樓，〈岳陽樓記〉則是送給岳州知府兼岳陽樓老闆滕子京的馬屁文章。范仲淹大概也覺得在自己的文章裡稱讚一家青樓不是太合適，於是就顧左右而言他。

滕知府雖然因為貪汙發配岳州，但重修岳陽樓，既沒貪汙也沒挪用公款，而是用了一招金融魔術——「資產置換」，即低價收購民間積欠多年的不良貸款，再派兵連本帶利一塊要回來——你說誰敢欠知府大人錢?!

范仲淹稱岳州「政通人和，百廢俱興」，還要與這開青樓的知州「微斯人，吾誰與歸」！

仁宗朝的事情，要從范仲淹說起。

范仲淹抓權與摟錢，還要商人回家種田

慶曆三年（西元一〇四三年）六月，范仲淹從西夏前線調入朝廷中樞，這位出將入相的人物立刻提

出自己的十條施政方針：明黜陟（嚴明官吏升降制度）、抑僥倖（限制僥倖做官、升官的途徑）、精貢舉（改革貢舉制，著重策論和操行）、擇長官（慎選地方長官）、均公田（官員按等級配給一定數量的職田）、厚農桑（由朝廷幫助人民興利除害）、修武備（恢復府兵制）、減徭役（由省併戶口稀少縣邑，以減其地人民的徭役）、覃恩信（落實朝廷惠政和信義）、重命令（朝廷頒行條令事先必須詳議，一旦頒行，不得隨意更改）。這就是慶曆新政的開端《答手詔條陳十事》。

有人高度評論這份《答手詔條陳十事》，畢竟這十條合理化建議看起來條條站得住腳。實際上，這份著名的奏摺只說了兩件事：抓權和摟錢。

當然，要先抓權才能再摟錢。

先說第一條，抓權。

北宋疆域遠不及漢唐遼闊，卻是一個花團錦簇的盛世。王安石曾經這樣評論仁宗慶曆新政之前的朝局（當然，這句話放到王安石的上下文裡並非褒義）：「中原安逸，多年不曾大興勞役，不曾殺掉一名罪犯，朝廷寧可耗費錢財送給契丹、党項，也不願意妄動刀兵。」

不大興工程、不妄動刀兵、不發號施令，封建官僚哪有權力、哪有威風、哪能撈錢？

在《答手詔條陳十事》中，范仲淹引經據典說明了朝廷大興工程的重要性：「春秋五霸爭雄之時，諸

1 范仲淹於慶曆六年（西元一〇四六年）為重修岳陽樓所寫文章，藉以抒發憂國憂民情懷。

范仲淹（989 ~ 1052）。

侯國寧可向鄰國借貸也要大興水利工程；江南有圩田[2]、浙西有河渠、蘇州也有營田軍專管河堤。淮南歉收，商人就把糧食販運到淮南，浙右歉收，商人又把糧食販運到浙右，從中要盤剝多少利潤！」

只要有一批能臣幹吏，我范仲淹就能解決這個問題！

一是一定要給官員以實權，尤其是下級官吏任免權。至此，宋太祖趙匡胤有名無實的官僚制衡體系被徹底廢棄，官員此後要打起精神，以興弊除利為己任，救民於水火之中（興公家之利，救生民之病）[3]！

二是一定要讓當官的人先富起來，最重要的措施就是分配土地給他們。除了朝廷俸祿，每任地方官都可以在任職之地獲得一批土地，數量按官職高低分配。除此之外，還要定時發補貼，婚嫁喪葬都要給錢。

三是范仲淹本人一定得是全國最有實權的官員。各路轉運使可任命知州，至於各路轉運使的任命，就由我范仲淹說了算。

朱熹[4]在《五朝名臣言行錄》[5]留下一段精采的對話：「范仲淹在挑選各路監司時，經常對著官員名冊看，看到不順眼的名字（所謂「不才者」，很多是不肯阿附范仲淹的人）就一筆勾掉。」

看到這種情況，新政的重要支持者、樞密副使富弼[6]提醒他：「您這一筆不知有多少人會為此哭泣。」

范仲淹不以為然地說：「一家哭，總比一路哭好！」

那麼，范仲淹究竟用了什麼人呢？

誰能摟錢，就任命誰當官。

王夫之[7]對此曾有深刻的評論：「一批急功近利的人借機向范仲淹兜售自己的斂財之術，范公『先天下之憂而憂』之時，便是蕩滌天下錢財殆盡之日。」

再說第二條，抓了權就能摟錢。范仲淹為摟錢想出了很多辦法，條條都跟金融有關。

第一，貨幣貶值。結果沒成功。鑄造大錢摟錢簡單易行，其實是謀財害命的不二法門。慶曆三年起，北宋朝廷開始鑄造「慶曆重寶」，錢重七．五克，卻要當十枚市面上的銅錢。不過，當時是典型的自由經濟，市場根本就不買帳，慶曆重寶自發行之日起，就只能當兩到三枚銅錢，與實際重量相仿。

第二，重農抑商。結果催生了北宋另一種紙幣——「錢引」。范仲淹給商人起了一個帶有侮辱性的綽號叫「遊人」，只有讓「遊人」都回家種地，天下才會太平，否則「遊人」終日浪蕩在城市之間，唯一的作用就是敗壞倫常綱紀。

「鹽鈔」全國通行，逐漸取代地區性交子

要想管住「遊人」，最有效的法子就是設立鹽、鐵、茶等產業的管理機構。范仲淹在延州做知州時，就在自己地盤上成立了官營鹽、鐵、酒、茶的專營機構，禁止民間私營這些產業。現在得入朝堂，范仲淹立刻把這條經驗推廣到全國，他成立了「督鹽院」等一批機構，對商人發

2指沿江、臨海、濱湖地區築堤圍墾的農田。
3出自北宋．范仲淹《答手詔條陳十事》。
4朱熹（西元一一三〇～一二〇〇年），南宋著名的理學家，為儒學集大成者，世稱「朱子」。
5南宋朱熹、李幼武所編，彙整了筆記、碑傳、行狀中兩宋共兩百二十五位重要人物的史蹟。
6富弼（西元一〇〇四～一〇八三年），北宋名相，曾與范仲淹共同推行慶曆新政。多次出使遼國，幫助宋朝打破遼夏同盟，穩定了宋、遼、西夏三足鼎立局面。
7王夫之（西元一六一九～一六九二年），明末清初大儒，主張經世致用思想，反對程朱理學，與顧炎武、黃宗羲並稱明清三大思想家。著有《周易外傳》、《尚書引義》、《春秋世論》、《讀通鑑論》、《宋論》等書。

放「鹽鈔」、「鐵鈔」、「茶鈔」——統稱「錢引」，即配額。從今往後，你生產多少鹽、生產多少鐵，能賣多少茶葉，都要有相應的「錢引」。

誰也沒有想到的是，錢引直接催生了北宋真正通行全國的紙幣——「鹽鈔」。

與官交子相比，鹽鈔以足額食鹽做為準備，獲得鹽鈔的人可以在全國兌換食鹽。商人很快發現，鹽鈔不僅可以兌換食鹽，還可以做為市場上的交換憑證；加上官交子的流通範圍僅限於益州、西北諸路，鹽鈔卻可以在北宋王朝通行無阻。

此後，鹽鈔逐步取代了交子的地位，成為通行北宋王朝的一種新紙幣。

儘管宋神宗熙豐新法期間，鹽鈔發行量曾一度突破三司[8]產食鹽總量，但朝廷還要靠食鹽專營牟利，歷代帝王對鹽鈔發行限制頗多，皮公弼[9]甚至蔡京[10]都對鹽鈔發行進行多次整頓。整個宋代，鹽鈔的信用都優於官交子，一直到南宋滅亡。

拿軍費對外放貸，壟斷所有賺錢行業

摟錢辦法第三條，建立官營信貸機構，即「回易」。「回易」產生於隋代，通俗地說就是官府出面做買賣，不過僅限於與游牧民族「馬匹—糧食」交易。

范仲淹有很強的金融創新意識，他所謂的「回易」是以軍費對外放貸。在一封名為《奏乞許陝西四路經略司回易錢帛》的奏摺中，范仲淹明確提出了回易的目標：「增息財利，使天下之財再無流通之虞！」同時，范仲淹還洋洋得意地敘說功績：「我挪用軍費放貸，一年賺四十二萬貫錢。四十二萬貫，已經是澶淵之盟歲幣的四〇％，這些錢全部來自陝西路一地！」

宋太祖曾經下詔「官吏不得經商」，此為永制，范仲淹不但違反太祖遺命，還自鳴得意。

即使以最高尚的名義，官府一旦以合法的身分滲透進商業，所有賺錢的行業必定壟斷於官府之手。慶曆新政之後，北宋禁軍開始全面滲入商業、銀錢拆借，那位重修岳陽樓的滕子京，被發配之前他手下的軍兵，一半以上都被派去販賣茶葉，結果當然是「回易私茶，破壞茶法」。

史學家徐夢莘[11]評論「回易」政策：「這些人靠著官府的威風，與市井之人爭利，既損害朝廷、又害苦了庶民，真是一件有損國體的事。」（挾朝廷之勢，以爭利於市井，傷公害私，虧損國體）[12]

慶曆新政造成兵變、養出流民

宋太祖、宋太宗、宋真宗清靜無為的治國方略下，民間產業創新才是創造財富的最佳途徑，北宋也成為第一個不對土地兼併設置門檻的朝代。封建官商靠權力牟利，才不會有時間和腦子考慮創新，但他們的財富又有相當統一的去處——土地。《宋史》記載，慶曆三年後，在不足一年的時間裡，官員開始廣置田園，府邸如烏雲般覆蓋了整個城市……

在北宋王朝第一波大規模土地兼併中，慶曆新政另一項顯著成果是——流民（軍隊）兵變：慶曆新政剛剛實施，解州、鄧州廂軍就為反抗地方官分地兵變、京東路士兵殺死當地巡檢使；慶曆四年（西元一〇四四年）八月，仁宗年間規模最大的兵變爆發了，保州雲翼軍（禁軍）四千多人兵變，軍隊衝出軍營自謀生路，成為流寇……

面對亂世之源，朝堂之上甚至產生了恢復王莽「王田制」[13]的奏議。有人這樣評論時政：「只有

8 指度支、戶部、鹽鐵，掌管全國財政，負責的長官為三司使。

9 皮公弼（生年不詳～一〇七九年），北宋名臣，官至都轉運使。

10 蔡京（西元一〇四七～一一二六年），北宋著名的貪官，專精書法，為北宋四大書法家之一。先後四次任宰相，間接導致北宋王朝衰敗。

11 徐夢莘（西元一一二四～一二〇七年），南宋名臣，著有《三朝北盟會編》、《北盟集補》等。

12 出自南宋．徐夢莘《三朝北盟會編》。

13 新朝王莽後頒行的土地制度，將全國土地收歸國有，民田改稱王田，不准買賣；男子每人可有一百畝田地，多餘田地由國家分配給本族或鄰居中無田地者。

天下大亂、兵鋒再起，讓大多數人死掉，才可平均土地。」（此必生亂，如乘大亂之後，土曠而人稀，可以一舉而就）[14]

北宋王朝當然需要一個強勢集權對抗外敵，但慶曆新政在不足一年時間就變成官僚新秀的一場盛宴，這恐怕是皇帝始料未及的。要逃脫亂世魔咒，最有效的方法就是立即停止新政。

慶曆四年（西元一〇四四年）六月，宋仁宗下了一個乾脆的決定：范仲淹出任陝西、河東兩路宣撫使。范仲淹有生之年再也沒有回到朝堂之上。

替范仲淹收拾爛攤子的人叫做包拯，即民間評話中的「包青天」。在京劇戲文中，包拯用龍頭鍘、虎頭鍘、狗頭鍘鍘了很多皇親國戚、貪官和地痞流氓。**在正史中，包拯最大的功績是在全國丈量土地，設立了一道類似「開元限購令」的「仁宗限田令」：所有官員購買田地一律不得超過三十頃，多出來的土地必須充公。**

關於「仁宗限田令」就不多講了，跟前朝的故事差不多。盛唐開元年間，宇文融[15]為了限制土地兼併，曾經頒發過一道史上最嚴的土地政策：任何人不得購買土地，不承認帝國一切土地買賣。後來，楊國忠[16]開放了「開元限購令」，十年之後，大唐帝國四〇%的人都變成了流民。

北宋年間，也有一個人毫無顧忌地開放「仁宗限田令」，這個人是包拯的一個手下，名字叫王安石[17]。

王安石倡青苗法、保甲法，為何害他成為亡國第一罪人？

王安石推行新政，以陸續實行的均輸、青苗、農田水利、募役、市易等等新法，吸盡民脂民膏，使天下哀鴻遍野、民不聊生。

終於輪到王安石出場了。

關於如何評論王安石，清末之前其實並沒有多少爭論，歷代史家一直用「聚斂之臣」來形容此人，王夫之認為：「王安石是北宋亡國的第一罪人，靖康之恥的肇始者正是王安石！」清末伊始，康有為、梁啟超等人試圖推翻這段公案，王安石搖身一變成為一位法家繼承人，司馬光[18]則被冠以「保守派」、「賣國賊」、「投降派」等諸多綽號。

悠悠千載，鉛華洗盡，清者自清、濁者自濁。

范仲淹新政退場，宋仁宗想改革三大問題：冗費、冗官、冗兵

廢黜慶曆新政後，北宋王朝回到了清靜無為的軌道，中國古代原始自由經濟也在仁宗末年到達了巔峰，就連王安石自己也認為：北宋仁宗年間是千載難逢的盛世。

據《宋史》記載，東京汴梁人口已達百萬以上，僅商行就有一百六十多行，洛陽、潁昌、齊州、

14出自北宋．蘇洵《嘉佑集》。

15宇文融（生年不詳～西元七三〇年），唐代名臣，精明能幹知人善任。唐玄宗時期清查逃戶，新附籍戶免徵六年賦稅，不僅增加朝廷歲收，亦受到廣大農民擁護。

16楊國忠（生年不詳～西元七五六年），楊貴妃的堂哥，唐玄宗時宰相。因不斷打擊藩王安祿山，使安祿山提前叛變，引發安史之亂。

17王安石（西元一〇二一～一〇八六年），是北宋宰相、新黨領袖，唐宋八大家之一。王安石變法時，曾引起變法派與保守派官員激烈衝突，史稱「新舊黨爭」。著有《王臨川集》、《臨川集拾遺》。

18司馬光（西元一〇一九～一〇八六年），歷仕四朝之北宋名臣，反對王安石新法。曾離開朝廷十五年，專心編纂《資治通鑑》。後受高太后之召入京主政，廢新法罷新黨，為相八個月後病逝。著有《司馬文正公集》、《稽古錄》等。

大名、成都、揚州、蘇州、廣州，一批近代化的大城市已經在中原大地崛起，而當時西歐最大的城市不過也就十萬人。

中國古代科技達到了巔峰，指南針、火藥就是在這個時代真正投入使用，神臂弓[19]、床子弩[20]、斗子箭[21]等極其強悍的古代遠端武器，也都出現在此時。後來這些兵器的製造工藝逐漸失傳，據說床子弩「一槍三劍箭」，在四百五十公尺內可以有效穿透敵人鎧甲——CS遊戲中著名土匪武器ＡＫ４７的有效射程，也只有四百公尺！

經濟學是一門很玄妙的科學，如此強盛的民間經濟，北宋王朝的國勢卻始終委靡不振。當時北宋王朝最大的問題在於「三冗」：為給競爭失敗者一口飯吃，軍營收容了數以百萬的流民；為讓權力欲望熏心的聰明人不危害經濟，朝廷又養活了數十萬終日無所事事的官吏，所謂冗費、冗官、冗兵的「三冗」，歲入的七〇％，都拿去給這些人當薪水了。

沒有錢，中樞朝堂在任何事情上都很難有作為。

「慶曆新政」失敗後，宋仁宗一直試圖改變這種局面，富弼、歐陽修[22]、韓琦[23]、蘇軾、蘇轍這些親歷慶曆新政的人，也都在盡力延續盛世的輝煌——起碼要對契丹、西夏有足夠的威懾，變法圖強已經成為當時君臣的共識。

王安石入仕，恰恰就是在這個時期。

床子弩。©wikimedia

宋仁宗錢幣：天聖、明道、景祐元寶。
©As6022014@wikimedia

王安石惺惺作態，仁宗、英宗讓他當花瓶、坐冷板凳

慶曆二年（西元一〇四二年），王安石赴汴京參加科舉考試，剛剛出道就鋒芒畢露。他在考卷中引用《尚書》「孺子其朋」[24]的典故，意思是說自己將像周公輔政一樣輔佐當朝皇帝！

宋仁宗是一個心智健全的皇帝，他不需要周公輔佐。結果，仁宗親自把王安石從第一名降為第四——讓這個自詡為周公的人，永遠與狀元、榜眼、探花無緣。

王安石是一個很有個性的人，可能是為了表達自己的不滿，在京候選期間長時間不洗臉、不漱口、不洗澡、不換洗衣服，繼而拒絕在京為官（京官是爬升捷徑）。由於書法、文學、哲學上的造詣，王安石當時已經名聲鵲起，加上數次辭官，很多人認為他是一個真正的隱士。

不過，也有人對王安石的風格有看法，蘇洵[25]甚至為痛罵王安石寫了一篇〈辨奸論〉：讀書人尊聖賢之道，即使率性而為，也不能到達常人無法理解的地步，王安石一類的極端行為類似於易牙、開方[26]，絕對屬於大奸大惡之輩，只不過奸行被文采掩蓋而已。最後，蘇洵斷言，一旦此人為相，必將

19又名神臂弩，北宋神宗時發明，是宋軍弓箭手制式兵器之一，弓身長三尺三，弦長二尺五，射程達兩百四十多步。

20將弓大型化，或有多個弓身，裝在發射臺或車輛上的大型特殊弓，打仗時多用於攻城或海戰。

21將鐵斗綁在弦上，斗中裝鑾箭數十支，發射時各箭齊射，可同時擊中數十人。

22歐陽修（西元一〇〇七～一〇七二年），北宋名臣。歷經仁宗、英宗、神宗三朝，是唐宋八大家之首。所著的《新唐書》及《新五代史》，均被列入二十四部正史中。

23韓琦（西元一〇〇八～一〇七五年），北宋宰相、名將。歷經仁宗、英宗、神宗三朝，曾與范仲淹共同抵擋西夏，人稱「韓范」，並支持范仲淹推行之慶曆新政。

24出自《尚書．周書．洛誥》：「孺子其朋，孺子其朋，其往。」是周公訓勉成王要與百官交善，不可樹立黨派。《尚書》為儒家經書之一，內容主要為上古及夏、商、西周的君臣談話記錄。

25蘇洵（西元一〇〇九～一〇六六年），唐宋八大家之一，蘇軾、蘇轍的父親，父子三人並稱「三蘇」。代表作品有〈六國論〉、〈辨奸論〉、〈六經論〉等。

為禍天下，自己也將因為揭露他而名垂青史。

很不幸，王安石的命運被蘇洵言中。

鑑於王安石的才名，嘉祐三年（西元一〇五八年）宋仁宗親自召他再入朝堂。從皇帝這一舉動來看，很可能有意重用王安石。

嘉祐三年的某天，仁宗邀請一批朝臣來宮苑釣魚，王安石也在被邀之列。就在大家興高采烈釣魚的時候，王安石不聲不響地把面前的一盤魚餌吃掉了。最後的結果是：除了王安石，大家都釣到了魚。

釣魚結束後，仁宗下令把釣上來的魚做成飯菜，賜宴。誰也沒有想到，王安石當眾向仁宗陳奏：「自己已經吃了一盤魚餌，吃飽了，不需要參加宴會了。」

一瞬間，仁宗可能想到此人曾在科舉考卷中寫過「孺子其朋」的狂言，也想到蘇洵的〈辨奸論〉：一個人確實有可能在不經意間吃一塊魚餌，但根本不可能吃一盤魚餌；換一個角度想，如果王安石真的對思考如此癡迷，他一定不知道自己所吃的是魚餌，即使知道也不屑說出來。

在仁宗眼裡，王安石自鳴得意、自命不凡、自以為是。於是，他把王安石晾了起來，既不說是否重用、也不說是否放逐，就讓你這麼掛著──你不是自詡文名蓋世嗎，那就當一個花瓶擺著吧。

坐冷板凳沒幾天，向來以隱居著稱的王安石居然耐不住寂寞，向皇帝遞交了一份萬言書──《上仁宗皇帝言事書》。

據說，這封奏摺針砭時弊、有很多極有見地的觀點。

萬言書每段以問句開頭，然後以不容置疑的口吻給問題下定論，最後告訴皇帝應該如何、必須如何，否則就會如何。果然是一副周公的口吻。這哪裡還是奏摺，完全是老子訓兒子！

至於萬言的內容，兩個字就可以全部概括：摟錢！

經歷了慶曆新政的風浪，仁宗已經領會「無為」的道理，他親手剝奪了王安石的狀元，又把王安石從實權上調任虛職，當然更不會理會這封所謂的「萬言書」。

此後，接替仁宗趙禎的是英宗趙曙，英宗對積弊奉行「以漸釐改」[27]的方略，對號稱能「斂財」的王安石依舊是不理不睬。

治平四年（西元一〇六七年），英宗駕崩。

這個時候，王安石早就在京城混不下去了，正在江寧當教書先生。長此下去，王安石可能就這樣無聲無息消失了，不會在歷史長河中泛起一點漣漪。然而，王安石的命運終究還是出現了轉機，這個蘇洵口中的奸人將在歷史長河中掀起滔天巨浪。

為攢錢擴大國土疆域，神宗終於啟用王安石

熙寧元年（西元一〇六八年），宋神宗成為皇帝後的第二年，北宋的財政收入為六千八百萬緡[28]，這個數字已經是慶曆四年的兩倍。眾所周知的契丹歲幣只有五十萬匹絹，根本不足朝廷年收入的百分之一。

但對這樣一份豐厚的財政收入，宋神宗卻非常不滿，因為，「冗官、冗兵、冗費」依然存在，六千八百萬緡收入有五千萬緡給了流民（禁軍、廂軍），王朝依舊「積貧積弱」。

從當時的情況看，北宋的官僚系統缺乏行政能力，雖然不會對民間經濟形成危害，但也無法承擔起抵禦外敵的責任。司馬光、王安石、富弼、韓琦……幾乎所有人都認為北宋王朝走到今天並非全憑

26易牙（西元前七一〇～前六四二年），春秋時齊桓公的近臣，擅長烹飪，為討好齊桓公，將自己的兒子烹煮為羹，獻給齊桓公。開方（生卒年不詳），春秋時期衛國太子、齊桓公的近臣，為討好齊桓公而背棄父母，為官十五年沒有回家，就連父親去世，也不曾回國奔喪。

27出自《宋史》卷二八二。意指：改革應逐步修正，不可躁進。

28中國古代計量單位，一緡就是一串銅錢，每串一千文。

「無為而治」，也有賴於契丹、西夏孱弱，一旦強勢游牧民族入寇中原，後果將不堪設想。

宋神宗是個年僅弱冠的帝王，雖然一定不能再活五百年，活個十年八年大概不成問題。十年八年裡，他不但想消除党項、契丹等外患，更要重振漢唐帝國雄風——恢復漢唐帝國疆域。

這點錢當然不夠用！

神宗即位之初，宰相是慶曆年間的副相，也是慶曆新政最堅定的推動者——富弼。神宗親自垂詢這位當年叱吒風雲的改革者，問句充滿了對未來的憧憬與希望：「我當以何治天下？」

富弼答：「陛下剛剛即位，理應廣布恩德，願您二十年內口不言兵。」（陛下臨御以來，當先布德澤，且二十年未可言用兵）[29]

神宗滿心希望富弼能「老驥伏櫪，志在千里」[30]，沒想到卻碰了一個軟釘子。於是，他把目光轉向了那位號稱自己能摟錢的人——王安石。

很難相信，王安石完成從江寧教書匠到宰相的華麗轉身，起因居然是一個無名小卒。這個人叫韓維，是淮陽郡王府的記室參軍（類似淮陽郡王的師爺）。韓維有兩個非常要好的朋友，一是王安石，另一就是淮陽郡王趙頊——後來的宋神宗。

在郡王府的時候，韓維經常向趙頊講述一些治國之道，每次講完都會附帶一句：「這是我的好友王安石講的。」韓維也許不會想到，在王安石拜相不足半年的時間裡，他就因反對推行新法與這位故交反目成仇，被迫出知[31]襄陽，直到神宗駕崩才回到朝堂之上。

透過韓維，王安石能「斂財」的印象已經深印在宋神宗腦子裡。在富弼那裡碰壁後，宋神宗立刻詔令王安石進京。這一次王安石絲毫沒有擺隱士架子，未做須臾停頓，立刻進京面聖。也許他已經意識到，自己時間無多，不能再裝下去了。

第一次正式召見王安石，神宗就直截了當地問：「當以何治理天下？」

王安石回答：「必須有恰當的治國之術。」（這句話的原文是「擇術為先」[32]，所以，也可以解釋為

「得有點斂財伎倆」。）治國之道在於簡單明快，容易推行的國政才是最好的國政（至簡而不煩，至要而不迂，至易而不難）[32]。

《宋史》並未記載王安石如何解釋「至簡而不繁」、「至易而不難」。

王安石進一步把神宗深奧的問題簡單化：「只要陛下把不賢的人都殺掉，能臣自然就會出現；能臣是否能夠出現，就看您是否誠心讓賢人輔佐了，與當朝賢臣比，魏徵、諸葛亮又算得了什麼？」

王安石這條「殺人變法」的建議，在中國歷史上並不鮮見，一千年後，他的推崇者康有為第一次面見皇帝，也提出了同樣建議：「殺幾個一品大員，法即變矣！」

靠殺幾個高官就能變法，中國幾千年封建王朝又何至糾纏如許？

王安石這句話的潛臺詞是：「天下只有我才是賢臣，無論位有多高、權有多重，順我者昌、逆我者亡，只要我有天下至高無上的權力，就一定能將天下治理好。」

王安石，真是一個絕對權力的狂想者！

王安石宏偉的論斷打動了宋神宗，可惜，沒輪到他大展拳腳，黃河就給宋神宗上了生動的一課。

29出自南宋．彭百川《太平治跡統類》。

30出自三國．曹操〈步出夏門行．魚雖壽〉。驥指良馬，櫪為馬槽，比喻有志向的人，雖然年紀大了，仍有雄心壯志。

31出任知州、知事。

32出自《東都事略．王安石傳》。

宋神宗（1048 ~ 1085）。

王安石（1021 ~ 1086）。

熙寧元年（西元一〇六八年），黃河在河朔一帶潰決，洪災氾濫數郡。此時皇帝卻在為是否賑災猶豫，因為他正籌備一個盛大的祭天儀式，向天下臣民昭示自己已經繼承大統，並將有所作為。

賑災要花很多錢，祭天也要花很多錢。

錢就這麼多，先賑災，還是先祭天？

對此，樞密使曾公亮[33]奏陳：「現在河朔一帶災荒，國家費用不足，懇請陛下今年不再祭天，不再賜予臣下金錢、錦帛，全力賑災。」

曾公亮的反對者是王安石，支持者是從小就敢砸缸救人的司馬光；在神宗朝，他成了王安石最大的對手。

司馬光也說：「臣贊同曾大人的提議，應該為救災省下每一枚銅錢，臣請罷此無用的靡費之舉，全力賑災。」

王安石卻說：「唐朝宰相常袞每天不吃皇帝賜予的午飯，言稱自己這是為朝廷節約金錢，還不是被後世恥笑。曾公、司馬公尚不如常袞，你們真為國家著想，就該首先辭職以削減朝廷俸祿，為何要削減別人俸祿？何況，『國用不足』根本就不是當前最重要問題，我們大宋的天下並不是沒有錢，根本原因是沒有摟到錢。我相信，只要能找到善於理財的人，不用增加賦稅，國家也能足用！」

司馬光說：「常袞哪怕是只為朝廷節約了一枚銅錢，也為朝廷積攢了一錢之利，好過那些毫無作為的人。王公你所謂的『善於理財』，不過是用大掃把掃盡天下財富，把天下錢財都摟到朝廷口袋裡，如此，黎庶過度窮困就會淪為盜匪，不是社稷之福。」

王安石說：「你說的不對，善於理財的人，能夠不給民間增加賦稅，卻同樣能讓國庫豐腴。」

司馬光火大了，在朝堂之上說出本應光耀千古的一段話：「**天地所生財貨百物，止有此數，不在民，則在官！**夫道有常，所謂不加賦稅而豐腴國庫，不過是換了別的法子搜刮民脂民膏而已，賦稅必須遵循一定的規則，所謂『理財』卻毫無規矩，不知要損害多少生靈！就如同當年桑弘羊[34]糊弄漢武

帝，必定讓皇帝在史書中留下罵名！」

王安石無話可說。

宋神宗說：「我同意司馬光的意見。」

以上對話內容摘自《續資治通鑑・宋紀》。

而一場悲劇也正在上演……

青苗法：迫百姓向政府借高利貸，利息四〇%到三〇〇%

「青苗法」要官府發放貸款給農戶，利息為本金的四〇%，甚至曾高一〇〇%、三〇〇%。而且不借還不行，官府強要百姓向朝廷借高利貸，還本付息都靠暴力執行，擺明就是跟百姓A錢。

熙寧二年（西元一〇六九年），為今人所熟知的北宋名人大都已經登場：趙普、寇準、范仲淹、歐陽修、三蘇、二程、包拯……也許，只有盛世情懷才能造就如此燦爛文化，那一年，北宋即將走上一條不歸路——熙寧變法。

熙寧二年，王安石成為王朝的參知政事（副相），大宋高官中開始流行三句話：「天變不足畏、祖

33曾公亮（西元九九九～一〇七八年），北宋名臣兼軍事家。歷經仁宗、英宗、神宗三朝，曾奉仁宗之命與丁度合作編撰《武經總要》，是古代第一部官修的軍事科學著作。

34桑弘羊（西元前一五二～前八〇年），西漢財政名臣，歷經漢武帝與昭帝兩朝。武帝時期主管全國財政，曾推行算緡、告緡、鹽鐵官營、均輸、平準、幣制改革、酒榷等政策。

宗不足法、人言不足恤！」

好一個振聾發聵的三不足，有氣勢、有魄力、有思想！

趙匡胤創立宋朝時，曾經立下太祖誓碑，以祖宗家法約束子孫後代不得擅自加賦，此為永制。而宋神宗、王安石卻盡變祖宗之法，「三不足」不過是為違背太祖誓言造勢，真正的潛臺詞是：「要斂財，就要無所畏懼；不必畏懼悠悠天命、不必畏懼所有規則、更不必畏懼人言洶洶，拿到錢才是硬道理！」

或許用王安石自己的詩詞解釋「三不足」最為貼切：「不畏浮雲遮望眼，只緣身在最高峰。」在他的邏輯裡，所有人的財富都是「浮雲」，只有自己拿到真金白銀才是「最高峰」！

「三不足」立即遭到舉朝反對，韓琦、富弼、司馬光、程顥、韓維、蘇軾、蘇轍……朝臣紛紛上書反對。首輔富弼曾經是慶曆新政的主導者，此時他卻在朝堂之上據理力爭：「無論皇帝、宰相、大臣還是黎庶，所有人都必須有所畏懼；一個人真的對什麼都無所畏懼，做起惡來就會沒有任何底線，朝廷的罪惡就會無遠弗屆！」

富弼罵人罵得很痛快，順帶連皇帝也一起罵了，結果卻是：被迫「稱病」辭職。

熙寧二年三月，北宋王朝開始全面推行新法，內容幾乎囊括了北宋社會、經濟、軍事等方面。新法有很多，萬變不離其宗，都是為了斂財，唯獨有一條沒有變——「冗官」。新法之中，清末以來（請注意這個詞，僅限於「清末以來」，之前沒有爭議，就連明代權奸劉瑾都知道王安石是聚斂之臣）爭議最大的當屬「青苗法」，恰好，青苗法的表象是金融，我們就從「青苗法」說起。

所謂「青苗法」，其實用一句話就能解釋清楚：縣官每年二、六月份要發放為期半年的貸款給轄區的農戶，然後按四〇%的年利率向農戶收取利息，利隨本清。

黎庶向國家貸款以求度過荒年、封建王朝以貸款支持百姓，這件事，聽起來有點像當代的政策性金融機構，無法獲得商業貸款的弱勢群體，可以從政策性金融那裡獲得支持。筆者也見過很多論文如此評述「青苗法」，筆者的學生楊忠恕的博士論文裡也曾這麼說。

這只是一家之言。

以現代經濟學語言解釋，金融的本質是提高資源配置效率；以白話來翻譯：金融業只會錦上添花、從來不能雪中送炭，一定要把錢放到最能賺錢的人手裡，讓比你有錢的人，用你的錢來賺更多的錢！

違反這個規律，金融機構不但有可能賺不到錢，還有可能把本金都賠掉。試想一下，誰又願意把錢借給沒有錢的人呢？所以，開辦政策性金融不但要下定賠錢的決心、還要有很強的賠錢能力。當代，只有國家才有能力這樣做，全世界的政策性金融，都要由國家為虧損兜底。

王安石是一個「聚斂之臣」，怎麼能虧空朝廷府庫扶持輾轉呼號的天下黎庶？青苗法之意根本就不在扶貧，而在乎於孔方（錢）之間！

當代，即使最推崇王安石的幾位學者也承認，為了斂財、為了完成任務、為了取悅王安石，部分地區青苗法的實際年利率，已經高達三〇〇％，一〇〇％的年利率則是一種常態。

年利率一〇〇％到三〇〇％，這是名副其實的高利貸！

用當代經濟學語言描述，也可以這樣直白地解釋青苗法：官府強行要求天下人向朝廷借高利貸，還本付息都由朝廷靠暴力執行——無論窮富，反正朝廷的錢必須還！至於百姓是否真的需要這筆貸款、是否有能力還本付息，都不是王安石考慮的事情。

城郭之間的高利貸就已經搞得雞飛狗跳了，官府放高利貸、每個人都得借，還不如直接去搶！青苗法還在醞釀時，就已經逼走韓琦、富弼等一批慶曆老臣，實施時就更是舉朝反對。

無論如何損害民生，只要有人能從中獲得利益，千難萬險也有人去幹。結果，只要說青苗法好，無論資歷、能力、品德，王安石都本著「人言不足恤」的原則火箭式提拔（更新天下之務，而宿望舊人議論不協，荊公遂選用新進）[35]——不但沒解決冗官問題，反而任命一批新人。

呂惠卿[36]是變法運動中的第二號人物，此人在王安石推薦下成為參知政事，進入朝堂中樞後，只做一件事：以種種理由打擊、排擠王安石本人，是王安石兩次被罷相的直接始作俑者。

鄧綰[37]本是寧州通判，熙寧三年（西元一〇七〇年）上書大頌新法，王安石隨即將之提拔為集賢院校理。由於這條當官的路子實在令人不齒，鄧綰經常成為同年、同鄉的笑料，鄧綰真有唾面自乾的定力，面對恥笑，只留下一句遺臭萬年名言：「笑罵由他笑罵，好官我自為之！」

這樣一來，封建官僚可就不只是「冗官」那麼簡單了。

在中國古代，王安石這種提拔幹部的方法有個專有名詞：「幸進」，意思是說某人憑著某一件事、一句話、一篇文章驟然升遷高位。

幸進之人是人，是人就會有貪、瞋、癡，是人就會是經濟學上的「理性人」，儒學造詣並不能抹掉他們身上的貪財底色。如今幸進之人不僅是「理性人」，還是「皇權—封建官僚—小農」框架中的封建官僚，對理性的封建官僚來說，最重要的事情不是充實朝廷府庫，而是擴大自己的土地、充實自己的錢包，因為這些人原本就沒有土地、沒有金錢。

王安石縱有萬千治國情懷，又怎能擋住天下熙熙攘攘的利來利往？西漢年間的「皇權—封建官僚—小農」框架中的千年魔咒再現北宋：國家需要集中資源對抗外敵，一旦官僚形成勢力，又會在瞬間吸乾民脂民膏。

保甲法：收不到無賴的錢，乾脆聘無賴負責收錢

據《宋會要》記載，青苗法實行初期五戶、十戶聯保，如果有人不還錢，保戶連坐。問題是，青苗法針對所有人，鄉村無賴、地痞、流氓也在戶籍上。這些人是從來不用還錢的——向這種人收錢很費事，搞不好他們會對官僚打悶棍、撒石灰、背後捅刀子……

如果將這筆錢轉嫁到正常人頭上，危險係數就小多了；如果能利用這些地痞無賴實施青苗法，效果一定會更好！

熙寧三年，朝廷開始推行「保甲法」，各地縣衙開始把青苗錢分給保長、甲正，由這些人自主決定把錢發給誰、收多少利息。所謂「保長」、「甲正」恰恰就是那些賴帳不還、讓別人頂缸的地痞、流氓以及無賴——不是無賴又有誰能當得了這個差？

衙門摟錢總要猶抱琵琶半遮面，畢竟端朝廷飯碗的人都是體面人，不能為了幾文錢就赤膊上陣。保長、甲正卻可以什麼臉都不要、就要錢！衙門直接分配青苗錢，起碼還能看到本金。青苗錢到了保長、甲正手裡，卻變成每年要向這些地痞流氓繳兩次利息錢，要還本金是連想都不要想——他們徹底撕下了王安石的遮羞布，把青苗法變成赤裸裸的利益之爭！

什麼，沒有錢？沒錢也可以，把土地拿來！

要想逃避青苗法、要想不借錢，只有一個方法：散盡家財、把土地典押給官僚和地痞流氓，自己則淪為客戶（或直接逃亡）。

《水滸傳》的一〇八條好漢，原來是官家豪強

西漢年間，漢武帝盡斂天下之財，不知殺掉多少大員，對地方豪強更是採用了「遷涉」[38]的極端

35出自北宋．魏泰《東軒筆錄》：「王荊公秉政，更新天下之務，而宿望舊人議論不協，荊公遂選用新進，待以不次，故一時政事不日皆舉……」

36呂惠卿（西元一〇三二～一一一一年），北宋名臣，「熙寧變法」重要人物。曾多次領西北軍抵抗西夏入侵，後受蔡京排擠而辭官。

37鄧綰（西元一〇二八～一〇八六年），北宋佞臣，為投靠王安石大力支持新法，王安石被罷後，依附呂惠卿，王安石復相後，又彈劾呂惠卿，後被神宗貶官。

38人口遷徙。

辦法。現在，王安石不但培養封建官僚，甚至借助豪強勢力，放任官僚與地方豪強合而為一。

在中國古代史中，對黎民百姓最有傷害力的不是皇帝、不是官僚、不是豪強，而是官、商、豪強合一的「官家豪強」——他們有暴力手段、他們絲毫不講規矩、他們貪婪毫無止境。漢武帝之後，西漢帝國經歷了平、成、順、哀四代帝王，才形成了「官家豪強」；但在王安石治下，這一歷程僅僅用了幾十年。

《水滸傳》描寫的是徽宗年間的故事，徽宗年間的社會結構形成於熙寧年間。水泊梁山便是典型的官家豪強：官僚加土匪，又以官僚為主。梁山一〇八條好漢都是些什麼人，大家只要數一數就知道了：除了做人肉餡包子的黑店老闆娘、下蒙汗藥的阮小二，大部分人都是有朝廷官職的，縣衙押司（宋江）、兵馬指揮使（呼延灼）、八十萬禁軍教頭（林沖）、縣衙都頭（武松）、提轄（魯智深）、知寨（花榮），最厲害的是柴進，居然是後周皇室之後，家裡還有太祖頒發的免死丹書鐵契呢！

「官府加地痞流氓」就能替天行道了？

施耐庵[39]頭殼壞掉了，還是封建王朝的天道本就如此？

施耐庵的頭殼當然沒有壞掉，《水滸傳》也遠比書中的打打殺殺更耐人尋味。宋江不是及時雨嗎？下雨很及時，卻都送到了江裡；吳用不是智多星嗎？足智多謀卻沒有任何用處……

最有趣的，對梁山泊威脅最大的既不是禁軍、也不是廂軍，而是跟他們一

古本《水滸》插圖：洪太尉誤走妖魔。

樣的官家豪強，祝家莊、王家莊、李家莊。梁山泊是一群中樞朝堂都無能為力的土匪，一群財主卻能組織人馬與之對抗——這絕不再是簡單的土匪或者豪強，而是更有勢力的「官家豪強」。

短短數年間，北宋王朝不僅出現了大規模的土地兼併，官家豪強更是四處開花，「仁宗限田令」幾十年的成果，在數年之間就毀於一旦！

熙寧三年，青苗法頒布後僅一年，《宋會要》就描述了兩幕景象：

一小撮封建官僚的宅邸田園廣連阡陌、食品窮盡天下珍饈；他們又喜新厭舊，衣食住行月異而歲殊；如果錢不夠花，就假託為朝廷斂財之名，盡取民間膏血（**株株寸寸而聚之**）……

絕大部分人被奪走土地、田宅，為湊齊青苗錢，百姓最後只得賤賣賴以為生的粟米，就連嬌兒妻女在市場上也已經不值一緡錢；鄉村已經成斷壁殘垣，無賴仍舊假借青苗錢之名橫行鄉里，即使親若父兄也不放過……

王安石並非不知道這些事情，對此，他的評論是：「天有陰晴，升斗小民幾句抱怨，豈能撼我新法（豈足顧也）？土地兼併是自古皆然的道理，秦嬴政能兼併六國，尚不能遏制土地兼併，況我朝積貧積弱？封建官僚雖富連阡陌，但他們同樣也是北宋子民，焉能無故禁其土？」

司馬光也知道這些事情，對此，他的評論只是重複了自己的那句話：「天地之產有常，有人極其奢華、就必然有人極其貧困；秦皇漢武竭天下之力以奉一身，青苗法卻竭天下之財供一批官僚，後者的結局只會更糟！」

39施耐庵（西元一二九六～一三七二年），元末明初人。為官時期，因替窮人辯冤被長官訓斥而辭官，後搜羅整理梁山泊英雄人物故事，寫下名著《水滸傳》，是《三國演義》作者羅貫中的老師。

反對派的批判：青苗法是官僚兼併土地的工具

青苗法實施短短一年，絕大部分的人被奪走土地、田宅，為湊齊青苗錢，百姓最後只得賤賣賴以為生的粟米，就連嬌兒妻女在市場上也已經不值一緡錢……

第一個站出來反對王安石的並不是司馬光，而是當年寫〈辨奸論〉的蘇洵。

熙寧二年（西元一〇六九年）九月，青苗法實施當月，蘇洵就上書指名道姓反對王安石和青苗法：「**青苗法是一種變相稅收，錢財『在官何若在民』；城郭財富分配不均，確實會導致土地兼併，只要官府不插手，人間貧富總有變數，一個人、一個家族的才能，不可能永遠冠絕於世。倘若官家插手，財富就只有一個流向——官僚，而且過程不可逆！**」

最後，蘇洵還預言了靖康之恥：「天下有事，當何以處之？」

結果奏摺被王安石「留中」（扣住不給皇帝）。

比起蘇洵，司馬光反對王安石的方式其實相當溫和。

王安石與司馬光曾經是同事，兩人也曾因文學造詣而惺惺相惜。司馬光希望能私下勸阻王安石，於是寫了三封信給王安石，提醒這位昔日的同事：「所謂青苗法根本就是變相斂財苛政，宰輔之臣千萬不能把目光凝聚在摟錢上（大講財利），介甫（王安石字介甫）若親見父子離散之慘狀，當知亡秦之跡已現！」

書信向來是一件很私人的事情，只是朋友之間的正常溝通，司馬光希望透過這種方式規勸王安石。

對這種善意的提醒，王安石不但不買帳，反而當眾大罵司馬光的書信是以文邀名，後來發展到逢人就罵。隨著鐵腕宰相的罵聲，司馬光的來信內容被公諸於眾，成為茶樓酒肆的話題：青苗法使得「貧者既盡，富者亦貧」[40]，十年之後，天下將再無富人，到時候朝廷又去哪裡收取租賦呢？

在明朝章節我們會提到，宦官王振、魏忠賢曾經一度把持了朝政，這幾個文盲、人渣採用簡單而粗暴的手段控制朝臣，設立了臭名昭著的「東廠」、「西廠」，羅織罪名陷害大臣、逮捕任何敢當眾非議他們的人。但做出如此壞事的不一定只有那些太監，還有對皇帝自詡為周公的王安石。

王安石認為，要想推行變法大計，朝堂之上就一定不能有異聲。

王安石不聽反對意見，罷黜反對派、禁止平民議論

秀州判官李定是王安石的學生，所謂判官，就是州級衙門裡一個有職無權的文員，職級是從六品。李定找了個理由，來京拜見老師，他對王安石說：「有人提醒我不要在朝堂上言論新法得失，以免惹禍上身，我只知道據實而言，不知道談論新法好處對我有害。」這句話深得王安石賞識，一紙令下，李定立刻升遷為諫臺御史中丞——從二品。

諫臺御史中丞的作用是控制言路，此前大宋王朝從未有宰相直接任命言官首領的先例。吏部對這道命令的回應：「不起草任命檔」，因為言路一旦被宰相控制，就無人再可制約相權。

王安石的回應則是：「罷黜吏部一切敢於反對李定任命的人、罷黜一切在臺諫不與李定合作的人！」

李定果然沒有讓王安石失望，到任後，立即搜集韓琦、呂公著[41]、歐陽修等新法反對者的黑材料，手段更是無所不用其極，甚至誣陷歐陽修與兒媳有染。

40出自北宋．司馬光《乞罷條例司常平使疏》。
41呂公著（西元一〇一八～一〇八九年），北宋名臣，與司馬光等同為王安石變法反對派。

數月之間，臺諫舊人去之一空。

韓琦在離開臺諫之前對神宗說：「反對新法的人都曾經是慶曆新政的推動者，也是仁宗朝的柱石之臣，現在大家在一夜之間都變成了奸邪之人，天下豈有這個道理？自古聖王治國，收稅也必須為百姓留足衣食住行之資，即使苛政斂財也不過是靠鹽、茶、酒專賣，從來沒聽說過有皇帝靠高利貸就能富國強兵。」

控制了高官，還有百姓，坊間也不能隨意討論新法的壞處。

王安石對百姓的手段就簡單多了，也粗暴多了。為控制街頭巷議，王安石直接下令開封府尹派出差役喬裝成平民，讓他們去街頭遊蕩，不是為了維護治安，而是要逮捕一切敢於公開談論新法的平民，道路以目[42]、天下人敢怒而不敢言。

樁樁件件、歷歷在目，平生之跡猶應可循。有了一件國王的新衣，就能改變聚斂天下之財的事實嗎？

吹鼓手可以吹噓國王的新衣多漂亮，卻不能富足天下黎庶：一面對地痞無賴屢頒赦令，一面絲毫不憐恤轉死溝壑的貧民；一面以所謂「新學」標榜新法好處，一面從不考慮民生愁苦；一面在朝堂尋找舊黨點滴過錯，一面從不誅鋤奸暴……

莫非新法就是讓「九土之民，如在湯火」[43]？所以司馬光才會在朝堂之上咆哮：「舉國皆貧民、國家反而富強，豈不是亙古未有的奇聞！」

司馬光反新政，與王安石形同水火

司馬光是鴻篇巨著《資治通鑑》的作者，不要說當時的北宋，就是後世千年中國的社會經濟運行規律，也已盡在其中，至今無出其右。司馬光從一開始就不遺餘力地反對王安石，智慧正是源自對歷史脈搏的精確把握，他對宋神宗如此評論新法：「治理天下如同修補一間宮殿，要拆梁換柱就必須有巧匠和良材，現在既沒有巧匠、也沒有適合的材料，反倒有一批人要拿走宮殿的材料，那麼，這間宮殿很快就連普通風雨都不能庇護了。」

司馬光知道，北宋王朝最大的危機並不在於契丹、西夏，而在那批拆走宮殿的官僚。這些人可以為一己之道廢棄惠及天下人的善政、為一己之財遮擋天下人的財路、為一己之名罔顧天下人的生命，結果，天下之道不免於蔽、天下之財不免於亡、天下之名不免於辱。天下本沒有綠林、黃巾、黑山之徒，他們都曾經是疲於奔命的小民。官僚一面高喊「重農抑商」、一面成為獲利最大的「官商」，斷絕天下人財富，天下人又怎能不揭竿而起？

也許是聽了司馬光的話有所悟，也許是為了調和新黨與舊黨的矛盾，也許是為制衡王安石的權力，神宗下令任命司馬光為樞密副使，要求司馬光協助王安石修訂新法條款。

司馬光的回應是：「一日不罷黜新法、一日不在朝為官，冰炭豈能同爐？」宋神宗感嘆說：「無論別人如何辱罵司馬光，能堅辭副樞密使的，僅此一人而已！」

神宗可以慨嘆司馬光高風亮節，王安石卻不這麼想：「不是說冰炭不能同爐嗎？那麼，我是風兒你是沙，我來送你去天涯！」

在王安石的授意下，司馬光被外放陝西永興——讓一個書生上了西夏前線。幸虧當時北宋和西夏沒有大規模開戰，否則，極有可能見不到今天的《資治通鑑》。熙寧四年（西元一〇七一年）四月，遠在永興的司馬光掛冠而去，聲稱自己從此「絕口不論時事」，回到西京洛陽專心撰寫《資治通鑑》。

王安石終於搬開了一塊最大的絆腳石，新法真的為朝廷摟了很多錢。**熙寧四年，北宋王朝的歲入**

42 在路上遇到不敢交談，只是以目示意。形容人民對殘暴統治的憎恨和恐懼。

43 出自《司馬文正公傳家集》卷四六：「……業侵街商鋭（稅）等錢，以供軍需，遂使九土之民，失業窮困，如在湯火，此皆群臣躁於進取，誤惑先帝，使利歸於身，怨歸於上，非先帝之本志也。……」

比熙寧元年翻了一倍，此後年年創新高，到熙寧六年（西元一〇七三年）前後，約為熙寧元年的五倍，僅青苗錢一項就足抵熙寧元年的所有歲入。

神宗用這筆錢做什麼了呢？重建「封樁庫」。

封樁庫始建於宋太祖年間，朝廷每年撥出一筆錢專用於贖買燕雲十六州。隨著宋遼兩國訂立澶淵之盟，封樁庫早就名存實亡了。

熙寧六年開始，神宗重建封樁庫，此後每年青苗錢的一半要儲存在封樁庫，後在豐寧元年又要求新法中「市易法」[44]收入一半收歸封樁、青苗錢全部收歸封樁。南宋年間的史學家洪邁[45]曾形容封樁庫：「神宗憤恨狄夷，共建五十二庫以平之，皆存滿金錢，有了這些錢，即使二十年不收賦稅，亦足天下所需。」

正稅之外，僅封樁庫一項就聚斂二十年朝堂之需，這得是多少生民之血！

對此，就連王安石也數次上書要求罷黜封樁庫，神宗的答覆卻是：「斂財的目標就是積攢財富，不積攢起來就違反了『理財』的本意。」

神宗積攢財富的目標是什麼呢？對西夏用兵。

仁宗慶曆年間北宋與西夏議和，此後數十年間雖然雙方衝突不斷，卻都是西夏土匪與北宋豪強之間的鄉間械鬥，再未升級為兩國戰爭。如今神宗重建封樁庫，就是要徹底制伏這個與北宋王朝稱兄道弟數十年的異族帝國——西夏。

熙寧六年，宋神宗開始對西夏用兵。開始的時候確實是北宋占有絕對優勢，後來沈括[46]等人指揮失當，北宋二十萬軍隊在永樂新城全軍覆滅。

宋英宗、宋神宗朝的錢幣。

自此，雙方進入相持階段，常年征戰又勞而無功，北宋為戰爭花費的錢財無法計算，全國開始出現大規模的流民暴動：從熙寧六年到神宗駕崩，北宋一共發生了二十五次兵變，河北、京東、淮南、福建等路不斷有流民起事，王朝陷入一片風雨飄搖之中……

除了宋神宗和那些試圖在社會動盪中得利的新黨之外，無論皇族、舊黨還是老百姓，都對攻打西夏沒什麼興趣。熙寧七年（西元一〇七四年），皇族糾集舊黨開始了新一輪的鬥爭，舊黨之中有一個人，名字叫做鄭俠。

鄭俠上呈〈流民圖〉，終於將王安石拉下馬

鄭俠，英宗治平四年（西元一〇六七年）進士，曾與王安石同在地方任職，是王安石當年的莫逆之交。王安石入主中樞以來，數次勸說當年好友入朝為官，但是，鄭俠非常不識相，根本就不買宰相的帳。不僅從一開始就反對新法，還不斷上書要求罷黜自己當年這位知交。

由於不斷要求罷免當朝宰相，直到熙寧七年，鄭俠仍舊只是一個監安上門（京城的看門大爺頭頭）。熙寧七年二月，鄭俠終於完成了北宋美術史上的一項偉大作品——〈流民圖〉。然後，他把這份長達兩軸的〈流民圖〉（附送一份奏摺《論新法進流民圖疏》）上陳樞密院。

44 王安石新法之一，熙寧五年（西元一〇七二年）頒行，在重要城市和邊境設「市易司」或「市易務」，根據市場制定價格，收購滯銷貨物，等到市場需要時再售出，商人可貸款或賒購貨物，繳納一定的利息。以限制大商人對市場的控制，並穩定物價、增加朝廷收入。後遭守舊派反對，於元豐八年（西元一〇八五年）後陸續廢除。

45 洪邁（西元一一二三～一二〇二年），南宋名臣，曾參與宋金議和，並出使金國。任贛州、婺州知府時，造橋修學館、大興水利；建議抗金邊境應修城池、嚴兵屯，得孝宗嘉許信任，入朝修編《四朝帝紀》，累官至端明殿學士。

46 沈括（西元一〇三一～一〇九五年），北宋名臣、外交家、科學家，曾參與熙寧變法，受王安石器重。精通天文地理、物理化學、數學、音樂、醫學等。晚年在鎮江夢溪園寫下科學巨作《夢溪筆談》，集前代科學成就之大成。

結果，〈流民圖〉和奏摺全被王安石留中扣住。

在王安石族親王安上（叔伯兄弟、新法反對者）的支持和直接幫助下，鄭俠拿回了圖畫和奏摺，假冒邊關急報，以機密軍事為由再次上書。

熙寧七年三月二十六日，這份圖畫和奏疏終於落到神宗手中。

〈流民圖〉原畫早已在塵封的歷史中湮滅，今人只能在宋代刻板中一窺當年那場慘劇。據南宋年間成書的《南遊記舊》[47]中描繪的圖形，〈流民圖〉共描繪了近百人，有行乞的老者、有臥在路邊的餓殍、有挖草根的兒童、有背著孩子流浪的婦人，還有一個官吏在用鞭子抽打一個衣不蔽體的少女。

這些人或三、五人、或三、五十人，皆無法納齊青苗錢，不得不賣房拆屋，所剩家財不過一只破鍋、一個破碗，帶著這些殘存的家當成為流民……從畫工來看，這張畫還遠稱不上技藝精湛，但茅棚側老樹半枯、天幕下哀鴻遍野的景象，實在令人觸目驚心。

《神宗實錄》記載，神宗拿到〈流民圖〉時，已經過了午夜。神宗以為是邊鎮戰報，連忙打開觀看，啟封後見「飢民累累然莫測，繼知為諫疏」。整個晚上，他都在反反覆覆看這幅畫、不停長吁短嘆、一夜無眠（長吁數四，袖以入。是夕，寢不能寐）。

第二天，在太后、皇后的規勸下，神宗登上皇城外牆，發現汴京已經從〈清明上河圖〉真的變成了〈流民圖〉！再數天後，神宗向群臣展示了鄭俠的〈流民圖〉，不可一世的王安石終於俯拜在地，罷相後出知江寧。

宋神宗卻說：「王安石相位可罷，新法不可停！」

王安石罷相後三天，神宗下詔：「我對先王的法令做了更改，時人受益、澤被後世，儘管很多小吏在推行新法過程中使新法走樣，但天下大政的決斷權在我，新法斷不可廢！」鄭俠也因為揭開皇帝的新裝而獲罪，被以「擅發馬遞[48]，欺蒙皇上」的罪名發配嶺南之地。

文過飾非，自己穿著國王的新衣，宋神宗，你自己真的不知道嗎？

呂惠卿加印鹽鈔，成了沒人要的「空券」

王安石罷相後，變法派的二號人物呂惠卿如願以償成為宰相，此人的能力遠不如王安石。呂惠卿認為：「既然青苗法摟錢費時、費力、費神，還造成這麼大麻煩，直接製造貨幣豈不是更省事？」

熙寧年間，「鹽鈔」在全國已成為一種比交子更重要的紙幣。呂惠卿的斂財方法就是直接增印鹽鈔，即所謂「空券」。熙寧七年末，陝西路軍隊開始收到毫無實物準備的「空券」，用於軍隊購買軍糧、支付軍餉。

加印鈔票斂財，這個方法其實很好。

問題是，呂惠卿也是一個穿著國王的新衣的人：既要斂財，又要留名青史。為了顯示自己的大公無私，呂惠卿居然給「空券」單獨造了一個刻板。

如果空券跟鹽鈔是同一個刻板，起碼鈔票外表看起來還是一樣的，無人能分辨出朝廷到底有多少虧空、究竟多印了多少鹽鈔、手中的鹽鈔是否有食鹽做準備。而「空券」二字就是告訴所有人：「這是沒有準備的鹽鈔，很有可能兌付不到食鹽。」

還敢單獨做一個刻板，還敢取名就叫「空券」，想騙人還把自己老底露出來？如此一來，等於明白無誤地提醒所有人，空券是絲毫沒有準備的紙幣，有可能一文不值。

就這還想一比一兌換鹽鈔？

空券上市之日即貶值九〇%，陝西路前線的軍隊根本無法以空券買到足夠的軍需物資。僅歷數月，永興軍轉運司就上陳：「空券在當地已無法使用，貶值幅度已高達一比十七，為今之計只有先向

47北宋宰相曾布之子曾紆所著小說，曾紆以自身當時見聞，記載北宋時期軼事。

48出自《宋史・鄭俠傳》。古代由驛站遞送公文，稱為「馬遞」。

附近州縣商借三十萬緡硬通貨以應軍需。」

筆者沒有查到空券的發行數量，只能說，為維持鹽鈔信譽，神宗、呂惠卿最終全額兌付了這些空券，看起來空券的發行量應該不是很大。

王安石復相，以「市易法」代替青苗法

熙寧八年（西元一〇七五年）十一月，王安石復相。

當年向小農摟錢，失敗了；經過認真總結經驗，王安石改變了摟錢的方向，摟錢的對象從小農改為大商人，變法的重點從「青苗法」改為「市易法」。

所謂「市易法」跟「青苗法」的本質一樣，還是放貸款，說起來也簡單：在大城市，商人可以用貨物抵押向府衙貸款；鑑於青苗法的悲劇，官府這一次只收取年息二分，而且明令禁止強行向商人配給市易錢。與青苗法相比，市易法聽來靠譜多了：利息確實很低、沒有強行分配……

北宋商人似乎也看出其中玄機，於是經常把滯銷商品抵給衙門，官府手裡的東西壓根兒就不足以抵償「市易錢」本金。

經濟學原理說：「天下沒有白吃的午餐」。市易法最後的執行結果是：滯銷商品最後不但賣出去了，還都賣了高價。既然由朝廷來賣，為了確保這些東西能賣出去，從此私商就不准再做這種買賣，這些東西官府一天賣不出去，商人就一天不能做生意，至於官府賣到什麼價格，那就不是私商能干涉的事情了——只有高價賣出這些不良資產，才能保證「國用饒」[49]。

市易法就是官營壟斷性商業、手工業。市易法一出，天下人將再無利可循。

最後，就連新法的支持者曾布[50]也面陳神宗：「市易司（市易法執行機構）是一個亦官、亦商、亦盜的機構，一批吃官俸的人怎麼可能包羅世間萬象？如此惡政即使秦漢末世也聞所未聞，堂堂官府居然去跟販夫走卒爭利，後人論史論事，我們豈不貽笑大方？」

連曾布都看不過去的事情，其實正是王安石的本意：「但凡手工業者，必定以奇技淫巧誘騙天下之人，商人則以利誘天下黔首捨本逐末，這樣的人怎麼能在我大宋王朝立足？只要讓手工業、商業無利可圖，讓商人、手工業者受到重罰，他們自然會回到土地上（趨田畝）51。」

此時，人們真的還能「趨田畝」嗎？

熙寧變法六年來，各地官僚已經獲得了實權，也擁有了剝奪財富的能力。與歷代一樣，**一旦社會被「皇權－封建官僚－小農」的框架控制，官僚就會肆無忌憚進行土地兼併，瞬間就能吸乾整個帝國的財富，土地早就盡在彀中了。**

據《宋會要》記載，熙寧八年，官員私人控制的土地已經占全國土地的七〇％，剩下的三〇％還有相當一部分控制在寺廟手中，結果：一小撮人田產連郡邑，天下人再無片瓦棲身。

熙寧八年，變法派第二號人物呂惠卿的醜聞被公諸於世：這位以變法為己任的人在華亭縣向富人亂集資，聚斂五百萬錢用於購買當地富人土地；事情暴露後，呂惠卿又指使華亭縣令逮捕當地富人入獄，企圖隱瞞真相。最終，呂惠卿獲罪出知陳州，變法派內部出現了大分裂，神宗也不再信任王安石。

熙寧九年（西元一〇七六年），王安石復相不足一年，就被再次罷黜，此後賦閒於金陵，再也沒有回到朝堂中樞。

---

49 出自《宋史．食貨志》：「……雖曰民不加賦而國用饒足，然法術不正，吏緣為奸，掊克日深，民受其病。……」

50 曾布（西元一〇三六～一一〇七年），北宋宰相，王安石推行新政助手，積極參與王安石變法，司馬光執政時，仍致力維護新法。

51 出自《漢書》卷八九：「……民有帶持刀　者，使賣　買牛，賣刀買犢，曰：『何為帶牛佩犢！』春夏不得不趨田畝，師古曰：『趨讀曰趣。趣，嚮也。』……」

西元一〇七七年，宋神宗改元元豐，依然我行我素推行新法，所以「王安石變法」在歷代史書中被稱為「熙寧變法」。熙寧變法持續了十八年，司馬光後來評論變法的結果：「王朝中產以上的富戶已經全部是封建官僚，天下之財被滌蕩殆盡，流民中的羸弱者輾轉死於溝壑，強壯者則嘯聚山林成為盜匪……」

元豐七年（西元一〇八四年），神宗在彌留之際，指定司馬光為太子老師，實際上承認了熙寧變法的失敗。他把希望寄託在太子身上，希望自己的繼承人能在司馬光輔佐下挽狂瀾於既倒，扶大廈於將傾……

第四章

經濟天才蔡京，在哪一點輸給了凱因斯？

半套的凱因斯學說：缺乏產權、法律約束的財政擴張政策

經歷了多次變法，北宋王朝再度養成一批官家豪強，
對資源的控制能力已經滲透到社會各個階層。
宋徽宗和蔡京的財政擴大政策，
是在完全缺乏契約、產權、法律約束的前提下推行投資、消費政策，
投資的是皇室、花錢的是官員，而賺錢的只有官商。

司馬光推改良版青苗法，卻因新舊黨爭匆促下臺

大批冗官成為財政負擔，司馬光只好又請出青苗法攢錢，再度給了奸邪小吏斂財的機會。司馬光死後，新舊黨忙著勾心鬥角，沒空管什麼青苗法，壓榨百姓多年的青苗法終於銷聲匿跡。

元豐八年（西元一〇八五年），年僅三十八歲的宋神宗走到了生命的盡頭。宋神宗的一生是短暫折騰的一生，可以概括為以下四個關鍵字：興黨爭、摟錢財、吃敗仗、爭皇儲。結果倒是很直接，「新黨」成為不折不扣的官家豪強，北宋王朝再次出現大規模土地兼併，無數裸行草食的流民在廣袤的中原大地上遊蕩。

宋神宗死後，八歲的太子趙煦登基，是為宋哲宗，並由祖母高太后[1]垂簾聽政。歷代史籍都將高太后譽為「女中堯舜」，臨朝後立即罷黜了新黨宰相蔡確[2]、拜風燭殘年的司馬光為相，開始了歷時八年的「元祐更化」[3]。

熙寧變法持續了十八年，十八年間新黨已遍及朝堂各個要津，官家豪強更是積累了數不盡的財富。

那麼，糾正十八年來的偏差又需要多少時間？只爭朝夕。

也許司馬光自知去日無多，也許隱忍了近二十年的司馬光已經失去了耐心，也許司馬光是求治之心過切……

司馬光（1019 ~ 1086）。

改革版：不強迫，自願借款才來

復相後的司馬光再也沒有展現出昔日的寬容與大度，立即對新法打出一連串致命的組合拳——《乞去新法之病民傷國者疏》，請高太后罷黜「保甲法」、「免役法」[4]、「市易法」、「置將法」[5]……

幾乎罷黜了所有新法，唯獨沒有罷黜青苗法。為什麼？

難道是因為司馬光太老了，把青苗法給忘記了？

關於這個極不可靠的答案，別以為是癡人說夢。因為，這不僅是官方給出的標準答案，一度也曾在坊間相當流行，它出自元朝所修《宋史》、明末清初王夫之的《宋論》。也許歷代史家不願相信，反對王安石的旗手司馬光居然也推行青苗法，也變成了一個聚斂之臣！

司馬光的政治睿智當然是無與倫比的，他明白要盡廢新法，只能拉住一大片、打擊一小撮，不能全盤打擊所有新黨。

建立同盟者，封賞官職是最好的辦法！

元祐元年（西元一〇八六年），司馬光為相數月後，北宋朝堂之上的三品以上大員居然達到兩

1 高太后（西元一〇三二～一〇九三年），宋英宗皇后，宋哲宗時期太皇太后。一向反對王安石新法，執政後任用舊黨司馬光，全面廢止新法。

2 蔡確（西元一〇三七～一〇九三年），北宋大臣，呂惠卿、章惇被罷貶後，堅持新法的重要人物，後被高太后貶至嶺南。被《宋史》列入〈奸臣傳〉。

3 宋哲宗即位，高太后垂簾聽政，司馬光等守舊派，廢除王安石的新法，耗盡變法積蓄的錢財，引起不滿，史稱「元祐更化」。

4 王安石變法法令之一。須輪流充役的農民，可交錢代替服徭役，再由官府出錢僱人充役。

5 王安石變法的軍事改革之一。全國各路士兵分別設將官一人，各統一軍，將官下設有副將一人，以便指揮作戰。

千八百餘人，七品以上官員更是多達一萬三千餘人，遠遠超過了元豐年間。

其實，糟糕的不是朝廷增加了這麼多官員。

無論新黨、舊黨，並非每個人都是見錢眼開的主兒；他們久歷樞廷，遠比普通人對時局有更精準的判斷；在四書五經薰陶下，他們甚至真的懷有「以天下為己任」[6]的士大夫情懷，也恨不得「玉宇澄清萬里埃」[7]。

官僚之所以可怕，並不是因為摟錢財、搶土地、搞女人……而是因為他們手中握有權力，有權支配大部分社會資源，有權按照自己意志支配大部分社會資源。

即使以天下為己任的士大夫，無論有多麼美好的初衷，**官僚所主導的經濟的本質永遠只有一個：以官員的個人意志替代真正的市場，盡最大可能花最多的錢、辦最大的事。而那些錢本應由每個黎庶決定如何花、如何用，又如何賺的。**

有了這麼多官，當然就要花這麼多的錢！

司馬光上臺不足一年，元祐元年（西元一〇八六年）三月，戶部侍郎蘇軾如此評論當時的財政狀況：「戶部正在編纂近年來的往來帳目，今年朝廷每年收到的錢穀[8]、錦帛根本不足以支撐今年的支出，現在不足半年，國庫所見之處均已空空如也！」

怎麼辦？答案只有一個：青苗法！

元祐元年元月，向來以反對青苗法著稱的司馬光居然親自簽署了一份文件，要求各州、道、府、縣高度重視青苗法工作，務求在春耕之前及時下撥「義倉」（青苗錢的變種）給升斗小民，利息仍為二分。司馬光還因此向高太后解釋：「神宗朝青苗法的本意是利民，只是青苗法為奸邪小吏所用；現在朝廷已經知曉其中弊端，此後青苗法不再強行配給，官府只向自願借款的人放貸。」

奸邪小吏設局，百姓一領到青苗錢就兩手空空

復行青苗法當月，熙寧變法的主導者王安石病逝於江寧，年六十六歲。

王安石生前最大的「功績」並不在於頒布了多少「新法」，而在於拋開「科舉幫」，自行任用了一批起自草莽的「奸邪小吏」，就連王安石本人都痛斥為「不才、苟簡、貪鄙之人」。

這些人絲毫不懂道義，幹壞事時連「恭頌星宿老仙揚威中原頌贊」[9]也懶得唱，據宋代筆記小說記載，他們根本不講法令、不事訴訟，早晨起來就開始討論青苗錢的本息，日上三竿還在核對借款合同，日影西斜又在盤算今天究竟賺到了多少錢，雞鳴五更還在整理帳簿。

王安石雖死，這些人猶生！

這是一個極具寄生性、腐朽性、暴力性的統治集團，亦官、亦商、亦匪。有什麼樣的官員，就會有什麼樣的王朝經濟，治國之道，民為重、君為輕，但是，官為本！

元祐元年五月，戶部侍郎蘇軾上《乞不給散青苗錢解狀》，生動地再現了當時黎庶為青苗錢所害的慘狀：「農人只有在某一天才能在縣衙領取到青苗錢，但縣令卻在縣衙門口大擺宴席，農人剛出縣衙就被拖到酒席上吃酒，而吃酒是要錢的！農人吃完酒席，發現自己的青苗錢剛剛夠付酒錢……此臣親眼所見。」

強迫高消費還算是好的，好歹農人也吃了一頓酒席。元祐年間的筆記小說記載縣令如此創新青苗

6出自《南史．孔休源傳》：「……休源風範強正，明練政體，常以天下為己任。」
7出自《毛主席詩詞》：「……僧是愚氓猶可訓，妖為鬼蜮必成災。金猴奮起千鈞棒，玉宇澄清萬里埃。」
8同「錢穀」，即貨幣和穀物。
9出自金庸的《天龍八部》，星宿派門人諂媚創立人星宿老怪丁春秋的歌功頌德之辭。

法：縣令約定某個時間讓農人領取青苗錢，同時在縣衙門口擺了一個戲臺，衙役就站在農人出門的必經之路上，見到出門的農人就強行拉到戲臺下面聽戲，結果聽戲也是要錢的！

時人評論當時的青苗法：熙寧、元豐年間「青苗」害民，但起碼要到秋收以後，才被迫變賣田宅妻女，豐收年景很多人家或能得以倖存；今天，農人自領到青苗錢之後就兩手空空，要麼投河、要麼上吊，所謂「龔黃滿朝人更苦，不如卻作河伯婦」[10]。

史稱，司馬光見到蘇軾等人的奏摺後「始大悟」，立即上奏自劾。元祐元年八月，青苗法被正式廢黜。

次月，司馬光病逝於汴京，年六十八歲。

新黨撈錢，舊黨有樣學樣

在十字路口等紅綠燈時，只要有一個人闖紅燈，就會有很多人跟著闖紅燈；而習慣闖紅燈的人，如果看到其他人都在等待，也會遵守交通規則。這並不是某人道德素質突然增高或降低，這種現象在金融學上叫「從眾利己」。人們總以為大多數人都在做的一定是對的，也就會按照大多數人的方式投資——結果必然賠錢——賺錢的永遠是少數人。

過去，為「修身、齊家、治國、平天下」的理想所限，舊黨士大夫不會、也不屑借手中權力肆無忌憚地掠奪財富；但有了新黨「奸邪小吏」做榜樣，為什麼他們能做，我們就不能做？

何況摟到錢確實能過富裕生活，多賺點錢總是好的，挺現實的一個目標。司馬光死後，舊黨開始和「奸邪小吏」一樣不遺餘力地攫取權力，新舊之爭完全淪為權力之爭的工具，官員如探囊取物般攫奪著天下權力，天下之財成為任人瓜分的盛宴，手段更是無所不用其極！

文彥博[11]曾是仁、英、神、哲四朝老臣，熙豐年間也是司馬光最堅定的支持者。元祐朝八年間，年邁的文彥博四處奔走為兒孫謀求官位：幾個兒子先後成為同州知州、光祿少卿、右司員外郎；幾個孫子先後做到候寺監丞、少府監丞的位置；就連幾個女婿、孫女婿也都安插到管工程的部門都水監丞、管錢財的部門監商稅院。

為打擊新黨，舊黨炮製了「車蓋亭詩案」。這是宋史中最著名的文字獄，新黨領袖蔡確在發配路上寫下了「矯矯名臣郝甑山，忠言直節上元間」[12]的詩句。詩中所提到的「郝甑山」是唐高宗上元年間的一位大臣，曾上書唐高宗反對武則天。舊黨借題發揮，說蔡確含沙射影說當朝高太后是武則天。最後蔡確因言獲罪，被改為發配嶺南，不久便死在那裡。

舊黨居然列出了一個榜單，將王安石、呂惠卿、蔡確等九十人列為奸黨，並張榜在朝堂公布。對此，舊黨領袖范純仁（范仲淹之子）擔憂地說：「新舊兩黨已經爭鬥數十年，開此先河，我輩恐均不能倖免。」

宋哲宗啟用新黨，舊黨只好鳥獸散

元祐八年（西元一〇九三年），高太后去世，范純仁的預言不幸成為事實。剛剛親政的宋哲宗立即改元「紹聖」，意為尊宋神宗變法為「聖」，此後，宋哲宗盡黜舊黨、啟用新黨。大宋王朝本來就被舊黨折騰了八年，新黨上臺之後，立即把全部精力都放在打擊報復之上，至於青苗法，根本無人顧及。

正牌「舊黨」司馬光被追奪一切勛爵，所有著作一律焚毀，如果不是皇后出面干預，幾乎被暴骨

10 出自北宋・蘇軾〈吳中田婦嘆詩〉。龔遂和黃霸是漢代有名好官，蘇軾藉此諷刺清官對百姓要求過嚴。

11 文彥博（西元一〇〇六～一〇九七年），北宋名相，歷經四朝，為相五十年，人稱「賢相」。曾成功抵禦西夏入侵。並提出裁軍八萬主張，以減輕百姓負擔。

12 出自北宋・蔡確〈夏日遊車蓋亭〉十首絕句之一。

鞭屍。宋神宗曾親為《資治通鑑》作序，面對前來焚毀刻版的新黨，舊黨指著刻版上的宋神宗序言質問：「你們難道連先帝的手跡也要毀掉嗎？」如果不是這樣，今天很有可能看不到《資治通鑑》。

冒牌「舊黨」蘇軾被弄去嶺南常年吃荔枝，而這位所謂的舊黨，曾在元祐年間為保留雇役法，當面大罵司馬光為司馬牛。無奈之下，蘇軾安心去嶺南吃荔枝，並寫下了這樣的詩句：日啖荔枝三百顆，不辭長做嶺南人。

新黨居然也如法炮製了一份「元祐黨人」名單，並將這份名單刻在石碑上，稱之為「元祐黨人碑」。

新黨做了這麼多「大事」，唯獨沒人有興趣恢復青苗法。因為他們很快就有一個新的領軍人物。與這位新人相比，王安石的「青苗法」根本上不了檯面。

這個人的名字叫蔡京。

蔡京比凱因斯更早擴張財政，壞在缺少法規

蔡京的經濟理論與凱因斯主義如出一轍，可惜忽略了「朝廷」這個壟斷一切資源的強勢主體，與民爭利的結果，讓宋徽宗過著有錢有閒的日子，卻把百姓搞得雞飛狗跳！

一個人的生命基本不會超過一百年，去掉天真爛漫的孩提時代、耳聾眼花的耄耋之年，能建功立業的時間不過四、五十年。短短四、五十年的生命，無論名垂青史或遺臭萬年，任何人想在史書上留下一筆，都是一件高難度的事，皇帝也不例外。

宋徽宗趙佶無疑實現了這個目標。

趙佶在中國歷史上之所以有名，不僅僅是因為他和李師師[13]的風流豔史，甚至不僅是因為他冠絕古今的瘦金體，更由於徽宗朝經濟金融政策的起伏跌宕。宋徽宗長於書法，卻不善於經濟金融，徽宗朝所有經濟政策的背後，都有另一位書畫天才的影子，就是北宋末年「六賊」之首的蔡京。

蔡京的經濟學思想源自《易經》

蔡京，王安石門生（王安石的門生、朋友基本都被《宋史》列入奸臣傳），熙寧三年進士。神宗、哲宗兩朝，蔡京在新舊兩黨之間遊刃有餘，無論新黨、舊黨都認可他的能力，對他的人品也沒什麼惡感。蔡京是王安石的學生，王安石曾在神宗面前推薦他為自己的繼承人；而司馬光對他的評論是：「如人人都能像蔡京一樣盡心盡力，何愁天下不治？」

崇寧元年（西元一一〇二年）蔡京拜相可謂是眾望所歸，人們認為蔡京一旦登上相位，所作所為定讓天下人拭目，就連宋徽宗自己也這麼想（庶幾成一代之業，以詔萬世）[14]。

徽宗朝，這位政治智慧與藝術天賦齊飛的蔡京先後四度為

13李師師，生卒年不詳，北宋才貌出眾名的藝妓，不同於賣淫為主的色妓。

14出自《續資治通鑑長編拾補》卷一〇。

宋徽宗獨創的瘦金體書法。

相，二十年間所作所為足以名標史冊（惡名）。王安石、蔡京師徒相承，只是蔡京結局比王安石更為淒慘，不僅父子、兄弟反目成仇，自己也身敗名裂、客死街頭。《宋史》對他的評論是「卒致宗社之禍，雖譴死道路，天下猶以不正典刑為恨」。

殺了你，都不解恨！

如果讓筆者評論蔡京，可以這樣說：此人是一個天才，不僅是書畫天才，也是一個經濟學天才、一個錯位的經濟學天才！現代人將凱因斯[15]譽為「當代經濟學之父」。在中國，這套東西古已有之，其締造者和實踐者之一就是這位臭名昭著的蔡京。據蔡京本人說，他的經濟學思想淵源來自《易經》[16]。

蔡京證明凱因斯經濟學理論：捨不得花錢，就賺不了錢

《易經》中有這樣的卦辭：「豐亨，王假之；豫大有得，志大行也。」人們解釋「豐、亨、豫、大」：王者在最盛之時，應當一切都崇尚盛大，不必過分憂慮財貨不豐，應當順天理而動，王德自然如日行中天般地普照天下。

根據「豐、亨、豫、大」卦辭，**蔡京獨創出一套前無古人、後有凱因斯的經濟學理論：大家只有盡量花錢，才能迅速生產財富，天下如果有一個人捨不得花錢，就會有很多人沒錢賺；如果所有人都捨不得花錢，天下人就都沒錢賺**。

一千年後，凱因斯重複了蔡京的理論：經濟蕭條時，政府要擴大財政赤字，以國家的力量擴建工程、完善公共設施，讓人們賺到錢，才能刺激經濟盡快繁榮。否則沒人消費，生產者就賺不到錢；賺不到錢，生產者就會壓縮生產；壓縮生產，就會產生更多失業；更多人失業，就會進一步壓縮消費，接著就是經濟危機了。

根據「豐、亨、豫、大」理論，蔡京提出自己的施政綱領，看起來跟後來凱因斯的財政擴張政策

差不多：身為皇帝，宋徽宗要第一個帶頭捨得花錢，皇室和各級官衙要修造官衙、水渠、宮室、園囿，流民有錢賺就不會是流氓、流民有飯吃也不會無事生非，天下承府庫就會愈來愈充盈，此所謂「豐、亨」；皇帝宮室、百官官衙、百姓住房才會愈來愈寬闊，即所謂「豫、大」！

如此，天下可定！

蔡京這套理論聽起來可信度還是挺高的，跟凱因斯一樣，兩者都在闡述一個邏輯：**刺激消費、拉動經濟**。

然而，史實告訴我們：在「豐、亨、豫、大」指導下，北宋最終走上了亡國之路。

蔡京錯在哪兒了呢？

沒有法律規範的凱因斯主義，只富了一個花錢如流水的宋徽宗

西方經濟學提到，在沒有達到潛在的增加速度之前，政府可以加大投資、刺激消費，以促進經濟增加；但西方經濟學卻有一點沒說：

「凱因斯主義」是有前提的：以投資刺激經濟，所有市場參與者必須身處規範的市場，有明確的交易規範、有效的法律制度，並且不能存在一個壟斷一切資源的強勢主體。

投資和消費都是對的，關鍵要看誰投資、誰消費，在什麼時候投資、又在什麼時候消費。

經歷了熙寧變法、元祐更化、紹述之爭，北宋王朝官家豪強勢力早已長成，對資源的控制能力已經滲透到各個社會階層。

---

15 凱因斯（John Maynard Keynes，西元一八八三～一九四六年），英國經濟學家。主張政府應積極運用財政與貨幣政策，對抗景氣衰退。凱因斯思想被稱為「凱因斯學派」。

16 儒家五經之首。以符號及陰陽交替變化描述世間萬物的簡易、變易、不易，體現中國古典文化的哲學和宇宙觀。

所謂「豐亨豫大」是在完全缺乏契約、產權、法律約束的前提下推行投資、消費政策，從經濟理性角度思考，官僚將按照權力大小分配資源：**投資的是皇室、花錢的是官員，而賺錢的只有官商**。於是，歷史上有了縱情山水、畫工、書法、妓館的皇帝，及《水滸傳》裡的生辰綱、花石綱。在《中國古代漢語詞典》中，「綱」指代成批運送的貨物，所謂「生辰綱」是各地官吏借皇帝生日之際，成批向宋徽宗行賄；這位藝術天才還喜歡奇石，於是又有了「花石綱」。

太湖上曾有一塊奇石，長四百餘丈、寬兩丈，石材玲瓏剔透、宛若天成，中唐年間，白居易曾親手在石上栽下一棵樹苗。四百年後，樹苗已成參天巨木，地方官居然突發奇想，要將巨石連同大樹一起獻給宋徽宗。巨石運抵京城汴梁時，總計花費了八千萬緡錢，相當於一戶中產之家兩百年的收入！

這只是一塊石頭，一戶中產之家兩百年收入也斷送不了北宋王朝。可怕的是那些出主意的官員。

從廣大北宋人民住房情況來看，富裕人家一般會住獨門獨院，院子裡偶爾也會有些石頭、假山……只要這家人稍微富裕點，官吏就會在人家的樹上、石頭上、房梁甚至大門貼上皇家標記，表示要取走這個物品送給皇帝。

這些物品不一定值錢，但官員會讓主人掏出很多錢；我看上了，就等於皇帝看上了；主人不但要貢獻出來，還要負擔運往汴京的費用；更離譜的是，主人要早晚向物品磕頭，像對待皇帝一樣對待這些物品，否則就是對皇帝不敬——「大不敬」，可是要殺頭的罪名。

誰又能天天對著自家大門或家裡一塊破石頭磕頭呢？有門路的托關係，拆牆破屋把這些物品恭恭敬敬請走；沒門路的，為此「破家者不可勝數」。

這才是「豐、亨、豫、大」錯誤所在：天下者，人人之天下，非一二人之天下，極少數官員的揮霍無度，又怎能透過這種投資和消費刺激經濟增加？難怪脫脫[17]在著《宋史》時曾擲筆感嘆：「宋徽宗無一般不曉、無一般不會、更無一般不愛，諸事皆能，獨不能為君爾！」

一個社會，如果作惡者得不到應有的懲罰，反而可以心安理得享受搶奪來的財富，那麼，社會馬上就會喪失財富創造機制——既然創造不能擁有財富，又有誰肯去辛苦創造呢？一旦人們以毫無節制的消費為榮，社會風氣立刻就會變壞，《宋史》**描述徽宗朝的社會風氣：「錢是所有人都喜歡的東西，骨肉至親可以因為錢離散，公卿大夫可以為錢殞命，市井之人可以為錢鬥毆致死……」**

當然，宋徽宗是感受不到這些問題的，他只知道自己的錢愈來愈不夠花。神宗、哲宗雖然摟了很多錢，但大部分都被這兩位志大才疏的帝王在西夏邊事上用光了。

那麼，錢從哪裡來呢？想要錢，找蔡京！

蔡京為宋徽宗斂財的第一招：改革幣制

蔡京在陝西路鑄行「當五大錢」，當五枚小平錢用；又鑄行「當十大錢」，而且不同的地區有不同的兌換標準，造成全國貨幣混亂，蔡京因而被罷相。一年多後復相，成功辦了官家豪強章綎，卻因推行「當十大錢」不利又被罷相……

崇寧元年，蔡京剛剛為相，就拿出了第一個斂財手段——幣制改革！

神宗朝、哲宗朝是北宋鑄幣最多的年代，新黨撈錢無論如何驍勇，都沒對貨幣下手，也沒有禁絕私鑄，市面上流行貨幣被稱為「小平錢」，重量在三公克左右，與隋五銖錢類似。

17脫脫（西元一三一四～一三五五年）元朝宰相，是元末較有作為的官員，也是《宋史》的作者之一。他恢復科舉制度、減輕剝削、放寬政策等改革，被稱為「脫脫更化」。

崇寧元年，蔡京剛拜相就在陝西路鑄行「當五大錢」，意指這枚銅錢可做五枚小平錢用。從當時情況來看，推行「當五大錢」確實有情可原。陝西路歷來是與西夏交兵的戰場，在這裡做生意的基本都是西夏人和北宋官府。「當五大錢」發行區域就是宋夏邊境，主要目標是去西夏收購物資。對党項人用點貨幣手段無可厚非，況且，「當五大錢」發行量很小，偶有流通進內地即被收藏起來，並沒有出現貶值情況。

崇寧二年（西元一一〇三年），事情就不太對勁了。

亂發「當十大錢」，蔡京第一次被罷相

十一月，蔡京下令，仿「當五大錢」在全國範圍內鑄行「當十大錢」，並在官鑄小平錢中加入錫（當時小平錢也被稱為「加錫錢」）；同時，下令全國範圍內禁止私鑄貨幣，一年之內廢黜此前所有非官方貨幣。

靠鑄大錢斂財的朝代並不鮮見，蔡京「當十大錢」的奇特之處在於，同樣一種貨幣，在不同地區卻規定了不同的標準：陝西路、河北路、河東路等朝廷控制力最強的五路，「當十大錢」當十枚小平錢使用；淮南、荊湖路等四路當五枚小平錢使用；在兩浙路等商人勢力較強的地區，則只能當三枚小平錢使用，實際上恢復了「當十大錢」的本來價值。

全國還有一個地方不允許流通「當十大錢」，那就是蔡京的老家。看起來，蔡京還挺照顧老鄉的。

這種極其離譜的貨幣制度，立刻在全國造成了貨幣混亂，所有人都不敢再賣東西，所有人都急著買東西，因為手裡的貨幣隨時可能成為一堆廢銅爛鐵。

當時筆記小說曾描寫：「有錢人家紛紛修葺房屋，並提前買好所有材料，沒想到工人卻要求按日結算工錢，任何人都生怕錢砸在手裡；很多買賣商家直接關閉店鋪，生怕賺到錢（留下貨物還可以

接著賣，錢就不行了），大白天到市鎮上，卻買不到一束柴薪、一斗白米……」

兩年後，蔡京非常鬱悶，因為「當十大錢」並沒有帶來多少收益，無論皇帝、官家豪強還是升斗小民，對蔡京的幣值改革都極為不滿。更讓蔡京鬱悶的是，崇寧五年（西元一一〇六年）二月天空中有一顆彗星，說什麼也趕不走。

民怨沸騰，天現異象，是一定要有人出來背黑鍋的！

當月，監察御史沈疇以「當十大錢」為由上疏彈劾蔡京：朝廷鑄造當十大錢已經幾年了，不但國庫未能因此充盈，反而導致物價騰貴；靠「當十大錢」發財的只有官家豪強，這些人盜鑄、販運有數倍之益，賺到錢後就瘋狂兼併土地，使得盜賊蜂起，萬民嗷然；結論就是：必須罷免蔡京。

崇寧五年四月，蔡京第一次被罷相。

但是別灰心，蔡京，你還有機會。

宋徽宗畫作〈聽琴圖〉，由蔡京題詩，君臣相和。
（收藏於北京故宮博物院）

蔡京要辦章綎殺雞儆猴，卻拿章綎沒轍

一年又十個月後，大觀元年（西元一一〇七年）正月，蔡京在宋徽宗支持下再次復相。此時的蔡京終於明白：別看平時客客氣氣，又請客又送禮，官家豪強其實沒有一個好東西，他們有錢、有權、有勢，只有他們才能在背後私鑄、販運「當十大錢」，最終導致自己被罷相。

所以，一定要殺雞儆猴。

蔡京找到的這隻「雞」叫章綎，興起崇寧、大觀年間的驚天大案——「蘇州錢獄」。

章綎的父親是神宗、哲宗兩朝的一員驍將，在西夏戰場上戰功赫赫，年老後退養蘇州。章氏家族是當地望族，代代有人在朝堂為官，在蘇州更是占有大片土地，呼吸之間可以撼動蘇州地方官場。但章氏家族不是蔡京一黨，章綎本人更是從崇寧二年開始，就公開抨擊蔡京，說「當十大錢」將使江淮一帶的富人變為流丐。

說歸說，做歸做，該罵人罵人，該賺錢賺錢，章綎罵完了蔡京，回過頭來就開始盜鑄、販運「當十大錢」。

宋徽宗前期錢幣：崇寧通寶、崇寧重寶。

崇寧三年（西元一一〇四年）到崇寧四年（西元一一〇五），章綎最主要的生意就是私自鑄造「當十大錢」，然後在江南、京畿、陝西路之間販運，賺取差價。盜鑄大錢畢竟是偽造貨幣，一般來說都像鬼子進村，藏在深山裡悄悄地做、不敢聲張，唯獨這位章綎，竟然在蘇州城裡開了幾個作坊，然後就大張旗鼓做了起來。

崇寧四年，章綎的航船在京杭大運河上被截獲，按當時船上運載的「當十大錢」數量，已經足以

殺頭了。但地方官根本沒有膽量逮捕章綎。章綎在被截獲後，仍舊大大方方起航，而他的船隊全都是漕運官船。

大觀元年（西元一一〇七年），蔡京復相，立即下令抓捕章綎，希望殺掉章綎這隻雞，教育那群猴子。為此，蔡京派出開封知府李孝壽，人稱「李閻羅」。按說，以李孝壽的級別對付一個商人，應該綽綽有餘。

直到此時，蔡京才突然發現，章綎壓根兒就不是一隻「雞」，而是一隻比「猴子」還威猛的老虎。

第一次審理章綎案，結果令所有人大跌眼鏡。李閻羅在平江抓捕了上千人，卻始終沒碰章綎一根寒毛，一千多人在監獄裡哭號的時候，章綎本人天天在平江地面上晃悠。更可笑的是，李孝壽抓來的一千多人，連章綎的遠親近鄰都算不上，而是蘇州地方官員、蘇州籍朝廷官員。

蔡京雖然身為宰相，章綎卻有兩個非常要好的朋友，一個叫曾布、一個叫劉逵[18]。曾布是神宗朝老臣，也是徽宗朝第一任宰相，資歷比蔡京還要老很多；劉逵在蔡京罷相期間也坐在宰相的位置上。與章綎作對，等於與曾布、劉逵作對，而他們對宋徽宗的影響力，絲毫不亞於蔡京。

這兩位老宰相還不是章綎的絕招。類似《水滸傳》中的祝家莊、扈家莊，這些傳說中的大戶都有軍隊，何況現實中的章綎！李孝壽不過是個知府，《水滸傳》裡的宋徽宗連一百零八個毛賊都搞不定，一個開封知府又如何能去蘇州章家抓人？

李孝壽來蘇州兩個月，不但沒抓住章綎，反而被召回開封。同時，為安撫章綎，宋徽宗親自出面，指定沈畸（監察御史）前往蘇州查案。

18劉逵（西元一〇六一～一一一〇年），北宋大臣，依附蔡京，曾出使高麗。蔡京被罷相後，他因居功擅權，被貶為亳州知州；蔡京復相後，又被貶為鎮江節度副使，蔡京第二次被罷相後，被任命為杭州知州，後病逝於開封。

沈畸雖然只是一個名不見經傳的御史，膽子卻很大，不但多次上疏大罵蔡京，還公開指責「當十大錢」是「聚斂之法」。此人一到蘇州，不去查辦章綖盜鑄證據，反而當天就放掉了李孝壽辛苦抓來的一千多名證人。

宋徽宗此舉擺明是要放章綖一馬，第二次審理章綖案的結果也就在預料之中了：章綖無罪（從沒進牢房，不需要釋放），憤怒的蔡京只得把辦案者沈畸流配信州。真是冤枉啊！

蔡京終於明白，要想消滅章綖這隻老虎，靠這些有職無權的小魚小蝦是辦不到的，必須找到一隻比章綖更凶狠的老虎——孫傑。

蔡京以霸制霸，用巨富孫傑對付章綖

簡單介紹一下，孫傑的正式職業是朝廷官員，時任兩浙路查訪。很多歷史文獻認為，蔡京選擇孫傑，是因為孫傑跟章綖的靠山曾布是死敵。

不是這樣的！

孫傑敢於向章綖挑釁的勇氣和實力，並非來自朝堂之上，也不是由於他看哪位宰相不順眼。蔡京之所以看中孫傑，是因為孫傑是北方巨富，也在盜鑄「當十大錢」。當時北宋王朝有「南章北孫」之說，孫傑是章綖最大的競爭對手，也只有孫傑這樣的人，才有真正的實力對抗章綖。

這一次，章綖遇到了真正的難題。

當然，章綖早就得到消息，於是把盜鑄錢的裝備裝上一艘大船，並在太湖之上鑿沉，所鑄私錢、鑄錢爐一併沉入太湖。

孫傑說：「船和錢都沉入水中，我就給你撈出來！」於是下令，但凡能在太湖中撈到錢的，一律可以在衙門換成官府認可的「當十大錢」（其實，很可能就是他自己鑄造的私錢）。

在利益制約下，人們一般能做出相對理智的決定，不會憑個人好惡幹出玉石俱焚的事。章綖只是章氏家族的頭領，不是章氏家族的全部，商人家族最大的愛好是賺錢，不是殺人放火。最終，章氏家族沒有選擇與孫傑武力對抗——那樣的話，章氏家族就不只損失一個首領。

經過孫傑與章綖「並不友好的溝通」，章綖認罪，孫傑成功抓住了章綖，並將他刺配沙門島（山東蓬萊島海域向西）。

從當時條件來看，章綖應該是無法再活著回到蘇州了。但宣判章綖發配沙門島，並不意味著讓章綖去沙門島待一輩子。等風頭過了，再把人撈出來就行。

蔡京，咱們走著瞧！

推行「當十大錢」不利，蔡京第二次被罷相

打垮了章綖、內有皇帝撐腰、外有爪牙氣勢洶洶，蔡京自覺自己已經無敵於天下，開始大肆鑄造「當十大錢」！

理論上，「當十大錢」的重量是小平錢的十倍，大觀年間的物價漲幅卻遠超過了十倍。因為，物價一旦連續上漲就會建立一種自我強化機制——如果每個人都認為明天物價依然會上漲，那麼，即使不再增發貨幣，物價也會上漲。

大觀二年（西元一一〇九年），北宋王朝開始了新一輪「物貴錢賤」，即超級通貨膨脹。

大觀三年六月，蔡京再次因推行「當十大錢」不利被罷相，而被發配沙門島的章綖也很快被特赦，回到了蘇州。

在不可更迭的貨幣規律面前，這位北宋第一權奸低下了頭。

沒關係，蔡京，還有機會，這一次絕不會再輸！

蔡京斂財第二招：國營事業全部市場化

蔡京將原先的鹽、鐵、酒、茶等各種國營產品，全都改為民營；又恢復錢引制度，再加上合同場法、擅自更迭紙幣斂財，把天底下的錢全收到朝廷口袋，終於激起民變。

宋徽宗政和二年（西元一一一二年）五月，蔡京第三次出任北宋參知政事，這一次，他在相位上足足待了八年。八年間，蔡京推行了很多在當時看來匪夷所思的財經政策，終於把北宋推入萬劫不復的深淵。

可以用一個不太精準的詞彙概括蔡京的第二招斂財政策——市場化，手段則是北宋另一種紙幣，錢引。

鹽、鐵、酒、茶，官方專賣產品全部民營化

從漢武帝起，「鹽鐵專營」就是皇家撈錢的不二法門，只要壟斷了生產生活的必需品，天下人都得乖乖把錢交出來。熙寧年間以來，新舊之爭幾經反覆，不知多少人為青苗法的廢立打破了頭，唯獨沒人對鹽鐵酒茶專營說三道四。

蔡京為相時，北宋已經形成了相當完備的鹽、鐵、酒、茶專營制度，即「禁榷」。在古文中，「禁榷」是一個很形象的詞彙，「禁」為禁止、「榷」的本意則是獨木橋，《史記》如此解釋禁榷：「禁他家，獨王家得為之。」

當然，從西漢《鹽鐵論》[19]開始，賢良文學就開始不遺餘力地攻擊鹽鐵專營，認為鹽鐵專營的本質是搜刮天下黎庶錢財。不僅如此，鹽鐵專營在各個方面都非常缺乏效率，創新就更不用提了。這些

人是官商，官商、官商，官在前、商在後，藉替朝廷斂財之機，把更多錢裝進自己的腰包，唯有他們自己先有錢了，別人才能有錢。

熙豐年間的情況有點特殊，北宋朝廷為了調動各地的斂財積極性，禁榷收入大都歸各路、府，朝廷只是不定期按一定比例徵調各地禁榷收入。為了增加自己的收入，所有州、道、府、縣都相當認真查禁外地鹽、鐵、酒、茶等各種專營產品，還相當不負責任地放任、甚至鼓勵本地專營產品流入其他地區！

儘管禁榷制度非常嚴格，但由於不同地區之間存在極強的競爭，鹽鐵專營執行下來也就大打折扣，北宋王朝所謂「鹽鐵之利」主要還是靠商稅。

在蔡京看來，這實在是太愚蠢了。

蔡京能從《易經》中悟到凱因斯主義，當然也能在鹽鐵專營實踐中進行前無古人的創新。政和二年，剛剛回到相位的蔡京就開始「大變鹽法」、「大變茶法」……所謂「大變」，核心只有一個，那就是開放鹽、鐵、酒、茶專營，將生產、運輸、銷售環節全都留給民間，也就是「市場化」。

對，您沒看錯，就是位居北宋「六賊」之首的蔡京放棄了鹽鐵專營，就是《水滸傳》中臭名昭著的蔡京在努力推行市場化。

政和二年（西元一一一二年），蔡京下令廢黜所有官營手工業工廠、鹽場、茶場、酒場，所有禁榷制度下的產品，其生產、運輸、銷售都可由民間自定，只需在中樞朝堂領取特種行業營業許可證——錢引。

19 西漢．桓寬著，是整理「鹽鐵會議」紀錄撰寫而成的史書，記述漢武帝時期的政治、經濟、軍事、外交、文化等。

政府只管營業許可，生產、運輸、銷售民間自主

是的，蔡京恢復了范仲淹的「錢引」制度。

「錢引」為宋仁宗年間范仲淹首創，雖然也是一種壟斷式的配額制度，相較於王安石的官府壟斷鹽鐵經營，畢竟還是好很多。多少年來，錢引做為官方特許憑證，一直有著良好的信譽，私商獲得錢引之後，就可以自行進行生產、運輸、銷售專營商品，後期錢引甚至已經成為帝國通行的紙幣。

所謂「以錢請鈔，以鈔請鹽」。

當代，有人這樣評論蔡京廢黜禁榷，說他「轉變了官府在專賣領域的職能」、「恢復了市場定價職能」、「透過向商人徵收專賣錢引實現了稅收公平」。

僅以表面形式而論，以上這三條，條條站得住腳。買到錢引後，如何生產、如何運輸、又如何定價，商人自己說了算；專賣之利被隱藏在錢引裡。所以，有人對蔡京「大變鹽法」的定論是：中國古代專賣制度的根本性演變，透過市場實現了交易公平。

真的是這樣嗎？

在論述這個問題之前，要先澄清一個問題，所謂「市場經濟」並不是今天獨有，更不是幾個發達國家的專利。人類剛走出洪荒的原始時代，就已經開始了物物交換，這就是最初的市場。自漢代起，貨幣經濟就已經高度發展，此後歷朝歷代都有大量貨幣存在，沒有市場、沒有商品經濟，要貨幣幹嘛？

有人的地方就一定會有交易，有交易就有市場，人就是市場，市場永遠不可能被廢黜。

不過，市場有很多種，不是每一個市場都能有效配置資源，更不是每一個市場都能建立公平的財富分配機制。今日全球絕大多數國家都奉行市場經濟，可是，一百多個國家中，能真正透過市場促進經濟的，不過也就是西方老牌發達國家、金磚四國[20]這麼幾個。

市場經濟的關鍵，不是市鎮裡有多少地攤、多少門店，也不是價格管制、實物配給，誰來生產、誰來交換、誰來定價，那些都只是市場的表象。市場之魂是建立一個人人都能遵守的規則，包括最為強勢的托拉斯（business trust）[21]，也包括市場最後的仲裁者──帝國朝堂，都必須臣服在市場規則之下。

市場規則其實也很簡單：等價交換。

用馬克思主義政治經濟學[22]來描述，就是：交換商品的社會必要勞動時間一定要相等。理論上，這個規則非常簡單，簡單到是一種人所共知的常理；實際上，這個規則執行起來又幾乎不可能。只要有交易者不具備同樣的起點，就一定會有人利用自己的優勢破壞遊戲規則，使得交換不再等價。例如，在地攤上討價還價，是因為買者不知道商品的真實資訊，所以賣東西的小販試圖利用資訊優勢賣出高價。

與街邊小販相比，市場上的強者更可能靠自身實力不斷違反規則，而得到不公平的利益。國家永遠是市場中的最強者，也是市場最後的保護神，面對市場自身永遠無法解決的問題，國家會透過種種手段限制強者，使市場回歸本源。

如果國家反其道而行之、率先違反規則，那麼，市場就會蛻變為最犀利的財富掠奪武器，所謂「規則」也就只是強者掠奪弱者的規則。

天下之財，以商奪之，摧之無形！

20 美國高盛投資銀行的經濟學家在二〇〇三年創造的新詞，指巴西（Brazil）、俄羅斯（Russia）、印度（India）和中國（China）四國。「BRICs」是由四國英文名稱第一個字母縮寫而成，因發音同英文的磚塊（bricks），而被稱為「金磚四國」。

21 指在同一商品領域中，透過併購，由控股公司設立大型企業，以達到壟斷目的，進而獨占市場，且得以制定商品統一價格，並獲得最大利潤。

22 馬克思所創，又稱「無產階級政治經濟學」，是研究生產、分配、交換、消費等的經濟關係、發展變化規律的科學。

營業許可證不注明期限，有錢人財富被搜刮一空

在廢黜官營專賣、推行市場化的同時，蔡京又想到了一個餿主意，跟《易經》裡悟出的凱因斯主義一樣，這個餿主意也非常有當代經濟學韻味：合同場法。私商在獲得錢引的同時，必須按合同場法跟官府簽訂合同，核心只有一點：承認錢引流通時限的不確定，沒人知道上一期的「錢引」何時作廢，也不能以舊換新。

過期作廢、費用自理。

從此，天下富人好像變成了童話中的灰姑娘，都穿著傳說中的水晶鞋，別看舞會上衣著光鮮，一過午夜十二點就現出原形：很多人早晨起來還是富翁，晚上睡覺時，卻發現自己變成了流丐，因為自己手中的錢引作廢了。

蔡京終於創造了世界貨幣史上的一個奇蹟：在不減少貨幣儲備（鹽鐵酒茶）的情況下，透過擅自更換紙幣斂財。

過去，老師王安石雖然搞得雞飛狗跳，好歹也培養一大批官商、天下還有一大批富人（先姑且不論這些人的錢是否合法）；現在，學生蔡京專撿有錢有勢的下手（沒錢沒勢當不了鹽鐵商），州道府縣的鹽鐵專營之利也大部分被朝廷拿走，財富開始急劇向最強勢的官僚集中。

這不是市場，這是一場所有人反對所有人的戰爭，天下人隨時可能被剝奪財富乃至生命。

中國古代史中，私人土地接連州縣的時代只有兩個，一個是東漢末年的塢堡[23]時代，另一個就是宋徽宗時代。同時，《宋書》也記載了蔡京的功績：「朝廷再無錢財匱乏之虞，無論是宋徽宗私庫、國庫還是戶部，錢財都多得數不勝數，不知多少錢財被流水般花了出去。」

天下盡為天子私財、四方之錢盡入中都，上溢下漏，而民益重困。[24]

宣和四年（西元一一二二年）四月，童貫（北宋六賊之一）率軍北征，在今河北高陽徵調廂軍。由於沒錢，地方州府早就不練兵了，「軍需之用，百無一有」[25]、「城戍守禦之物，悉皆無備」[26]……此時，距女真入侵僅剩三年。

政和七年（西元一一一七年），宋徽宗開始建私家園林——「艮嶽」，十年後，艮嶽建成，方圓十里，山高林深，飛禽走獸更是應有盡有。《水滸傳》中所謂的「花石綱」就是為了建艮嶽在江南搜集奇花異石，不知多少人為此傾家蕩產。

政和七年，洶湧的黃河在河北路決口（今河北滄州一帶），這個地區一半以上的人口被洪水吞沒；次年，江淮一帶大旱，水鄉變為人間鬼域。方臘[27]號召麾下流民：「天下之財乃人人之財，現在，官家把窮人僅有的一點粟帛都拿走揮霍了，花石綱更是讓富人都無所歸依；各位與其眼睜睜看著妻子兒女被餓死，不如隨我仗義而起，十天之內，江南可定！」

靖康元年，蔡京死於發配路上，遵從本人遺囑，門人在他的墓碑上只刻了這樣一句話：「開元之末，姚宋何罪」[28]。

蔡京，你真的以為自己無罪嗎？

宋徽宗後期錢幣：政和通寶、宣和通寶。

23 一種民間土築建物，遇有外患或內亂時，可用來自保。王莽末年，北方發生大饑荒，有錢人為了自保，開始興建塢堡。

24 出自《文獻通考》卷二四。

25 出自《楚魂驚起轉嗟吁——宋徽宗收復燕雲始末》。

26 出自《三朝北盟會編》正文．卷六。

27 方臘（西元一〇四八～一一二一年），又名方十三，北宋末年起義軍領袖，也是摩尼教首領。徽宗宣和二年（西元一一二〇年），攻陷六州五十二縣，自建政權，年號「永樂」，後遭童貫領軍剿滅，被朝廷處死。

28 姚宋指唐代開元初年的名相姚崇、宋璟。意思是說：我曾經締造過盛世，現在亂世跟我有什麼關係？

金國毀約訛錢，挖空北宋老本

宋徽宗與金國訂下「海上之盟」，打算聯金伐遼，收復燕雲十六州。金人卻毀棄盟約，要北宋拿錢來換燕雲十六州，還留下十萬契丹流民，讓北宋收拾爛攤子，把北宋的老本挖得一乾二淨。

金錢是人類追求財富的動力，但如果所有人只為金錢而存在，文明機體就染上了致命的病毒，粗鄙、野蠻的原始人就隨時有可能入侵直至毀滅先進文明。

在西方，優雅的雅典文明為羅馬「野人」所滅，氣勢恢宏的羅馬文明又為日耳曼人「蠻族」所滅。無獨有偶，在東方，儒雅富足的北宋文明也亡於「夷狄中至賤者」（元代名相脫脫在《宋史》中給女真人的評論）——女真。

馬克思對此的評論是：「鄰人的財富刺激他們的貪欲，獲取財富已成為最重要的生活目的之一。他們是野蠻人：在他們看來，進行掠奪是比進行創造的勞動更容易，甚至更榮譽的事。」[29]

宋金「海上之盟」，如何認狼為友？

北宋政和四年、遼天慶四年（西元一一一四年），女真人在領袖完顏阿骨打率領下起兵叛遼；遼天慶五年，女真人在會寧建國，國號「金」；遼天慶六年，金人侵占遼帝國東京。

就在金人歡慶勝利的時候，有人似乎也看到了便宜。北宋政和八年（西元一一一八年），一個叫做李良嗣的妄人向宋廷獻策：只要聯金伐遼，燕雲十六州指日可復。這可是宋太祖趙匡胤都未能完成的夢想呀。

無疑，這件不世奇功打動了宋徽宗。

宣和二年（西元一一二〇年），宋徽宗以買馬為名，派使者見到了女真領袖完顏阿骨打，雙方達成如下協定：北宋出兵攻取遼國燕京、金人出兵攻取遼國中京大定府，事成之後，北宋將契丹歲幣轉送金國，「燕雲舊地」則盡歸北宋。

這就是《宋史》中的「海上之盟」。可惜，這個所謂的「盟約」不是光復燕雲十六州的曙光，而是敲響北宋亡國的喪鐘。

金融市場中風險無處不在，為追求利益就一定要冒風險。當利益夠大時，金融交易者也許會迷失本性，只看到利益而忘記風險，於是，金融危機一次次地發生。在宋徽宗眼裡，收回燕雲十六州確實有極大的利益，但他沒有衡量自己手中的籌碼，更沒有看到戰爭之後的風險。

接下來，宋徽宗創造了世界戰爭史上的一連串奇蹟：宣和四年（西元一一二二年），十五萬宋軍伐遼，在燕京城下為數百遼軍擊潰，一直退敗到真定（今河北正定）以西，史載「死屍相枕藉，不可勝計」[30]；宣和五年，五十萬宋軍在燕京城下被契丹一通戰鼓嚇跑，一路上盡棄輜重，「竭國力經營北事者，所備悉為虜得」。

在金人眼裡，北宋王朝原本是一頭猛虎，簽訂海上之盟的時候，金人將領完顏粘罕[31]曾說：「南朝四面被邊，若無兵力，安能立國強大如此」[32]。現在，金人已攻占了遼國中京、東京，宋軍的無能

完顏阿骨打（1068 ~ 1123，收藏於哈爾濱上京博物館）。

29《馬克思恩格斯選集》第四卷，人民出版社，第一六一頁。
30出自《三朝北盟會編》。
31完顏粘罕（西元一〇八〇～一一三山年）本名粘沒喝，金國國相完顏撒改長子，也是金國功臣，歷經金太祖、金太宗、金熙宗三朝。

怯戰，卻一覽無遺地展現在金人面前。

猛虎變成了黔之驢，金人自此「有南牧之意矣」[33]。

金人毀約就是要錢，還用契丹流民拖垮邊境民生

宣和五年（西元一一二三年），宋金雙方應該按「海上之盟」交割燕雲舊地，金人提出了自己的條件：北宋必須用一百萬緡錢贖買燕京每一寸土地、每一個建築物，關鍵是：不要現金，而要按金人給出的極低價格，把一百萬緡錢折合成實物。據《宋史》記載，僅此一項，北宋王朝至少付出了六千兩百萬緡錢。

六千兩百萬緡錢，並不是宋朝付出的最大代價，因為這一次金人玩陰的了。

一般情況下，金人戰勝之後，會把戰俘和當地所有人民變成奴隸；當時女真人正處於奴隸社會，奴隸也是一種財產。

這一次的情況不同於一般，金人掠奪走了燕京城所有糧食、農具、工匠、優伶（算是知識分子），唯獨留下人口，包括官員在內，無論男女都沒有帶走。這當然不是看在同是游牧民族的面子上，給廣大契丹人民一條生路，而是有更為陰損的目的。

戰爭中可以憑藉武力向對手索要金錢，只不過，無論訛詐多少錢，總有一個定額，削弱對手能力有限。還有一種方式，可以無限削弱對手的經濟——給對方製造災荒、瘟疫，絕望的人們會摧毀一切，到時候花費的可就不只是金錢了。

在金人交給北宋的燕京城中，除了城池建築物，還有幾十萬契丹流民。這是一群沒有任何糧食、沒有任何生產工具的流民，想生產自救都已經不可能。如此一來，北宋王朝為接收燕京城花費的就不僅僅是六千兩百萬緡現金了。

宋金交割燕京的時候正值四月，本來就是春荒時節，幾十萬流民像潮水一般湧入北宋境內。據

《三朝北盟會編》記載，這些流民在北宋北部諸縣四處乞討，有人甚至穿著遼國的官服、在牌子上寫上舊日官職跑到北宋縣衙、府衙，乞求看在曾是同行的份上施捨一碗飯。北宋邊境生活秩序完全崩潰。

宋國軍事、經濟勝過金國，金軍壓境卻無力反擊？

宣和七年（西元一一二五年）十一月，金國將領完顏粘罕、完顏宗弼[34]（漢語名字兀朮，即《說岳全傳》[35]裡的金兀朮）率六萬軍隊悍然南侵！

從雙方實力對比來看，女真人沒有一絲一毫勝利的希望：金人控制的總人口（加上已經被征服的遼國）不會超過五百萬，而北宋人口卻為一億，雙方實力對比是一比二十；就軍隊數量而言，金人即使動員了全部族人男子，也不會超過二十萬人，而北宋可以動員的軍隊在百萬以上，雙方實力對比為一比五。

就軍事裝備而言，金人只有騎兵、馬刀，北宋卻已經裝備了神臂弓等遠程武器，防護的鎧甲也為金人所無，雙方實力對比為一比無限；就經濟實力而言，金人連最基本的稅收體系都沒有，戰爭給養完全靠搶一天算一天，而北宋王朝每年的財政收入，早在神宗年間就超過了四千萬緡錢，雙方實力對比為零比無限。

但歷史開了個大玩笑，如此經濟軍事實力對比，北宋不但輸了，而且輸得很慘、輸掉了老本。

32出自《皇宋通鑑長編紀事本末》卷一四〇。
33出自《三朝北盟會編》卷一六。
34完顏宗弼（出生年不詳～西元一一四八年），女真名完顏兀朮，漢名為王宗弼，金太祖完顏阿骨打第四子，民間稱其為金兀朮。
35以岳飛父子抗金事蹟為主的章回小說。由清代作家錢彩、金豐以各類「岳傳」為基礎增訂而成的。

為什麼？

戰爭背後的邏輯是經濟，這個道理是沒錯的。但要加上一個前提，人要有最基本的羞恥感、最基本的道德、最基本的正義精神，如果所有人為了金錢都可以無所不用其極，那麼，這個社會就等於毫無契約。既然所有人都毫無保障，那所有人就都可以隨時背叛這個社會、背叛這個帝國。

一個月內，金人連下朔、武、代、忻四州，北宋雄兵百萬，居然無法進行一次有效的抵抗，金兵北渡黃河時，十萬宋兵把守渡口，在金兵敲了一夜戰鼓後，居然又跑得一個不剩。渡河之後，完顏粘罕仰天長嘆：「宋兵只需有數百人把守渡口，我安能度過此劫！」

過了一個月之後，宣和八年（西元一一二六年）正月初六，金人就已經兵臨宋京汴梁城。**後人感慨北宋無能：以堂堂上國之邦，禁軍、廂軍數十萬，居然沒有人向北放一支箭、抓住一個俘虜，眼睜睜看著金人兵臨邊境、坐以待斃**（以堂堂大邦，中外之兵數十萬，曾不能北向發一矢、獲一胡，端坐都城，束手就斃）[36]。

蒼天造就這個「夷狄中至賤者」，彷彿就是為了懲罰中原人的毫不知恥。一個只為利益存在的社會，所有人考量的必定也是利益，如此，帝國怎麼會有能力面對真正的危機！所以，孟子才說：「上下交征利，則國亡矣！」[37]

古人誠不欺我也！

宋欽宗怯戰，再次以金錢換和平

金人兵臨城下，宋徽宗只得把兒子拉出來頂缸，強行禪位給太子趙桓。

趙桓，即宋欽宗，這位北宋末代皇帝的登基大典堪稱中國歷史上的奇蹟：面對萬人垂涎的帝位，宋徽宗以殺頭威脅趙桓，趙桓躺在地上打滾，就是不肯當皇帝；無奈之下，宋徽宗只得派宦官將其打暈，才給趙桓披上黃袍，完成登基大典。

也難怪趙桓不肯當皇帝。剛剛完成登基大典，宋欽宗還沒從昏迷中甦醒，太上皇宋徽宗就抽調京城最精銳的常捷軍，保護他連夜逃竄了——有這種只顧自己逃命的皇帝，又怎能指望其他人為江山社稷流血，哪怕是萬里江山的繼承者、是他的兒子！

汴梁保衛戰是北宋王朝第一次有組織的抵抗，也是擊潰金人的最佳時機。當時汴京內有李綱[38]、外有种師道[39]，勤王之兵約計二十萬人；金人一路南侵，沒有建立任何根據地，完全是一支流寇。天寒地凍、師老於堅城之下，一旦斷其退路，勝負不戰可知。

就是在這種情況下，宋欽宗不顧李綱等人反對，居然再次對金人提出了「金錢換和平」的倡議。金人當然很歡迎這種倡議，而且提出了極為無恥的開價：要想讓金國退兵，宋廷必須繳納黃金五百萬兩、白銀五千萬兩，牛馬驢騾一萬匹、絲絹百萬匹。與宋欽宗相比，金人的腦子還是清醒的，沒有被唾手可得的財富迷昏了頭腦，攻城戰被李綱打退之後，金人擔心全軍覆滅，就一溜煙撤退了。

上天並非沒有給北宋王朝機會，從金人撤兵到第二次包圍汴梁之間有八個月時間，從後來北宋王朝賠款的財力來看，足以完成所有戰備，甚至完全有可能訓練一支精銳的軍隊。

八個月中，北宋王朝又在做什麼呢？黨爭。

不僅是原來的新舊之爭，還增添了欽宗、徽宗之間的鬥爭。雙方從宋神宗年間翻起，把上百年來

---

36 出自南宋．洪邁《容齋續筆．靖康時事》。

37 出自《孟子．告子》。

38 李綱（西元一〇八三～一一四〇年），北宋末年、南宋初年抗金名臣。靖康元年（西元一一二六年）金兵入侵汴京時，曾擊退金兵。高宗即位後曾以他為相，只做了七十七天便被罷。著有《梁溪先生文集》、《靖康傳信錄》、《梁溪詞》。

39 种師道（西元一〇五一～一一二六年），原名建中，因避諱宋徽宗「建中靖國」年號，改名師極，後徽宗賜名師道。一開始擔任文臣，因智勇有謀，改任武職，是抵禦西夏名將。

新舊黨爭的所有老底子翻了個乾乾淨淨。

宋徽宗南逃至東南沿海後，居然堂而皇之地以「太上皇帝聖旨」頒行命令，扣住東南地區運往東京汴梁的戰略物資，禁止東南各路派兵勤王。

宋欽宗則針鋒相對、親自上陣，指責蔡京一黨「以繼述神宗為名，實挾王安石以圖身利」[40]，即位之初就把蔡京出貶衡州，蔡京則死於貶官途中。

蔡京雖然混蛋，卻曾數度為相，是當時唯一能總攬全域的人，也是他力主救遼抗金、啟用李綱。隨著蔡京一黨被罷免，就連第一次汴京保衛戰的主導者李綱，也被安上「專主戰議，喪師費財」[41]的罪名，被發配到揚州去了——既然是蔡京提拔了李綱，那就一定是蔡京一黨。

就在宋欽宗、宋徽宗鬥爭如火如荼時，「狄夷至賤者」女真再次悍然南寇。這一次，就沒這麼便宜了。

金人二度入侵，宋欽宗主動搜刮民間財富求和

靖康元年（西元一一二六年）八月，金人興兵進犯。面對毫無抵抗意志的北宋王朝，金人再次長驅直入，僅僅過了三個月，金人就二度兵臨汴梁，開創了游牧民族進攻中原的奇蹟。在這次入侵過程中，金人罪行累累滔天，據《建炎以來繫年要錄》[42]記載。金人「殺人如刈麻，臭聞數百里，淮泗之間亦蕩然矣」。

折騰了八個月，徽宗朝大臣星散，李綱被罷、「六賊」[43]已死（六賊中的童貫[44]雖然是個宦官，卻半生戎馬、久歷戰陣，是當時實戰經驗最豐富的將領之一），宋欽宗所倚重的太學，卻根本就是一幫只知道喊口號的書生。

沒辦法，只能再次拿出北宋王朝的絕招了：金錢換和平。

游牧民族野蠻粗鄙，發財的方式一般來說就是縱兵劫掠，例如匈奴、西羌、突厥、吐谷渾等等。

這種劫掠雖然殘暴，卻也不見得多無恥，畢竟上古時代最殘酷的競爭就是部族之間的武力殺戮，願賭服輸而已。

這一次，金人所作所為著實讓人開了一次眼界，難怪脫脫將之視為「夷狄中至賤者」。縱兵劫掠，宋人總有辦法匿藏財富；如果把劫掠財富的任務留給大宋皇帝，那事情就好辦多了。

金人的做法是：讓宋欽宗當馬前卒替他們掠奪財富，自己坐享其成。

汴京外城攻破後，金人首領完顏粘罕寫信給宋欽宗，說自己並無染指開封之意，只要宋廷送給他一千萬錠金子、兩千萬錠銀子、一千萬匹錦帛、一千五百名美女。

但所謂的「錠」到底是個什麼價碼呢？

那就是：除了美女以千名為單位外，金銀要以千萬為單位，即五千萬兩黃金、五萬萬兩白銀。八百年後，清政府在甲午海戰中戰敗，日本在《馬關條約》中的要價，還不足金人五分之一呢！

對這個極其離譜的開價，宋欽宗居然答應了，不但答應，還替代金人在汴京城進行了最為慘烈的搶劫：不肯交出財物者，殺無赦；官吏徵收財物不利者，殺無赦；鄰人、奴婢可以舉報富人匿藏財富，知情不報，一律殺無赦。

無論皇族、權貴、富戶還是黎庶，所有財富在漢人帝王手中遭到一次空前洗劫，喪盡天良的爪牙居然為搶劫一匹絹，在皇后娘家殺人立威。宋欽宗前後兩次徵調民間財物，加上國庫所有財物、車

40出自《續資治通鑑．宋欽宗靖康元年》。
41出自《宋史．李綱傳》。
42原名《高宗繫年要錄》，共兩百卷，南宋李心傳參考《高宗日曆》、《中興會要》、官書、私家記載、文集、傳記、行狀、碑銘等，仿照《續資治通鑑長編》體例編成。
43指蔡京、王黼、童貫、朱勔、李彥、梁師成等六人。
44童貫（西元一〇五四～一一二六年），北宋「六賊」之一，史上第一個出使外國、握兵最久、軍權最大、爵位最高的太監。

馬、宗廟祭祀用具等等，在汴梁一城共為金人湊了五百萬兩黃金、一千兩百萬兩白銀、一百萬匹綢緞。要知道，西漢末年，王莽歷經數年，不過才在全國搜刮到七十萬兩黃金。

大宋王朝，焉能再有幸理。

其實，金人不過是漫天要價，做夢都沒見過如許的財富，宋欽宗送來的這些財富，就早已遠遠超出了金人對財富的認知。

既然能拿出這麼多，就證明你有更多！

宋欽宗供奉了汴京城的所有財富，金人反而被黃金白銀映紅了眼，開始直接縱兵劫掠汴京城，甚至直接殺入皇宮，拿走所有祭祀用具，就連優伶唱戲的衣服也沒放過。

綁走皇室另立新帝，金人掏空北宋兩百年積蓄

按說劫掠至此，金人應該滿意了。誰也沒想到，這個「夷狄中至賤者」居然還有後招。

汴京已經被圍兩月有餘，城中早就斷糧，樹葉、貓犬都已吃盡。就是在這種情況下，金人拿出一部分糧食，到汴京外城高價售賣——當然不是為了救荒，買者必須以黃金換取。對城中居民來說，賴以維持生命的糧食要遠比黃金珍貴，於是，金人又搜刮到幾萬兩黃金。

這一次，金人終於相信自己在汴京再也撈不到一寸金銀了，於是凶相畢露的金人告訴宋欽宗，鬼才會跟你議和！

靖康二年（西元一一二七年）三月二十九日，金人以議和為名誘捕了宋欽宗，之後衝進皇宮抓走宋徽宗、太子、皇后、眾嬪妃、眾皇子、眾公主，下令廢徽、欽二帝為庶人、立太宰張邦昌[45]為帝，改「宋」國號為「楚」，即曇花一現的「偽楚」。

宗廟社稷生死存亡之際，一位年輕的御史中丞挺身而出，堅決不肯對這道命令署印，並在皇宮門口貼了一張大字報——大罵張邦昌蠹國亂政、終致社稷傾危。這位年輕人就是政和三年殿試的頭名狀

元、南宋金融的主角——秦檜！

彷彿上天為了證明北宋滅亡是愚弄人類，靖康二年四月一日，宋欽宗、宋徽宗、十萬汴京工匠以及那位杖節不屈的秦檜，在金人押解下向北而行。

那一天，世界文明巔峰被化為焦土，百萬人口的汴梁城僅剩不足萬人；

那一天，東京夢華兩百年積蓄、清明上河兩百年人才就此毀於一旦；

那一天，歷史跟人類開了一個極大的玩笑，史稱「靖康之難」。

45 張邦昌（西元一〇八一～一一二七年），北宋末年大臣。金兵圍攻開封時，前往金國以割地賠款議和。「靖康之變」時，金國扶持他為傀儡皇帝。他多次請金人善待宗室、百姓。金兵北撤後立即退位，只當了三十二天皇帝。

南宋。

宋高宗～宋孝宗

西元1127～1189年

第五章

金人挖空北宋財富，南宋生產力卻超越北宋

南宋再造華夏盛世，人力資本是最大的本錢

宋室南遷後，北方漢人大規模南遷，江南一地生產不但很快恢復，還迅速達到了新的巔峰。在經濟領域，南宋瓷器、造船、紡織等均達到了中國古代巔峰，至今現代工藝仍無法超越宋瓷工藝；在科教文衛領域，更被譽為「東方文藝復興時代」。

趙構時期的文治武功，五千年來第一人

短短幾十年，南宋王朝就從戰爭的廢墟中站起來，進而締造一個極盛之世。正是因為這是一個奇蹟，其變化也就讓現代的經濟學人分外著迷。

靖康之難中，趙構是唯一逃脫金人毒手的徽宗嫡子。說來可笑，趙構是第一批被送到金營做人質的皇子。誰都沒有想到，金人卻認為趙構弓馬嫻熟、處驚不變，養尊處優的宋室皇子表現不可能如此優秀，此人一定是一個「西貝貨」[1]。

送上門來的南宋開國之君，硬是被金人遣返回汴梁。

建炎元年（西元一一二七年），趙構在南京（今河南商丘）稱帝，中國歷史進入了一個叫做「南宋」的時代。南宋首尾一百四十七年，始終無法擺脫外寇入侵的陰影，有人將南宋譏諷為「暖風薰得遊人醉，直把杭州作汴州」[2]。

真的是這樣嗎？

南宋被譽為東方文藝復興時代

在經濟領域，南宋瓷器、造船、紡織等均達到了中國古代巔峰，至今現代工藝仍無法超越宋瓷工藝；廣州、泉州、臨安（今浙江杭州）等二十多個城市成為第一批國際性港口，南宋商船所到之處，涵蓋東南亞、波斯灣、地中海和東非沿岸五十多個國家。

在科教文衛領域，日本學者宮崎市定[3]將南宋譽為「東方文藝復興時代」：南宋共有私立書院三百一十座，為歷代之最；發明了焦煤煉鐵術、冶銀吹灰法[4]，還第一次在醫學領域區分了婦科、內

科、兒科和外科。

在社會領域，臨安等十幾個城市，一躍成為世界第一批人口超過百萬的特大城市，產生一批富裕的中產階級（富民）、市民階層（城郭戶），他們對國家決策具有不可估量的影響力。

中國歷史上皇室最為節儉的朝代，無疑是南宋。皇宮歷來都是各朝最氣勢恢宏的建築，又有多少人聽說過風景如畫的杭州哪個景點叫做「南宋皇宮」？不過，南宋皇宮還是有的，據《武林舊事》[5]記載，南宋皇宮在今天的鳳凰山附近，有房數十間：正朝殿兩座、視事殿兩座、居殿五座、堂二十三座、齋四座、樓六座……

暖風薰得遊人醉，就算漢文帝在世，也未必

1意指假貨。

2出自南宋．林升〈題臨安邸〉一詩。

3宮崎市定（西元一九〇一～一九九五年），日本東洋史學家，曾獲日本學士院獎、日本政府「文化功勞者獎」。

4分離銀鉛的方法之一。鉛和銀可以互熔，且鉛的熔點較低，所以煉銀時加入鉛，使銀熔於鉛中，然後吹入空氣，使鉛氧化，再投入爐灰中，將銀分離出來。

5南宋官員周密所著雜記，「武林」指的是南宋都城臨安（今浙江杭州），內容描述臨安城各種生活面向，共十卷。

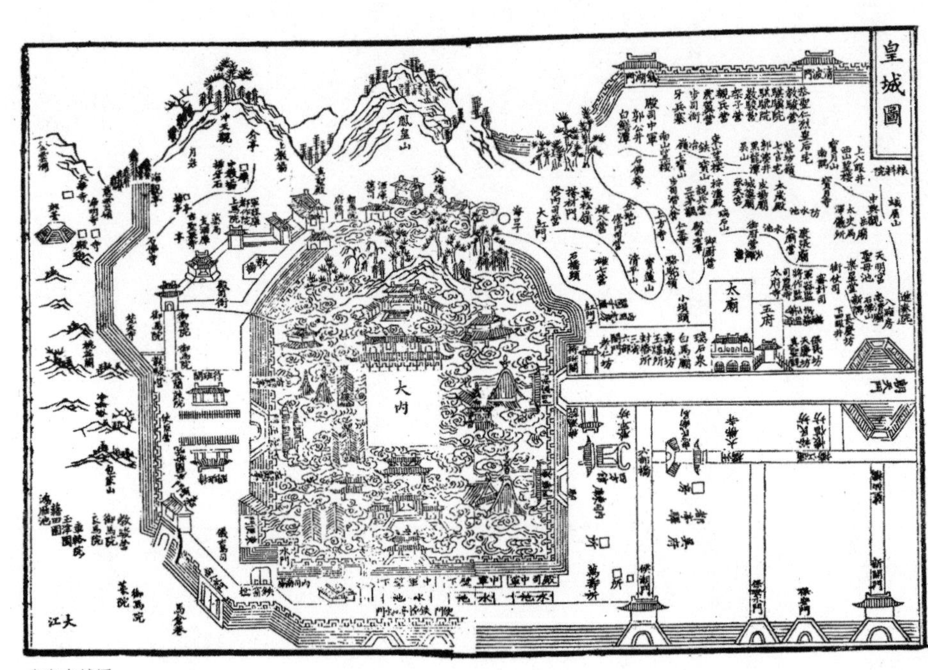

南宋皇城圖。

有如此文治！

每當末代王朝，逃亡的皇帝不乏其人，南宋之末有宋端宗、元代之末有北元、明代之末有南明，這些小朝廷無不迅速被崛起的新王朝剿滅。相比之下，南宋僅以半壁江山就抵擋了金人一個多世紀，令這個雄悍絲毫不遜匈奴的游牧民族只能望江興歎。

蒙元帝國橫掃歐亞大陸只用了二十年時間，滅亡南宋卻用了四十五年，如果不是南宋拖住蒙元帝國進軍歐洲的腳步，世界歷史可能要改寫。

直把杭州做汴州，就算漢武帝再世，也未必有如此武功。

短短幾十年，南宋王朝就從戰爭的廢墟中站起來，進而締造一個極盛之世，中華上下五千年，有如此本領的皇帝，僅趙構一人而已。正是因為這是一個奇蹟，其變化也就讓現代的經濟學人分外著迷。

如此文治武功，南宋王朝究竟是怎樣辦到的呢？

南宋與金國又戰又和，糾纏一百年

建炎二年（西元一一二八年），金人水軍在沈家門被宋朝水軍擊敗，完顏粘罕從臨安撤兵，自此，南宋與金國陷入了長達百年的戰和之爭。

所謂「戰」、「和」，並非不相交的平行線，兩者都是手段而非目標。建炎元年，宋高宗趙構連向金國元帥完顏粘罕行文，都不敢自稱皇帝，而是「宋康王趙構謹致書元帥閣下」。金人根本就不理這一套，直接把趙構從臨安趕到了海上。當時趙構倒是真的想議和，可惜，沒人跟他議。

與南宋一樣，金國同樣也有「戰」、「和」之爭：是徹底消滅南宋，還是與南宋和談？完顏兀朮的一席話說出了其中真諦：「我恨不得盡取江南土地，沒這麼做並不是想給誰留下人情，只是力量不足罷了；自白溝以南都是宋人祖先故土，宋人焉能沒有恢復之心？現在仍未恢復，不過是實力不足罷

了。」

所以，無論「戰」還是「和」都只是手段，根本不是目的，是「戰」是「和」也不會取決於一、兩個人的主觀意願。

道理說起來很簡單，但南宋初年是「戰」是「和」，這段歷史爭議非常大。異族入侵，無論付出多大犧牲都要反抗，這是永遠不可更改的民族信念。基於這種道德判斷，無數人忽略當時的實際情況，對宋金戰和進行了激烈的爭論，焦點集中在一個叫岳飛的將領身上。

岳飛，字鵬舉，南宋中興四將[6]之一。岳飛其人其事在中國歷史上的知名度，大概只有關羽能與其相提並論，源頭則來自岳飛孫子岳珂整理的《鄂王行實編年》。

遺憾的是，岳珂在從事這份工作時，帶有極強的個人感情色彩，這部編年史的主要依據不是史料、書信、奏章，而是民間傳說和個人想像。此年譜內容漏洞百出，歷代史家早已將之歸為稗官野史，當代宋史學者鄧廣銘甚至認為全書均為岳珂杜撰，整部書實屬無稽之談。

比較離譜的是，元朝為了達到宣揚正統的目標，極力貶低金

6 中興四將為誰說法不一：一依劉松年〈中興四將圖〉為劉光世、韓世忠、張俊、岳飛；一說以戰功更為卓著的劉錡取代劉光世；一依南宋史官章穎《皇宋中興四將傳》為岳飛、李顯忠、劉錡、魏勝；一說岳飛、韓世忠、吳玠、劉光世。

南宋．劉松年〈中興四將圖〉。

國，脫脫在著《宋史．岳飛傳》時，居然以《鄂王行實編年》為素材，《鄂王行實編年》中的故事就這樣堂而皇之地進入了官修正史。

於是有了《說岳全傳》中那個壯懷激烈的岳飛。

故事可以虛構，所謂正史也可以杜撰，但經濟、金融、貨幣卻從來不能做假，關於岳飛，就從「錢」說起吧！

岳家軍收租賦、吃皇糧，成為宋高宗嫡系軍隊

建炎元年，年輕的岳飛已經從軍，在金人攻克建康的戰鬥中，這位被後世奉為神明的將軍一樣被打散，之後收集殘部轉戰鄱陽（今江西一帶）。

問題是，皇帝趙構每天在海上流竄，岳飛的軍隊顯然不在朝廷的正規編制中，這些軍隊又是哪裡來的呢？

南宋初年的將領都出身於民間抗金義軍，岳飛就出自「八字軍」[7]，他們手下的兵將大多也是這幫人，即「四方亡命，樂縱、嗜殺之徒」[8]！中興四將中的其他三位：張俊、劉光世、韓世忠，資歷大多如此，「皆群盜之降者也」[9]。

既然這些軍隊不是朝廷正規軍，岳飛靠什麼為軍隊提供補給呢？不知道，沒有人知道，也沒有人回答過。

關於這段歷史，無論正史野史都諱莫如深，根本沒有記載。只能說八字軍是民間自行組成的抗金力量，花錢基本靠搶——搶金人，也搶漢人。不過，據《中興遺傳》[10]記載：岳飛部將韓順夫在征討偽齊過程中，剛剛紮營就去劫掠婦女（輒紮營解甲，以所擄婦人佐酒）；就在大家喝酒時，大本營被偽齊攻破，岳飛在大怒之下斬殺了韓順夫的親兵。

建炎四年（西元一一三〇年），金兵第一次遇到了真正的對手——韓世忠夫婦。韓世忠充分發揚了

「敵進我退、敵退我進、敵駐我擾、敵疲我打」的優良戰術，靠八千子弟兵把十萬金兵糊弄進黃天蕩（今南京東北），梁紅玉（韓世忠夫人之一）的一通戰鼓，讓金人「盡占中原之土」的美好理想徹底灰飛煙滅。

韓世忠在一線擋住了金人進攻，岳飛才有機會建立岳家軍班底。經過艱苦卓絕的努力，岳飛終於從偽齊手中收復了襄陽府、唐州、鄧州、隨州、信陽等六郡，地理範圍為今天湖北、江西、河南一帶。

數年來飽受兵鋒洗劫的襄陽一帶，能活下來的都得有兩把刷子，剿滅、收編民間起義軍更是為岳飛帶來充足的兵源。比如，岳飛剿滅了試圖勾結偽齊、強渡長江天塹的楊么，然後收編楊么的隊伍。

經過數年努力，岳飛終於有了兩萬步兵、五百騎兵。

但兩萬步兵、五百騎兵，真的能以少勝多，擊潰馳騁中原數十年的女真人嗎？

岳飛無疑是中興四將中最弱小的一支軍隊，但也因此成為宋高宗趙構極力拉攏的一支軍隊（拉攏其他三將更費事）。紹興四年（西元一一三四年），宋高宗親自為岳飛手書一面軍旗——「精忠岳飛」（岳母從來沒有在岳飛背上紋身「精忠報國」四字）。

從這個時候起，正史、野史幾乎不約而同地記載了岳飛近乎苛刻的軍紀：據說，岳家軍將士寧可露宿街頭，也不敢住到老鄉家裡；據說，一名岳家軍將校去買柴薪，小販出於對岳家軍的敬愛自己報低了價格，這名軍需採購員卻指責攤販：「您想讓我為兩個錢丟掉腦袋嗎？」

7 北宋亡後，在金軍占領的燕雲十六州中，由河北地區人民組成的抗金義軍。因全軍面刺「赤心報國，誓殺金賊」八字，故稱「八字軍」。
8 出自《金佗稡編》卷九〈遺事〉。
9 出自《宋論》，王夫之著。
10 南宋政論家兼詞人陳亮著，為宋朝南渡前後的能臣名將傳記。

岳家軍為何突然變得秋毫無犯？

岳飛曾經親口對高宗說，文臣不愛錢，武將不怕死，大宋天下太平。其實，這句話背後的潛臺詞是：「武將可以不怕死，但武將必須有錢，有錢才能供養軍隊。」

岳家軍能秋毫無犯，就是因為岳飛相當有錢。

岳飛曾自嘆：襄陽六郡，地為險要，恢復中原，此為根本。襄陽六郡當然是岳飛的根本，因為他的錢就來自於襄陽六郡。

第一，剛剛攻占襄陽六郡，岳飛就開始效法曹操軍屯、民屯。所謂軍屯，就是讓士兵去耕種無主荒地，寓兵於農；所謂民屯，就是廢黜當地所有戰前公私債務、地契，再把土地分給流民，當然，得到土地的人必須向岳家軍繳納租賦，實際上岳飛才是最後的土地所有者，以上兩項合計，岳家軍每年可得糧食十八萬石。

第二，岳飛在當地推行了嚴厲的禁榷制度，壟斷所有鹽、鐵、酒、茶之利，每年可得利一百七十萬緡錢。

但十八萬石糧食、一百七十萬緡錢遠遠不夠岳飛的軍費開支。按《雞肋編》[11]、《建炎以來繫年要錄》記載，岳家軍每月耗費軍糧在七萬石左右，軍餉支出在五十六萬貫左右，這些財富僅能支撐岳家軍三個月。

其餘的錢怎麼辦？當然是伸手向皇帝宋高宗要。

據《建炎以來繫年要錄》記載，建炎初年，南宋小朝廷直接控制的區域不足北宋五分之一，歲入只有兩百萬緡錢。在僅有的兩百萬緡錢中，八十至一百萬是維持朝廷運轉的基本費用，無論如何是省不下來的，剩餘一百多萬緡錢就被岳家軍拿走了。

岳家軍之所以秋毫無犯，完全是因為宋高宗趙構要錢給錢、要糧給糧。換一種說法更好理解：岳飛是中興四將中唯一的中央軍，是在趙構的直接扶持下成長起來的嫡系軍隊。這些內容與《說岳全傳》裡昏君趙構的形象完全不符，但這才是真實的歷史。

除了岳家軍，其他將領靠搶劫補給軍需

關於其他三將的軍需補給，還是當年的老本行——搶劫。

建炎初年，江浙一帶富庶地區出現了一種奇怪的現象：所有富戶都爭相低價典賣土地，卻根本找不到人購買土地——因為誰有土地，軍隊就向誰要錢。只有一種人敢從富人手中低價購買土地——中興四將。

在紹興七年戶部例行檢查中，岳飛被查實冒領空餉就上萬緡錢（一說為十五萬緡錢）。岳飛被冤殺後，留下的財產清單為：絹三千餘匹、粟麥五千餘斛、錢十萬緡、土地兩千三百畝、襄陽一帶房產四百九十八處——這個身價在中興四將中是最清廉的。

建炎年間，張俊每年收到的地租有糧食六十萬斛，朝廷歲入糧食不過也就百萬斛。這位抗金名將還將白銀鑄成巨大的銀球，任何人也無法從家中將銀子偷走，所以這種銀球也被稱為「無奈何」。有一次，一個術士號稱能看清文武官員是哪位星宿轉世，張俊曾經在酒席上興致勃勃地請他看一下，這位術士跟他開了一個玩笑：「看不到星宿，只看到一個錢眼裡的將軍。」

韓世忠的三位夫人，包括黃天蕩擊鼓的梁紅玉均出身青樓。韓世忠曾與部下呼延通爭奪一個名叫韓婉的妓女，事後竟強迫呼延通自殺。韓世忠退隱後交出了自己的財富：粟米九十萬石，幾乎相當於建炎初年南宋一年的歲入。

《宋史》記載了建炎初年的民生：「道路為空、編戶死於兵火、田廬變為丘墟、復業之民無幾……」

11 宋．莊季裕著。融合先世舊聞、當代事實、風土軼事等之古代筆記，是極具參考價值的宋史資料。

如此有錢的將領，帶出來的軍隊戰鬥力如何呢？

《三朝北盟會編》記載，張俊的軍隊每月士兵大約可得錢一百、米兩升半，磨礪刀劍、配備弓弦、弓箭都要從這一百錢扣除。所以江湖傳聞，健兒混得不如乞兒。於是，建炎、紹興年間時常可以看到以下奇景：南宋軍隊經常整隊投降偽齊，最多的一次居然有四萬將士集體投降。要知道南宋軍力在最巔峰時期，也不過就三十五萬人。

一個叫做吳伸的官員曾這樣上奏宋高宗：「現在將帥摟錢已經無所不用其極，只求自己先富起來，這樣的軍隊真能救君國之難嗎？」

紹興十一年（西元一一四一年）十一月，宋金雙方訂立「紹興和議」：南宋向金稱臣，雙方以淮河為界，南宋每年向金人納貢銀絹各二十五萬兩、匹。是年十二月，趙構唯一的嫡系將領、主戰派領袖之一岳飛被害於風波亭[12]，時年三十九歲，成就了中華一代傳奇。

戰矣哉，暴骨沙礫[13]；是戰？
降矣哉，終身夷狄[13]；是和？

趙構的治國方針：免租稅、低利民貸，使耕者有其田

面對貪婪的封建官僚、動盪的社會，宋高宗開出了一個相當不合時宜的藥方：靜以鎮之，清淨為國。但其實，官僚不擾民，民間就有了創新的活力。另外，宋高宗為恢復生產力，致力使耕者有其田，且開放自由市場，鼓勵商業及海外貿易，終於再造華夏盛世。

任何一條復興之路都不是一帆風順的，宋高宗面對的不僅僅是凶悍的女真人，還有桀驁不馴的軍閥、民軍以及一個極其混亂的市場。

北宋神宗年間，王安石振臂疾呼「天變不足畏、祖宗不足法、人言不足恤」，原本被皇權以各種方式壓制的官僚們，終於再次獲得了權力。官員一旦聞到金錢的血腥，就會如同鱷魚般撕咬天下之財，即使最富庶的王朝，也無法承受這種痛楚。

新黨主張千條不好萬條不好，卻真能給官僚帶來財富，也能給趨炎附勢的人利益。所以，新黨很容易形成一股強大的勢力，當帝國所有臣民都開始信奉「取天下之財供天下之用」的實用主義哲學時，人們便會真的以為有了錢就能擁有一切，市場就僅留下邪惡的一面——只要能賺到錢，什麼事情都敢做。

建炎之初，南宋外有金人，內有驕兵悍將，還是一個失去禮義廉恥的社會，所有人依舊為金錢而瘋狂。什麼契約、誠信、市場、交易……誰擁有更強的暴力，誰就擁有更多財富、更多土地。所以，韓世忠、張俊、劉光世、岳飛才會有這麼多土地，所以「江南之地，十有八九盡入官家」。

面對貪婪的官僚、動盪的社會，宋高宗開出一個相當不合時宜的藥方：靜以鎮之，清淨為國。

在一次與宰相呂頤浩的談話中，宋高宗詳細闡述了自己的治國理念：「治理天下應該清淨為本，最怕朝官對天下之民指手劃腳，只有封建官僚相安無事，天下之人才能各安本分；國事已然如此，黎庶就像虛弱已久的病人，斷不能再受傷害，否則元氣盡喪。」

靖康之難，社會秩序完全被金兵破壞，農耕生產更是無所談起。面對「百姓棄業辟難」[14]的艱難時局，宋高宗頒行了很多利民政策：南逃漢人（歸正人）可以在朝廷領到耕地，再貸款買到耕牛，本金

12南宋杭州大理寺（最高審判機關）獄中亭名。

13此二句出自唐．李華〈弔古戰場〉。意指和金人打仗，一定會造成傷亡。

八年還清，前三年免除租稅；一無所有的流民（被擄之家）則可以在朝廷貸款，去買種子、買農具、安家置業，紹興三十年前，免除一切租賦，等於終高宗一朝三十四年，始終未對這些流民收取租賦。

以上內容就是紹興十二年（西元一一四二年）宋高宗推行的「經界法」，再次以皇權為後盾、以貸款為手段，重新推行「耕者有其田」。

與歷代由帝國主導授田不同，經界法授田的方式非常務實：所有人自行上報占有的土地面積。本來南宋朝廷就沒幾個人，也不想管這事，讓官員去分配土地，還不定會把多少錢摟進自己的腰包。具體給誰授田、授多少田，由保甲公議，反正每個保甲分配的土地總量一定，有人多占就必然有人少占，黎庶會把自己的利益分得很清楚，讓小農自己去治理小農，大部分人都能獲得公平。

就這樣，宋高宗在一年內輕鬆完成全國授田，土地占有人自行出具「砧基簿」（地契），標明面積、四至[15]，一經保甲公議即具備法律效力，經官府覆核、確認後，「砧基簿」便成為土地私有權文書。

如果宋高宗只是推行「經界法」，充其量不過是呂后「耕者有其田」的翻版，拾人牙慧、意義有限。

第一代的世界海上貿易，不是荷蘭人，而是南宋！

宋高宗高明的是，在短短數年間扭轉當時「為錢是舉」的社會風氣，讓所有人看到金錢的同時，也看到了罪惡，利慾薰心的眼睛會斷送所有繁榮。

對此，宋高宗拿出了一個簡單易行的方法：罰，不僅罰錢，而且罰命。既然不知禮義廉恥，就必須知道疼。

有效的市場，不僅需要商人的商品，更需要商人的道德。嚴厲的懲罰在短時間內就取得了立竿見影的效果，無論如何利慾薰心、如何道德淪喪，首先也要保證自己的生命不被剝奪。

隨著商業道德逐步恢復，南宋商業開始再次復興，當然，這也得益於宋高宗「靜以鎮之，清淨為國」的國策，除了鹽、鐵、茶之外，南宋朝廷和地方不再推行禁榷，讓黎庶放手去做，無論賠賺，願賭服輸。

至於稅收，全國範圍內販運糧食、農具、耕牛等大宗者免稅，長途販運（跨州）者不再徵收關津稅，某種程度上免除了商人稅賦。

只要有錐末之利，市場就能創造出無數嶄新的行業，只要朝廷真的能做到清靜無為。

南宋瓷器燒製技術是中國歷史上公認的巔峰，餘杭窯、哥窯、龍泉窯，即使民窯瓷器也極其晶瑩，無瑕如美玉。這些宋瓷現在的市場價格驚人，一個小小的南宋鴛鴦水滴拍賣價居然高達一千萬元以上，足以在今天的一線城市購買一間大坪數的房子。

南宋是中國古代圖書業的巔峰時期，各地因紙質、印色不同又分為「越州本」、「臺州本」、「嚴州本」等等。南宋版圖書「墨香紙潤，秀雅古勁」，今天，一套宋版圖書的價格，也足以在一線城市買上一套豪宅，真可謂「書中自有黃金屋」[16]。

第一代世界海上貿易的締造者不是荷蘭人，而是南宋。

建炎之後，金人控制了淮河、黃河，中原和西域的陸路交通幾乎完全斷絕。沒關係，只要有錢賺，走海路也可以。**廣州、泉州、明州和臨安是南宋四個最大的海上港口，與五十多個國家進行海上貿易，南宋的絲織品、臘茶、書籍、文具源源不斷地販運到海外……**

成書於南宋紹興年間的《夢粱錄》[17]記載，臨安不再有宵禁，茶坊、酒肆、麵店、果子、彩帛、

14 出自《宋史》卷一七三。
15 四個方位與相鄰土地的交界線。
16 出自宋真宗〈勸學詩〉。

絨線、香燭、油醬、食米、魚肉等攤販應有盡有，「櫃坊」也脫離了客棧的原始形態，成為專營信貸的金融機構——「質庫」，匯款、放貸動輒以「千萬錢」計。十年經營，臨安已成為世界上第一個不夜城。

極盛之世終於再次臨我華夏。

南宋的銅錢是東亞、南洋諸國、北非的流通貨幣

南宋銅錢堪稱「第一代世界貨幣」，周邊國家基本上沒有獨立的貨幣體系，大宗交易全靠南宋銅錢做為交換媒介。

第二次世界大戰後，美國開始擁有世界第一的創新能力、生產能力，獨占了全世界五分之四的黃金，美元成為當之無愧的世界貨幣。一個國家修煉到這個境界，無論如何都可以稱為「東西方不敗」了。

如此武功，美元居然在不足十年內，就陷入極為尷尬的境地，全世界都在鬧「美元荒」。美國要想保持世界貨幣的地位，就必須向全世界輸送美元，即美國必須大量進口其他國家產品；同時，美元如果想維持世界貨幣的幣信，就必須維持出超、維持黃金儲備，又必須嚴厲控制美元出境。

不准美元出境、必須讓美元出境……

這顯然是一個不可能完成的任務，這就是特里芬魔咒[18]——只要一個國家的貨幣成為世界貨幣，就一定會陷入這種兩難的境地。特里芬魔咒並非從美元開始，當年的南宋同樣遇到了這個問題。

當時的南宋跟今天的美國類比性比較強。第二次世界大戰之後，不僅是中國百廢待興，德國、日本、義大利、英國、法國也同樣慘遭戰火蹂躪，民生凋敝已經到了無以復加的地步：瘟疫、饑荒、騷亂同樣蔓延全國。

戰後數十年間，這些垂而不死的帝國主義國家無一不再振雄風，煥發出勃勃生機。這是所謂市場機制創造了戰後輝煌嗎？

當然不是。

無論計畫還是市場，都只是資源配置的一種方式，當時奉行市場經濟的國家，絕非只有這幾個老牌帝國主義國家，第三世界中的絕大多數國家也在推行市場經濟，也沒見哪個成為新的世界霸主。

戰火只能毀滅財富存量，卻無法徹底毀滅創造財富的人，優秀的人力資本才是一個國家最大的財富，所以，這些國家得以在戰後迅速崛起。

靖康之難後的宋金對峙就是如此。宋欽宗雖然送給金人巨量財富，卻沒有給宋高宗留下一枚銅錢。但宋高宗得到的最大財富卻是：積攢了數百年的人力資本。宋室南遷後，北方漢人再次大規模南遷，江南一地生產不但很快恢復，還迅速達到新的巔峰。

商業鼎盛無遠弗屆，南宋銅錢成為世界貨幣

從當時的國際生產格局來看，南宋有絲織品、瓷器、漆器、寶船、鐵銅、糧食、硫磺……周邊國家有馬匹、牛羊、臘肉、便宜的食鹽……也就是說，南宋掌握著幾乎所有產業的制高點、掌握了所有

17南宋·吳自牧著，共二十卷。內容多為南宋末年臨安的風土民情、重要節日、人物技藝等。

18又稱特里芬悖論（New Triffin Dilemma），最早由美國經濟學家羅伯特·特里芬（Robert Triffin）在六〇年代提出：一個國家的貨幣同時也是國際儲備貨幣時，可能造成國內短期經濟目標和國際長期經濟目標的利益衝突。

創新，無論皇族、貴族還是平民，要想過上好的生活，就必須拿初級產品來換南宋的高級產品。

儘管金國、西夏、吐蕃、大理、高麗、日本等國家的皇族、官員、貴族很少，但這些人卻占有國內絕大多數的財富。這一小撮有錢人，讓南宋獲得了一個極佳的國際貿易市場，要想與南宋進行貿易，就必須使用南宋的銅錢。

據《宋會要輯稿》[19]記載，南宋年間，所有進入南宋販運貨物的外國人都必須使用銅錢，這是南宋的交易習慣。**現代出土文物顯示，南宋銅錢已經遍及當時人們所見的全部世界，成為當之無愧的「第一代世界貨幣」**：福建所鑄的銅錢成為南洋諸國當地貨幣；兩浙所鑄的銅錢成為日本、朝鮮諸國貨幣；廣東所鑄的銅錢在印度、北非等國也有使用。即便存在很多以貨易貨的貿易，海外商人也主動要求南宋商人搭配給一些銅錢。

周邊國家基本沒有獨立的貨幣體系，大宗交易全靠南宋銅錢做為交換媒介，當然，銅錢在海外的購買力遠高於南宋境內，只要能把南宋銅錢運出國境，那就發財了。

南宋銅錢成為世界貨幣，是經濟鼎盛的最佳證明。

就在南宋銅錢輝煌的時刻，特里芬魔咒不期而遇：要想維持國際貿易，南宋就必須大量進口外國商品、輸出銅錢；要想保證國內銅錢流通量，就必須禁絕邊境貿易。

二次大戰後的美國面臨原蘇聯的威懾，當時南宋北面也有整天張牙舞爪的鄰居——金國。

戰爭時期金人是不需要和宋人做貿易的，需要什麼搶來就是，不用交換，也用不著貨

宋高宗朝的錢幣。

幣。這種搶劫模式在「紹興和議」[20]之後就行不通了，金人必須以自己的產出與南宋交換。金人脫胎於原始社會，靖康之難中雖然也掠奪了一些中原工匠，卻始終不能形成冶鐵鑄幣產業，貨幣全自南宋輸入。

因此，雙方在南宋立國一百多年中，展開了一場大規模的銅錢爭奪戰。

銅錢外流防不勝防，宋金大打銅錢爭奪戰

紹興十二年五月，南宋迫於金國壓力，在盱眙縣（今江蘇省西部）開設榷場，隨後又在淮北、淮南一線開設了一批官辦榷場。南宋官方根本不希望和金人做交易，何況金人在貿易中換走了本就緊缺的

19 清嘉慶年間，學者徐松命人從《永樂大典》中輯出《宋會要》文章編修而成，保存了宋代原始文獻。

20 南宋和金國在紹興十一年（西元一一四一年）達成的第二次和議，南宋向金國稱臣，並割讓被岳飛收復的唐州、鄧州等地，以換取和平。

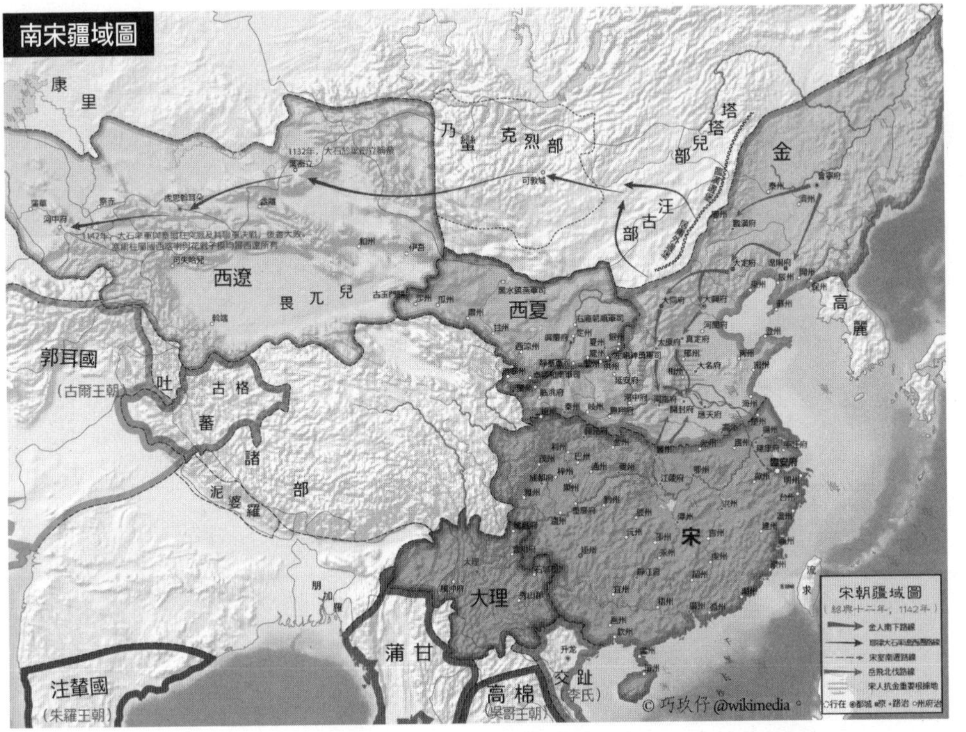

南宋疆域圖

© 巧玫仔 @wikimedia

銅錢。

為防止銅錢流入金國，南宋王朝對宋金貿易做了近乎苛刻的規定：進入榷場的商品種類、時間、地點都有非常嚴格的限制，只允許雙方以貨易貨，南宋商人進入榷場之前，不知要經過多少次檢查，攜帶銅錢者沒收充官，按攜帶銅錢多少判處流配。

不知用什麼方法，有人終於把銅錢帶進去了，但還是不行。在南宋榷場，金國商人根本無法見到南宋商人，只能透過榷場官員與南宋交換商品。

在南宋開出的禁運商品名單中，排名第一的不是兵器、鐵器或銅錢，而是圖書。無論後世如何指責宋高宗賣國，宋高宗始終極其痛恨金人，更痛恨金人試圖模仿華夏文明。於是，圖書被列為最嚴厲的禁售品，敢私運圖書進入金國境內者——殺無赦！

南宋錯了。

數千年來市場生生不息，就是因為它能為無數商人帶來利益。在市場面前，即使當權者制定了最為嚴厲的管理措施，也難抵天下之人對利益的嚮往。更何況，除了南宋榷場，還有金國榷場，那裡可是不受南宋小朝廷管轄的地方。

紹興和議剛剛訂立（金皇統元年），金國就在鳳翔（今陝西）、壽州（今安徽壽縣）一線廣設榷場，相對南宋而言，這是一種完全自由的市場。

北宋時期，八十錢為一陌；由於銅錢匱乏，到南宋一陌經常只有十多枚銅錢，被稱之為「短陌」，所謂「長陌」不過也就五、六十枚銅錢。在南宋，「長陌」、「短陌」的購買力當然不一樣，但沒關係，**一旦到了金國榷場，就算是「短陌」，也可以當「長陌」使用。這樣計算下來，銅錢在金國榷場購買力高出南宋境內三到四倍**。

金人在雙方邊境廣設客棧，一旦南宋商人進入金人客棧，金人就可以替南宋商人運送銅錢和商品，南宋差役又怎敢無故去挑釁女真軍隊？

除了鹽鐵，南宋朝廷幾乎放開了所有手工業；除了煮鹽，金國官府幾乎壟斷了所有手工業。這當然不是女真統治者良心發現，想讓國內人民吃上便宜的食鹽，而是為了以此交換南宋銅錢，因為南宋官鹽價格是金人私鹽的數倍，加上長短陌折扣，雙方差價又何止數十倍？

與南宋禁止私運圖書一樣，金國也有禁運商品，那就是馬匹。無論何種馬匹，敢販賣馬匹出境者，斬立決。

南宋，嚴厲的管制、官營的榷場；金國，開放的市場、自由的榷場；結果，大量銅錢通過熙熙攘攘的求利人群流向了金國。

南宋軍隊與金國商人勾結，邊境走私大賺其錢

在這場貨幣戰爭中，如果南宋緝私力度大一些，邊境守軍嚴格執行朝廷命令，南宋或許還有點希望。然而，一種新興商人的出現，徹底斷送南宋最後的希望，那就是南宋自己的軍隊。

南宋初年的軍隊由各地勤王之師（民軍）拼湊而成，除了宋高宗的嫡系岳家軍，其他軍隊都不吃皇糧。

只要有錢賺，無論金人的錢、宋人的錢，都得去賺。

高宗年間，南宋軍隊大範圍捲入了宋金邊境走私，最初集中於食鹽，後來居然連軍械、火藥都開始販運，官辦的榷場很多都成為軍隊走私集散地。最後，南宋朝廷不得不下令府縣衙門：不再對此類案件進行審理和判決（府縣衙門根本管不了），將之轉交給朝廷三司軍法監察部門。在紹興二十三年（西元一一五三年）的一次查禁中，三司查獲了一支南宋軍方艦隊，所有兵船居然都被改為走私商船。

面對南宋軍隊的走私行為，金國方面表示出最大限度的誠意，由布防在淮河一線的軍隊出面為南宋運輸食鹽，也承接南宋軍隊販運來的銅錢、糧食、軍械。

嘴裡全是「靖康恥，猶未雪」[21]，背地裡卻全是「銅錢恨，何時滅」，還能指望這樣的將領直搗

黃龍？難怪此後一百多年的宋金戰史中，雙方經常互相投降，雙方征戰雖多，卻極難見到大規模戰爭。

商場就是戰場，宋金雙方早就在商場中結下了金錢的友誼。

軍事實力不足，宋高宗以會子退金兵

高宗發行紙幣「會子」，以籌措軍需抗金，終於打敗金國完顏亮。沒想到再接再厲北伐結果，卻是戰敗簽下「興隆和議」，只好安份下來，繼續原來的無為而治……

銅錢大量流向金國，錢荒之甚，豈容鬧出如此。[22]為應對錢荒局勢，宋高宗很快想到一個好方法——紙幣，即南宋「會子」。

建炎初年，中興四將就在各自的地盤發行過紙幣，隨著岳飛在中興四將中一枝獨秀，宋高宗在紹興六年（西元一一三六年）取締了各地紙幣發行權，並開始自己發行紙幣——會子。與北宋年間的交子、錢引不同，會子是一種毫無準備的紙幣，雖然會子以銅錢數量標明面值，但絕大部分人、絕大部分地區無法以會子直接兌換銅錢。

應當說，宋高宗在位期間對會子發行相當克制，年

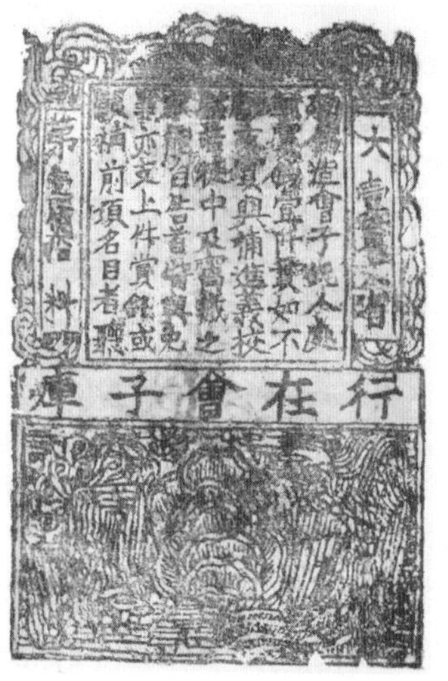

南宋會子。

發行量不過一百五十萬貫，主要用於支付軍需，流通範圍也僅限在兩淮、巴蜀等與金國交界一線。反正只有這些人、這些地區才有宋金貿易，既然無法控制走私，那就把這些紙幣運到女真的地盤上去騙物資吧。

在宋金貨幣戰爭中，絕大部分會子都流入了金國，並成為金國主要交易媒介。當然，這些紙幣也激發了女真人的模仿性創新，女真人也開始自己印發紙幣，只不過女真的印刷技術實在太差，國內紙幣偽鈔盛行，南宋會子在金國的法償能力遠高於本國紙幣。

繼續這樣下去，會子不可能大幅貶值，甚至不太可能成為一種通行全國的貨幣。然而，不可靠的事情終於發生了……

宋高宗發行會子籌軍費，兩個月內打敗完顏亮

南宋紹興十九年（金皇統九年，西元一一四九年），女真貴族完顏亮篡奪帝位成為金國皇帝，這是金史中著名的憤青皇帝。一生只做了兩件事：第一，為南侵攻宋聚斂錢財；第二，南侵失敗。

完顏亮在位期間，徵召全國二十歲以上、五十歲以下的男子全部入伍，親老丁多的家庭也不能留下一個兒子。另外，完顏亮還盡徵民間馬匹，總計在民間搜刮了五十六萬匹馬，國力疲敝之至，已經拿不出五十六萬匹馬的草料，完顏亮居然還下令馬匹以田裡的青苗為食……

南宋紹興三十一年，金國憤青皇帝自以為完成了戰爭準備，擅自對金國所有人提前徵收了五年稅賦，帶著一百萬傾國之兵撲向南宋。

中國歷史中有一項傳統，但凡開疆拓土的皇帝都能獲得美名，無論在位期間民生如何，例如漢武

21 出自南宋．岳飛〈滿江紅〉一詞。

22 出自《宋會要輯稿．食貨》：「……嗜利奔湊者眾，錢荒之甚，豈容闌出如此。」

帝；一旦對異族妥協，就一定被指責為昏君、投降派、歷史的罪人，例如宋高宗。

在此之前，南宋主和派認為，空談復國沒有任何意義，所謂「復國」之議不過是吹噓北方義軍如何鼎盛、百姓如何盼望王師。在主和派眼中，北方義軍本就是「廣」（吳廣）、「勝」（陳勝）[23]之徒，他們才是亂世之源，焉能依靠他們就揮兵北伐。

要開戰？笑話，那還不得耗盡天下之財。

宋高宗無疑是主和派首領，在他的壓制下，主戰派一蹶不振。不過，宋高宗也不是天生的投降派，對他來說，主戰、主和都是相對的，是戰、是和，全憑當時局勢而定，當和則和、當戰則戰。

金國憤青皇帝完顏亮實在缺乏保密意識，不但把一幅杭州地圖掛在寢宮裡，還曾寫下「提兵百萬西湖上，立馬吳山第一峰」[24]的詩句。聽到這樣的消息，宋高宗就算有心投降，也該明白北面這位憤青皇帝到底想做什麼了。

不就是拔刀出鞘嗎？忍無可忍就毋須再忍。

紹興二十七年（西元一一五七年）後，秦檜已死，宋高宗罷黜一連串主和派官員。然而，主戰派的慷慨激昂不能變成軍糧、軍需，想打贏這場戰爭，南宋朝廷首先得有錢、有很多錢。

那該怎麼辦？增發紙幣，即增發會子。

紹興三十年（西元一一六〇年），完顏亮南侵前一年，宋高宗下令巴蜀一地會子多發行一百七十萬緡。次年，朝廷成立部級單位主管會子發行，即會子務，新印發的會子成為全國官府指定貨幣（舊會子主要是用於去金國騙取物資，當然不能認帳）。此後，無論朝廷支付軍需、黎庶繳納稅賦，都可以用會子支付。

然後，宋高宗下令御駕親征。

晚年的宋高宗。

即使戰時，宋高宗對發行會子也表現得相當克制：官府所有開支，支付貨幣中會子不得超過總價一半；民間繳納稅賦，卻可以六成以會子支付。畢竟這些會子是憑空創造出來的貨幣，稍有不慎就會造成天價通膨，而這樣的比例，可保證戰後數年之內能回收大部分會子。

南宋首戰告捷，興隆北伐又落下風

在短短兩個月內，憤青皇帝完顏亮親自率領的水軍，在採石（今安徽省馬鞍山市北）全軍覆滅；陸戰再敗於大散關、鳳翔、樊城一帶；紹興三十一年（金大定元年，西元一一六一年），完顏雍[25]在東京（今遼陽）稱帝，廢黜完顏亮為海陵庶人，隨後完顏亮被屬下殺死。

完顏亮南侵，南宋完勝。

突如其來的勝利有時會沖昏人的頭腦。

完顏亮的失敗意味著「金兵不敗」的神話徹底破產，趙構的頭腦也熱了起來，畢竟光復中原、直搗黃龍是一代人的夢想，又有誰真的願意奴顏婢膝呢？

面對主和派的冒死勸諫，趙構一反常態力主出兵北伐。隆興元年（西元一一六三年）正月，塵封已久的岳飛案平反、岳飛被追封為鄂王（看起來，一旦需要人造英雄形象的時候，趙構還是先想到了曾經重用的岳飛），同月，宋將李顯忠、邵宏淵出兵北伐。

轟轟烈烈的隆興北伐開始了。

---

23 吳廣（生年不詳～西元前二〇八年）、陳勝（生年不詳～西元前二〇八年），秦末民變領袖，不滿暴政，首先抗秦，是歷史上第一次大規模的民間起義。

24 出自金國完顏亮七言絕句〈題西湖圖〉。

25 完顏雍（西元一一二三～一一八九年），金世宗，太祖阿骨打之孫，完顏亮征宋時留守遼陽，後被擁立為帝，即位後停止侵宋戰爭，革除弊政，重現盛世，被稱為「小堯舜」。

前文提過：宋高宗奉行無為而治，沒有了官僚，千百萬人得以追逐錐末之利，南宋王朝經濟得以奇蹟般迅速恢復。但這種行為是有代價的，無為、無為，無所作為，不僅皇帝無所作為，官員們也被迫無所作為，既然沒本事對付黎民百姓，當然也很難對付驍勇的女真。

高宗一朝，南宋官僚始終處於弱勢，加上宋高宗有意推行北宋「以文治武」的國策，南宋朝廷已經沒有中興四將這樣的將才，朝廷直接指揮的軍事力量也只有二十萬人左右，能出戰者不到六萬。這樣的軍事實力，朝廷動用「發行會子」的非常手段，才得以退敵，何況出境主動擊敵？

隆興北伐比完顏亮南侵的戰績稍微好一點點，完顏亮支撐了兩個月，隆興北伐支撐了半年。南宋正月出兵，七月即在宿州（今安徽省北部）遭遇大敗，輜重盡失；八月，主和派湯思退再次拜相，南宋由攻勢轉為守勢。

隆興二年（西元一一六四年），宋金雙方再次簽訂「隆興和議」。與「紹興和議」相比，總算挽回一點名聲、換回一點利益，和議約定南宋不再向金稱臣，雙方皇帝以叔侄相稱，南宋歲幣減少十萬。

王夫之對此有過精準的評論：隆興年初，在「以文治武」的理念下，將軍都開始冒充書生，自矜有君子之風的士大夫，則在湯火之急的兵事面前，做出一副恍若無事之狀，不求有功但求無過；如是，焉能成就北伐霸業？

隆興和議後，宋金雙方再次進入相對和平的時期，南宋則在趙構主持下，恢復無為而治的國策。

高宗禪讓孝宗，成了暗中把持朝政的太上皇

趙構早年顛沛流離，卻絕對有一個幸福的晚年，也是一個長壽的皇帝。他活了八十一歲，死亡時已是淳熙十四年（西元一一八七年）。

早在紹興三十一年，完顏亮南侵那年，宋高宗就把皇位禪讓給了自己的遠房親戚——趙昚，即宋孝宗。趙昚（古同慎）並非宋高宗嫡嗣，也非子侄，而是出自宋太祖趙匡胤一脈，從血緣關係上來講，

在遙遠的八、九代之前，兩人曾有直系血親關係。

當時坊間傳聞，宋太祖在天之靈不滿宋太宗篡位（宋史中有「燭影斧聲」之說，意指宋太宗謀殺了宋太祖），所以才讓太宗子孫經歷靖康之難。為應驗民間偈語「百年之後，太祖當再有天下」，宋高宗在宋太祖子嗣中選擇了趙昚為帝。看來，宋高宗雖然貴為皇帝，終究還是對天命之說有所畏懼。

當然，雖然趙構退位稱太上皇，但還是真正意義上的主導者。每當宋孝宗力陳恢復大計的時候，太上皇趙構總是說：「等我百年之後，你再想這事吧……」

宋孝宗趙昚當政二十七年，前面二十五年頭上還有一個太上皇趙構。

孝宗淳熙年間，南宋王朝修「淳熙條法事類」，對官僚的一舉一動進行了嚴格規範，嚴禁官員本人、家人和奴婢涉足任何商業、手工業。荊南府知州、建炎名將李道手下的一個豪奴挪用公款放高利貸，事發後李道被流配黔地——相當於死刑（北宋相襲，朝廷不殺讀書人），朝野為之噤舌。

孝宗淳熙年間，南宋王朝開始輪流赦免全國農戶租賦，僅淳熙八年就在兩浙、江東西、湖北、淮西等地免除一百七十萬石糧食、二十六萬緡錢，若是在建炎初年，這可是南宋王朝的全部收入。

淳熙十六年，僅親政兩年的宋孝宗病逝。**南宋經濟也終於達到了中國古代的巔峰，當年全國總戶數達到一千兩百萬戶，遠遠超過了盛唐玄宗之治（如果考慮疆域大小，南宋經濟應該更是盛況空前）；封樁庫銅錢高達四千七百萬緡，穿銅錢的繩子已經腐朽了，以致無法完成清點……**

站在宋高宗的肩膀上，孝宗年間被史籍稱為「孝宗之治」，《宋史》對宋孝宗的評語是「卓然為南渡諸帝之稱首」。「孝宗之治」就真的是宋孝宗的功績嗎？還是宋高宗被治史者在有意無意間忽略？

南宋。
宋光宗～宋恭帝
西元1189～1279年

第六章

南宋的悲歌：富裕的江南，成為外敵覬覦的目標

交鈔亡金國、紙幣誤南宋，蒙元撿了大便宜

南宋王朝的無為而治，給了江南休養生息的機會，
南宋王朝再次締造中國古代社會經濟文化的巔峰。
遺憾的是，富裕的民間，引起官僚的覬覦；
富裕的國土，引起外族覬覦……
為了籌措軍費，超量發行紙幣，造成經濟大崩壞。

宋寧宗北伐金國，應勝卻敗

經過宋高宗、孝宗的無為而治，南宋的民間經濟發達，南宋王朝似乎也累積了北伐金國的實力，而且當時金國的國運更差，不只外有西夏、蒙古人侵擾，內部也有饑荒、叛亂。但一場雙方都認為該贏的仗，為什麼輸得徹徹底底？

經過宋高宗、宋孝宗的無為而治，南宋王朝已經完全具備了北伐金國的實力，何時北伐只是時間的問題。

宋孝宗僅親政兩年就退位，當太上皇時，又跟宋光宗一直鬧意見，終其一生都沒有機會實現北伐金國的宏願。這個任務落在了新的繼任者宋寧宗身上，一個甲子的平靜即將被打破。

在普通人眼裡，皇帝一呼百應，天下無不可為之事。但其實，僅僅一個皇帝的稱號，並不能讓一個人真的君臨天下，個人履歷同樣會決定皇帝是否具有至高無上的權威。

宋寧宗的履歷實在不怎麼光彩。

紹熙五年（西元一一九四年），太上皇宋孝宗薨，身為皇帝的宋光宗卻拒絕參加先皇葬禮，可見宋孝宗、宋光宗父子積怨之深。為平息朝野洶洶之議，韓侂胄與趙汝愚聯手發動政變，擁立宋寧宗，逼宋光宗退位。如此履歷，宋寧宗自然在這兩位大臣面前直不起腰桿——畢竟是人家提拔你的，這個道理跟普通人其實沒什麼區別。

宋寧宗趙擴登基，韓侂胄、趙汝愚擁策定之奇功。有人的地方就有恩怨，合作只是暫時的，鬥爭才是永遠的。何況，韓侂胄與趙汝愚之間的衝突是路線之爭，關係到南宋帝國打什麼旗、走什麼路，不是兩個人坐下來喝杯酒就可以解決的。

韓侂胄的王霸之道vs.趙汝愚的義利之道

趙汝愚向來以富弼、司馬光為偶像，他信奉的是儒家「義利之道」。這是一種類似少林七十二絕藝的正派武功，要威震江湖首先要苦行修煉內力，練個三、五十年才是個起步價，沒有人能在短時間讓所有人都富裕起來。所以，趙汝愚認為，要北伐、要報君父之仇，就必須依靠內修政事去外攘狄夷。所以，他大力提倡朱程理學。所謂「存天理，去人欲」[1]，是帝師朱熹對皇帝提出的要求，希望幾乎無所不能的皇帝，最終能有所敬畏。

韓侂胄的榜樣是王安石，他信奉的是商鞅的「王霸之道」。這是一種邪派武功，不需要艱苦的修煉、也不需要苦行，只要在一瞬間爆發全部力量，就能置敵於死地——只求一時之利、不求萬世之功。所以，韓侂胄認為，既然「君父之讎，不與共戴天」[2]，就必須只爭朝夕、畢其功於一役。何況，我大宋朝並非無錢，只要盡取天下之財，必定能做一番經天緯地的事業。所謂「君道」只是無用的「迂腐之論」，只有「執賞罰以驅天下」[3]，這才是「霸者之術」[4]。

在宋史中，韓、趙之爭也被稱為「王霸義利之辯」。這一刻，韓侂胄繼承了新黨的光榮傳統；這一刻，王安石、呂惠卿、蔡京靈魂附體，充分發揮新黨「要錢不要命」的優秀傳統；這一刻，韓侂胄不是一個人在戰鬥，而是代表了一批官僚。

王霸義利之辯，新舊之爭，在南宋王朝重燃。也許，帝國只要還存在一個對社會資源具備強控制

1出自南宋・黎靖德編著《朱子語類》卷一三。
2出自《宋史・朱熹列傳》。
3出自南宋・陳亮《龍川集》。
4出自漢・桓譚《新論》。

力的政府，所謂的「新舊之爭」就會永遠如影隨形。

這是一個永遠無法停止爭論的命題：盛世之道，是先國富，還是先民強？

換一個角度來看，不要把國富民強放到多高的高度，而是以一個普通人的思維來考慮。在武俠小說裡，正派武功不如邪派武功見效快，現實中王霸之道也要比義利快很多。

締造一代盛世，必須有幾代人、十幾代人的積累。等到天下黎庶都富裕了，國家焉能不強盛？只不過，這是一個非常漫長的過程，漫長到讓統治者無法等待，漫長到讓所有人都能失去耐心。從心理學角度講，任何人、做任何事都希望能立刻立竿見影。

民雖強，天下之財卻在普通人的箱籠之中，皇帝是看不到的，國庫充盈才是皇帝能見到的真金白銀。現在，他們要做經天緯地的事業，就一定要有驚天之財：只要集中天下財富，就一定可以與北方的金寇一爭雄長。

如果是你，你會如何選擇？

文壇才子辛棄疾、陸游當兵去，還沒遇到主力就潰敗

慶元二年（西元一一九六年），韓侂冑興起「慶元黨禁」，趙汝愚因自己的言行被扣上一頂「投降派」的大帽子，並被時人斥為「秦檜第二」。接著，趙汝愚在流放之地自盡，一批理學名臣被罷黜，朱熹等五十六位當世大儒被列為「偽學逆黨」，六經、《論語》、《孟子》、《大學》、《中庸》成為「世之大禁」。

朱程理學中的「天理」，又怎麼能滿足韓侂冑的「人欲」？

其實，慶元年間南宋王朝的國運還不是最壞的，金國的運氣實在更差：宋光宗紹熙二年（金明昌二年，西元一一九二年）、紹熙三年，西夏接連入侵金國，新興的蒙元帝國也開始蠶食金人土地；紹熙五年（西元一一九五年），大通節度使完顏辯據五城叛變；同年，今山東一帶發生大饑荒，流民蜂擁而

起，史稱「紅襖軍」[5]……

無論從哪個角度來說，這都是南宋出兵北伐的好機會。南宋寧宗嘉泰四年（西元一二〇四年）起，南宋開始用一系列動作試探金國虛實：

追封岳飛為鄂王、改謚秦檜為「繆醜」，為興兵伐金造聲勢。之所以選擇岳飛而非黃天蕩大戰的指揮者韓世忠，筆者相信還有一個原因——這位後世敬仰的岳飛，其祖先曾是韓侂胄祖先的家奴。因此，岳飛的孫子岳珂也終於得到機會，綜合個人臆想和各種民間故事，創造了那部編年體小說《鄂王行實編年》。

宋金之爭向來是宋人忍讓、金人跋扈。嘉泰年間（西元一二〇一～一二〇四年），南宋軍隊一改往日作風，不停在兩淮、川陝越境作戰（主要是騷擾百姓、殺人越貨）。面對宋軍的挑釁，金章宗[6]只是以公文的方式知會南宋，有強盜越境，之後就再無聲息了。

故意透露消息給金國使者完顏阿魯，讓他看到宋朝不停在邊境購買金國馬匹。完顏阿魯歸國後奏報朝廷，金章宗的第一反應卻是在金殿上將完顏阿魯痛打一頓板子，然後貶官、流放。

此時此地，再不北伐，韓侂胄就是「癡線」[7]！開禧二年（西元一二〇六年）五月，韓侂胄領平章國軍事，出兵伐金，史稱「開禧北伐」。

開禧北伐中歡呼雀躍的不是官員、不是職業軍人、甚至不是百姓，而是南宋文壇。

開禧北伐是南宋文壇一大盛事，軍中既有「醉裡挑燈看劍」[8]的辛棄疾，也有「鐵馬冰河入夢

5金國遭蒙古帝國攻打崩潰後，各地農民起義反金，山東、河北民變軍因穿紅襖為記，被稱為紅襖軍。

6完顏璟（西元一一六八～一二〇八年），金朝第六位皇帝。在位時文化興盛，政治清明，史稱「明昌之治」。南宋韓侂胄興兵來犯，戰後與南宋簽訂《嘉定和議》。因無子嗣，死後由叔父完顏永濟繼位。

7廣東粵語方言，意指神經病。

8出自南宋．辛棄疾〈破陣子．為陳同甫賦壯詞以寄之〉。

來」[9]的陸游。討金檄文[10]更是與駱賓王[11]的〈代李敬業討武曌檄〉並列為中國古代四大檄文，以一句「天道好還，蓋中國有必伸之理，人心助順，雖匹夫無不報之仇」名垂千古。

在南宋萬千文壇才子直接參與下，千呼萬喚的開禧北伐在不足三個月內就全線潰退。

這是一個雙方誰也沒有想到的結果。開戰之前，金宣宗已做好全線潰退的準備，第一道防線居然設在西起今石家莊、東至今天津一線。也就是說，韓侂胄根本還沒遇到金國主力，就潰不成軍。

曾經有無數人、用無數種方式解讀過開禧北伐失敗的原因，但有一個顯而易見的事實是：四川宣撫使吳曦叛變。北伐前夕，金人許諾讓吳曦稱王、永鎮巴蜀之地，吳曦為了一姓的榮華富貴，在背後擺了韓侂胄一道。

僅僅從軍事角度，這肯定是重要成因之一；如果把貨幣、金融、經濟都納入考慮，這個結論還成立嗎？

吳曦拒不出兵，確實導致韓侂胄三路同時北伐的方略落空，但這不足以成為北伐大業的致命打擊，偶然的用人失誤更不可能導致全面性崩潰。實際上，吳曦稱王只有四十一天，其後就被衛兵矯詔刺殺，如果韓侂胄真有統轄全域的胸襟和能力，他有足夠的時間重整巴蜀軍事力量。

開禧北伐失敗是命中注定的結果，吳曦叛變不過是催化劑而已。

戰敗的真相：過量發行貨幣，經濟大內傷

韓侂胄討厭士大夫，更討厭人類無法忽視的經濟規律，在他眼裡，「正心、修身、齊家、治國、平天下」不過是儒生無用的詭辯。當政十年間，韓侂胄啟用了一批胥吏：但凡能為朝廷聚斂到財富的人，無論出身如何都是「粗才」；但凡能為朝廷徵召徭役的人，無論採取何種手段都是「俗才」，而韓侂胄考核「粗才」、「俗才」的唯一標準就是：為朝廷聚斂了多少財富、徵召了多少無償勞動力。

這是一種怎樣的剝奪？**王安石變法期間，北宋財力達到了巔峰，熙寧年間國庫收入不過也就六千**

萬緡錢；慶元年間，朝廷總歲入超過八千萬貫，國庫僅黃金就八十多萬兩、白銀接近兩百萬兩。要知道，南宋能控制地盤不足北宋的三分之二。

如此豐厚的國庫，韓侂胄仍認為遠遠不夠，有什麼方法能在短時間內為韓侂胄聚斂更多財富？

那當然就是大絕招——貨幣增發。

自紹興三十一年（西元一一六一年）至開禧元年（西元一二〇五年），朝廷一共發行了十一界會子，每界會子流通時間平均在五至十年不等，新發行的會子可以一比一兌換舊會子。

開禧元年，韓侂胄還沒收兌第十一界會子，就發行第十二界會子，開禧二年又發行第十三界會子，在南宋貨幣史上，第一次出現了三界會子並行。據《建炎以來朝野雜記》記載，開禧二年的會子發行是一．四億緡，而乾道四年（西元一一六八年）當時只是四千萬緡。

這些資料的背後是殘酷的經濟現實：短短兩年間超量發行紙幣，引發了國內大通膨，開禧二年初，臨安米價在短短兩個月內上漲三倍左右。

會子將天下之錢驅趕到府庫和富人家中，物價翔騰，農人面對乾涸的土地無從借貸，農病矣！

都邑白晝商鋪關門，商病矣！

讀書人食不果腹，每天想的都是如何拿到銅錢、白銀，士病矣！

百工空有一身本領，造出來的東西卻不敢出

宋寧宗朝的錢幣。

9出自南宋．陸游〈十一月四日風雨大作〉。

10討伐昏君暴徒、國賊叛逆時所寫文章。

11駱賓王（約西元六二六～六八四年後），唐朝詩人。

售，也不能養活自己，工病矣！

天下四民俱病，軍隊奄奄一息……韓侂冑即使占盡天下之財，又怎能不「贏得倉皇北顧」[12]？

開禧三年（西元一二〇八年），韓侂冑為另一奸相史彌遠[13]謀殺，開禧北伐以「嘉定和議」而告終。

那一年，另一個更凶狠的強盜——鐵木真在斡難河（今鄂嫩河）畔豎起白旗（這一點跟中國傳統的投降意義完全相悖），蒙元帝國鐵騎即將踐踏中原河山。

交鈔亡金國，會子誤南宋

金宣宗為躲避蒙元大軍，大量發行交鈔攻打南宋，還企圖和南宋搶地盤，卻把整個金國賠了進去。而南宋為了重振「幣信」，拿真金白銀跟百姓兑換會子，差點把國庫掏空。沒錢對抗蒙軍，只好再度發行會子。

嘉定和議後的第三年（西元一二一一年），蒙金戰爭爆發，蒙軍以摧枯拉朽之勢攻破金國北疆防線。

此時，金宣宗做出了一個極為錯誤的決定，他沒有聯宋抗蒙，甚至沒有集中全國之力對抗蒙元帝國的入侵，反而想出了一個「南擴立國」的餿主意：效仿北宋南逃，在江南重新建立金國。江南是南宋的地盤，金宣宗豈能想來就來？

為此，宋金再次展開了一場長達十幾年的戰爭，兩國在巴蜀、兩淮、荊襄三地同時開戰。在這場戰爭中，宋金兩國都頂著亡國的壓力，戰爭極其殘酷。遺憾的是，宋金雙方都找錯了對手，雖然宋金之爭還是沒有分出勝負，兩國卻都為籌措軍費發行了大量紙幣，貨幣體系同時崩潰。

金國的紙幣叫「交鈔」，最初印行交鈔的主要目的是彌補銅錢的不足。金宣宗年間，為了支付南北戰事費用，連印四界交鈔，國內終於發生了超級通貨膨脹。這樣的紙幣當然不能在市面上流通，一百貫的交鈔居然連一枚銅錢都換不到——紙幣貶值九九%以上。

南宋宰相吳潛在評論金國之亡時說：「**金人亡國，表面是韃子入侵，實際上則是紙幣超量增發所致，無論一張紙幣面值三緡、五緡還是百緡，這終究是一張紙，百姓始終不認為這是錢，紙幣貶值耗盡了金國最後一點血脈，其國斃矣。**」

南宋也再次大量發行會子，宋理宗紹定年間（西元一二二八～一二三三年），南宋會子再次出現三界並行（十四、十五、十六）的局面，流通中的會子達到三．二億緡，是開禧北伐前的三倍，一貫會子在市面上已經難以換到一百枚銅錢，紙幣貶值達到九〇%。

南宋端平元年（金天興三年，西元一二三四年），金哀帝兵敗自盡，金亡。

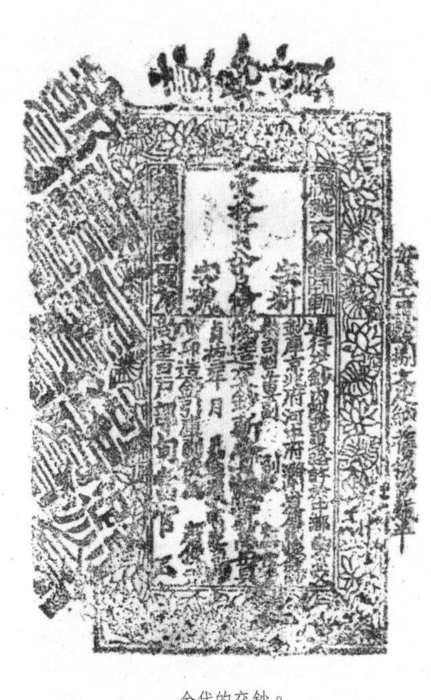

金代的交鈔。

12 出自南宋．辛棄疾〈永遇樂．京口北固亭懷古〉。

13 史彌遠（西元一一六四～一二三三年），南宋權臣。宋金戰後，計殺韓侂胄，將其首級交給金國求和，後成為宰相。寧宗死後，矯詔擁立趙貴誠為理宗，為實際掌政權之人。

南宋以真金白銀換會子，國庫空虛沒錢抗蒙

宿敵金朝亡國驚醒了南宋君臣，上自皇帝、下至黎庶，大家都明白取代金國的蒙元帝國是一個更為凶狠的歹徒。要想對付蒙元帝國，南宋王朝必須有所作為，宋理宗於史彌遠死後第二年改元「端平」，開始了一個叫「端平更化」的時代。

要想重振經濟，必須整頓貨幣。但凡整頓貨幣，一定要實現兩個目標：減少流通中的紙幣、建立良好的幣信。

兩個目標相比，減少流通中的貨幣其實很容易，最簡單直接的辦法就是廢止這種貨幣流通，以新幣收兌舊幣，例如，中華民國就曾以金圓券替代法幣、又以銀圓券替代金圓券。這種方法簡單而粗暴，雖然能在短時間內減少紙幣，卻不一定能重建幣信，持有貨幣的人無法相信貨幣發行者不再超量發行貨幣，也無法判斷自己手中的新幣是否會繼續貶值。

所謂「幣信」就是貨幣信譽，你得讓人相信這種紙幣真的值這些錢，唯一方法就是以真金白銀兌換流通中的現 有貨幣，重建發行者的形象。

端平年間，宋理宗正是以真金白銀來整理會子的，史稱會子「提稱」。

為收回流通中的會子，宋理宗共從國庫中拿出了九萬一千八百三十兩黃金、兩百零一萬六千九百兩白銀，按舊會子面值二比一的比例，兌換黃金或白銀（後改為五比一）。當時市場上的

宋理宗、宋度宗朝的錢幣。

實際兌換比例為十比一，朝廷給出的兌換比價已經高出市場數倍。這也是沒有辦法的事情，只有朝廷吃了大虧，才能真正重建幣信。

為減輕國庫壓力，宋理宗也提出了很多輔助措施：會子的持有者可以用舊會子換取爵位、僧道度牒[14]；會子持有者可以用之納稅、免除徭役，鹽商也可以用部分鹽鈔和會子搭配換取官鹽（不能全部以會子取代錢引，否則，錢引就喪失了幣信）。

「提稱」獲得良好的效果，端平二年（西元一二三五年），會子與銅錢兌換比例終於下降到約五比一——這是「提稱」中官方最終給出的會子價格，自然成為市場上公認的交易價格。

從貨幣發行的角度來講，「提稱」無疑是成功的。

不成功的是，宋理宗剛剛花了血本整理會子，端平二年，蒙元大軍就開始分三路入侵南宋。蒙元鐵騎入侵南宋時，鐵木真已經死了九年，當時的蒙元帝國已經橫跨歐亞大陸。所以，千萬不要以為這個自稱「成吉思汗」的戰爭狂人跟南宋有多少瓜葛。

外敵入侵，國庫金銀、銅錢卻早就拿去「提稱」會子了。

沒有辦法，只能再發會子。

改用普通樹竹印紙幣，幣值一貶再貶

端平二年之後，南宋朝廷連續發行十七、十八界會子，雖然只是兩界會子同時流通，發行量總量卻超過前期任何一個時代的總和。

更離譜的是，蒙元西路大軍將巴蜀地區變為戰場。這裡是楮樹的主要產地，楮樹則是製造紙幣最主要的原料，所以會子也稱為「楮幣」。巴蜀地區現在成了戰場，製造紙幣的楮樹是不能指望了，只

14佛教和道教術語。為管理僧道，國家頒發的出家證明文書。

能在江南就地取材。將楮木化為紙漿的難度很大，所以，楮幣也就難以仿造；普通樹木、竹子化為紙漿，一個南宋書商就能做到——既然官府可以濫發紙幣，軍隊將領、地方豪強當然也可以自行印刷會子。

結果：南宋境內偽幣氾濫，端平元年的提稱效果不到一年就蕩然無存了。

時人王邁如此評論：「朝廷本意是維持會子信譽，現在，不但朝廷大量發行會子，市坊之間也偽幣氾濫，收兌會子的機會都沒有了，會子又焉能不一貶再貶？」

應當說，南宋還是幸運的，在端平年間的戰事中，蒙元大汗蒙哥在四川合州的釣魚城為南宋石炮所傷，最終不治而亡。蒙哥死後，忽必烈[15]等人回兵大漠爭奪汗位，為南宋贏得十年備戰時機。

十年並不是一段很短的時間，雖然蒙元肯定還會南侵，但如果備戰措施得當，宋蒙之戰可能會膠著更長時間。隨著蒙元內政時局逐步變化，宋蒙戰局或許就會出現轉機，也許宋室就能保住中原王朝血脈。

賈似道勇退忽必烈大軍，成為南宋實際掌權人

賈似道拜相後，南宋出現了史上最慘烈的土地兼併，皇室窮得與民搶糧。賈似道推出「公田法」、「打算法」，試圖將天下土地分給無田農民，結果官家豪強不買帳、不捐地……

《宋史》提到，南宋王朝沒有抓住這寶貴的十年，宋理宗死後，在一位新的奸相賈似道左右下，南宋終於走向了不歸路。

賈似道，南宋名將賈涉之子，嘉熙二年進士，即南宋末年著名的「蟋蟀宰相」。據說此人以鬥蟋蟀為己任，還為後人留下一本鬥蟋蟀的專著《蟋蟀經》；除了好鬥蟋蟀之外，此人還喜歡撥弄是非、排斥異己，悍然殺死抗蒙名將向世壁，逼走將領馬光祖，迫使大將劉整叛國，最終使得南宋柱石皆空，亡國之日在即。因此，賈似道與秦檜、韓侂冑、史彌遠並列為南宋四大奸相，被《宋史》列入奸臣傳。

真的是這樣嗎？

首先，《宋史》作者為元末宰相脫脫。賈似道曾經是蒙元帝國最大的敵人，蒙哥侵宋時，所選擇的戰略突破口並不是後來的襄陽，而是鄂州（今湖北東部）。主攻鄂州的將領是後來的元世祖忽必烈；南宋一方的守將，恰好就是賈似道。

蒙哥死後，忽必烈最初並不想退兵，而是發出了「吾奉命南來，豈可無功遽還」[16]的狂言，希望攜克鄂州堅城之功再回大漠爭奪汗位。

賈似道一介書生，在朝廷不發一兵、不賜一糧的情況下，獨守鄂州一百多天，迫使忽必烈無功而返。忽必烈稱帝後曾多次怒斥部下：「你們總說書生無用，當年為何你們拿不下一個書生鎮守的鄂州城？」

景定元年（西元一二六〇年）忽必烈退兵，賈似道擊潰了蒙元帝國最為精銳的部隊，皇帝詔書稱其對宋室有「再造之功」。

15 忽必烈（西元一二一五～一二九四年），元世祖，元朝開國皇帝，建立行省制，恢復社會經濟。興兵滅南宋，統一中國，領土之廣前所未有。

16 出自《宋史紀事本末》卷一〇二。

賈似道（1213 ～ 1275）。

賈似道拜相後，確實剪除了向世壁、馬光祖、劉整以及很多軍方將領，這些人也確實都是百死餘生的驍將。但為何賈似道和宋理宗要不遺餘力剪除這些抗蒙驍將？十多年兵災之後，南宋又是一幅怎樣的河山？

宋寧宗為了籌措軍需，低價強買甚至白拿民間糧食

鄂州戰後，宋蒙戰爭已經持續了十三年，一切正常的社會秩序早已被打破，正常的經濟運行早就不存在了。這段時間內，強勢集團忽視一切社會道德、規則，瘋狂從事兼併土地。

當世大儒劉克莊（賈似道的密友）上奏宋理宗：「如今土地兼併已到登峰造極的地步，朝廷官員吞併千家膏腴之地，他們的土地綿亙數千里、歲入糧食達到上百萬石，自開闢鴻蒙未見此景。」

御史臺的奏摺則這樣描述：「權貴奪民田，少則數千畝，多則連綿千里，弱者肉、強者食，兼併寖盛，黎庶已經無以了此殘生了。」

北宋以來，佃戶租賃土地始終是來去自由，租佃關係根本不對佃戶形成人身束縛。宋理宗端平年間開始，佃戶完全被綁架在土地之上，淪為農奴。《建炎以來繫年要錄》記載，地主殺死佃戶判流配本州，佃戶不得告發地主——只要有錢，人可以隨便殺（富人敢於專殺）。

當絕大部分人的生命都被棄如敝屣，又怎麼可能守住自己的財富。

短短十三年，強者愈強、弱者愈弱的趨勢呈爆發式上升，強勢集團已經占盡天下之財。不要說曾經富甲天下的南宋王朝，任何一個末世王朝的土地兼併都從未如此慘烈。

戰後淳佑年間（西元一二四一～一二五二年），會子已經無法流通，土地都集中在官家豪強手中，皇帝又能靠什麼吃飯呢？靠「和糴」[17]。

「和糴」發明者為唐朝李林甫[18]，本意為高價購買農人手中的糧食，是一種財政轉移支付。王安石既然要「理天下之財」，當然不能做這種虧本生意，「和糴」由此變為一種害民惡政：在正稅之

外，朝廷低價強買農人糧食。宋理宗為應對宋蒙戰事，和糴變得更為離譜——以會子支付農人售糧價款，後來乾脆連會子都省了——基本上等於白拿。

所謂「國用邊餉，皆仰和糴」19。

光怪陸離的末世王朝，強勢利益集團會毫無顧忌地把壓力全部轉移到弱勢方。官家豪強有這麼多土地、手握這麼多軍隊、這麼大的權勢，誰又會把「和糴」加到自己頭上呢？結果官家豪強不服從「和糴」，黎庶又已沒有土地，南宋很快地就連「和糴」惡政也維持不下去了。

賈似道一推「公田法」，平均地權救經濟、籌軍需

面對當時的危局，賈似道拿出了自己的應對之策——公田法。

景定四年（西元一二六三年），臨安知府劉良貴在賈似道指使下奏報：**「為今之計，必須控制官員超秩占田，朝廷可以效仿『和糴』，用贖買的方式拿走他們手中的土地，將之分給無地農戶；這樣每年全國可以增加六、七百萬石糧食收入，從此不再仰仗『和糴』、不再發行會子、物價不再翔湧、軍需不再難以為繼。」**

如此，貧富可均。

為了挽救彌留之際的南宋王朝，賈似道希望再次以強大的皇權做為後盾，在南宋平均地權，將帝國經濟扳回到正常發展的軌道。當朝宰相、軍國平章賈似道更是帶頭捐出自己在兩浙路的一萬畝良田，並將其分給無地農戶。

17 政府以低價向民間收購糧食，是國家管理糧食方法之一。
18 李林甫（西元六八三～七五三年），唐玄宗宰相，玩弄權術陷害大臣，專權十九年，使唐朝由盛轉衰。
19 出自《宋史紀事本末》卷九八。

有了皇帝的聖旨、有了宰相捐地的榜樣，普通人就真的能從官家豪強手中得到土地嗎？

宋理宗不是馬上皇帝，賈似道面對的也不僅僅是一批官僚，他們的對手是在對蒙作戰中日益強大起來的「官家豪強」。這些人不但身居高位，手裡還掌握著地方武力，是官、也是匪，該是官的時候是官、該是匪的時候就是匪。

面對這樣一群聚斂無度的官僚、窮凶極惡的土匪，僅憑一個沒有實權的皇帝、一個書生宰相賈似道，全國無錢、無地、無勢力的農戶又豈能真的團結一致，在「官家豪強」手中拿到土地？

「公田法」剛剛推行時，主要目標是占田超秩的官員、富人，所有人必須無條件出賣三分之一以上的土地。在不足一年的時間裡，「公田法」的剝奪對象居然成為占田僅為兩百畝的小康之家，後來又擴大到占田一百畝的普通自耕農，推行範圍也縮小至兩浙路，即宰相賈似道的老家。

按「公田法」規定，朝廷買回官田後，應給無地農夫發放無息貸款，以購買耕牛、農具、種子，結果，所謂無息貸款居然變成發放會子、收回銅錢或白銀——這跟搶劫差不多。

官家買回公田，同時在每鄉鎮設立「官莊」負責授田，同時管理租賦。結果，官莊管理權無一例外被官僚攫奪，他們看好誰的土地，就直接強令其併入官莊。

二推「打算法」，追究軍閥強撈的土地

宋理宗和賈似道並非沒有努力，為配合「公田法」，他們推行了「打算法」。

「打算法」也被後人稱為南宋亡國之源，因為，賈似道正是在推行打算法的過程中誅殺了向世壁、趕走了馬光祖、逼劉整投降。

「打算」的字面含義在南宋年間是審計、內審、監察的意思，所謂「打算法」就是由朝廷出面對官員、軍隊進行審計監察。

戰爭期間，官家豪強撈了這麼多土地；現在朝廷追究起來，怎麼辦？

對起自草莽的「官家豪強」來說，他們沒有「存天理」的威懾，只有沒去乾淨的「人欲」。這些人根本就不在乎朝廷律令，保住財富就保住了自己的勢力；誰能替我保住財富，我就效忠於誰。至於主子是誰，無所謂。

景定年間（西元一二六〇～一二六四年），「打算法」查辦了一小撮邊境將領，一大批將領則為逃避「打算法」投降蒙元，其中就包括後來為忽必烈策畫襄陽之戰的金國降將劉整。

南宋王朝，大命將傾。

景定五年（西元一二六四年），在南宋滅亡前一刻，飽經風霜的宋理宗撒手人寰，把這個爛攤子留給了自己的侄子宋度宗。

我們似乎不應苛責宋度宗，據《宋史》記載，宋度宗的智力可能有點問題，真正煩惱的是平章軍國、宰相賈似道。宋度宗稱賈似道為「師臣」，下朝時必起立目送賈似道離去。實際上，賈似道才是南宋王朝真正的統治者、南宋君臣的精神領袖——一位曾經擊潰蒙元皇帝的戰神。

宋度宗可以停留在幻想的世界裡，賈似道卻必須面對真實的世界。

三推發行紙幣，以金銀關子取代會子

為應對蒙元帝國接連不斷的邊境騷擾，為撫慰自己的將士，也為用會子去騙取人們手中殘存的土地，賈似道再次拿出發行紙幣的老辦法。宋理宗死後，十七、十八兩界會子同時流通，發行量已經突破六．五億緡，曾出現每日發行十五萬緡的紀錄，是整個宋朝紙幣最瘋狂的時代。

當一種紙幣成為廢紙，就必須整理貨幣，整理貨幣有兩種手法：以新代舊、整理幣信。賈似道已經沒有能力以真金白銀兌換人們手中的會子，也就只能發行新幣、取代舊幣。

景定五年，賈似道宣布發行新的紙幣——金銀關子，此後，十七界會子不再具有購買力，十八界會子按三比一的比例兌換關子。

「關子行，物價翔踴」[20]，金銀關子發行當年，臨安立即發生了大饑荒，米價漲到斗米千錢，蠶絲價格也上漲了約十倍左右。人們這樣評論時局：「楮幣蝕其心腹，大敵剝其四肢，危亡之禍，近在旦夕！」[21]

對賈似道來說，金國亡國之鑑不遠，他本人也是端平年間整理會子的宣導者和直接執行者，不可能不知道濫發關子的害處。無論增發紙幣有多大害處，這確實是迅速聚斂財富的絕招，蒙元鐵騎已經打到家門口了，飲鴆止渴實在是沒有辦法的事情。

呂文德死守襄陽城，蒙古花了六年靠商戰奪城

襄陽城三面環水、一面靠山，這樣的城池根本無法形成包圍圈，這一次，在南宋降將劉整的指導下，蒙元帝國學聰明了。蒙元帝國包圍襄陽城，整整用了六年時間。所用的不僅僅是士兵、戰馬、回回炮，還有蒙元帝國在全世界劫掠來的財富。

南宋咸淳四年（西元一二六八年），忽必烈再次揮軍南下。這一次蒙元帝國放棄了三路並進的戰略，集中所有力量猛攻襄陽。這裡才是南宋真正的命脈所在：南宋據守東南，以吳越為家，最要害的地方卻在荊襄，只要攻取襄陽，順水而下，揚州、廬州就會不攻自破。宋蒙之戰中耗時最長、最為慘烈的攻堅戰——襄陽之戰開始了。

賈似道雖然與秦檜並列為南宋四大奸相，卻與秦檜有著完全不同的人生觀。秦檜是典型的投降派、賈似道卻是一個堅決的主戰派。

中國古代史學研究中存在著「勝者王侯敗者寇」的傾向，這種不分是非的邏輯令人非常不安：危急時刻挽救宋朝王室的宋高宗趙構被斥為賣國賊、投降派，因為，他沒有在剛剛立穩腳跟後就揮兵北伐；堅決的主戰派賈似道同樣被視為奸臣、亂臣賊子，因為，他打了敗仗，最終南宋亡國。

對當時的南宋人民來說，並不覺得蒙元帝國有多麼可怕，更不認為亡國在即。他們有朝廷柱石、皇帝的「師臣」賈似道，大汗蒙哥親帥三路大軍入寇，照樣被打得狼狽而回，現在的蒙元大汗忽必烈正是當年賈似道的手下敗將。

忽必烈，有什麼了不起的？

為對抗蒙元帝國入侵，賈似道派出了自己的嫡系大將——呂文德。在鐵血交織的襄陽之戰中，這位文盲將軍被推到了風口浪尖，成為決定南宋王朝走向的關鍵人物。

金庸先生所著《神鵰俠侶》大結局即以襄陽大戰作為故事背景，雖然主要歷史人物被張冠李戴，小說還是給呂文德安排了一個跑龍套的角色。《神鵰俠侶》中曾有這樣的描寫：郭靖、楊過等在浴血奮戰時，這位將軍居然躲在桌子底下唸佛！

實在是對不住呂文德啊！現實中的襄陽大戰，呂文德才是主角。遺憾的是，直至今日人們對呂文德的研究都不夠深入，甚至連呂文德早年的經歷都不清楚。只知道他年輕時是一個樵夫，後來為了生計所迫從軍。其後，呂文德顯示出了高超的軍事才華，第三次宋蒙戰爭時，賈似道在鄂州對抗忽必烈，呂文德則在釣魚城力敵大汗蒙哥，確切地說，大汗蒙哥正是死在呂文德手中。

賈似道拜相後，呂文德深得信任，總領湖廣，淮東、淮西、鄂州、四川計六十四州，官封「總領湖廣江西京西財賦、湖北京西軍馬錢糧，專一報發於御前軍馬文字」。

20出自《宋季三朝政要》卷三。

21出自《宋史・賈似道傳》。

以字面上的意思來看，總領六十四州，真的是一個很大的官了。

襄陽城外建榷場，蒙元以物資換宋人紙幣

真實的情況卻慘痛得令人心碎。賈似道實在是太窮了，除了一堆毫無用處的關子，他根本無法為呂文德提供軍需後防，只能讓呂文德自行在六十四州刮地皮。

呂文德不識字，搞戰時經濟（請注意，不是經濟建設）卻是一把好手。他統治的地區兵禍連年，人們失去土地、房子、財產……

那都沒關係，只要你的命還在，就可以來呂將軍手下混口飯吃。

流民可以當兵、也可以種地，反正六十四州只有他一人才是「官家豪強」。殘酷的劫掠為呂文德積累了大量財富，襄陽幾乎集中了六十四州的所有財富，城內軍需可供數年所用。

要攻克襄陽，首先要包圍這座城池，斷絕城池與外界一切的物資、人員往來，然後，日復一日強攻，總有一天能攻破城池。

要包圍襄陽，包圍不了……

襄陽城三面環水、一面靠山，這樣的城池根本無法形成包圍圈，也就只能眼睜睜地看著補給不停運往襄陽。何況，蒙元騎兵的優勢無法表現在攻堅戰上，蒙哥以大汗之尊尚且死在釣魚城。

這一次，在南宋降將劉整的指導下，蒙元帝國學聰明了。

蒙元帝國包圍襄陽城，整整用了六年時間。所用的不僅僅是士兵、戰馬、回回炮[22]，還有蒙元帝國在全世界劫掠來的財富。蒙元大臣的奏摺描述當時的襄樊軍費如下：「我軍圍困襄樊六年，鎧甲兵器耗費若干、錢糧耗費若干、餉銀耗費若干、物資牛馬耗費若干……」

這個「若干」是多少呢？

帝國每年的歲入一半以上都要用於襄樊軍用。

蒙元帝國用這麼多錢來做什麼了呢？送給呂文德，而且不是行賄。

襄陽的蒙元士兵就地轉業成為商人，他們私自建立榷場，從蒙元帝國已經占領的地盤上販運來大量糧食、酒、鹽等專營物品，更重要的是，在這些市場可以用會子、關子交換商品。

蒙元帝國用這些錢販運來物資，跟呂文德做生意——這是降將劉整的建議：「不能力敵，便當智取，方法就是透過做生意給呂文德運送物資……」

手中毫無用處的關子變成了真金白銀，這是多麼令人興奮的事情啊！賈似道送來的關子終於派上了用場。

沒錯，襄陽城外的宋蒙貿易，完全就是白白給呂文德運輸物資。而且呂文德絲毫不領情。蒙元帝國花了如此高昂的代價，當然不是為了提高南宋軍民福利水準，而是為了得到更大的利益——襄陽城。

襄陽城外築土牆，蒙元以商代兵破城池

襄陽難以攻克是因為難以形成包圍圈，難以形成包圍圈是因為沒有這麼大的財力、人力去在三道河流沿岸、一座高山之上長時間布滿士兵。

既然不能布滿士兵，那我就布滿商人。

蒙元帝國布下這局棋，關鍵在於從市場中獲益的人不僅呂文德，千百萬南宋將士和當地人也得到了很多實惠，這可是蒙元帝國的傾國之財啊！

做生意賺了很多錢，呂文德很高興；呂文德不高興的是，廣大南宋軍民經常透過另一種方式與蒙

22 一種用於戰爭攻守的拋石機。

元帝國溝通——搶劫，只不過搶劫者變成南宋漢人、被搶者是蒙元商人。顯然，這種搶劫行徑干擾了正常交易，嚴重影響了呂文德將軍的收入。

不久，蒙元商人向呂文德交涉：漢人太不講信義了（你都打到家門口了，誰跟你講信義），蒙元帝國的貨物經常被漢人劫掠；為保護雙方商人利益，蒙元商人要求修築臨時性建築——土牆，以供雙方商人居住、儲存貨物、交易；否則襄陽城外的榷場將無以為繼。為促使呂文德同意這個建議，所謂蒙元商人甚至帶來了行賄禮品——一條價值連城的玉帶。

最初，呂文德拒絕這個建議，但是，呂文德實在太窮、太需要榷場帶來的利益了。蒙元商人幾次拜訪、行賄後，呂文德在自己下屬的哄騙下（或謂文德曰：榷場成，我之利也）[23]，居然同意了這個建議。

蒙元商人終於堂而皇之地在襄陽城外修兩道土牆，一個在鹿門山、一個在白鶴城。要知道，襄陽之險就在無法對城池形成包圍，別說在城外修築土牆，就是壘個雞窩也是要拆除的違章建築。

直到鹿門山和白鶴城的土牆修成，呂文德才發現自己被騙了。一旦商人的棲身之處變為蒙元屯兵據點，襄陽城與外界的聯繫即將被切斷。在襄陽城牆上看到兩座土城，呂文德頓首大呼「誤朝廷者，我也」[24]，然而，凶悍的蒙元帝國已經露出獠牙，平時和藹可親的商人立即變成軍隊，要想強拆這兩座土城，就得靠實力打攻堅戰。

呂文德的實力僅能自保襄陽城，直到他死前也未能摧毀鹿門山和白鶴城這兩個據點。深自愧悔的呂文德因此憂鬱成疾，在襄陽圍城一年後（咸淳五年，西元一二六九年）病死。

呂文德在襄陽經營十多年，又有擊斃大汗蒙哥的戰功，只有他這樣的人才能震住手下的驕兵悍將。甚至可以說，呂文德才是南宋拖住蒙元帝國最大的希望，呂文德病死的消息傳到京師，正在吃飯的賈似道嚇得筷子都掉到了地上。

呂文德死後，誰能接任襄陽防線？滿朝文武，戰功、資歷與呂文德類似的人其實只有一個——當

朝宰相賈似道。

《多情劍客無情劍》[25]是一部流傳已久的武俠小說，兵器譜上排名第一的人叫做天機老人。從小說描寫來看，天機老人只有過去的輝煌，從來沒有人見他跟人再動過手。在與排名第二的龍鳳雙環的決戰中，天下無敵的天機老人失敗了——他害怕失敗，所以不敢出手。

賈似道就是南宋末年的天機老人。

他頂著「再造宋室」的光環，在兵器譜中排名第一，但是，他害怕失敗。他無數次拒絕朝廷重臣、甚至是義弟李庭芝要他親鎮襄陽的建議，隨後，襄陽城防由呂文煥（呂文德胞弟）接掌。咸淳九年（西元一二七三年）正月二十七日，襄陽城已被蒙元的土城包圍了近二十層。襄陽苦苦支撐六年之後，糧盡援絕。這一天，呂文煥投降了蒙元。

呂將軍在守襄陽，
襄陽十年鐵脊梁；
望斷援兵無消息，
聲聲罵殺賈平章！[26]

23出自《續資治通鑑長編》卷一七七。
24出自《宋季三朝政要》卷三。
25古龍代表作之一。著名的小李飛刀李尋歡即為此書主角。
26出自南宋·汪元量《湖山類稿·醉歌》。

宋朝小結：南宋孝宗的人均所得，與二〇〇六年的中國相當

南宋末年紙幣紛亂無信，封建官僚的貪狠豪奪，「創新」不僅不被鼓勵，就連「換得溫飽」都有問題，土地成了最可靠的財富，即使是朝廷，也無法遏止土地兼併。

宋代以前的中國歷史，流民是亂世之源：官僚瘋狂掠奪土地，人們失去土地，也失去所有財富，只能「父子攜手，共入江湖」[27]。

當絕大部分人依靠暴力，才能得到維持生命的最後一點財富，數百年來積攢的社會財富就會在須臾間化為烏有，一個正常社會存在的基礎便會崩潰。所以，歷代王朝都傾盡全力推行「耕者有其田」，不惜動用遷徙豪強一類的極端手段，打擊土地兼併。

宋代是中國古代中唯一曾經「不抑兼併」[28]的王朝，不但沒有流民，反而創造了前無古人的經濟輝煌。

《*New Times*》曾經在一九八〇年代提出一組宋代經濟資料：北宋仁宗年間中國人均GDP（國內生產毛額）折合二二八〇美元、南宋孝宗年間中國人均GDP為二六〇〇美元。即使不考慮八〇年代至今的通膨因素，這個絕對數字直至二〇〇六年才被現代中國所突破。

一九六二年，美國的中古中國社會史學家郝若貝（Robert Hartwell）教授發表《北宋時期中國煤鐵工業的革命：九六〇～一一二六年》，按這篇文章推算，宋代生鐵年產量應該在七．五萬到十五萬噸；對這一數字，向來喜歡炫耀祖上曾經闊過的中國學者卻偏向保守，認為宋代生鐵年產量應該是三．五萬到七萬噸。即使按最低標準計算，年產三．五萬噸生鐵也是足以令人咋舌了。

只有南宋墓葬有這樣的特徵：王侯將相之墓與普通富人之墓區別不是很大，兩者都既有磚墓也有

石墓，建築都是美輪美奐，陪葬品都從陶器換成了瓷器，連兩者的壁畫都異常相似。

這樣一個令人目眩神迷的年代，為何歷代史書又將之稱為「積貧積弱」？

對史學研究來說，《宋史》是令人很頭疼的一件事，女真、蒙元帝國都是野蠻人，他們只需要金銀財寶，皇室存放的第一手資料大多在戰火中付諸闕如。脫脫在著《宋史》時，有意選擇了一批民間野史，雖然不能把殺人魔王吹成孔聖人，詆毀一下宋代還是可以的。

況且，脫脫本人也是官僚，在他的眼中，宋朝確實既「貧」且「弱」，貧者官也、弱者亦官也。一群強勢封建官僚寫出的歷史，焉能不認為宋代積貧積弱？

宋朝官員領超級高薪，卻仍不安於現狀

大量社會財富引來官員們的覬覦，儘管宋朝朝廷給了他們超級高薪，但要讓這群人永遠安於現狀，顯然還是不太可能的，遲早會有人打破這種沉寂。

而打破沉寂的人，就是王安石。

王安石高呼「今日之事，可謂急矣」[29]——看著別人發家致富，能不著急嗎？所謂「青苗法」、「雇役法」、「保甲法」，其實只有一個目標——摟錢，只要能把天下之財都摟進自己腰包，無不可為之事。

此後，新舊兩黨開始了一場無休止的爭鬥，當司馬光、富弼等一批老臣死去，「舊黨」很快也被「唯財是舉」的實用主義哲學汙染，新舊之爭變成了蠅蠅苟且的權力內耗。此後，新舊兩黨的命運隨

27出自《南史》卷八〇。
28出自《宋史．食貨志》。
29出自北宋．李覯《李覯集》卷二八。

著帝王心術起起伏伏，在雲波詭異的新舊之爭中，帝國的正氣被一絲一絲耗盡。

當每一個人都只為了錢而存在，社會延續所必需的道德基礎也就隨之崩潰。靖康之難中，極其富庶的北宋王朝，居然沒有一支軍隊可抵抗外敵，李綱主導的汴梁保衛戰，也只能臨時拼湊民兵。

無為而治通常創造繁榮經濟，卻毀於土地兼併

高宗南渡之後，以殺戮武將一類的鐵腕，遏制了毫無節制的土地兼併、扭轉了糟糕的社會風氣，南宋王朝終於回歸到無為而治的道路上。一甲子的太平歲月給了江南休養生息的機會，南宋王朝再次締造中國古代社會經濟文化的巔峰。

在這裡，筆者想說明的並不是宋仁宗、宋高宗如何放開市場，如何遏抑封建官僚。畢竟文景之治、開元之治都曾秉承無為而治的治國理念，早就演繹了原始自由經濟的高潮。

然而，原始自由經濟有著市場無法克服的原罪，在某種程度上，正是市場原罪毀了這些盛世：市場本身就是一個弱肉強食的地方，只有優秀者才能勝出，這就是競爭、這才是市場。

一旦原始自由經濟得以高度發展，競爭造成的惡果就會如影隨形：**缺乏創新的社會，土地是最可靠的財富，也是所有財富的最後歸宿**。所有人都會將自己的財富投向土地，所謂「以末致富，以本守之」[30]，不僅官僚如此，每一個普通人也如此。

無論誰成為強勢利益集團，只要稍有理性者，都會動用一切手段掠奪土地，也肯定會將土地價格炒上天，唯有如此，才能使自己的財富在短期內成級數擴大。

這幾乎是無可逃脫的宿命，文景之治、開元之治……無論多麼偉大的盛世，無不亡於土地兼併。

對這個問題，宋朝給出的答案是：既然原始自由經濟必然會淘汰一部分人，朝廷就應該站出來，維持弱勢群體最基本的生存需要。有了生存保證，競爭中的失敗者便不會成為流民，土地也就不再顯得那麼必要了。

南宋的社福制度，流民、鰥寡孤獨貧病者皆有所依

宋朝軍隊曾有一百萬之多，這麼多軍隊，其實只是流民收容所，在這裡他們變成了工程兵，修水利、修城池、修宮殿……只要給流民一口飯吃，他們就不會鋌而走險、揭竿而起。因此，宋朝的軍隊才如此不禁打，這些人本來就是來混飯吃的。

宋朝的大城市設有「店宅」、「居養院」，即當年的保障性住房。剛剛進入大城市的手藝人可以選擇店宅，汴梁每戶店宅月租為一七〇文，約新臺幣六〇〇元；如果不幸變為「鰥寡孤獨貧乏不得自存者」[31]，可以在居養院養老。

進城務工者，如果因病返貧、因病無法工作，可以選擇「安濟坊」，在這裡可以得到最基本的醫療救治和生活用度。

如果不幸客死他鄉且無人認領，也可以葬在「漏澤園」，朝廷出資給地八尺、棺材一口、墓室一個、墓碑一塊，讓這些悲慘的人入土為安。

良好的社會救濟制度基本杜絕了流民，只要能生存下去，又有誰真的願意鋌而走險呢？終大宋王朝一代，極少有流民起事（靖康之難後的民軍是被金人逼出來的，不能完全算在宋朝頭上），水泊梁山一百零八將，有幾個人是因為活不下去才被逼上梁山？

自由的市場＋無所作為的官僚＋良好的社會救濟制度＋崇尚文化的社會風氣＝繁榮的宋代社會。

30出自《史記．貨殖列傳》。

31出自《續資治通鑑長編》卷五〇三。

立意良善的政策，可惜毀在錯誤的時機

繁榮的經濟容易引來外敵覬覦，終宋朝一代始終邊患不已：契丹、党項、女真、蒙古。有時，仇恨可以迷住理智的眼睛：女真是滅亡北宋的宿敵，也是南宋對抗蒙元帝國唯一可以聯合的力量，宋人卻始終相信「君父之仇、不共戴天」，從帝王到普通百姓都對這個「狄夷至賤者」恨之入骨。

更離譜的是，女真人的腦子也壞掉了，在蒙元帝國鐵騎即將踏遍中原王朝時，金宣宗居然想占領南宋重新立國。自此，宋金兩國再次陷入十多年苦戰，曠日持久的戰爭中，宋金兩國均以增發貨幣為手段籌集軍費，兩國經濟同時崩潰。

如何在經濟建設和抵抗外敵之間做好選擇，是宋代所有帝王必須參加的考試。

宋真宗答對了第一題，以澶淵之盟維持宋遼兩國近百年的和平；宋理宗卻做錯了後面的壓卷題：蒙元帝國滅金後，選擇了錯誤的時機整理貨幣，在宋蒙決戰之前就耗盡國力；擊斃大汗蒙哥之後的十餘年裡，賈似道又在錯誤的時機平均地權。為保住自己的財富，一批能征慣戰的驍將投降蒙元帝國，最終，降將劉整為忽必烈勾勒出攻克襄陽的經濟戰略。

襄陽丟失後，南宋王朝已斷無生機。

景炎元年（西元一二七六年），「天機老人」賈似道親征兵敗，隨後死於流放途中。揚州、常州、檀州被蒙元鐵騎屠城，史籍描述積屍之慘，莫可名狀。祥興二年（西元一二七九年），南宋十萬軍隊與蒙元決戰崖山，兵敗後，宰相陸秀夫身背幼帝跳入茫茫大海，十萬將士見復國無望，隨即與楊太后一起跳海自盡。

西元一二七九年，華夏文明第一次真正亡於異族之手，宋朝，人類最輝煌的古代文明至此而終。

第七章

忽必烈三位理財大臣，都因得罪貴族倒臺

蒙古貴族不斷要錢、對外征戰需要軍餉

蒙元帝國統治集團出身游牧民族，
並始終保留原始社會的傳統：
帝國就是所有兄弟姊妹的共同財產，
大汗有的東西我們一定也要有。
由於內有貴族的需索，加上對外征戰需要軍費，
忽必烈只好不斷劫掠民間的財富。

忽必烈發行中統鈔，還有足額的白銀做準備

忽必烈發行中統鈔，有足額白銀做準備，但發行量實在太小，主要用途是：蒙古大汗對王公貴族進行賞賜、王公貴族之間互相饋贈。因為發行量太小，造成嚴重的通貨緊縮，也變相地搶劫了漢人、南人的財產。

蒙哥在位是蒙元帝國的全盛時期，蒙哥死後，蒙元帝國被一分為四，忽必烈只是其中的四分之一。西元一二七一年，忽必烈定都大都，國號「元」，取意《易經》中的「大哉乾元」[1]。元朝是中華正統的論斷，一直被人質疑，《劍橋中國遼西夏金元史》對此的評論雖然是「中國人將元朝說成是他們自己歷史上的一個時期，忽視元朝中國是一個更大的世界帝國的附屬部分；他們忘了蒙古歷史獨立於中國歷史進程，具有自身的整體性，即使像元朝這樣有兩種歷史相互交錯的時期，也是如此」，可是劍橋編纂《劍橋中國史》系列時，本身就把忽必烈的蒙元帝國列入其中。

也許是因為西元一二七一～一三六八年，中原大地確實曾經在蒙元帝國統治之下，九十八年的事實已經存在，蒙元帝國是否是正統已經不重要了吧。

關於這段歷史，還是要從貨幣說起。

鐵木真、窩闊臺[2]、蒙哥都曾在自己地盤上發行紙幣，他們甚至允許地方官僚自行發行紙幣。《元史》[3]上說，耶律楚材[4]曾向窩闊臺建議，金國亡於大量發行紙幣，因此，窩闊臺不敢過分加印交鈔，帝國早年紙幣流通也沒有出現問題。

建立蒙元帝國後，忽必烈發行中統鈔，統一了全國紙幣，並且為中統鈔建立充足的貴金屬準備。也是這個原因，史學界對忽必烈大加讚賞，認為他是蒙元帝國殘暴統治的終結者，即《元史》所謂「思大有為於天下」[5]的一代英主。

真的是這樣嗎？

忽必烈謹慎發行紙鈔，中統鈔可以換白銀

建立蒙元帝國之前的西元一二六〇年，忽必烈就建元「中統」，同時推出自己的紙幣：中統鈔。後世，有人說中統鈔以絲絹為鈔本、有人說以白銀為鈔本。

那麼，究竟什麼是中統鈔本位？

其實，以絲為本、以銀為本，這兩種說法都沒錯，中統鈔是既以絲為本、也以銀為本，本身就是一個極其混亂的貨幣制度。

因為西元一二六〇年忽必烈同時發行了三種貨幣：七月行「中統元寶交鈔」，以絲為本，也稱「絲鈔」，面值二兩相當於白銀一兩；十月行「中統元寶」，以白銀為本，面值兩貫相當於白銀一兩；十月又行「中統銀貨」，以黃金為本，面值與黃金等值。

其中，「中統元寶」、「中統銀貨」統稱為「元寶鈔」，中國歷史上「金元寶」、「銀元寶」的大抵來源於此。

三種貨幣同為中統鈔，至於中統鈔究竟以絲為本、以銀為本還是以金為本，彭信威先生的解釋

1乾是天，元是始，乾元就是萬物創始化生的動力，大哉乾元指浩大的乾元之氣。
2窩闊臺（西元一一八六～一二四一年），元太宗，蒙古帝國第二位大汗。登基後提拔漢人，整頓政治。滅金朝，派拔都遠征歐洲，領土曾擴充到中亞、華北和東歐。
3二十四史之一，洪武二年（西元一三六九年）明太祖下令編修，宋濂等人編撰。
4耶律楚材（西元一一九〇～一二四四年），契丹皇室後裔，原為金朝官吏，為成吉思汗所用。曾隨成吉思汗西征，促進西域和中原經濟文化交流。窩闊臺時宰相，元朝立國規制多由他奠定。
5出自《宋史紀事本末》卷九九。

是：「也許應當說是兩種不同的價值符號，可是兩者同時對白銀作價，並以白銀來兌現」。

三種中統鈔，中統元寶、中統銀貨當時的發行量非常小，今天的存世數量也極少。所以，關於這個問題只針對「中統元寶交鈔」討論，即「中統交鈔」。

中統鈔剛剛發行時，蒙元帝國還與南宋劃江而治（西元一二六〇～一二七五年），忽必烈對發行紙幣確實非常慎重，一二六〇年中統鈔發行量為七萬錠，直到西元一二七五年南宋滅亡之前，也僅為一百六十萬錠。而且每一貫中統鈔都有相應的白銀做準備，持有中統鈔的人，可以在帝國所有疆域立即兌換為白銀。

《元史》和很多歷史資料都記載了忽必烈的指示：對待交鈔兌換工作，就要像一個捧著瓷器行走的人，時時刻刻唯恐摔碎，任何人兌換都不得稍有遲疑，以免萬民恐慌，朝廷下撥的白銀儲備，必須全額用於交鈔兌換，不得挪用分文。

當代很多人對此大加讚賞：蒙元帝國早在十三世紀，就建立了完善的銀本位紙幣制度，這絕對是領先全球的一項創舉。甚至有人認為如此成功的紙幣制度，是世界貨幣發展史上的一件大事。

持這種觀點的人，不知是否想過：大宋王朝與蒙元帝國，兩者經濟實力根本不是同一個量級，連宋代都沒能力推行銀本位，以元代殘破的經濟怎麼可能演進到銀本位？蒙元帝國統治時期（除了極個別的年份）是絕對禁止民間金銀、甚至銅錢流通的，既然金銀不能自由流通，還談什麼銀本位？

中統鈔發行量最初確實非常保守，也有足額白銀做為準備，中統鈔確實能隨時兌換白銀，只不過，這種紙鈔最重要的用途是：蒙古大汗對王公貴族進行賞賜、王公貴族之間互相饋贈。

內蒙古豐州城出土的中統元寶交鈔。

中統鈔值高、量少，造成嚴重通貨緊縮

當然，中統鈔對漢人、南人也發揮了另一項極其重要的作用——搶劫。**發行中統鈔後，蒙元帝國禁止金銀交易，中統鈔發行量又極少。這項政策的後果是顯而易見的：通貨緊縮。**

一般來說，貨幣發行量減少時，物價就會下降，而且是直線下降。一二六〇年，大都米價為每石六百文，一二六四年為每石四百文，到了一二六八年居然降到每石百文。

通貨膨脹的標準是印刷更大面值的票子，而通貨緊縮到了一定程度，就必須印製面值更小的票子。很不幸，忽必烈統治初年就出現了這種現象，中統鈔基本面值本來為兩貫，後來下降到五百文、三百文、兩百文、一百文、五十文、三十文、二十文、十文，最終，居然出現了五釐、三釐面值的中統鈔，如此細小面值的紙幣，在中國貨幣史上是絕無僅有的。

當時，中統鈔發行總量不過數十萬錠，所以，普通人手中的貨幣才會被細分到「釐」——沒有辦法，貨幣實在是太少了。

在大通縮背景下，忽必烈一改蒙元帝國徵收實物稅賦的傳統，自中統四年（西元一二六三年）開始，強令行省將稅賦的一半改為以中統鈔繳納，隨後又改為全部按中統鈔或現銀。只不過，跟前幾年比，稅收額沒有絲毫變化，帝國早就核定好了稅額，為了避免重複工作，仍按中統鈔剛發行時的物價計算。

更可恨的是，忽必烈頒布了一條命令，任何人在結婚之前，都必須向朝廷繳納一筆中統鈔，否則不得成婚。這道命令對蒙古人、色目人[6]還好，畢竟他們是上等人，手裡還是有點錢的。漢人、南人

6 元朝劃分的四類人民之一，指中西亞各民族人民。

本就被極其慘烈地搶劫過，如何支付得起這筆費用？這項政策所以陰毒，並不是因為蒙元帝國靠此聚斂了多少錢財、造就了多少剩男、剩女，而是試圖透過貨幣壓制漢人、南人生育，長此以往，我大漢民族將無以為繼。

這又是一場多麼慘烈的搶劫？忽必烈，真可謂做到了「取之盡錙銖」7。

農地變草場，漢人淪為「驅口」

如果忽必烈不是《元史》中所謂的有為之主，那麼，蒙元帝國初年的真實情況是什麼樣子呢？搶劫，慘烈的搶劫、極其慘烈的搶劫，連天下黎庶的生命都不在意，財產當然也就更不提了。

蒙古原本是游牧民族，對農耕沒有什麼興致，在窩闊臺時期就頒布一條命令：漢人對國家沒有什麼用處，把他們的土地變成牧場。實際上，這道命令正是這樣執行：土地變為草場，至於原來生活在土地上的人，部分有用的強壯者可以變為奴隸，無用者殺掉，不分男女、老幼、貴賤。

西元一二一三～一二一五年，蒙元帝國軍隊累計攻破金國城邑八百六十二處，黃河以北廣大地區被蒙元帝國軍隊毀滅，今河北、河南、山東一帶基本上都變成了牧場。當地居民北遷大漠，絕大多數人就這樣無聲無息死在路上。即使到達大漠的幸運者，也像牛羊一樣被關入牲口圈，十之八九被嚴寒凍死。

忽必烈統治的地區是原來的金國，到他登位時，八百多萬戶只剩下一百多萬戶，就這一百萬戶還被就地變性，一半以上在當地被變為「驅口」——以區別不會說話的「牲口」。至於「驅口」的土地，幾萬頃、幾十萬頃地變為草場，「不耕不稼，謂之草場，專放孳畜」8。忽必烈也意識到，「驅口」畢竟不是牲口，逼急了也會反叛，於是漢人、南人，二十戶以上才能擁有一把菜刀。

如此，蒙元帝國是一代強國嗎？

阿合馬的鐵、鹽、貨幣三大政策，富了皇帝，窮了百姓

阿合馬為了替忽必烈摟錢，榷民鐵、課鹽稅，搞得民不聊生。那也就算了，貨幣政策居然在老虎嘴上拔毛，把蒙元貴族、色目人手上的中統鈔變廢紙……

在蒙元帝國的世界中，忽必烈大汗的寶座其實是自封的。按他們的規矩，全族大汗一定要經過全體貴族選舉產生。西元一二六〇年，忽必烈在大部分選舉人不到場的情況下就炮製了一場選舉，然後自封帝國大汗。

如此不按牌理出牌，廣大的蒙古人民是不會答應的。

忽必烈剛剛稱汗，其弟阿里不哥[9]就聯合欽察汗國[10]、察合臺汗國[11]在帝國首都和林起兵，一打就是四年。

7出自唐．杜牧〈阿房宮賦〉。

8出自《續文獻通考》。

9阿里不哥（西元一二一九～一二六六年），蒙古帝國第八任大汗，蒙哥、忽必烈之弟。後被忽必烈推翻。

10欽察汗國（西元一二四二～一五〇二年），蒙國四大汗國之一，成吉思汗死後，分封給嫡子拔都之地。位於鹹海、裏海北部，東歐和中歐也在轄區之內，又稱金帳汗國。

11察合臺汗國（西元一二二二～一三六九年），蒙古四大汗國之一，成吉思汗死後，分封給嫡子察合臺之地。位於天山南北麓、裕勒都斯河及瑪納斯流域、阿姆河與錫爾河之間地區。

元世祖忽必烈（1215 ~ 1294）。

更離譜的是，忽必烈在前面對付阿里不哥，西元一二六二年，漢人李檀在山東叛變。李檀的父親是宋朝將領，西元一二二七年投降蒙元帝國，蒙哥特許其世代鎮守山東。三十年後，李檀趁火打劫、誅殺當地蒙元帝國駐軍、對南宋獻出三個城池，改旗易幟後又轉投南宋。

在忽必烈看來，李檀位高權重，兒女親家王文統也是中書省平章政事，這樣的漢人都能反叛！這無疑在忽必烈心中留下極其惡劣的影響，從此不再信任漢人，《劍橋中國遼西夏金元史》對此的評論是：從此以後，他對依賴漢人助手統治中國產生懷疑，開始從非漢人幕僚中尋求協助。

其實，忽必烈冤枉漢人了。李檀歷來為在朝儒士攻擊——「所學不正，必禍天下」[12]。也正是在蒙元儒士集團「金蓮川幕府」[13]的堅持下，忽必烈才斷然回兵剪除了李檀。忽必烈消滅了漢人反叛者，卻疏遠了「金蓮川幕府」。

漢人不可信，忽必烈找色目人阿合馬理財

疏遠了「金蓮川幕府」，誰又能為他統治漢人天下呢？

找自己的蒙古親戚顯然不太可靠，這些傢伙只會殺人放火，如何治理國家，大家都不太明白。除了漢人和蒙古人，忽必烈麾下還有很多色目人。

色目人很早就依附蒙元帝國，不但經濟實力雄厚，而且擅長經商理財。更關鍵的是，他們來自中亞、西亞，中原不是他們的故土，千里做官、只為吃穿。李檀敗亡後，色目大臣紛紛向忽必烈哭訴：「色目人雖然貪財，卻絕不會像漢人一樣造反。」對統治者來說，造反的危害顯然遠大於貪汙受賄。治國是一件非常很簡單的事，只要把大汗的錢袋子裝滿就行，可以不拘一格用人才。

忽必烈的第一位理財師就這樣登上了歷史舞臺，他就是《元史．奸臣傳》中的阿合馬，《元史》對此人蓋棺定論式的評論是「擅財賦權，蠹國害民」。

據《元史》記載，阿合馬，回紇人，不知其所由進。也就是說，阿合馬是一個無檔案、無戶籍、

無履歷的「三無」人員。另據波斯《史集》[14]記載，阿合馬生於亞費納喀忒（今烏茲別克），是察必皇后的奴僕，後來被當作嫁妝送入皇宮。

大概藉著這層關係，阿合馬有機會接觸到兒童時期的忽必烈，說白了，阿合馬跟忽必烈是童年玩伴。中統三年（西元一二六二年）平定李檀時，阿合馬已官至「中書左右部、兼諸路都轉運使」，實際上就是蒙元帝國的財政大臣。

阿合馬能在《元史．奸臣傳》排名第一，當然有所擅長。《元史》中大罵不已的「榷民鐵」、「課鹽稅」，其發明者就是阿合馬。

壟斷冶鐵，阿合馬的無本生意業績輝煌

先說「榷民鐵」。

西元一二六二年，阿合馬在鈞（今開封）、徐（今徐州）等地沒收了一批鐵礦（沒收對象主要是蒙古人和色目人），又從當地蒙元貴族手裡罰沒了三千戶「驅口」。靠著這些本錢，阿合馬做起皇家鐵礦生意，在不給工錢、動輒以殺人威脅「驅口」的情況下，阿合馬的皇家鐵礦生產戰線戰績輝煌：一年之內就產鐵一百多萬斤，並鑄農具二十多萬件。

一般來說，封建王朝壟斷冶鐵只是在生產環節、銷售管道搞特殊，絕對不會有人對消費者動歪腦筋。但阿合馬鹽鐵專營二．〇版有了創新，不但要建立鹽鐵生產、銷售系統，還要強迫消費者購買，全國所有農人都要來我這裡更換新農具，至於舊農具，一律當做廢鐵賣給阿合馬。

12出自《宋史紀事本末》卷一〇一。
13西元一二五一年，忽必烈在金蓮川（今蒙古正藍旗境內）廣招俊傑，建立「金蓮川幕府」，成為忽必烈的智囊團，助其取得帝位、治國安邦。
14蒙古伊兒汗國宰相拉拖特以波斯文、阿拉伯文、蒙古文編寫的世界通史，內容為中國到歐洲文化及重要事件，有「第一本世界史」之稱。

自此之後，但凡不使用官家農具者，治重罪。

阿合馬賣鐵器，不收中統鈔，一律以糧食交換。一年內，他就向忽必烈上繳了四萬石糧食。當時，禁榷僅在鈞、徐兩地推行，兩州之地就搜刮了四萬石糧食，如果算上各級官員的運轉費用，數量更遠高於四萬石，這又是多少人賴以為生的口糧啊！

榷鹽改革，阿合馬摟錢功力無人能及

再看「課鹽稅」。

自窩闊臺時期，蒙元帝國就已經開始食鹽專營，只不過禁榷工作為色目人把持，這些人看到錢就好說話，帝國對食鹽專賣的監控向來不怎麼嚴格，漢人、南人中的鹽商日子混得也不錯。

但是阿合馬來了，一切都變樣了。

食鹽不是農具，阿合馬沒辦法讓所有人把家中食鹽都交出來，更沒法在食鹽打上官營Logo。但這點小事能難倒阿合馬嗎？

至元元年（西元一二六四年），在得到忽必烈准許後，阿合馬開始了自己的榷鹽改革：各行省按朝廷給定的數額領取官鹽，無論能否賣出去、也無論是否已經禁絕私鹽，最後都要按阿合馬計算好的利潤向朝廷交錢。至於阿合馬核定的利潤，則是根據行省人口數量計算出來的，無論口重、口淡都是一個標準，我才不管你去哪裡賣鹽。

錢，阿合馬是一定要拿到的。

鹽稅改革取得了更為輝煌的成績，中統年間（西元一二六〇～一二六三年），蒙元帝國官鹽產量僅是三十萬斤左右，只能課銀七千五百兩（相當於一千五百錠）；至元元年產量就增加到了近五十萬斤，課銀達到了一萬兩千五百兩，到至元十年（西元一二七三年）時，鹽產量達到了兩百多萬斤，課銀一萬多錠。

忽必烈拿到無窮無盡的戰爭經費，對阿合馬大加讚賞，譽之為「明天道，察地理，盡人事」[15]。

何謂「天道」？滿足大汗永無止境的欲望就是天道。

何謂「地理」？清楚計算各地能撈多少銀子就是地理。

何謂「人事」？知道從哪些人身上能撈多少錢就是「人事」。

阿合馬自鳴得意地將自己的成績稱為「民力不屈，而國用充」[15]：看我摟了這麼多錢，天下人不是還沒有死絕嗎？

專制皇權之下，百姓兜裡的錢就像海綿裡擠水——只要你肯用力擠，總是有的。

貨幣政策藏陰謀，百姓手上的中統鈔成廢紙

鹽鐵專賣二・〇版狠毒嗎？跟阿合馬的貨幣政策相比，鹽鐵專賣二・〇版就沒那麼狠毒了。

至元十二年（西元一二七五年），蒙元帝國征服了整個南宋——這可是一個花花世界，金銀、糧食、錦帛……各種財富應有盡有。然而，鐵騎只能把南宋皇室拉下皇位，卻不可能在瞬間掠走南宋所有財富。

沒關係，阿合馬自然有辦法盡占天下之利，那就是：貨幣改革。

南宋謝太后向忽必烈奉傳國玉璽時，忽必烈曾經下旨：驟然廢黜江南會子，必然使小民失去財富，市場貿易也會很不方便，因此，可以保留江南會子。

阿合馬對這道詔書相當不以為然，命令發布後，仍三番五次向忽必烈進言要求廢黜江南會子：「現在江南剛剛平定，我們無法立即展開戶籍調查，賦稅核定也不可能在短時間內完成，您不可能立即對江南富庶之地收稅；只要您同意以中統鈔兌換江南會子，我們馬上就可以盡占江南之財。」

15出自《元史・奸臣傳》。

聽說有錢賺，忽必烈動心了：「那你就放手去做吧。」

平心而論，南宋政權曾經超量發行會子、關子，幣信早就蕩然無存。與之相比，多年來忽必烈對中統鈔發行一直相當克制，每一貫中統鈔都有等值的黃金白銀做準備。兩者相比，中統鈔就像二次大戰時期的美元，會子、關子就像中華民國的法幣，以中統鈔兌換會子、關子其實是件好事。

果真如此，估計阿合馬也不會被列入《元史·奸臣傳》了。

至元十二年，阿合馬開始收兌江南會子，江南會子和中統鈔兌換比例為五〇比一計算。南宋降臣對此並無過多意見，這比江南會子、中統鈔的實際兌換比例還高很多，江南漢人並不吃虧。

但誰也沒有想到，江南忙著兌換貨幣時，阿合馬還悄悄進行了其他幾項重要工作。

第一項工作，收回各個行省兌換中統鈔的所有貴金屬儲備。這活兒幹得非常地道，沒下聖旨、沒大鳴大放，鬼子進村咱悄悄地幹，各行省還以為只上收了自己的儲備。

第二項工作，廢黜「中統銀貨」、「元寶鈔」，僅留中統鈔。中統銀貨、元寶鈔的持有者限期到指定地點兌換黃金白銀（請注意，是兌換真金白銀，不是兌換中統鈔），過期不候。畢竟這兩種紙鈔的持有者是蒙元貴族最高層，也包括阿合馬本人，阿合馬還沒膽子把所有人全得罪光。

第三項工作最為出色，拿出國庫中所有中統鈔到江南大批採購物資，價格公道、童叟無欺，如果商人庫存物資不足，沒關係，也可以先收錢、後發貨。

對南宋商人來說，中統鈔代表帝國國家信譽，當然樂於接受，大批物資就這樣被阿合馬預訂。

以上三項工作完成，阿合馬的印鈔機開工了，中統鈔印刷數量不再以平準庫白銀為限，只要忽必烈給個數，阿合馬照著印刷就是！至元十二年十一、十二兩個月間，蒙元帝國中統鈔年發行量翻了十倍，達到一百九十萬錠，此後更是猛增至六百八十萬錠。

現在中統鈔貴金屬儲備都到了阿合馬手裡，持幣者根本無法兌換白銀，貨幣增發多少、紙幣貶值速度就有多快！雖然南宋商人手裡的中統鈔變成一堆廢紙，阿合馬的訂單卻是一定要完成的。

惹毛強勢分利集團，阿合馬豈能不倒臺

人們常說「寸金難買寸光陰」，在當代金融市場中，「寸光陰」卻真的就是「寸金」，大到國家行業政策、利率變動、稅收變動，小到併購、企業技術革新乃至上市公司高層主管個人保險資訊，早一天得到這些資訊，就能早一天判斷股價、早一天做出投資決策。所以，這些消息也被稱為「內幕資訊」，持有「內幕資訊」的人是禁止上市交易的。

蒙元帝國也有這種「內幕資訊」，「中統鈔即將貶值」就是一個可帶來真金白銀的內幕消息。阿合馬一個人不可能完成這些工作，必須假手他人，中統鈔即將貶值的消息就這樣不脛而走。

獲知這些消息的人絕大多數是阿合馬的心腹，也只有他們才有這種機會。阿合馬在前線搶劫江南財富，他的手下就在北方哄騙蒙元貴族和色目人，幾乎就在同時，阿合馬的兄弟、子嗣、手下甚至奴才也以中統鈔向蒙元貴族、色目商人購買了大量物資。

當然，任何時候利用內幕消息獲利都是非法的，都必須受到懲罰。只不過，這一次受罰的人只有一個，那就是——阿合馬。

中統鈔貶值，阿合馬派系的人把中統鈔提前換成了真金白銀，絕大多數蒙元貴族、色目人都被狠狠坑了一把，此舉使整個強勢分利集團都針鋒相對了起來。至元十九年（西元一二八二年）三月，阿合馬被益州千戶王著以銅錘暗殺。阿合馬死後四十天，忽必烈下令將其開棺戮屍，子侄處死，抄沒所得的家族及黨羽財富足抵蒙元帝國九年國用。

阿合馬出身奴隸，為相二十年不擇手段為蒙元帝國斂財，排除異己、任用私人、奪人妻女、霸占田產、貪贓枉法……如果阿合馬是這個時代最大的罪人，那麼，忽必烈又在什麼位置呢？

漢人宰相盧世榮無法控制物價，三個月就下臺

盧世榮整頓貨幣，接著將畜牧業改為國營，又插手海內外貿易，誓在一年內讓歲收超過三百萬錠，還要控制物價，但因踢到「蒙元貴族」這塊鐵板，提早下臺。

阿合馬死了，忽必烈的搶劫生涯必須繼續

至元十八年（西元一二八一年），忽必烈第二次東征日本慘敗，隨後對占城、緬甸、安南、爪哇開戰。

忽必烈對蒙元貴族的賞賜也愈來愈離譜，就連特賜（隨意恩賞）都動輒成千上萬兩白銀，何況還有更生猛的歲賜（每年例賜）、朝賜、宗親大賜——難怪阿合馬早就堅持把賞賜改為中統鈔。忽必烈信奉藏傳佛教，僅修皇家藏經閣，就用去赤金三千二百兩，寺廟祭祀每天都有，動輒要殺掉上萬頭牛羊。

哪一樣不需要大筆金錢？

阿合馬被開棺戮屍，無論蒙人、色目人、漢人還是南人，很長一段時間沒人有膽子再去「為國理財」。就是在這種背景下，忽必烈的第二任理財師隆重登場，盧世榮，也是忽必烈理財師中唯一的漢人。

鑄銅錢、印綾券，還讓金銀銅錢重新流通

盧世榮，因賄賂阿合馬入仕，至元二十一年（西元一二八四年）在處置阿合馬黨羽時進入忽必烈的視野，官拜中書省右丞。在《元史·奸臣傳》中，盧世榮僅次於阿合馬，排名第二。這又是一個怎樣

的奸邪之徒呢？

還沒上臺，盧世榮就對忽必烈誇下海口：「阿合馬不過每年拿到百萬錠銀稅收，我當權一年，歲入必過三百萬錠。」

牛吹完了，盧世榮就該幹活了，必須解決的第一個問題是通貨膨脹。

阿合馬當權，中統鈔發行過量，數年間，全國物價漲幅不低於五、六倍。要想讓大汗滿意，不僅要收上錢來，還要能拿到實實在在的財富。

否則，中統鈔誰都會印，何必用你盧世榮！

中統鈔之所以崩潰，說到底是阿合馬印的票子太多；要想恢復中統鈔信譽，就必然要以真金白銀重建中統鈔貨幣儲備、收回增發的鈔票；要讓盧世榮找來真金白銀，這顯然是不可能的事情……沒關係，沒有金銀，盧世榮一樣可以整頓貨幣。

盧世榮上臺後立即宣布：自此，金、銀、銅都可以做為貨幣在市面流通。漢唐相循，銅錢就是人們常用的貨幣之一，蒙元帝國也要鑄「至元通寶」。只要金銀和銅錢開始流通，中統鈔將自然消亡，也就沒有必要去整頓中統鈔了。

在宣布金銀、銅錢流通的同時，盧世榮宣布朝廷再發新鈔——綾券，綾券必須有充足準備。按照盧世榮的思路，同時推出金銀、銅錢、綾券，有金屬貨幣做為比較，綾券也不可能貶值太多。據說，精美的綾券樣幣送到忽必烈面前時，忽必烈高興得從桌子後面跳出來，然後拍著盧世榮肩膀說：「這是一件『便宜』之事，立即執行吧！」

擴大國營事業：畜牧業、海上國際貿易

不得不佩服盧世榮的貨幣實踐天才，在推出貨幣改革同時，又推出了配套財政措施：減少赤字，實實在在擴大朝廷財政收入。漢人、南人已經被折磨得奄奄一息，身上沒幾兩油水可刮，盧世榮就直

接把斂財之手伸向了第一、第二等人，即蒙元貴族和色目人。

對蒙元貴族，畜牧收歸帝國專營。蒙元帝國斂財，僅有鹽鐵專營是不夠的，蒙元帝國以放牧起家，還要對畜牧業實行專營。自此，牛羊崽必須由帝國統一培育，然後分配給全國蒙元貴族，至於收成，帝國收其八、私人只留其二。如此，既充實了帝國府庫，又能讓蒙元貴族「欣然」。

對色目人，海外貿易由帝國專營，國內貿易徵收重稅。蒙元帝國的海外貿易一向由色目人壟斷，色目人從中賺取了大筆利潤。盧世榮宣布，國際貿易方面，在泉、杭二州設立「舶都轉運司」，全國海船都歸帝國掌管並統一調配，被稱為「官本船」。原來的色目倒爺[16]只能成為帝國「轉運司」的打工仔，至於利潤，帝國與色目打工仔按「官七商三」分配。

這是中國古代帝國政府第一次大規模涉足海上國際貿易，並將之與鹽鐵並列。國內貿易方面，全國州郡都市一律設立「市易司」，雇傭了一批牙儈[17]，每一個關卡按「四十稅一」（四%）徵收商稅，如果要長途貿易，稅率最後核算下來經常會超過一〇〇%。

開放官營小農信貸，免除部分惡政與租賦

為人狡黠豪橫，好言財利事那麼對漢人和南人又如何呢？放貸款、免稅收。

漢人、南人早就被變成「驅口」，現在日常交易又恢復了金銀、銅錢，怎麼辦？

平準周急庫。就是官營小農信貸，混不下去的小農可以向平準周急庫申請貸款，購買農具、種子、耕牛或者借糧度過春荒。平準周急庫還沒來得及實施，盧世榮就被殺掉了，否則以蒙元帝國官府的作風，平準周急庫難保不變成第二個「青苗法」。

除平準周急庫外，盧世榮奏請免除了一些惡政和租賦，例如，允許漁人捕魚（此前，捕魚是蒙元貴族特權）**、廢黜驛站驛戶供應之責、免民間包銀稅**（以銀課稅）**、收容流民，等等**。

以上幾項政策，真能讓蒙元貴族「欣然」嗎？又真能讓漢人、南人在慘烈的搶劫中喘口氣嗎？

答案當然是否定的，盧世榮的目標是為朝廷增加三百萬錠銀子稅收，完成這個目標只能靠剝奪強勢利益集團，他們是帝國最有錢的人，也是唯一可能的財富來源。但這些人才是帝國真正的控制者，阿合馬為相二十年，一旦得罪權貴尚且身敗名裂，何況毫無根基的盧世榮？

盧世榮唯獨沒有得罪的是南人、漢人，可是，在赤裸裸的利益博弈面前，這些人真的能從帝國得到財富嗎？如果這些人得不到財富，又如何有能力挺自己的漢人宰相？

盧世榮不是沒看到這種危險，他曾經對忽必烈表示：「臣之行事，多為人所怨，必然有人會在背後詆毀我，這一點必定要事先言明。」

對此，忽必烈回答：「善奔跑的獵犬當然為狐狸所厭惡，但主人卻一定喜歡，只要我喜歡你，就足夠了。」

忽必烈真的喜歡盧世榮嗎？

忽必烈只喜歡錢罷了。盧世榮還沒弄來錢，就得罪帝國所有的人，自然也就失去利用的價值。狡兔未死，走狗已烹。

三個月後，在另一位漢人御史陳天祥參奏下，盧世榮被罷官，理由居然是：第一，盧世榮自稱能控制物價，現在三個月了，物價還沒有控制下來；第二，盧世榮自稱能增加三百萬錠歲入，現在，依然沒有拿到這些錢；這樣的人不如早早去除，否則就會「蠹雖除而木已病」[18]。

三個月控制物價？三個月拿到三百萬錠稅收？你以為盧世榮是神仙啊！

這樣具有超前貨幣思想的理財師，為政不足四個月就被忽必烈處死，身上的肉則被餵了水獺。不

16從事倒買倒賣之人，有貶抑之意。
17從事拉攏買賣、從中獲利之人。
18出自《元史》卷二〇五。

但如此，元人還義正辭嚴地給了他一句這樣的評論：「財非天降，恐生民膏血，竭於此也！」[19]蒙元貴族的財富是「生民膏血」，漢人南人就活該被剝奪嗎？

鐵腕宰相桑哥，勇敢拿蒙古貴族開刀

國庫空虛的罪魁禍首始終都是貴族，於是桑哥廢棄貴族的賞賜，還跟貴族收租稅，外帶查緝官員貪汙，搞得官僚貴族雞飛狗跳，最後把自個兒的命也給搞掉了。

盧世榮死了，忽必烈還得找一條新的走狗，這個任務毫無疑問地落在了桑哥身上。

桑哥（漢語「獅子」的意思），色目人，《元史．奸臣傳》中排名第三，《元史》對他的評論是：為人狡黠豪橫，好言財利事。

阿合馬、盧世榮都未得善終。桑哥曾經是盧世榮的上級，說起來盧世榮還是桑哥推薦給忽必烈的。盧世榮、桑哥兩人理財思想一脈相承，拿出來的理財方法也就必然相近，桑哥又憑什麼相信自己比盧世榮強呢？

跟阿合馬、盧世榮相比，桑哥還是有底氣的。

阿合馬是奴隸出身、盧世榮是靠行賄入仕的漢人，桑哥的根子可就硬多了。桑哥是帝國國師八思巴的親傳弟子，曾率兵平叛吐蕃，入主中書省，是真正的出將入相。他本人也絕對是一個才子，通諸國語言，曾經長期在忽必烈身邊從事翻譯工作，深得忽必烈歡心。

帶著這樣一份光輝的履歷，桑哥開始了為忽必烈理財的偉大事業。

為籌軍餉狂印至元鈔，導致全國大通膨

至元二十四年（西元一二八七年），桑哥出任平章政事，第一個要解決的問題也是通貨膨脹、比盧世榮時代更糟的通貨膨脹。

桑哥剛上臺的至元二十四年，中統鈔印刷數量再次暴量，最高紀錄兩月印發了五十萬錠。此時的中統鈔已經亂成一團糟、綾券沒有正式發行、黃金白銀在市場上根本就見不到……大都、上都等主要城市都已經退回到以物易物的時代。

經過盧世榮實際執行，桑哥認識到：放開金銀、銅錢流通是好的，然而這是不可能的。紛紛亂世，又有誰肯掏出自己的金銀到市場上去交易呢？

看到了這一點，桑哥剛剛上任就推出自己的鈔法：至元寶鈔。至元鈔共分十一等，以「貫」為單位、以金銀為本位，至元鈔一貫值中統鈔五貫、二貫當白銀一兩或赤金一錢。

朝廷對中統鈔不做統一兌換要求，但每年鹽鐵酒茶稅收一半以上要以中統鈔繳納，字跡模糊、破角磨

元朝的至元通行寶鈔。

19出自《元史．裕宗傳》：「財非天降，安得歲取贏乎！恐生民膏血，竭於此也。豈惟害民，實國之大蠹。」

邊的中統鈔（昏鈔）要到指定地點進行兌換，如此，中統鈔將在流通中自然消亡，讓中統鈔自然過渡到至元鈔。

現在看來，桑哥的原意是以貴金屬為至元鈔重建鈔本，重建至元鈔貨幣信譽，直到至元鈔完全取代中統鈔。不過，桑哥面臨與盧世榮一樣的問題：必須為至元鈔找到充足的金銀準備，至元鈔也不能濫發。

盧世榮解決不了的問題，桑哥一樣也解決不了。

至元鈔發行當年，忽必烈突然想到安南曾經不聽命令，於是下令征伐安南。雖然蒙元軍隊前期一度在這場戰爭獲勝，中後期卻被困在叢林和水網地帶。不久，南疆八百媳婦[20]、金齒[21]等地也開始興兵進犯蒙元帝國，到處都是軍事、到處都要用錢糧。

怎麼辦？

加印至元鈔唄！

至元二十六年（西元一二八九年）安南戰爭結束前，蒙元帝國共發行了一百九十萬錠至元鈔。大都物價應聲而起，據彭信威先生估計，僅至元二十六年一年，大都金銀價格漲幅又提高了六至七倍。

阿合馬、盧世榮之所以在理財大臣的位置上跌下來，就是因為「物價翔踴」。現在，為了遏制至元鈔增發，桑哥拿出了勇氣，對蒙元貴族下手。

削貴族賞賜，收貴族租稅

蒙元帝國統治集團出身游牧民族，上層貴族始終保留著一些原始社會傳統：帝國就是所有兄弟姊妹的共同財產，大汗有的東西我們一定也要有。忽必烈也認為這是理所應當的事情：天下是祖宗拚了老命才搶來的，有錢大家一起花。每次親戚朋友來向忽必烈索要賞賜，忽必烈就會大筆一揮，賞中統鈔若干。

若干是多少呢？

在中統鈔尚未貶值的時代，賞賜用的是真金白銀，就連曾經與忽必烈爭奪皇位的阿里不哥的遺孤，也能得到一百塊銀錠（每錠重兩公斤）。及至中統鈔、至元鈔氾濫的時代，賞賜就更沒了邊際，最高紀錄是一天賞賜面值數百萬錠的中統鈔。

在桑哥看來，蒙元貴族向大汗索要財富完全是無賴行為：你與國何功，憑什麼來索要財富？無法勸諫忽必烈對外興兵，難道還收拾不了國內一干蒙元貴族？

在一次朝議中，桑哥向忽必烈進言：「蒙元貴族早就各有封地，但這些人仍舊不斷向朝廷索要賞賜；財富循環自有其理，任何一分財富都非天墜地出，皆取於民，帝王一絲不慎，還不知有多少百姓要流離失所。」

所以結論就是：毫無節制的賞賜必須廢棄。

大概是忽必烈對蒙元貴族毫無節制的索要也厭煩了，他回應桑哥的建議：「這樣吧，你列出一個名單，但凡在這個名單上的人，我以後就不再賞賜。」這事桑哥還當真，真給忽必烈擬一張黑名單，榜上有名的人不但不能在皇室得到賞賜，還要按封地數量照單納稅，即「驗畝徵租」。

對白吃、白拿慣了的蒙元貴族來說，桑哥這種行為幾乎等於逆天。天下是咱們老祖宗提著腦袋打下來的，憑什麼不給我賞賜？不給賞賜也就罷了，還要打著「驗畝徵租」的名義收稅？

一批蒙元貴族終日上門找桑哥理論，不但砸了中書省官衙和桑哥的府邸，還理直氣壯地喝罵桑哥：「錢豈爾家物？我自取自家物，干爾何事？」

20 十三世紀初，中南半島北部泰族建立的蘭納泰王國。因國王有八百個媳婦，每個媳婦各領一個寨子而得名。

21 傣族古族名，位於保山等地。因族人以金鏤片裹齒而得名。

歷代封建王朝不乏貪官汙吏，但如此理直氣壯、還敢砸了中書省和宰相的府邸，中國歷史上恐怕也只有這一次。

清查國庫查緝官員，惹來殺身之禍

面對這群無恥又無知的強盜，桑哥使出了絕招：你不是要錢嗎？我就要你的命！

至元二十四年起，桑哥對朝廷各部、各地行省派出稽核人員，清查國庫、貪汙，號召全體臣民檢舉揭發自己的長官。最終，包括中書省平章政事忽都鐵木兒、兵部尚書忽都答兒、漕運司達魯花赤怯來在內的一批高級蒙元官僚都被處死，真定宣慰使速哥、南京宣慰使答失蠻等一批蒙元貴族因「不職」、「無心任事」被罷官……

至元二十六年，桑哥主持修建的大都會通河竣工，桑哥的地位、權勢、聲譽達到巔峰，大都官民為其修成「王公輔政之碑」。為防止阿合馬被暗殺的悲劇重演，忽必烈特許百人衛隊跟隨桑哥。

然而，喜劇的末尾往往是悲劇的前奏。

蒙元帝國以騎射立國，宗族的穩定始終是第一位的事情，畢竟絕大部分蒙古人不可能背叛自己的帝國。隨著桑哥殺人愈來愈多，他輝煌的履歷會愈來愈淡漠，終有一天局勢失控，他自己也會被恐怖統治反噬。

至元二十八年（西元一二九一年）新年剛過，忽必烈在大都東南柳林狩獵，一批「怯薛」（保衛大汗的親兵）趁機向忽必烈進言：「桑哥蒙蔽皇帝、擅殺大臣、蒙蔽言路、禍亂朝綱、貪汙受賄……總之，桑哥當政沒做一件好事。」

「怯薛」只是忽必烈的貼身衛士，以「怯薛」的身分敢在大汗面前這麼詆毀丞相，當然不可饒恕。於是，第一個進言的徹里被忽必烈打得「血湧口鼻、委頓地上」[22]。

「怯薛」敢在大汗面前詆毀丞相，也是有底氣的。他們雖然只是護衛，卻均出自貴戚子弟，跟忽必烈都沾親帶故（否則也不用打，直接就殺了）。看到徹里流出的鮮血，這群「怯薛」反而更加不顧一切向忽必烈進言，堅持說桑哥不是東西——都是因為桑哥，就連今年的壓歲錢都沒有拿到！

「怯薛」的進言一定給忽必烈留下深刻的印象，就在這個時候，桑哥做了一件極其卑鄙陰損的事情，還讓忽必烈背了一口特別重的黑鍋。

下屬盜皇陵，桑哥成了替罪羊

桑哥曾經重用過一個叫楊璉真迦（党項人）的人，這個人底子很不乾淨，原來是盜墓賊。為取悅桑哥，楊璉真迦重操舊業，在臨安附近挖開了一百多座南宋王公大臣的墳墓，其中就包括南宋六帝的皇陵。

為掩飾自己的罪行，楊璉真迦事後上奏說，此舉是為了破壞南宋龍脈，他甚至把南宋六帝的遺骸與牛骨、馬骨混合在一起埋了，並在上面蓋一個「鎮本塔」。西元一三五九年元末大起義時，「鎮本塔」被江南義軍領袖張士誠毀掉。

忽必烈知道南宋皇陵被掘，不過，他連一件珍寶也沒收到。更關鍵的是，南人把這筆爛帳全算在忽必烈頭上，鎮本塔建成之後，江南義軍立刻如火如荼。要消除朝野洶洶之議，最好的辦法就是找一個替罪羊，桑哥無疑是最好的選擇。

至元二十八年（西元一二九一年）二月，忽必烈把桑哥投入大牢，旋即處死。

忽必烈的三位理財師雖然出身不一、才能各異，最後卻全得到了一樣的下場。四年後（西元一二九五年），忽必烈病亡，蒙元帝國的國勢也隨著這位政治強人的消失急轉直下。

22出自《元史》卷二九二。

鐵穆耳改賞賜為封官，貴族南糧北運大發利市

蒙元帝國征服金國、西夏之後，大片土地被改為牧場，糧食就成了北國最貴重的商品，南糧北運自然也就成了最賺錢的生意。鐵穆耳一朝，蒙元貴族馬上發現了這種賺錢的生意。

可能是忽必烈摟錢摟得實在太狠了，從第二代大汗開始，蒙元帝國就進入中晚期，帝國衰敗跡象已經歷歷在目。

忽必烈的繼承者叫做鐵穆耳，是忽必烈之孫。登上汗位之後的鐵穆耳很煩，和祖父一樣，他必須面對前來索要賞賜的蒙元貴族。

面對這些已經很有錢、很有錢還來要錢的親戚，鐵穆耳想了一個新辦法：「以後就不給大家發賞錢了，不過，可以給大家一條出路——當官。」鐵穆耳為政初年，帝國突然憑空多了很多蒙古族官員，僅大都吃官飯的人就有一萬多，而忽必烈時代僅兩千六百人。

向大汗索要賞賜，是大汗一個人煩惱；讓這些人當官，天下人就不勝其煩了。

事實證明，只要說到摟錢，蒙元貴族的腦子不比漢人官僚差多少。更何況蒙元貴族不可能被形而上的儒學理念約束，他們很實在，多賺點錢總是好的，挺現實的一個目標。目標在那裡了，手段還重要嗎？

起碼蒙元貴族認為不重要。

蒙元帝國征服金國、西夏之後，大片土地被改為牧場，糧食就成為北國最貴重的商品，南糧北運自然也就成了最賺錢的生意。鐵穆耳一朝，蒙元貴族馬上發現這種賺錢的生意，而且很快就找到同盟者——南人。這個時候，他們終於忘掉南人卑賤的身分，開始跟南人稱兄道弟、大秤分金。

海盜朱清、張瑄，賄賂伯顏漂白變官商

朱清和張瑄是生活在南宋的一對結義兄弟，《元史》稱兩人出身為「鄉間無賴」、「亡命集黨」，後來兩人開始從事一份有「前途」的職業——海盜，聚眾數千人在松江一帶劫掠過往商船。

一般來說，黑社會即使再有錢也是過街老鼠，不可能體體面面在世上生存。所以，黑社會總想將黑錢洗白，換一個白面孔體體面面混世界。筆者猜想，華麗轉身為「官家豪強」就是朱清、張瑄的理想，所以最終選擇了投靠蒙元帝國，因為賄賂金額比較高，蒙元帝國主將伯顏宣布不再追究他們的海盜罪行。

至元十二年（西元一二七五年）冬，這對結義兄弟接受了招安，成為當時鼎鼎大名的漢奸，也成為擊潰宋朝海軍的決定性力量。

平定南宋後，蒙元帝國實行種姓制度，兩位漢奸雖然立了大功，卻還是地位最為卑賤的南人，只混了個千戶之職，職責是從海路為蒙元帝國運送劫掠來的江南財富。無奈蒙元帝國實在是不爭氣，征服南宋之後，京杭大運河因年久失修停止使用。於是，兩個海盜出身的南人找到了新的發財路徑：透過海運，在南北之間販運糧食。

按照蒙元帝國的規矩，生意是色目人的專營業務，南人不可以涉足。朱清、張瑄自有他們的辦法，兩人由伯顏招安，伯顏也就成為兩人在朝廷中最大的靠山，在伯顏斡旋下，朱清、張瑄居然拿到了朝廷漕運的特准權。

南糧北運利潤高，紅利分配人人有份

任何時代都有非常賺錢的行業，如果經營這個行業需要官方特准，那麼，官家豪強就會把這個行業變成天下最賺錢的行業，也會斷掉無數人活下去的希望。

朱清、張瑄的「南糧北運」就是這樣的行業。當時，建造一艘運力一千擔的海船，需要耗銀一百錠，而從臨安運輸一千擔糧食到大都的利潤，卻有一百七十錠白銀之多，來回一趟就足以收回投資成本，可見利潤之豐。

蒙元帝國絕對禁止糧食出口，犯者殺無赦。但這對結義兄弟很快就開始涉足糧食海外走私，日本、朝鮮、東南亞諸國都有涉及，買賣做得相當大。朱清、張瑄敢冒這種風險不是沒有原因的，他們很有江湖義氣：賺到錢，大家一起分。朝中重臣，無論蒙古人、色目人、漢人，無論級別高低，但凡能跟生意沾邊的，出手那是一個大方。

《元史》記載，兩人敗亡後，被揪出來的大臣、內侍、皇族有一萬八千人，除了伯顏之外，還有宰相完澤、中書平章梁德珪這樣的猛人。即使一萬八千人的涉案規模，《劍橋中國遼西夏金元史》仍舊認為，這顯然是一個壓低了的上報數字。

朱清和張瑄賺到錢，官員們分到贓，兩人就這麼在忽必烈眼皮子底下，晃蕩了二十多年。

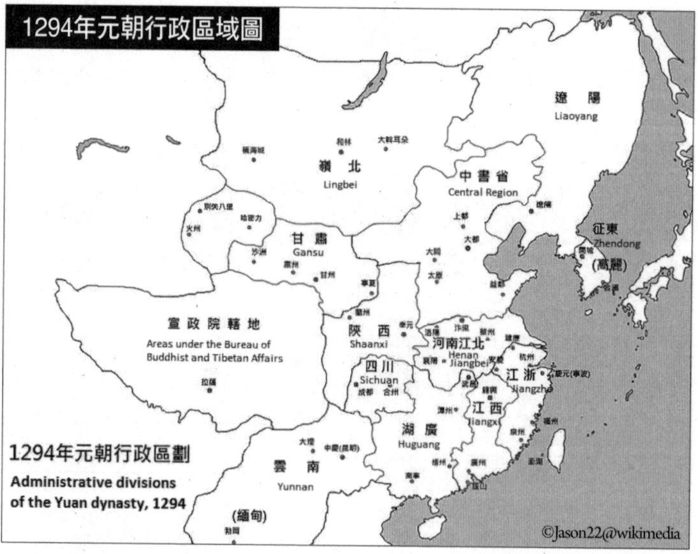

1294年元朝行政區劃
Administrative divisions of the Yuan dynasty, 1294

奸商盜賣救災漕糧，受賄官員八千人遭免職

與忽必烈相比，鐵穆耳實在是一個倒楣的大汗。大德七年（西元一三〇三年），太原、平陽地震，毀掉了幾十萬幢官民房屋，死者二十餘萬；同年，陝西、河東、燕南、河北、河南諸路爆發蝗災，可怕的流民在蒙元帝國第一次大規模爆發。

這種時候，朱清、張瑄照舊做著自己的糧食走私生意，不但如此，居然把大汗救災用的漕糧倒賣到日本和朝鮮去。

在這個世界上，人類可能永遠都無法杜絕黑勢力。但是，盜亦有道，有的錢可以賺、有的錢絕對不能賺，倘若搞得天怒人怨，即使已經富可敵國，也難逃天理昭彰，這也許就是所謂的「大道無情」[23]。

在鐵穆耳親自過問下，朱清、張瑄倒賣漕糧的事情暴露，兩位異姓兄弟被扣上一頂「謀反」的大帽子，其後，朱清自殺、張瑄被處斬，包括伯顏、完澤在內的八千多人因受賄被免職。事後，朝廷派了六支隊伍在全國各地清點兩人的財產，總計用了六年時間才清點完畢。

兩人死後，蒙元帝國將海運收歸官有，下令由平江路接管海上漕運，蒙元帝國最大的官商從此敗亡。

23 出自唐代《太上老君說常清靜經》：「大道無形，生育天地，大道無情，運行日月，大道無名，長養萬物……」

第八章

國之亂源在貴族，無窮貪欲敗朝綱亂天下

印紙鈔治黃河，竟成亡國禍因？

黃河氾濫、生靈塗炭，帝國立意根治水患，聽起來是一件天經地義的事情。

問題是，一件好事，經過萬千封建官僚之手，就也未必再是好事！自古以來朝廷的工程都是賺錢的大買賣，修河要徵調物資、要徵發勞役，這裡面有著無數撈錢機會……

海山繼承帝位不穩，付錢收買貴族人心

鐵穆耳去世前沒有指定繼承人，海山是唯一沒有捲入武力鬥爭的候選人，也是各方力量都能接受的人選。為取得蒙古諸王的支持，海山想到的辦法就是以金錢邀買人心——賞賜，而且加倍賞賜，國庫很快虛空，又得印鈔票救急。

鐵穆耳號稱要給蒙元貴族官兒當，又不遺餘力地反對官商，就連伯顏這征服南宋的主將也被罷官，朱清、張瑄這樣的猛人也被斬首示眾。既然當官賺不到錢，那麼，大汗還是繼續給賞賜吧。什麼時候沒錢了，向大汗要就是——本來他就是咱們的強盜頭兒。

大汗確實是強盜頭兒，但又有哪個帝王不是強盜頭兒呢？只不過最大的強盜頭兒是大汗，也是帝國的最高統治者、萬方生靈的主宰。最大的強盜頭兒不像較小的強盜頭兒，他要追求長治久安，為子孫後代混一張長期飯票。

這是游牧民族入主中原之後必須解決的問題：要維持帝國軍事力量的效忠，就必須不惜代價賞賜貴族；要想長治久安，又必須打破原有利益格局。在大汗與蒙元貴族不斷升級的衝突中，蒙元貴族終於對自己的大汗亮出了屠刀，從此帝國也無可挽回地滑入深淵……

第一位為賞賜煩惱的大汗是元武宗孛兒只斤．海山。孛兒只斤．海山是鐵穆耳的繼承者，治史者通常稱其為「海山」。

海山是一個不可靠的大汗，剛即位就恢復了對蒙元貴族的賞賜，比起忽必烈有過之而無不及。海山也是沒有辦法，必須這樣做。

鐵穆耳沒有指定繼承人，海山只不過是唯一沒有捲入武力鬥爭的候選人，也是各方力量都能接受的人選。登基後，為取得蒙古諸王的支持，海山想到的辦法就是以金錢邀買人心——賞賜。除了老貴族，海山還一口氣封十四個「一字王」[1]，其中十二個根本就沒有黃金家族血統。至於賞賜數量，海山則按忽必烈時代的標準翻倍：該賞五十兩黃金的改兩百五十兩，該賞五十兩白銀的賞五百兩。

只要有人開口，大汗一定不會讓你失望。

海山即位僅四個月，中書省就向他遞交了一份報告：「蒙元帝國歲入四百萬錠白銀，其中，維持中央政府正常運轉，每年至少需要兩百八十萬錠；四個月中，您花掉了四百二十萬錠白銀，另外，還許諾出去一百萬錠的應付帳款。」

中書省是想提醒海山注意點，結果，海山仍然絲毫不知收斂，也許是根本無法收斂吧。年底一算帳，在不足一年的時間裡，海山居然花掉了一千萬錠白銀、三百萬石糧食，「兩都所儲已虛」[2]、「向之所儲，散之殆盡」[3]。剛開始挪用中統鈔、至元鈔鈔本，後來就提前預收鹽稅……

一年之內，所有方法全部失效。至大元年（西元一三〇七年）年末，上都、大都所有儲備加起來不到一百七十萬錠銀鈔。沒有錢，咱這年還過不過？

怎麼辦？

又是貨幣改革。至大二年（西元一三〇八年）九月，海山主導的貨幣改革上臺——至大銀鈔。

按詔書的原意，「至大銀鈔」以白銀為貨幣本位，紙鈔面額從一釐到二兩總計十三種；每兩銀鈔

1封號為一字的王爵，通常為國王及親王。
2出自《元史．武宗本紀》卷二二。
3出自《元史．世祖本紀》卷一九。

折合至元鈔五貫或白銀一兩。同時，海山再次宣布重鑄銅錢——至大通寶、大元通寶，一枚至大通寶折合銀鈔一釐，大元通寶則用蒙文，每枚大元通寶折合十枚至大通寶；前朝舊錢也可以流通。

紙幣和銅錢同時流通，本來是希望用銅錢制約紙幣的貶值。這一招早在盧世榮時代就已經不靈了，只要至大銀鈔沒有真實的白銀儲備，馬上就會被人們拋棄。盧世榮、桑哥敗亡的時間並不久遠，海山和他的手下不可能不知道這個道理。偏要這麼做，只有一種解釋，至大銀鈔純粹就是為了哄騙——哄騙蒙元貴族。

你不是要賞賜嗎？反正錢我是給你了，至於能不能花出去，那不是我的問題。

實際情況證明了我們的猜測。

一般來說，發行新幣後，舊幣就失去存在的意義，所以，新舊貨幣交替一定會收回舊的貨幣，這樣才能保證新貨幣流通。至大銀鈔發行卻完全不是這麼回事，新鈔是發行了，舊鈔依舊在流通。

至大二年九月，海山下令頒行至大銀鈔，同時宣布：九個月內，中統鈔、至正鈔持有者應向朝廷兌換新幣。在這九個月內，中統鈔、至正鈔版仍在，也就是說，這幾個月裡沒有停止印刷舊鈔。也是在這九個月中，至大銀鈔的發行量高達一百四十五萬錠。發行量這麼大量的貨幣，一旦進入流通就會迅速貶值，根本就無法承載貨幣的職能，誰又會把手中的貨幣換成一堆廢紙呢？

按官方兌換比例，本來是一貫至大銀鈔兌換五貫中統鈔，實際上卻是一貫中統鈔兌換數貫至大銀鈔。至大三年（西元一三〇九年），理論上中統鈔已經停止流通，實際上停止流通的卻是至大銀鈔。至於至大通寶、大元通寶，在試鑄階段就已夭折，根本沒有開始流通，也正是這個原因，才使這兩種銅幣成為今天貨幣收藏中的極品。

海山在位僅僅四年，至大四年，至大銀鈔已經在交易中徹底消失了……

元代貨幣。

鐵木迭兒收田畝稅，蒙古貴族把稅轉移給自耕農

第二位為賞賜而煩惱的大汗是愛育黎拔力八達。

海山之後的大汗是海山的弟弟愛育黎拔力八達，在他手中，帝國總算有了回歸正途的表現。愛育黎拔力八達在海山即位過程中，曾起過決定性作用，汗位兄終弟及也就順理成章。這也是蒙元帝國汗位極少的和平更迭之一。從兩人的關係推測，愛育黎拔力八達應該繼續兄長的治國政策，朝政不會有太大變化。

但誰也沒有想到的是，愛育黎拔力八達即位才三天，就對海山的勢力進行了徹底清洗，並開始推行一系列漢化政策：恢復科舉、翻譯漢學、編撰法典……

唯一沒有改變的是海山的濫賞政策：海山去世當月，愛育黎拔力八達就賞賜蒙元貴族黃金三萬九千兩、白銀一百八十四萬兩、中統鈔二十二萬錠、錦帛四十七萬匹……蒙元帝國的國力早就禁不起如此折騰，於是，蒙元帝國的第四位理財師登場了——鐵木迭兒。

鐵木迭兒，《元史．奸臣傳》中排名第四，僅次於阿合馬、盧世榮、桑哥。

任何一個政府最大的合法收入肯定是稅收，漢唐相傳，歷代王朝都以耕地為徵稅的標準，地多多納稅、地少少納稅。經過鐵木迭兒認真研究，突然驚奇地發現，忽必烈、鐵穆耳、海山三位大汗雖然想盡各種辦法搶劫財富，唯獨沒有動過腦筋的就是田畝稅。

終於找到摟錢的方法了，這才是摟錢的正途！

鐵木迭兒比較實在，也沒搞丈量土地之類的花樣。延祐元年（西元一三一四年），他一個人對照地圖就估計出一個全國耕地數

元仁宗愛育黎拔力八達（1285-1320）。

字，然後，下令江南諸行省在四十天內向朝廷報送耕地數量。最關鍵的一條是：上報數字是硬性任務，不得低於鐵木迭兒的估算數字——如果完成不了任務，地方官撤職。

這就是元史中一項著名的苛政——經理江南。

公平地說，鐵木迭兒給出的數字並不是很離譜，甚至低於江南耕地的實際面積。實事求是地說，這是一個無法完成的任務。

土地既然是納稅的標準，那結果自然十分清楚，誰多上報土地，誰就要繳納更多稅收。誰又願意多納稅呢？尤其是那些剛剛富起來的蒙元貴族。

蒙元貴族歷來喜歡向大汗索要賞賜，但也不反對兼併江南土地。入主江南以來，蒙元貴族、色目人迅速加入江南土地兼併，這也是忽必烈、鐵穆耳、海山三朝沒認真核定江南田畝的原因。

面對鐵木迭兒，蒙元貴族也不是毫無辦法，例如，讓平頭百姓承擔大土地所有者的所有田賦。

這種方法也不稀奇，無非是看誰好欺負，就給誰多報上幾畝土地，或在自己地盤上直接提高自耕農稅率，讓弱勢階層替封建官僚、大土地所有者納糧完稅。歷代以來，強勢階層就一直透過這樣或者那樣的方式，把賦稅轉嫁到自耕農頭上，無數農人就是這麼被玩殘的。

對鐵木迭兒說，他在某種程度上代表強盜頭兒、代表最高統治者，他並不希望強勢階層把賦稅完全轉嫁到自耕農頭上——帝國如果失去了自耕農，也就失去了最根本的財富來源。於是，鐵木迭兒向各行省加派了很多特派員——章閭（也稱「張驢」），去監督行省的耕地上報工作：每一戶土地必須查實，不得瞞報、也不得多報。

這些章閭給朝廷惹下了大麻煩。

事實證明，這群章閭沒有熊一樣的力量，卻一定有著豬一樣的腦子：為防止鐵木迭兒派人複查，這些人居然想到了一個法子真實增加自耕農的土地——沒有耕地沒關係，把你家裡的房子拆了、祖墳挖了，不就有耕地了嗎？

《元史》記載，贛州的拆屋、挖墳行動最為慘烈，僅一縣之內就有數千間民宅被毀、墳墓更是不計其數……

憑空增加稅賦會惹得小民反抗，但這是一個緩慢的過程，不被逼到家破人亡的地步，誰也不會鋌而走險。但現在，賦稅還沒增加，先把人家房子拆了、祖墳扒了，也就取得了立竿見影的效果——無論活人、死人，大家都混不下去了！

延祐二年（西元一三一五年），贛州寧都人蔡五九舉兵起事，自號「蔡王」。這是一個標誌性的事件，從此以後，蒙元帝國的武裝反叛就再也沒有停止過。

這就是《元史》中所謂的「延祐儒治」。

與海山一樣，愛育黎拔力八達是一個短命的大汗，四年後死去。

碩德八剌依功論賞，貴族不滿弒君奪權

第三位為賞賜而煩惱的大汗是碩德八剌，為此他還丟掉了性命。

在一片血雨腥風中，碩德八剌登上了大汗的位置；這是第一位真正能寫漢字的蒙元帝國大汗，也是第一位全盤漢化的大汗——蒙元帝國如果想長久存在下去，這就是無法更改的必經之路。

對碩德八剌來說，蒙元貴族的要求非常奇怪，你沒對帝國做出貢獻，憑什麼要給你這麼多賞賜？海山好歹還用假幣哄騙一下蒙元貴族，碩德八剌卻連哄騙都省了。鐵木迭兒死後，碩德八剌藉整治鐵木迭兒黨羽的機會，直接削減、停止蒙元貴族的例行賞賜。從今往後，不是不賞賜蒙元貴族，而是根據你對帝國的貢獻進行賞賜。

這種簡單而又粗暴的行為，蒙元貴族當然不滿意。於是，他們拿出更為暴力的對策——暗殺。

可憐碩德八剌登基不足三年，就在一個月黑風高的夜晚，被蒙元貴族衝入帳篷給砍了，史稱「南坡之變」。

一般來說，宮廷喋血中衝在第一線的，應該是士兵甲、士兵乙這種無足輕重的角色，以免主角出師未捷身先死。謀殺碩德八剌的南坡之變，衝在第一線的全都是朝廷大員。衝入行營大帳殺死碩德八剌的人包括正一品官員八名、蒙古親王五名。親手殺死大汗的人叫鐵失，還是碩德八剌稱汗的心腹。

大家千萬不要低估官僚們的無恥，他們從來不會效忠某個皇帝，甚至不會效忠自己的族長——大汗，他們只效忠於自己的錢財。如果自己不能在帝國財富中分一杯羹，要你這種大汗何用？

碩德八剌，成為第一個為削減賞賜而犧牲的蒙元大汗。

蔑兒乞・伯顏當政，官場沒人辦事，只當成撈錢機會

伯顏的貪婪無人能及，一上臺就打壓漢人，漢人漢官皆難逃其害。不過止還鼓勵貴族奪人錢財，連自己人也不放過。窮到無路可走的百姓，只能再次成為流民。

根深柢固的原始社會意識毀掉了蒙元帝國的漢化契機，延祐儒治和碩德八剌漢化不過是曇花一現，帝國最終走向了一條不歸路。

接下來的事情，就更不可靠了。

為了帝國大汗的位置，鐵木真的子孫居然對自己人舉起屠刀，黃金家族不知有多少人死在自己的親人手上。二十六年間，蒙元帝國出現八位大汗，平均在位不足五年，最短的不足兩個月。而在這二十六年間，大規模民間起義累計發生了四百多次。

既然繼任者汗位的來路都不是很正，再也無人敢對蒙元貴族動手，朝廷濫賞依舊。近四十年來，

朝廷歲入每年不過六十萬錠白銀，支出卻高達三百萬錠左右，每年赤字高達兩百四十萬錠。

元統元年（西元一三三三年），妥懽帖睦爾被抓回上都時[4]，蒙元帝國就是這樣一個爛攤子。妥懽帖睦爾，蒙元帝國的最後一位大汗，也是統治時期最長的一位大汗。

罷黜所有漢人官員，還禁止漢人婚配？

蒙元帝國立國之初，一位名叫巴林·伯顏的將領征服了南宋，末代帝王妥懽帖睦爾時，又出現了一位蔑兒乞·伯顏。

兩人同為伯顏，為政之道卻截然相反。

元初伯顏雖然是武將，卻也知珍惜江南山水，南宋謝太后投降後，伯顏下令「九衢之市肆不移，一代之繁榮如故」[5]；還師後仍不停呼籲，南北既為一家，希望大汗忽必烈毋疑南人。

元末伯顏雖為文臣，卻是一副地道的窮人乍富作風，頭上的官銜居然有兩百四十六個字之多，恐怕是有史以來最大的官兒。此人自海山朝就已入仕，歷經八代大汗奪位的血雨腥風，卻始終屹立不倒，絕對稱得上中國歷史上罕見的神奸巨蠹。

蒙元帝國成於此伯顏，亦亡於彼伯顏。

彼一伯顏，《元史》稱其「弘毅深沉，明達果斷」，意指此人陰險狡詐、城府深、心狠手辣。

4奇渥溫·妥懽帖睦爾（西元一三二〇～一三七〇年）元惠帝，明宗長子，元亡國帝王。妥懽帖睦爾入朝時只有十三歲，輔政大臣燕鐵木兒曾殺掉他的父親和兄長。燕鐵木兒選擇妥懽帖睦爾，不是想補償自己的罪過，而是因為一個極其可笑的理由。燕鐵木兒不知從哪位高僧口中聽到一個預言：「此時登上汗位的人，絕對會遭到報應，新任大汗壽命不會超過五個月。」因此讓妥懽帖睦爾當替死鬼。理論上，就算五個月內，妥懽帖睦爾不死，估計燕鐵木兒也有能力「讓他死」。何況坊間還有傳聞，說妥懽帖睦爾是宋恭帝之後，並不是蒙古骨血。但結局卻出乎意料：妥懽帖睦爾即位後，原本活蹦亂跳的燕鐵木兒卻無故暴斃——也許真的是報應吧！

5出自《元史·伯顏傳》。

元朝歷史上曾有幾道臭名昭著的命令，創始者就是這位元末伯顏：要求實行種族屠殺，殺盡「張、王、劉、趙、李」五姓漢人。由於實在太離譜，沒有被執行；還有一些執行的政策，也很莫名其妙，諸如禁止漢人婚配、上收所有鐵質農具，等等。

伯顏又是一個極其守舊的蒙元貴族，他曾對妥懽帖睦爾說：「陛下有太子，休教讀漢兒人書，漢兒人讀書好生欺負人」[6]。

自己粗鄙，就說漢人的書是「欺負人」？

秉承這種理念，伯顏罷黜所有漢人、南人官員，從大到小，一個不留，而且漢人、南人不得學習蒙古文、不得取蒙古名字，更不得與蒙人婚配，以致有些漢人、南人為了仕途改名換姓，給自己取一個蒙古名字，或與蒙人婚配。此後，省、臺、院及翰林、集賢者被換成了清一色的蒙古人、色目人。

貴族撈錢名目：視察、辦公務、抓犯人、審判……都要收錢

一般來說，強盜一旦做了皇帝，就會標榜自己是正義化身，對官僚們聚斂錢財那套把戲表面上都會有所限制。唯獨這位伯顏公開承認自己是強盜，不但不去遏制蒙元貴族毫無節制的貪欲，反而變本加厲地告訴這些人：「去搶吧！想搶多少就搶多少，只要你能搶得到。」

在這種理念下，整個帝國官場只為了錢而存在：拜見上官要「拜見錢」、上官視察要「人情錢」、節慶上官要「追節錢」、上官生日要「生日錢」、辦理正常公務要「常例錢」、抓捕凶犯跟受害者要「齎發錢」、審判官司向原告和被告要「公事錢」，就算沒什麼事也白要「撒花錢」……

時人曾評論伯顏當政以後的歲月：數十年來，世間風俗壞得不能再壞，只要當官就習慣貪汙，有錢就習慣玩弄女人，自己不以為恥、別人也不以為怪，世間能有良好操守的人，千百而無一焉。

河南行省官衙大堂之上居然有這樣的題字：「人皆謂我不辦事，天下辦事有幾人！」真是恬不知恥到了極點。

兼併土地、搶奪自家人，再度製造中原流民

別看百姓的事情不辦，自己的事情還是很認真的。本著對金錢的渴望，伯顏和他的爪牙更是把江南土地兼併推向極致。至元二年（西元一三三六年），伯顏取得了帝國土地兼併中的最高成績：一次就在江南撈十六萬頃土地。

伯顏甚至把屠刀伸向了自己的族人：為搶奪另一位蒙古宗王徹徹禿在蘇州的兩百畝土地，汙衊徹徹禿謀反，在妥懽帖睦爾的堅決反對下，伯顏依然捏造聖旨處死了徹徹禿。因為，伯顏的祖先曾是徹徹禿祖先的奴隸，理論上伯顏一族應世代奉徹徹禿家族為主人。此後，伯顏又在大汗的反對下，接連貶斥宣讓王、順威王等諸多蒙元宗王……

> 與其閉口而死，曷若苟延歲月以逃？[7]

人們只能再次走上流亡的道路，背鄉井、棄世業、擲百器、遠離親姻、再無定所，輾轉流浪、寄食異鄉異域，走上一條不歸路！流民、可怕的流民不可遏抑地再次出現在中原大地。

至元六年（西元一三四〇年）二月，天道有常，即使是光怪陸離的末世王朝，焉能允許這樣喪心病狂、毫無底線的人存在？

伯顏的侄子（也是伯顏的養子）脫脫擔心伯顏倒行逆施會反噬整個家族，在他主導下，妥懽帖睦爾將伯顏貶至嶺南安置，這位不可一世的權相終於死在發配的路上。

虎視南人如草芥，天教遺臭在南荒！

6 出自元末明初・權衡《庚申外史》。

7 出自《元史》卷九八。

「至正交鈔」毀了丞相脫脫的「至正更化」

脫脫為了要治黃河發放河工薪水，發行「至正交鈔」。沒想到河工立刻拿薪水換糧食，搞得物價大漲、天下大亂。新鈔貶值竟給了朱元璋出頭的機會。

脫脫，自幼受教於當世大儒吳直方，能力挽強弓，可謂文武雙全、一位不世出的奇相！可惜，他生在元末，雖非亡國之相，卻有亡國之實。

《元史》對脫脫有這樣一段評論：脫脫是一個看淡貨財、女色和金錢的人，有著宏偉的志向和長遠的眼光，也能夠好賢禮士，但他辨事性情太急躁，正因為這個原因經常為群小所惑。《劍橋中國遼西夏金元史》和《中國通史》[8]（范文瀾版）則給脫脫同樣的評語：急功近利。

脫脫，究竟犯了什麼錯誤呢？

拜自己的叔父所賜，脫脫登上相位時，蒙元帝國經濟已經完全崩潰，至元六年（西元一三四〇年）大都物價比至元元年上漲了至少六、七十倍。

次年，蒙元帝國改元「至正」（西元一三四一年），脫脫出任右丞相，「欲大有為，以震耀於天下」[9]。從此，脫脫開始了一段長達十五年的獨舞，這段備受稱頌的歷史今天被稱為「至正更化」，也正是這所謂的「更化」，徹底毀掉了蒙元帝國。

十年慘澹經營，脫脫恢復了科舉、經筵[10]，控制蒙元貴族賞賜，減免田賦和徭役，對膽敢製造偽鈔者殺無赦，對盤剝草民的奸邪小吏殺無赦……十年後，蒙元帝國終於有了一絲生氣，脫脫也終於看到一線曙光，他相信自己能夠力挽狂瀾。

但脫脫不知道，他看到的其實不是曙光，而是迴光返照。

為什麼大型公共工程，常毀了想改革的政權？

有時候歷史的相似度是很驚人的。西漢末年黃河曾經改道，銳意求治的王莽政權幾乎就是被黃河水患吞噬掉了。脫脫為相後的第四個年頭，至正四年（西元一三四五年），華北地區連續二十多天暴雨，洶湧的黃河在今山東曹縣沖決白茅堤，黃河再次改道，順便毀了京杭大運河河道。

《元史》記載，當時平地水深六公尺有餘，今河南、山東、安徽、江蘇的千里沃野變為一片澤國，此後，三天一小災、五日一大災，再也沒有消停過。

元人趙天麟曾著《太平金鏡策》[11]，其中總結了天下黎庶有「五死」，被天災害死、被官吏逼死、被軍兵殺死、被債務逼死、被自己懶死（一曰天、二曰官、三曰軍、四曰錢、五曰愚，最後一條不足採信），五死之中天災排名第一，比蒙元貴族還要狠毒。

對帝國統治者來說，把人淹死了倒還清淨，要是淹不死，居民就會變成流民，那才真正麻煩。元順帝至正十年（西元一三五〇年），剛剛整頓完朝政的脫脫認為，現在時機終於成熟了，一定要根治黃河。

黃河氾濫、生靈塗炭，帝國立意根治水患，聽起來是一件天經地義的事情。然而，朝廷上卻有無數人反對脫脫。

歷史有的時候其實很詭異，反對治理黃河的人未必是壞人，贊成治理黃河的人也未必是好人。這

8范文瀾於一九四一年著《中國通史簡編》，後擴充為《中國通史》，僅完成前四卷便已去世，後由蔡美彪完成。描述遠古先秦到清朝敗亡間的史事與人物，是十分嚴謹的學術著作。

9出自《劍橋中國遼西夏金元史》。

10自漢代起，皇帝為講論經史所設的御前講席，宋代始稱之為經筵。元、明、清皆有此制度，明代尤其重視。

11元代趙天麟編撰，內容包括田制、農桑、賦役、戶計、冗官、服章、祭祀、軍事等元代各種制度的描述。共八卷。

就涉及中國專制王朝的辯證法，一件壞事，如果上有明君、下有賢相，那就未必真是壞事；一件好事，經過萬千官僚之手，就未必再是好事。自古以來朝廷的工程都是賺錢的大買賣，修河要徵調物資、要徵發勞役，有著無數的撈錢機會……

早就等這一天了！

以呂思誠為首的一批漢臣立刻站出來表示強烈反對。他們的理由是：帝國官場並未脫胎換骨，奸邪小吏仍舊充斥於各個崗位，治理黃河要撥無數錢糧，無異為貪瀆之徒抓錢大開方便之門，此謂「不念隱憂」。修河必定動用無數人力，無論在哪個時節，都會耽誤河工本有的農耕，況且一旦河工聚而不散，便是天下大亂之源，此謂「不恤民力」。

所以，堅決不能修河。

真的不能修嗎？

真的不能。

數千年往事早就把中國人的政治智慧演繹殆盡，最可怕的不是水患，而是人禍——流民。十幾萬河工要吃、要喝、要福利，在老家有父母、妻子、兒女，有著諸多束縛，這些人或許還能安分守己，一旦在一起聚而不散，遠比洪水可怕得多。

脫脫印紙鈔治黃河，被財富幻覺迷惑

但脫脫不這麼想，只要有足夠的錢，這些事情都能擺平。因為，他已經想到了一條絕妙的辦法籌措修河費用——貨幣改革。

至正十年（西元一三五〇年），蒙元帝國的通貨膨脹剛剛獲得控制，脫脫便拿出了前輩的絕招——變更鈔法，即「至正鈔改」。

為籌措修河資金，脫脫同時發行「至正交鈔」和「至正通寶錢」。至正交鈔為紙幣，基準單位仍為「貫」，每貫交鈔代表銅錢一千文、兌換舊鈔兩貫。

至正通寶錢是銅錢，又分為「地支紀年錢」、「紀值錢」和「權鈔錢」三種。前兩種銅錢為虛值銅幣，有折二、折三等等。

關鍵是第三種銅錢「權錢鈔」，「權錢鈔」顧名思義是衡量「至正交鈔」的範本，分為五分、一錢、一錢五分、二錢五分和五錢，分別對應至元鈔十文、二十文、三十文、五十文、一百文。脫脫公開宣布，權錢鈔是衡量紙幣的基準價值，只要有權錢鈔存在，至正通寶就不可能隨意貶值，否則人們會將紙鈔兌換成銅錢。

這還是盧世榮、桑哥、海山玩剩下的，說穿了還是那個障眼法，以帝國的名義把新鈔命名為財富符號，仍然不是真實的財富。只不過，當年忽必烈、海山用這些玩意兒來哄騙蒙元貴族，今天脫脫用這些玩意兒來哄騙自己。

紙幣是法定貨幣，背後是帝國信用，無論貨幣制度多爛，增發貨幣多少都會給人一點財富幻覺。由於過分迷信自己的能力，這一次產生貨幣幻覺的是丞相脫脫。新幣更迭，脫脫認為自己終於有錢了，可以去追求自己宏偉的理想了。

至正十一年（西元一三五一年）四月初四，蒙元帝國詔令中外，任命賈魯為工部尚書領總治河防使，秩二品、授銀印。賈魯以中樞朝堂名義徵發汴梁、大名等十三路民夫共十五萬人治理黃河，另配翼十八戍軍兩萬人。

不得不說，脫脫沒有看錯人，賈魯治理黃河的成績是顯著的。四月興土，十一月就把兩百八十里的黃河逼回了舊河道。十一月，賈魯向皇帝上〈河平圖〉，妥懽帖睦爾也對脫脫、賈魯等大行封賞，撰〈河平碑〉以彰旌表。

一片歌功頌德背後，沒有人意識到脫脫已經犯下不可饒恕的

元朝至正之寶權鈔。

錯誤：和當年的隋煬帝一樣，他完全從京杭大運河兩岸徵調民夫。唐宋相傳，修河一般選在農閒時節，脫脫選擇的時機卻是從四月到十一月，十五萬河工在河堤上忙活——這可是一年的農忙時節，意味著一年家裡沒有人耕種土地！

以往修河的時候，一般情況下會補償河工一些糧食；不發糧食，給點現金也行——只要能換到賴以為生的糧食就行。

面對這個問題，脫脫的回答是：「給錢可以，只給至正交鈔。」

紙鈔齊出經濟大亂，引爆紅巾軍起義

這件事如果放在宋代，就算只發給河工交子，可能也不是什麼大事。不可能所有人在同一時間把手中的紙鈔拿到市場上去，絕大部分鈔票會暫時留在河工手裡，不會造成通貨膨脹，更不會搞得天下大亂。

問題是，蒙元帝國從來就是一個不遵守貨幣紀律的國家，在人們記憶中，紙幣就等於毫無準備的廢紙。所以，脫脫的行為導致了另外一種結局：所有人都在第一時間把至正交鈔拿到市場上去換糧食，結果，增發貨幣噴湧而出、物價飛漲、紙幣貶值。

平整黃河的慶功酒還沒有喝完，當年十二月，京城大都就「物價騰踊」，十錠交鈔買不到一斗[12]糧食。按彭信威先生估算，**當時的鹽價比一年前上漲十倍、比蒙元帝國征服江南時上漲了一千多倍。很快地，貨幣在包括大都在內的北部帝國徹底消失了，帝國再次退回到以物易物的原始社會。**以貨易貨，意味著十五萬河工修了半年河堤，家裡的土地沒有收成，接下來的冬荒、春荒如何度過？

既然活不下去，索性就反了吧！時人編出了這樣的歌謠：「丞相造假鈔，舍人做強盜。賈魯要開河，攪得天下鬧。」[13]

至正十一年（西元一三五一年），劉福通在潁上率眾舉事，中國歷史上著名的「紅巾軍起義」爆發。紅巾軍通告海內：「蒙元帝國立國以來窮兵黷武，數次征伐日本無功，我漢人聚集的江南已經徹底淪為貧苦之地，塞北卻富比江南，凡我漢家義士隨我直搗黃幽燕之地，龍飛九五，我大宋之天終有重開之時！」

戰端一開，至正交鈔的印刷便再也無法遏制。

新鈔如廢紙，填不飽飢民的肚子

至正十二年（西元一三五二年），為彌補軍需，至正交鈔發行量到達兩百萬錠（折中統鈔兩千四百萬錠），是蒙元帝國存在以來紙幣發行量最大的一年。因此，至正交鈔發行不足兩年就徹底崩潰。堂堂大元，奸佞擅

12 中國古代計量單位之一，十升米為一斗，一斗約重十二·五公斤。

13 出自明·蔣一葵《堯山堂外紀》卷七四。

蒙古部族戰鬥場景，選自波斯伊利汗國史學家拉施特《史集》插圖。

權，開河變鈔禍根源，惹紅巾萬千；官制濫，刑法重，黎民怨；人吃人，鈔買鈔，何曾見？賊做官，官做賊，混賢愚，哀哉可憐！14

至正十五年前後，人們已經意識到至正交鈔「將絕於用」15，便把紙鈔稱為「觀音鈔」，意思是說紙鈔印刷品質實在太差，描不成、畫不就，就像半空中的觀音一樣。

為挽救瀕於奄奄一息的王朝，蒙元帝國開始效仿曹操「屯田」，朝廷給屯田者每日折合白銀二兩五錢的至正交鈔。這個價格可是盛唐開元年間一品大員的官俸。彭信威先生對此的評論是：「這自然不是提高人民的生活水準，而是鈔票不值錢了。」

至正十七年，上都、大都同時設「便民鈔庫」，人們可以在便民鈔庫兌換破損的至正交鈔，但是便民鈔庫無人光顧。也是這一年，河北、河南流民湧入大都，僅官府收葬的餓殍就有二十萬之多，蒙元帝國，再無延續之理。

一三六四年，朱元璋提出「驅逐胡虜，恢復中華，立綱陳紀，救濟斯民」的口號。是年，他以徐達為元帥、常遇春為先鋒出兵伐元。

元朝小結：蒙古人難擋財富誘惑，劫掠成習，終致民亂

對蒙古人來說，江南山水有著無限誘惑，既然少了許多士大夫的理性束縛，也就把歷代官僚們的無恥演繹到淋漓盡致。為爭奪財富，蒙元貴族從不把百姓當人看。失民心就等於失天下，又怎能在中原大地長治久安？

遼國、金國都是游牧民族入主中原，但這些王朝無一不是選擇了漢制。遼國、金國都以中華正統自居，認為自己和宋朝不過是南北朝罷了。這種理念在契丹、女真人的心目中牢不可破，以至於遼國、金國在與大宋開戰時，「宋朝獨修唐史」成為一條發動戰爭的理由。

在傳承數千年的華夏歷史中，只有元帝國沒有採納漢制。蒙元貴族固執地認為，只有驍勇的蒙古鐵騎才是立國之本，帝國臣民也就因此被分為蒙古、色目、漢人、南人四等，而居於最下等的南人卻占帝國人口的九〇％以上。

這也是元帝國的悲劇所在。蒙元貴族可以拒絕漢制，卻無法拒絕中原之地財富的巨大誘惑。對這群剛剛走出洪荒的人來說，江南山水有著無限誘惑，既然少了許多士大夫的理性束縛，也就把歷代官僚們的無恥演繹到淋漓盡致。

增發紙幣的招數失敗以後，蒙元貴族選擇了最簡單粗暴的搶劫方式：「喜歡，直接搶過來就是。」這種劫掠已經超出人們日常的認知範圍，最後他們不但搶劫漢人、南人，連蒙古人、色目人都一道搶了，就連帝國最有權勢的大汗也未能倖免。

誰有權，誰才有財富。

於是，黃金家族成為最悲慘的帝王世系：為謀得汗位，暗殺、下毒、設計陷害，甚至明火執仗砍死自己的大汗，至於後一任大汗不承認前一任大汗、把前任大汗牌位扔出太廟的舉動，比比皆是。

過度劫掠，流民一定會推翻政權

這些離譜行為的背後隱藏著一個可怕的邏輯：「如果強勢集團對財富的渴望沒有絲毫底線，屠刀

14 出自元・無名氏〈醉太平小令〉。

15 出自元・孔克齊《至正直記》卷一：「至正壬辰，天下大亂，鈔法頗艱；癸巳又艱澀；至于乙未，將絕于用。」

就不僅僅會砍向普通民眾，強勢集團自身也難以倖免。」在這個邏輯中，小農不幸福，商人不幸福，官不幸福，民更不幸福。沒有人能獨善其身，也沒有人能夠倖存，哪怕你是帝國最有勢力的大汗。

社會財富畢竟不是一塊無限大的蛋糕，一旦掠奪超過限度，就會造成流民、社會動亂，最終玉石俱焚。元順帝初年，帝國五分之一的人口就已經淪為流民，所謂「流民如雲」並不是一種誇張的說法。當人們「逃離奔竄，皇皇然無定居」時，又怎麼可能有正常的生產生活秩序，再驍勇的鐵騎又怎麼能遏制天下人求生的欲望？

在「摧富益貧」[16]口號的引導下，起義軍（史稱「賊者」、「無賴者」）為獲得維持生存的一口糧食，不得不舉事造反。他們衝入官衙府庫、衝入富人的府邸、也衝入窮人的茅屋。在他們身後，社會秩序完全失控，赤地千里、城廓破碎、田園荒蕪，殺人吮血爭錙銖。

面對遍及天下的流民起義，在主要軍事力量尚存的情況下，妥懽帖睦爾不但沒有堅守大都，反而把自己的軍隊扔在中原，孤身一人逃竄回大漠——似乎是來中原打醬油的。

財富循環有著不可違背的天道法則，它不會因為誰有權勢就偏愛誰、也不會因為誰貧賤就拋棄誰。一個人、一群官僚、一個強勢分利集團，無論你多麼有權力，也不可能毫無止境地對天下人索取財富，一旦突破了底線，驍勇如蒙元帝國，也一樣會煙消雲散。

16 出自明．邢址、陳讓編著的《嘉靖邵武府志》。

明朝。

明太祖
西元1368～1398年

第九章

朱元璋究竟是明君還是暴君？

不重經濟，重農、抑商、禁貿易，令天下皆窮

朱元璋是窮人出身，且殺了很多「貪官」，
很多研究朱元璋的文章為了歌頌他，
將他的統治期間稱為「洪武之治」，
但其實在朱元璋的洪武一朝，
雖然田租平均下來只有一〇％，
但堂堂大明朝卻是歷代以來中國勞動生產率最低的朝代之一，為什麼？

元末群雄爭霸，朱元璋以民心得天下

元末群雄爭霸並各自發行貨幣，但劉福通的「龍鳳通寶」、徐壽輝的「天定通寶」、陳友諒的「大義通寶」、張士誠的「天佑通寶」，統統不敵朱元璋的「大中通寶」，因為只有「大中通寶」可以買到物資……

在開始講述明朝之前，必須交代一個背景，秦、漢、晉、南朝、隋、唐、宋、明……所有漢家王朝中，只有明朝開國皇帝朱重八完完全全起自草根。民國學者孟森[1]指出：中國自「三代」以來，最正統的朝代當屬漢代和明代，因為劉邦、朱元璋都是匹夫起事，沒有窺伺前朝神器。劉邦好歹還是一個亭長，按照這個邏輯，得國最正的當屬朱元璋。

筆者始終不明白孟森先生的邏輯：憑什麼匹夫起事就是得國最正，「竊鉤者誅、竊國者為諸侯」[2]？正是這個原因，大明帝國有很多事都讓人費解，尤其是開國皇帝朱元璋。

朱元璋，原名朱重八，因為在元朝漢人是沒有資格取名字的，只能以姓氏加上父母年齡之和（或出生日期），可見身為漢人、南人有多麼可悲。

望神州、百姓苦，千里沃土皆荒蕪。[3]

西元一三五一年，劉福通率三千人在潁州舉起義旗，人們在頭上裹紅巾，以示對漢家山河的懷念。從赤眉軍[4]、紅襖軍到紅巾軍，歷盡千載，紅色始終是漢人的圖騰。

手執鋼刀九十九，殺盡胡兒方罷手。[5]

在此不討論元末民間起義的是是非非，筆者想解釋的第一個問題是：**元末天下大亂、群雄並起，朱元璋既不是起義軍中的正統（韓林兒的大宋）、也不是兵馬最強壯的（陳友諒的大漢）、甚至不是最富有的（張士誠的大周），為什麼偏偏只有他能勝出呢？**

解釋這段歷史其實很不容易，因為《明太祖實錄》[6]早就被朱元璋本人和後來的朱棣[7]改得面目全非了，很難找到一點可靠的史料。

所以，還是以貨幣作答，讓那些帶著腐土氣息的銅錢，帶領我們穿越時空，回到那個英雄輩出的年代吧！

劉福通發行「龍鳳通寶」，只在紅巾軍間流通

先說紅巾軍正統——韓林兒的大宋。當然，韓林兒只是這支軍隊名義上的皇帝，劉福通才是真正的領導者。

劉福通起自賈魯開河。堂堂大元朝開河不給工錢，河工拿到的紙鈔毫無用處，劉福通這才率領他們走向亡命之路。如果劉福通繼續給手下河工發紙幣，估計沒有人會為他賣命。所以，大宋國的貨幣是銅錢，被稱為「龍鳳通寶」。

龍鳳通寶分為小平、折二、折三三種，折二、折三錢顧名思義是可以當兩枚、三枚小平錢用。就品相而言，這三種龍鳳通寶都是銅赤如金、錢體渾樸、文字遒美（形容書法秀美勁健）；就重量而言，以小平錢為例，直徑二．五公分，重約三．三公克，和漢代五銖錢大小相仿。

1孟森（西元一八六八～一九三八年），清末民初史學家。畢業於東京政法大學。
2出自《莊子．胠篋篇》：「彼竊鉤者誅，竊國者為諸侯，諸侯之門，而仁義存焉？」意指法律不公正。
3紅巾軍軍歌歌詞之一。
4新莽末年的起義軍，因人人將眉毛染紅，故稱赤眉軍。
5出自明．劉伯溫〈燒餅歌〉。
6董倫、解縉、胡廣等陸續編修，記錄明太祖、建文帝兩朝史蹟。
7朱棣（西元一三六〇～一四二四年），明成祖，明朝第三位皇帝。曾編《永樂大典》、派鄭和下西洋等。在位期間史稱「永樂盛世」。

彭信威先生曾有以下的評論：一般來說，在亂世期間基本上不可能出現這樣品相的貨幣。即使在當代錢幣收藏中，龍鳳通寶也絕對是一種極品，普通的小平錢現價大概每枚在新臺幣五萬元左右。因為龍鳳通寶存世極少，存量稀少、高品質造就了龍鳳通寶今天的價格。

為什麼龍鳳通寶存世極少？是因為劉福通的大宋王朝只存在四年嗎？

不是。

龍鳳通寶當初的發行範圍就很窄，最大用途是劉福通用來獎賞自己的將士：功勞大的發折三、折二，功勞小的發小平錢，用途則是將領之間相互饋贈（行賄）。至於劉福通系轄區的老百姓，是見不到龍鳳通寶流通的，紅巾軍不會用龍鳳通寶購買物資，補給基本上是靠搶來的：「天遣魔軍殺不平，不平人殺不平人，不平人殺不平者，殺盡不平方太平」[8]，主要將領李二、毛貴、白不信、大刀敖無不是殺人魔王，殺元朝官府，也殺富戶。只有殺人才能獲得軍資。

當時有一首童謠，怎麼聽都不像在歌頌紅巾軍：「滿城都是火，官府四散躲；城裡無一人，紅軍府上坐。」[9]

滿城都是火，人都去哪裡了？

紅巾軍鼎盛時期曾經三路北伐，唯一不靠搶劫完成軍事補給的將領是東路軍毛貴，他也肩負著主攻大都的任務。當代很多文獻都曾提到一個事實：毛貴曾經在濟南設立三百六十屯，每屯相距三十里，並造大車百輛運輸糧食。憑藉著這些軍資，毛貴曾經攻打到距離大都二十里地的地方，可惜，最終功敗垂成。

當代文獻提到這段史料，一般都是褒義，稱讚毛貴治軍有方、補給充足。但筆者卻奇怪一個問題：如果真有濟南三百六十屯、每屯三十里，上千平方公里的耕地都屬於紅巾軍。那土地原來的主人去哪裡了？

元至正十九年（西元一三五九年），劉福通兵敗後不知所終，韓林兒則為朱元璋救走。至此，劉福通系北方紅巾軍宣告失敗，龍鳳通寶也就停止鑄造。

徐壽輝的「天定通寶」，曾在局部地區流通

再說天完系紅巾軍，即徐壽輝與陳友諒。

在明史中，徐壽輝被認為是配角，很多人認為，他只是人長得比較帥，所以才被擁立為天完之主。這種說法大抵源自於明代葉子奇的《草木子》[10]，而葉子奇是典型的御用文人，跟劉基[11]、宋濂[12]都是鐵哥兒們，估計他要不這麼寫，早被朱元璋喀嚓一刀砍了。

亂世梟雄爭霸可不是選美大賽，選美大賽可以顛倒美醜，群雄逐鹿的年代，單憑長得帥就能執掌天完政權十幾年？

笑話！

如果不是徐壽輝後來被陳友諒殺掉，鹿死誰手還尚未可知。

徐壽輝的歷史暫且不提，只說天完政權的貨幣——「天啟通寶」（非明朝天啟通寶，兩者在錢文上區別很大）、「天定通寶」。

天啟通寶、天定通寶中，較著名的是天定通寶，也分為小平、折二、折三，三種錢均光背無文，書法俊秀、製作精整、形制規範，絕不似亂世所鑄。其中，小平錢直徑約為二．四公分，重量約為

8出自明．陶宗儀《輟耕錄．扶箕詩》。
9出自明．陶宗儀《輟耕錄．松江謠》。
10文言筆記小說集，對當時的民間起義史績描述詳實。
11劉基（西元一三一一～一三七五年），劉伯溫，精通天文、兵法，因輔佐朱元璋即帝位、助國家安定而聞名，有「諸葛武侯」之稱。
12宋濂（西元一三一〇～一三八一年），明初大臣。朱元璋讚其為「開國文臣之首」，明廷禮儀多為其制定，與劉基、高啟並稱「明初詩文三大家」。

三・一公克。

當代錢幣收藏中，天定通寶小平錢市場價格在四千元左右，折二、折三也不過五千至六千元。與龍鳳通寶不同，天定通寶曾經真正被當成貨幣在長江中下游一帶流通，只是因為後來被陳友諒收回重鑄，所以，這種銅錢今天的存世量也不是太大。

徐壽輝的天完國區域基本固定，天完系紅巾軍活動範圍始終在今江西、湖北、湖南一帶。在這片區域，徐壽輝採取「摧富益貧」的手段，但矛頭僅限「摧富」，倒楣的是元朝統治者。這也難怪，漢人、南人本來就沒有富人。

每攻陷一城，天完系紅巾軍都會「大掠富民家」[13]，即使這些人逃入山谷，也不能躲過搜山，所以天完軍可以「日聚數萬」[13]。然後，天完軍隊再把這些資財散發給當地黎庶，真正窮到吃不上飯的人，即使不加入天完軍也一樣能拿到糧食。

最離譜的紀錄是，西元一三五七年（天完治平七年，元至正十七年），天完軍將領明玉珍攻克沔陽城，卻發現這裡正在鬧洪災，明玉珍二話沒說帶人就跑出去採購糧食，用以安撫災民。

幸運的是，天完軍政權鼎盛時，元朝正忙著收拾劉福通、張士誠，天定通寶處在一個相對和平的環境，加上長江流域本就是通商的幹渠，天定通寶因而得以在局部流通。

不幸的是，至正二十年（西元一三六〇年）徐壽輝有個手下叫陳友諒，他殺掉了徐壽輝，改天完為大漢。

陳友諒發行的「大義通寶」，只用來收兌天定通寶

陳友諒，也算一號漢家兒郎中的梟雄，在元末民間起義中，幾乎所有的起義軍領袖，包括朱元璋、張士誠都曾接受過元朝封賞的官職，唯獨陳友諒堅決不與元朝妥協。可惜朱元璋沒有劉邦一樣的胸懷，陳友諒如項羽般的光輝被朱元璋完全塗抹掉了，《明史》中只剩下「成王敗寇」的庸俗。

如果讓筆者加個比喻，陳友諒是金庸先生《笑傲江湖》中的嵩山派掌門左冷禪，那麼朱元璋應該就是華山派「君子劍」岳不群。

既然是左冷禪一樣的真小人，這位漁民出身的起義軍領袖，也就把對財富的渴望全部寫在臉上。陳友諒日常生活極其奢侈，不知出於什麼考慮，所睡之床以及日用器皿居然都是純金打造。敗亡之後，征伐南昌的將領把陳友諒的金床獻給朱元璋，朱元璋拍著床頭說：「這樣的東西與孟昶的七寶溺器[14]有何區別，毀掉吧！」

徐壽輝執掌天完國時，執行「十而稅一」的政策，陳友諒稱帝後，把稅收改為經常性搶劫，其劫掠百姓浮糧的紀錄在史籍中比比皆是。除了糧食，其軍隊更是「上下驕矜，法令縱弛」[15]，所到之處赤地千里，就連稍微有點規模的古墓也難以倖免，被稱之為「至毒」。

當然，陳友諒也鑄造貨幣——大義通寶，較徐壽輝的「天定通寶」略小，也分為小平、折二、折三幾種。以小平錢計算，該錢直徑為二．三公分、重二．九公克，與天定通寶相似。

但是，千萬不要以為陳友諒鑄造這些貨幣是供民間交易所用，大義通寶的真實用途是用來收兌天定通寶，不是一比一，而是按一比五的比例（有的地區甚至更高），每枚大義通寶小平錢可以兌換天定通寶小平錢五枚。

這又是一場多麼慘烈的劫掠。

在龍鳳通寶、天定通寶、大義通寶這幾種貨幣中，大義通寶的做工是最差的，收藏價值也較低，

13出自《邵武府志》卷二：「……凡窶者之慾財，賤者之慾位，與凡子弟之素無賴者，皆群起趨之。旬日間聚至數萬，大掠富民家，散入山谷搜劫，無獲免者。」
14後蜀後主孟昶在位時期，奢侈無度，連夜壺都用珍寶製成，稱為「七寶溺器」。
15出自《明太祖實錄》卷一三。

今天的市價也就是新臺幣一萬元左右。

張士誠發行的「天佑通寶」，被張士信用來兼併土地

剩下的就是農民軍中的富人——張士誠。張士誠，原名張九四，鹽梟出身，也是一個出身草莽的元末義軍領袖。《明史》記載此人「少有膂力，無賴」。至正十三年（西元一三五三年）張士誠靠十八條扁擔拉起大旗。次年，自稱「誠王」，國號大周，占據高郵、泰州、興化、鹽城一帶。

張士誠最終雖沒有奪得天下，但元朝滅亡的根本原因卻是張士誠：他不但占據江浙富庶之地、拿走元朝歲入的一半，還切斷大都與南方的水路，徹底斷掉元朝的血脈。

跟眾多起義領袖一樣，張士誠的第一桶金也來自劫掠官府、富戶、寺廟，只不過，後面的道路就與其他起義軍不同了。

張士誠是鹽販子出身，深知商業之利。其他起義軍或搶劫（比如陳友諒）、或自食其力屯田（比如朱元璋）。張士誠沒有做這些體力工作，他致力商品經濟——由於較好的治安和低稅收環境，蠶絲、紡織、造船、冶煉在他的轄區蓬勃興起，最終從商稅中獲得的利益，甚至可以讓他忽略江浙一帶農田的租賦。

也正是這個原因，張士誠在自己的地盤上開始發行自己的貨幣——天佑通寶，最初的銅材來自於官府、富戶、寺廟手中收繳上來的銅材，後來則來自於他的官營銅礦。天佑通寶在江浙一帶大量流通，兵禍蔓延之秋，張士誠的大周儼然一片世外桃源……

如果不是核心人物張士德的隕落，張士誠完全有可能跟朱元璋一爭雄長。

至正十六年，朱元璋的部將徐達攻打常州，張士誠的弟弟張士德戰敗被俘，後被殺掉（一說是絕食而亡）。張士德是大周政權最有力的支柱、大周所有財經政策的策畫者，他臨終前密報自己的胞兄：「朱元璋絕非善類，寧可與元朝合作剿滅朱元璋，也絕不能向朱元璋稱臣。」

自此，大周政權落在張士誠另一個兄弟張士信的手中，事情由此就變味了。

本來天佑通寶分為小平、折二兩種，張士信增發了折三、折五錢，意思是一枚折三可以當三枚、一枚折五可以當五枚小平錢。

這些錢用來做什麼了呢？兼併土地。

在張士誠的十八條扁擔中，張士信是張士誠最小的弟弟，也是在大周政權中把土地兼併發展到極致的人。他自行鑄造折五錢「買獻之產遍於平江」[16]，所占地產居然大到能把太湖變成自己家的池塘。其下屬也紛紛「大起第宅、飾園池」[17]、「甲第連青雲」[18]。時人做了一首打油詩諷刺之：漫天墜，撲地飛，白占許多田地，凍死吳民都是你，難道是國家祥瑞？

更要命的是，張士信既無統兵之能，也沒本事理財。他的所作所為只能用四個字概括：橫徵暴斂。他發明了一種駭人聽聞的徵稅方式——鐵流星。在一根木棍上釘滿鐵釘，對敢於抗稅的人用鐵流星當場暴打——就算打不死你，也會有鮮血淋漓的恐懼感。

弄來這麼多錢，張士信是在磨礪刀劍、準備進攻朱元璋嗎？

元各起義軍所造的貨幣。

16出自明．顧炎武《日知錄》：「……平章、太尉等官皆出於負販小人，無不志在良田美宅，一時買獻之產遍於平江，而一入版圖，亦按其租簿沒入之。」

17出自元．長谷真逸《農田餘話》。

18出自元．謝應芳《龜巢稿》卷四〈淮夷篇〉：「……提兵幾百萬，勢熱手可炙。甲第連青雲，圊溷亦丹碧。瑤池長夜飲，天魔舞傾國……」。

錯！張士信只是在享受生活。他甚至在家中排練淫靡之曲〈天魔舞〉[19]，就連行軍打仗也帶著這批歌姬舞女。

最後以《鐵崖逸編注》[20]中的評論為張士誠結尾：「本皆起於寒微，一時得志，遂至於此；張氏亡國，亡於其弟士信。」

朱元璋進行土地改革，自耕農開始擁有田產與房宅

這場元末群雄爭霸戰，誰是最後的勝利者呢？自然是媲美岳不群的朱重八（朱元璋）了。

朱重八的身世很慘。至正四年（西元一三四四年）河南大荒，朱重八的父母、大哥、侄子相繼餓死，另外兩個哥哥出門逃荒，一家人突然之間就剩下他一個，當時他只有十六歲。

為了活下來，朱元璋選擇在皇覺寺出家當和尚，所以，現在很多人都說朱重八出身佛門。其實，朱元璋這個小沙彌只做了五十天，因為皇覺寺的糧食很快也不夠吃了，他只得奉命出門化緣。也就是說：他被趕出皇覺寺，開始靠乞討為生。

亂世之秋大家都活不下去，化緣根本無法維持生命，否則，朱重八也不至於家破人亡。至正十二年，朱重八投靠大宋紅巾軍將領郭子興，改名「元璋」，取意「誅元之玉」，開始了自己的反元大業。

元朝亂世並不是製造傳奇的年代，而是一個普通人生不如死的時期。據《明太祖洪武實錄》記載，當時四處都是割據稱雄的人，中原大地幾乎無一日不戰，加上旱災、蝗災，天下百姓死者相枕藉，很多地方甚至達到了「人相食」的地步。

即使是在這種情況下，各路英豪還是向民戶強徵糧食，謂之「寨糧」[21]，中原、荊楚等很多地方，十之七八的人口都就此消失了（參見《朱重八家人口死亡比例》）。

西元一三五八年（龍鳳四年、至正十八年），朱元璋攻克徽州，元朝池州學正朱升前來投靠，並提出

那條著名的建議：高築牆、廣積糧、緩稱王[22]。

這句話說起來很簡單，真正做起來卻非常難：一個一無所有的流民，忽然手下有了幾十萬人，大家本來就靠搶劫為生，還不知道自己有沒有明天……對這樣一個流民頭子，讓他放棄眼前的享樂，突然之間一無所有，能行嗎？

然而，朱元璋接受了這個建議。

元末民間起義軍之間的戰爭也是一個財富重新分配的過程，十五、六年間，很多富戶逃亡或被人殺死，史載「冠履顛倒[23]，以小人而害君子、以奴隸而害主翁者滔滔皆是」。其他各路人馬大肆劫掠「寨糧」的同時，朱元璋則在自己的地盤上搞起土地改革：但凡軍隊所到之處，由朱元璋本人親自為願意留在當地的無地戶簽發土地所有權憑證——戶由。戶由上寫明了這些人在朱元璋手中領到的田產、房宅，反正他又不花錢。

雖然拿著別人的土地送人，朱元璋還是有收穫的：**從他手中領取土地憑證的人就是他的自耕農，要向他繳納一〇%的收成做為稅收，即所謂的「十而稅一」。辛辛苦苦奮鬥了幾代人，今天終於獲得了一份「戶由」，這樣的人怎能不盼著朱元璋成事？又怎能眼睜睜看著朱元璋被其他人打敗，那自己的「戶由」誰來承認？**

自此，朱元璋才開始顯示出王者風範。

19元代盛行的樂舞，源於藏傳佛教金剛舞，用於宮中禮佛、宴會時，由十六名女子扮演天魔女，又稱〈十六天魔舞〉，極具宗教神祕色彩。
20元末明初詩人楊維楨所著之詩集散文。
21出自明．劉辰《國初事跡》。
22出自《明史．朱升傳》。
23出自明．黃標《平夏錄》。

朱元璋鑄造「大中通寶」，引來實實在在的物資

西元一三六一年（龍鳳七年，至正二十一年），朱元璋的地盤已經基本恢復了生產生活秩序。這一年朱元璋下令設「寶泉局」[24]，開始鑄造「大中通寶」，只不過這種貨幣實在有點離譜——太重！

最初朱元璋只鑄造了小平、折二、折三，僅以小平錢而論，居然重達十四公克，是龍鳳通寶、天佑通寶、天定通寶的數倍。紛紛亂世，鑄造如此沉重的銅錢，擺明了是要吃大虧的，但朱元璋當年就發行了四百三十一萬枚大中通寶。**劣幣驅逐良幣，朱元璋鑄造的大中通寶大多被江南商人弄走重鑄了。**

然而，朱元璋吃虧了嗎？

以他的性格，他是絕對不會做賠本生意的。朱元璋正是利用了這個「格雷欣法則」[25]在紛紛亂世樹立自己的威信。

轄區外的人要想得到這種貨幣，就必須到他的地盤上交易，也就必須帶來實實在在的物資——糧食、布匹等等。張士誠控制著江浙，但江浙一帶的商人卻紛紛來朱元璋地盤上做生意。朱元璋也很好客，商稅是真便宜，開始「二十而稅一」（二十分取一分），後來改為「三十而稅一」（三十分取一分），幾乎可追當年的文景之治。

朱元璋可能沒有很多物資，但人們為了獲得大中通寶，不知替他送來了多少物資。

當然，離譜的大中通寶沒有流行幾年，西元一三六四年，朱元璋在鄱陽湖打敗陳友諒，立刻下令各地改鑄折五、折十錢，大中通寶小平錢的銅材已降到三公

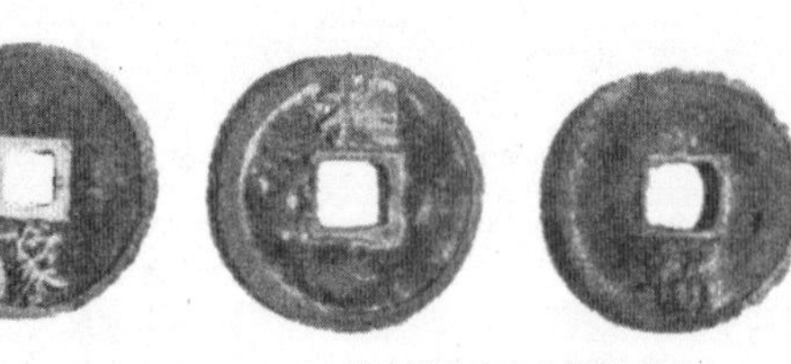

明太祖洪武朝的錢幣。

克左右，這才是正常值。

西元一三六八年，朱元璋在南京稱帝，改元「洪武」，國號「大明」。朱元璋想告訴天下臣民：亂世之後的新皇朝是一個光明世界，他也將成為「諸佛光明之王」。是年，朱元璋免徐、宿、派、泗、壽、鄭、海安、襄陽、安陸等郡縣田租三年，並向天下宣示：初飛之鳥，不可拔其羽，新植之木，不可搖其根；天下初定，民財力俱困，要在休養安息。[26]

天道悠悠，唯有德者可居天下，這位流民出身的皇帝真的能做到嗎？

發行「大明寶鈔」賞開國功臣，為何又一一殺掉他們？

在朱元璋統治期間，官員一人犯法、殃及全宗（請注意，不是全家，是全宗）。犯一人、殺一片，單一案件甚至牽連上萬人，這是中國歷史上最惡劣的紀錄。朱元璋為何要殺這麼多人？

飛鳥盡、良弓藏、狡兔死、走狗烹。[27]

中國歷史上殺戮開國功臣的事情屢見不鮮，朱元璋更是其中的極致：胡惟庸[28]案殺一萬人、藍玉[29]

24 明清時期鑄造鐵幣的機構。
25 就是知名的劣幣驅逐良幣法則。如果同時發行兩種材質不同，但價值相同的貨幣，民眾就會使用劣質貨幣，收藏優質貨幣，最後市場上流通的都是劣幣。
26 出自清・趙翼《廿二史箚記》。
27 出自《史記・越王勾踐世家》。

案殺三萬人、空印案[30]殺三萬人、郭桓案六部侍郎以下皆盡……洪武一朝三十一年，大小官吏「善終者十二三耳」[31]。

這讓他在中國歷史上留下壞名聲。清人趙翼在《廿二史箚記》[32]中這樣評論朱元璋：一人犯法、殃及全宗（請注意，不是全家，是全宗）。犯一人、殺一片，是中國歷史上最惡劣的紀錄。

朱元璋為何要殺這麼多人？

因為他不懂金融，更不懂貨幣。這些刀下亡魂都是大明寶鈔的受害者。

開國功臣拿了賞賜，還要搶奪民產

大家提著腦袋跟著朱元璋去造反，現在終於混出名堂，按理說，以後天天都是好日子。

筆者猜測，剛開始的時候，朱元璋也是這麼想的。

自洪武三年（西元一三七〇年）起，朱元璋先後賜予功臣大量土地，李善長等國公六人六百五十頃田地、中山侯湯和等十三人各賞賜土地一萬畝，藍玉、徐達等人之女俱為皇妃，李善長、傅友德等人之子俱為駙馬……

一定要讓功臣之後世世相踵，讓那些為我拚過命的兄弟們死而無悔。

朱元璋沒有想到的是，昔日那些一起扛過槍的兄弟，也是一群毫無廉恥的地痞無賴。他們對財富的渴望和前朝無恥的蒙元貴族相比，絲毫不遜色，當然不會滿足於這些賞賜的財富。

潁國公傅友德家有良田數千頃，但仍不滿足。他向朱元璋伸手要懷遠一千畝良田，搞得朱元璋非常不爽，當面斥責傅友德：「你的俸祿、田地不少了，為何要再『侵民利』[33]」？

既然皇帝不能再給咱錢，咱就自己動手豐衣足食。

太祖皇帝頒發過鐵券丹書，許諾咱們及子孫「除謀大逆，一切死刑皆免」[34]。據《明史》記載，開國之後，這些功臣欺凌平民、武斷鄉曲、殺戮無辜、恃功驕恣，「得罪者漸眾」，直接激化了朝廷和黎庶之間的對立。

可能是看不下去了，洪武五年（西元一三七二年）朱元璋針對這些元勛貴戚專門頒布一道法令——《鐵榜文》。在此摘錄其中三條：公侯之家搶占官民山場、湖泊、茶園、蘆蕩及金銀銅場，三犯即抵消一次免死。公侯之家的佃戶、家丁、門房、燒火的及其親屬，膽敢仗勢凌人、劫奪民戶田產，殺無赦。公侯之家如果庇護，同樣折免死一次。公侯之家奪人田產房屋牲畜者，四犯與庶人同罪。

從上述內容來看，這些人所犯之罪已令人髮指了：不但本人侵占山場、房屋、土地，就連他們的

明太祖朱元璋（1328 ~ 1398）。

28 胡惟庸（生年不詳～西元一三八〇年），明朝開國功臣，歷史上最後一個宰相。與朱元璋多有歧見，被其以謀逆罪處死，引發誅殺功臣等三萬多人的「胡惟庸案」。

29 藍玉（生年不詳～西元一三九三年），明朝開國名將，因軍功顯赫受封涼國公。恃功而驕被朱元璋以謀逆罪處死，株連一萬五千人，史稱「藍玉案」。

30 洪武九年（西元一三七六年），地方財政官員多預先以空白官印公務文書，到戶部結算稅收。朱元璋發現後，以欺君之罪處死所有掌印官員，被下獄、流配等相關官員達數百人，史稱「空印案」。

31 出自明．陸容《菽園雜記》。

32 清代史學家趙翼退休後研究正史的筆記與心得。以二十四史為基礎，研討各代史蹟、制度與人物。與《二十二史考異》、《十七史商榷》並稱清代三大史學名著。

33 出自《二十五史．明史．傅友德傳》。

34 出自明．沈德符《萬曆野獲編》卷五。

奴僕也敢這麼做，還能被主人包庇、還有數次免死。

看到這裡，還能說朱元璋對待功臣薄情嗎？莫非只有元勛貴戚們才是人，被他們逼得走投無路的人就活該倒楣？

朱元璋的心腸還是太軟了，《鐵榜文》並沒起多大作用，這些人依舊想做什麼就做什麼。即使到了這個時候，朱元璋仍沒有對他們動手，而是耐心地諄諄教導：「大家不要親自動手劫掠財富，從今往後，由皇帝發錢給大家！」

功臣貴戚用「大明寶鈔」強買土地，民變超過一百次

為滿足這些人的饕餮之欲，朱元璋於洪武八年（西元一三七五年）下令發行「大明寶鈔」，一定要讓這幫兄弟有錢花。大明寶鈔以桑皮做鈔料，比楮樹自然是差遠了，至於尺寸，為顯示我大明富強，大明寶鈔長一尺、寬六寸——這只是一百文面值的大明寶鈔，面值更大的面積也更大。

這樣的鈔票，到底是錢，還是一張畫？

大明寶鈔是朝廷的貨幣，卻還不如一張畫。

大明寶鈔是一種毫無準備的紙鈔，連阿合馬當年的詐騙手段都懶得用。朱元璋想要多少，寶鈔提舉司照著印就是了，反正這些鈔票最大的用途就是賞賜功臣。有人估算朱元璋的年均賞賜額在六千萬至九千五百萬貫之間，而當時大明朝一年的歲入不過也就兩千萬貫。

眾所周知，當紙鈔流通數量超過準備金數量時，就會發生通貨膨脹，這種毫無準備的大明寶鈔當然也不例外。要知道，這些功臣貴戚拿到大

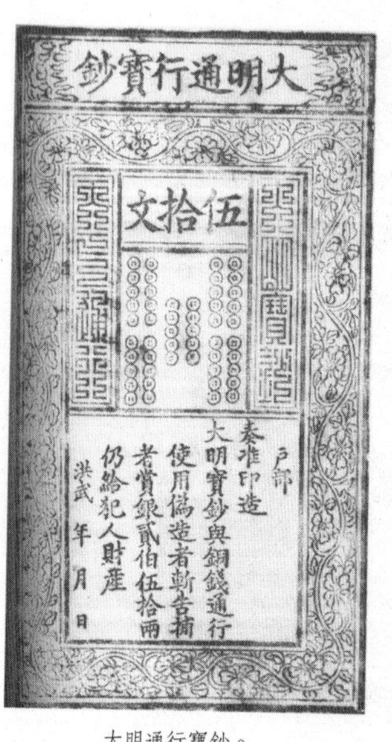

大明通行寶鈔。

明寶鈔，是一定要把紙幣換成真實財富的，也就是——購買土地。

洪武九年，大明寶鈔流通不足一年，一貫大明寶鈔應兌換一千文洪武通寶，實際上已經連三百文都兌換不到了。

皇帝發下來的錢不值錢，怎麼辦？

咱們就自己去搶。我用大明寶鈔買土地，你賣也得賣、不賣也得賣——這次可是合法的，我給了錢的！

大明寶鈔發行後的一兩年內，剛剛建立的大明王朝就面臨一場危機：洪武年間，一共爆發了一百五十多次民變，其中一百多次發生在洪武九年、十年。

眼見中原大地烽煙再起，朱元璋終於對功臣宿將亮出了屠刀。

胡惟庸哪有災情哪裡去，因為可以便宜兼併土地

先說第一個倒下的胡惟庸。

此人任宰相八年，對朝臣有生殺予奪的權力，《明史·胡惟庸傳》記載，他一旦見到不合意的奏摺，就一定會扣住不發，最後，天下無恥之徒爭相攀附，有人送金銀、有人送錦帛、有人送名馬、有人送古玩……

身為宰相，此公有一個最大的愛好：哪裡有災情，哪裡就有胡惟庸——不是去救災，而是為了兼併土地，甚至動用軍隊將當地百姓當盜匪撲殺——這樣會造就很多無主土地。

徐達向朱元璋告發胡惟庸違法亂紀，他就雇凶刺殺徐達（未成功）；劉基向朱元璋揭發他的劣行，結果被他下毒害死（一說是胡惟庸受命於朱元璋才下毒手。鑑於有刺殺徐達的先例，在此未予採信）。

至於「私役官軍」[35]、「影蔽差徭」[36]，「伐木修建城樓，私營居室」，縱容子侄、莊奴殺人奪田、接受投獻，凌暴鄉曲，就更是不勝枚舉。

這樣的人不該殺嗎？於是，三萬人跟著胡惟庸成了刀下之鬼。

藍玉看中的土地，老百姓就等著被搶

再說藍玉。

此人是常遇春的內弟，擊潰北元的首功之臣，封涼國公。北伐結束後，他又做了些什麼事情呢？藍玉在東昌侵占了民戶一批土地，有御史把這事上奏給朱元璋。結果，這位御史被藍玉派人抓了去當街暴打一頓。為此，方孝孺疾呼：「此人性格暴戾、專橫異常，按照此人的威風，上可以蔑視公侯的權威，被他看中的小民之財（土地）必將蕩然無存矣！」

擊潰北元後，藍玉回來的路上途經喜峰口，已是深夜，守關者聽到大軍叫關便立刻去開門；這時，藍玉卻做了一件誰也想不到的事情——他派人把喜峰口的城牆給拆了，事後還為此洋洋自得。

北伐回朝後，朱元璋封他一品官職。對著一品封位的煌煌聖諭，藍玉非常不滿，當場大呼：「我不堪為太師耶？」藍玉畢竟是個官員，求進步很正常，但這麼做就不是求進步，而是找死。

長此以往，有你藍玉，可還有大明？洪武二十六年（西元一三九三年），一萬五千人跟藍玉一起做了刀下之鬼。

有人說，朱元璋誅殺胡惟庸是為了鞏固中央集權，誅殺藍玉是為了剝奪將領軍權。拋開這些誅心之論，看看《明史》蓋棺論定的說法：「明太祖與功臣有河山之誓、白馬之盟，後人論及此事，每每都感慨鳥盡弓藏，但人主也斷不能廢法而曲全。剪除這些功臣實在是因為他們做得太過分了，出於不得已，非為私計也。」

這段評論有道理嗎？

砍頭的買賣沒人做，官員為何不怕被砍頭仍然貪汙？

明初懲罰貪官的方法確實很多：墨面紋身、捶足、刖足、挑筋、去指、腐刑、肢解、碎肉、梟首、凌遲、族誅等。在如此強大的威懾之下，為什麼這些當官的還要去貪汙呢？

京劇《秦香蓮》，劇中有句唱詞：「這裡有紋銀三百兩，拿回家去度飢寒，教子南窗把書念，讀書你千萬莫做官。」

做官不好嗎？

在朱元璋手下做官不好，是殺頭的買賣。當然，是當官的被殺。

除了元勛宿將，朱元璋還殺了數不盡的官員，因為他們貪汙受賄。甚至有剝皮實草的傳說：貪汙六十兩以上者，除梟首示眾外，還要把貪官的皮剝下來裝上草，放在後任官員旁邊，以示儆醒。

自清《廿二史箚記》開始，人們對朱元璋將貪官剝皮實草的行為大加讚賞，筆者查閱了三〇年代以來研究朱元璋懲貪的文獻，自民國開始就是叫好聲一片，極少人曾對此提出質疑。

筆者沒學過解剖學，只想提醒一下，完整剝下一張能填充稻草的人皮，需要多高的解剖技術？至於第二道工序「實草」就更是技術活；一張人皮放在那裡歷經寒暑，還得終年不能腐爛，當時有這種廣為普及的防腐技術嗎？

大概是人們對貪官汙吏痛恨之極，後來經過種種演繹，才把這種幻想安在朱元璋頭上。

35 出自《大明律》。
36 出自《大明律纂注》。

眾生無明，只有好惡、沒有對錯。

如果您現在已經對「剝皮實草」產生懷疑，恭喜您，您已經走向了理性分析歷史的道路。接著繼續分析當時的情況。

一個縣衙只有三人有領薪，其他雜役薪水得縣太爺自己籌

明初懲罰貪官的方法確實很多：墨面紋身、挿足、刖足、挑筋、去指、腐刑、肢解、碎肉、梟首、凌遲、族誅等。在如此強大的威懾之下，為什麼這些當官的還要去貪汙呢？為了錢？為了錢這麼多人就可以不要命了嗎？

答案當然是否定的。貪汙可能會被皇帝抓到，有可能被殺頭；不貪汙，可能眼前馬上就混不下去了。

朱元璋是窮人出身，在他眼裡，除了他自己，天下人都應該過苦日子，尤其是那些官員們——就是這些人害得他全家死光光！登基之後朱元璋規定：「大明朝正一品官員月俸米八十七石、正二品六十一石……」，一路遞減下來，到了正七品就只有七石半了。有人爭辯：按七石半計算，每月是九百斤大米，放在當時的年代，這個數字不少了。

所以，這些貪汙腐化分子該殺。

真的是這樣嗎？

今天各級政府都有很多公務員，每個人都有自己的薪水，但當時的情況卻不是如此。為了節省開支，明朝一個縣衙只有三個有編制的公務員，即「品官」。這三位「品官」分別是知縣、縣丞、主簿，他們可以拿到朝廷俸祿；其他人都是「胥吏」，也就是說，那些平時電影、電視劇裡威風八面的差役都是臨時工，所有收入全靠縣太爺那七石半糧食打賞！

一般來說，一個縣裡大概要有五十至一百個胥吏，用九百斤大米養活百十來口人，咱這日子還過

不過了？

這還不是最悲慘的。

官員的致富之道：用昏鈔繳稅，賺差額

洪武八年開始，朝廷發行大明寶鈔。為節省糧食，朱元璋就把部分官員的俸祿一律改為大明寶鈔——那玩意不值錢，根本花不出去。

於是，官員們想到了一個極好的致富方法：倒賣鈔票。

宋代交子定期換發，稱之為「界」，每到了一定的時候，大家可以以舊換新。明朝不同，大明寶鈔沒有界限，用桑樹皮做的鈔票品質自然不能恭維，用不了多久鈔票就字跡模糊了。

當然，嶄新的鈔票還是比較值錢，昏鈔與新鈔兌換比例一般在五比三左右。於是，官衙收稅只收新鈔，拿到新鈔後，這些官員會留住這些新鈔，再到市場上去兌換昏鈔，最後用昏鈔上繳稅收。

這樣一來，官員們算是得到一些額外收入。不過，一個知縣靠倒賣鈔票是養活不了這百十個手下的，更不可能發家致富。

所以，官員們還有很多不合法的收入，才有《明史》中那些著名的案例：朱元璋的侄兒朱文正，在平定陳友諒時，發揮決定性作用，卻因貪財不法被賜死；公主的駙馬歐陽倫，這位公主還是馬皇后親生，因倒賣茶葉被賜死；永嘉侯朱亮祖，在平張士誠時立下卓越戰功，因包庇地方惡霸，被朱元璋親手鞭死……

人們再次拍手稱快。好一位太祖皇帝朱元璋，把所有官員嚇得噤若寒蟬，早晨上朝時都要與妻子灑淚訣別，如果晚上還能回來就全家一起慶賀——終於多活了一天。

理性分析歷史是不能這麼快意恩仇的。朱元璋確實殺了很多官、很多人，他真的是為了懲貪嗎？

小知府收賄，卻無人受罰

用兩個故事進行比較，這個問題會看得更清楚一些。

第一個故事主角的官職比較小，是廣東陽春縣主簿徐均。主簿雖只有九品，卻是個很有實權的位置：掌管全縣的土地登記和稅收徵管，如果他少報誰幾畝土地，誰就可以少繳稅款。陽春縣有個為禍一方的土豪叫莫老大，徐均上任後，莫老大口出狂言：如果徐均不去主動拜見他，他就讓徐均好看。

後來，徐均聽說了這件事，跟前來通風報信的胥吏說：「難道這人不是皇帝的臣民嗎？他如果敢再為非作歹，我殺了他。」說完，還拔出自己的寶劍擦了擦。此後，徐均真的查到了莫老大的違法證據，就把莫老大抓了起來。

莫老大很乖，他斷定這是徐均敲詐勒索，於是送徐均幾顆石榴——塞滿黃金珠寶的石榴。表面看來，徐均只是收幾顆石榴，就算在刑罰嚴峻的洪武朝，也遠遠不足六十兩白銀的罪名。

莫老大滿心以為自己將被釋放，結果徐均把那些石榴直接扔出家門，然後把莫老大捆綁送到知府治罪。

之後的事卻讓徐均大吃一驚：知府早已被莫老大買通。於是，莫老大很快就被放走。

被放走的莫老大依然很乖，開始送西瓜給徐均，西瓜當然比石榴大很多——裡面可以裝更多的黃金和珠寶。

上次一定送少了，所以徐大人很不滿意。

就在徐均打算再把莫老大抓起來時，有人把徐均調到臨縣陽江——此人大概收了更多的瓜果和石榴吧！從史卷記載來看，這個莫老大後來沒受到什麼懲罰，徐均的上司也平安無事。

這個故事並不是稗官野史，而是載於《明史》卷一百四十。但凡能上正史的資料，一定都有相關證據（我們姑且認為這些證據是真的），這個案件中所有人都平安無事地活了下來。

郭桓貪汙，卻牽連三萬多名同僚與黨羽

跟以上的小案子形成鮮明對比的是明初另外一起大案——郭桓案：郭桓並非元勛貴戚，卻因為一件貪汙案被殺，還「光榮」地拉了三萬多人墊背。

郭桓，山東兗州人，洪武四年以賢良薦入仕，授山西按察司僉事。《明太祖實錄》明確記載，此人於洪武十七年（西元一三八五年）入朝，任戶部右侍郎，很快就以侍郎銜主持戶部工作（官名：試尚書）。

之所以這麼快得到提拔，是因為郭桓在斂財上還是有兩把刷子。朱元璋是流民出身，原本對鹽鐵專賣不怎麼感興趣，就是這位郭桓在自己的地盤上強力推行鹽鐵專賣，很快為朝廷摟了一筆錢。

理財有方，郭桓進京了。

沒想到，走進金陵城九個月後，這位主持工作的侍郎受不住糖衣炮彈的進攻，出事了。經御史余敏、丁廷舉告發，郭桓與北平布政司趙全德合謀貪汙公糧、公款。經查證，朱元璋公布了郭桓嚴重擾亂金融市場秩序、利用職權之便貪汙的罪行：

第一，造假幣。會同寶鈔提舉司二十多名官員、五百八十多個工人私自印製大明寶鈔，這些大明寶鈔沒有上繳朝廷，被郭桓裝進了自己的腰包。

第二，倒賣金銀。在洪武朝，朱元璋既然發行了大明寶鈔，就要嚴格禁止金銀交易，郭桓身為朝廷命官，居然把國庫裡的金銀拿出去倒賣。

第三，貪汙秋糧。浙西一帶官家本來應收秋糧四百五十萬石，結果，郭桓只給了朱元璋八十萬錠銀鈔，折合兩百萬石秋糧，其他兩百五十萬石都被郭桓摟到自己腰包裡去了。應天等五州縣數十萬石糧食，也被郭桓以同樣的手法摟到自己腰包裡去了。郭桓不但貪汙公糧，還夥同十個布政司倒買倒賣官糧。

以上三項合併計算，郭桓共貪汙精糧兩千四百多萬石，折合今天的新臺幣五百億元！朱元璋決定數罪並罰，把郭桓凌遲處死，其同夥、黨羽一律斬首。

如果郭桓真是入朝九個月就摟了五百多億，不殺實在是不足以平民憤。

真的是這樣嗎？

解釋這個問題之前，再說一個小插曲。

戶部尚書被亂安貪汙罪名，死時胃裡只有粗糧與草菜

為顯示自己的親民、愛民，朱元璋把田賦定得很低，還動輒免去數州田賦。不過，朱元璋還有另外一套方法計算自己的收入，例如，某地應徵兩百萬石糧食，結果只徵到了一百萬石，那其餘的一百萬石就算是地方官貪汙了，不管是不是自己一時興起免掉了。

在郭桓之前曾經有一位戶部尚書叫滕德懋，在清點戶部存糧時，朱元璋認為少了十萬石，就以貪汙軍糧為名把滕德懋給殺了。在追贓的時候，人們卻發現滕德懋的妻子以紡麻為生，根本拿不出十萬石糧食來。

朱元璋一怒之下就把滕德懋屍體給剖開了，結果，滕德懋的腹中只有粗糧和草菜。這樣的人怎麼可能去貪汙十萬石糧食？雖然朱元璋最後賜給滕家喪葬費用，卻從未承認錯誤；滕德懋根本沒有機會跟朱元璋爭辯：「皇帝本人曾經親口免去蘇州十萬石糧食的田賦啊！」

滕德懋原來是兵部尚書，是抓過刀把子的人，尚且被胡亂按了一個罪名殺掉，何況從基層一步步爬起來的郭桓。洪武朝一年的歲入也不過兩千四百萬石糧食，以朱元璋的精打細算，如果少了一年的收入，還不得把天下人都殺光？

誠如所述，假設這個郭桓是冤枉的。那為什麼朱元璋要殺掉郭桓呢？

錢，為了錢，為了貪天下之財。

朱元璋誅殺官民三萬多人，官屯、軍屯全變成他的私人莊園

據朱元璋查證，郭桓其實並不孤單，他的身後還有三萬同夥，這些人才是郭桓案的關鍵。經審訊，郭桓的同謀有：禮部尚書趙瑁、刑部尚書王惠迪、工部侍郎麥至德（主持工作，試尚書），除了以上幾位六部尚書外，六部侍郎以下、各地布政使全部捲入，基本大明朝高官被殺得一個不剩。

這三萬人不全都是官員，還有京城、各州縣的普通人——富民。當時全國不過一千萬左右人口，三萬人應該是當時絕大部分富人，就這麼一下，都被朱元璋處置了。

據《明大誥》[37]記載，一個叫做徐添慶的人曾向郭桓行賄，郭桓收受錢財，讓徐添慶從此不用再向朝廷繳稅（徐為馬戶，要向朝廷繳納草料），卻要別人補足徐添慶欠下的數目。

我們姑且認為這件事是真的，因為這種事在當時很正常。

事情的結果卻出乎意料，郭桓被抓後，除了徐添慶被砍頭，替代徐添慶多繳納稅收的人也一起被殺了。因為，皇帝看上他們的財富。拿走別人財富的最佳途徑是把人殺掉，永絕後患、耳根清淨。

在郭桓案的卷宗中，「田產入官」是一個使用率非常高的詞彙。其實，對朱元璋來說，誰被殺並不重要，重要的是：天下富民的財富從此要全部歸自己了。《明史》雖然沒有詳細記載郭桓案的整個過程，事情的結果卻證明了我們的猜測：此舉使得「百姓中產之家大抵皆破」。也就是說，天下富人，無論官民，基本上都被朱皇帝一網打盡了。

歷朝歷代，能讓天下富人破產的皇帝並不少見。例如，大名鼎鼎的漢武帝劉徹，告緡令、算緡令、不告緡令，費了九牛二虎之力，幾乎弄死一半中國人，才算把天下財富弄到自己手裡。

37 明洪武十八年（西元一三八五年），朱元璋為重罰罪犯，親自製定的一部刑法，恢復肉刑、增加酷刑。臣民都必須遵守，家家都備有一本《明大誥》，科舉考試也會考相關內容。朱元璋死後，此法失去法律效力。

朱皇帝不過殺了三萬多人，就完成了這個使命，效率不可謂不高。

這三萬人真的就是郭桓的同夥嗎？郭桓區區一個戶部試尚書，莫非他覺得貪汙是一件豐功偉業，不但要使勁貪，還要大鳴大放拉三萬多人當同夥？嫌自己命長，還是怕朱元璋不知道？

朱元璋撈了這麼多錢、這麼多土地，用來幹嘛了？授田，實現耕者有其田？錯！宋朝沒有授田是因為不需要授田，自兩漢之後，魏、晉、隋、唐，只有明朝沒有大規模授田。朱皇帝撈到了很多土地，都建成「官屯」、「軍屯」，至今中國各地仍有許多村莊的名字以「官屯」命名，比如「陳官屯」、「楊官屯」，村莊名稱就是源於朱元璋時代的官屯。

這些官屯、軍屯，說白了就是他朱皇帝的私人莊園。殺這麼多人，是為了一己之私吧？

把以上三個案件串聯起來，就可以揭開朱元璋濫殺官員的謎底了。當然，這個謎底也是一種猜測——把種種確定的歷史事件連接起來，按照貨幣的軌跡進行解釋，僅僅是一家之言。

洪武八年，朱元璋開始印行大明寶鈔，同時廢止金銀交易。朱元璋的邏輯是：「既然我是皇帝，天下之財就當盡歸我所有。」然而，大明寶鈔畢竟是沒有任何準備的紙鈔，超量增發立刻引發一場超級通脹。

對朱元璋來說，通貨膨脹當然是不能接受的。

通貨膨脹？大明寶鈔不值錢了？

我是皇帝，我讓誰有錢、誰才能有錢，我只允許天下有一個富人——我自己。紙鈔不好使，就動手殺人，殺滿朝官僚、更要殺盡天下富人！一個偶然的事件把郭桓推到了風口浪尖，他本人連同三萬人成為刀下之鬼，他們的財富則盡歸朱皇帝。

皇帝搶錢，需要理由嗎？

朱元璋時代田租夠低，生產力卻是史上最低之一

朱元璋將百姓分為四類：民戶、軍戶、匠戶、灶戶，在他的規畫中，是沒有商人的。洪武年間，商人面對的商稅應該在一〇〇％以上，若有人逃稅，一旦查實，貨物沒收、商人充軍；此外也把唐宋元以來的海外貿易連根拔除。

有很多研究朱元璋的文章認為，朱元璋出身農民，有深邃的民本思想，他創立魚鱗冊（帶有財產清查性質的戶籍）等一系列重農制度。為歌頌朱元璋，甚至有人將他統治期間稱為「洪武之治」，一個只有當代文獻才使用的詞彙。

朱元璋的洪武一朝，平均下來田租確實只有一〇％，這在中國歷史上並不是一個很高的稅率。如此之低的稅率，堂堂大明朝卻是歷代以來中國勞動生產率最低的朝代之一，不要說洪武年間，即使到了「仁宣之治」，人均勞動力原糧產量也不過三千市斤，略高於一千年前的西漢，較唐宋盛世低了整整三〇％～四〇％。

說鳳陽、道鳳陽，鳳陽本是好地方，自從出了朱皇帝，十年倒有九年荒。[38]

這到底是為什麼？

為了建設家鄉，遷十萬富戶到鳳陽定居

在朱元璋的意識裡，既然自己是皇帝，天下之財就應該都是自己的私財；既然天下都是自己的私

38 出自〈鳳陽歌〉。

財，經濟運行就該完全按照自己的意志進行，不允許有絲毫出軌。

也只有秉承這樣的理念，朱元璋才能做出「不設任何準備金，就隨意發行『大明寶鈔』」的荒唐事。以致此後明代任何一位皇帝都不願意在大明寶鈔上署名自己的年號，歷代大明寶鈔只書「洪武」二字，大概是後來者對整理幣信已絲毫不抱信心，乾脆把老祖宗拉出來丟人吧！

同樣秉承這種理念，朱元璋最初居然想把首都安到自己家鄉——鳳陽，讓自己的家鄉也跟著風光一把。雖然這個極其離譜的建議被劉基否定，朱元璋還是為建設家鄉狠狠出了一把力：為了把鳳陽迅速建設成繁榮的一級大城市，朱元璋在江南遷徙十幾萬戶富民到鳳陽定居。

朱元璋要告訴大家，是我讓自己祖上闊了！

關於這件事，曾經一度有人將之解釋為「授田」。這簡直是一個天大的玩笑。所謂授田，一定是國家授予土地給無地流民，哪有搶奪人家沃野良田，再把自己老家幾畝薄田租給人家的道理？（請注意，這裡說的是「租」、不是「授」）

對朱元璋來說，無論是發行毫無準備的大明寶鈔，還是給自己老家弄來十幾萬富裕人口，都是不值一提的小兒科，他要讓整個帝國按照自己的意志運行——只要我和我的子孫能統治這個帝國，我才不管什麼經濟不經濟！

不鼓勵商業，商稅超過一〇〇%

元代採用了極其野蠻的「種姓」統治方式，朱元璋的治國之道則跟元代統治者一脈相承。朱元璋也將天下之人主要劃分為四類：民戶、軍戶、匠戶、灶戶。民戶人數最多，是種地的農民，順便提供徭役；軍戶負責為國家提供兵丁，順便耕種軍屯，也就是朱元璋的私家奴隸；匠戶只是工匠；灶戶煮鹽，在朝廷管制下經營各種專營商品。此外，還有馬戶養軍馬，牛戶養官牛，蛋戶採珠、樂戶供娛樂……

全國人民都在明太祖的管理之下，所有人必須按照設定好的軌跡來。至於商人，在朱元璋的規畫裡，是沒這個職業的。

無論做生意、進城打工、串親戚，只要離開自己的村落，都必須先在官府獲得「商引」，供沿途巡檢司查驗。如果碰巧在查驗時弄丟「商引」，立刻抓起來、充軍。如果為人比較仔細，商引沒有丟，夜宿客店也要在「店曆」上登記姓名、人數、起程月日以及貨物情況，以供官府查照。

到了目的地後更麻煩：必須向當地官府取得「市籍」，才能做生意，所有店鋪必須定期向官府申報行業、資本、營業狀況及盈利，官府也經常派員「校勘街市度量衡，稽牙儈物價」[39]。

明初確實有過「凡商稅，三十而取一」[40]的政策，但很快就在北新關、滸墅關、九江關、兩淮關、揚州關、臨清關、河西務等，幾乎所有的交通要道上建立了「關津」，雁過拔毛，總體算下來，洪武年間的商稅應該在一〇〇%以上。倘若有人想逃過商稅，也行，一旦查實，貨物沒收、商人充軍。

至於貨物品種就更是少得可憐，秦漢以降，朝廷向來只對鹽、鐵、茶等大宗商品實行專營，明代擴大專營商品範圍，除了鹽鐵，禁運商品還包括：金、銀、銅、鉛、錫、珠、水銀、朱砂、青綠、煤炭……另外海外貿易以後就別幹了，老老實實在家裡過日子。自此，大明帝國「片板不許下海」[41]、令民間「禁用番貨番香」[42]，把唐宋元以來的海外貿易連根拔除。

39出自《明史》：「……洪武初，命在京兵馬指揮領市司，每三日一校勘街市度量權衡，稽牙儈物價。在外，城門兵馬，亦令兼領市司……」

40出自《大明律》。

41出自《明史》。

42出自明·俞汝楫《禮部志稿》。

禁止讀書人借古諷今，把孟子搬出孔廟

既然帝國都是自己的私財，那帝國所有臣民也就變成了自己的財產。財產是不能發聲的，只能聽主人指揮。尤其是讀書人，別自以為看了幾本古書就想借古諷今，一定要讓這些人閉嘴——必須打斷讀書人的脊梁，天下才能徹底清淨。

第一個遭殃的是亞聖孟子，因為孟子說過：「民為貴，社稷次之，君為輕。」好吧，把孟子給我搬出孔廟。

洪武二年（西元一三六九年），朱元璋詔令天下建學校，且親自為天下學校立一條規矩：「不許生員『炫奇立異』，敢標新立異者，殺無赦。」後來，黃宗羲[43]在《明夷待訪錄》[44]如此評論：「明朝所謂學校者，不過是一批富貴熏心之徒，隨著朝廷風向變其本領的群氓罷了。」

御史王樸性耿直，曾多次與朱元璋爭辯。某天估計又惹朱皇帝不高興了，朱元璋就下令讓人把他押到刑場上，在參觀完其他犯人被砍頭的盛況之後，王樸又被押回皇宮。

朱元璋得意地問他：「汝其改乎？」王樸氣憤地回答：「如果我沒罪，你隨便找個藉口也可以殺我。有罪，又何必讓我活著？今日只願速死！」於是，王樸就這樣被再次押赴刑場砍了頭。路過國子監時，王樸大呼：「史官要記錄啊，某年某月某日，王樸無罪被殺。」

中華民族的士大夫氣節就這樣在戰戰兢兢中，被一點一點地消耗乾淨。

不信任文官、文人，建立特務錦衣衛

殺文人好歹還有個理由，洪武年間其他草菅人命的案例，簡直讓人啼笑皆非：一個老婦人因戲稱皇帝為「老頭兒」而牽連附近百姓被滿門抄斬；南京上元節因「淮西女人好大腳」一個燈謎，招致周圍千百人的殺身之禍；中都鳳陽宮殿修造進展不利，朱元璋懷疑有人使用了厭鎮之術[45]，就將幾百個

工匠砍了腦袋。

這位自稱「淮右布衣」（淮右一介平民）的開國之君，牢牢把所有權力把握在自己手中：整個帝國只能有一個腦子，那就是他朱元璋。整個帝國只能由一個人說了算，那就是他朱元璋。整個帝國都應該按照他預訂的軌道運行，但凡有試圖越軌者，殺無赦。

朱元璋不信任封建官僚、不信任文人、不信任天下黎庶，那他信任誰呢？看管家財當然要用自己家人，朱元璋信任的人不是官僚，而是特務。為此朱元璋甚至成立「錦衣親軍都指揮使司」新機構，即令人聞風喪膽的錦衣衛。

錦衣衛就是特務，負責懲處違反皇帝意志的大臣。除了皇帝，他們不受任何人管轄，包括刑部和大理寺，任何阻礙他們行動的人都格殺勿論。而在大臣眼中，錦衣衛是一群極其可怕的人，如果哪天錦衣衛上門來問候了，就馬上和家人告別吧，這一去極有可能就回不來了。

朱元璋忽略了一個事實，讓這批特務治國絕對不可能，幹壞事卻是一絕。他們連封疆大吏都能屠戮，禍害萬方黎民就更不在話下。在錦衣衛的不懈努力下，終於造就了明初四大案：藍玉案、空印案、胡惟庸案和郭桓案。憑空捏造證據，每一個案件都殺人過萬，這得是多麼凶殘的統治者？

錦衣衛腰牌。
©Jinyiwei-snowyowls@wikimedia

43黃宗羲（西元一六一〇～一六九五年），明末清初著名學者，與顧炎武、王夫之並稱「明末清初三大思想家」，被譽為「中國思想啟蒙之父」。

44黃宗羲反對君主專政的民本思想著作。「明夷」出自《周易》卦名，意為黎明前的昏暗，「待訪」為等待明君來訪，加在一起意指黎明前等待明君來訪的備忘錄。

45流傳已久的巫術，用法術、咒語等壓制厭惡之人事物。

《廿二史箚記》這樣評論明史：明代並非亡於流寇，實是亡於廠、衛。其中的「衛」即指「錦衣衛」，「廠」則是後來大名鼎鼎的東廠、西廠。

大概朱元璋也覺得這群人實在是太苛猛了，任由他們存在下去，大明王朝的司法和行政制度將蕩然無存。洪武二十六年，明太祖下令燒毀錦衣衛所有刑具，並宣布撤銷錦衣衛，此後，所有案件必須按正常手續辦理。

既然開頭了，還能結尾嗎？

《劍橋中國明代史》有一段話可為朱元璋劃上句號：「明代的統治者考慮到：發展這些先進的經濟部門，會擴大經濟發展的不平衡，這反過來會威脅到帝國的政治統一。所以，先進的工商業在當時是不被允許的。」

明朝

明惠宗～明宣宗
西元1398～1435年

第十章

足跡遠至南洋與非洲赤道

鄭和下西洋的空前壯舉，為何沒有成就像西班牙的海上霸業？

鄭和的船隊由六十二艘海船組成，海船長一百五十公尺、寬六十一公尺，最大的戰艦排水量約在三萬噸左右，直至西元一九四九年，中國都沒有能力再次建造這種噸位的巨艦。這麼偉大的技術與船隊，為什麼輸給了哥倫布的成就？

建文帝的紙鈔，為何輸給燕王的金屬貨幣？

建文帝用大明寶鈔養軍隊百姓，朱棣卻用真金、白銀發軍餉、做生意，並換得源源不絕的南方物資，再以金銀買通宦官，靖難之役怎能不勝？

洪武三十一年（西元一三九八年），朱元璋臨終長嘆：「少年貧賤兮壯志揚，此生足矣！」[1]

不過，筆者想朱元璋還是有遺憾的，太子朱標死在他前面。史載，朱元璋曾經當著群臣的面痛哭失聲，原來動輒就可以殺掉幾萬人的魔王也有感情。可能為了彌補這種感情上的遺憾，朱元璋把皇位傳給了朱標的兒子朱允炆——這絕對是一招臭棋。

朱元璋留給朱允炆的不僅是一片錦繡江山，還有守衛邊陲的一員猛將、他的四兒子，朱棣。

在一次談話中，他曾跟朱允炆提起：「有叔叔們替你守衛北疆，你可以安心在京城做皇帝了。」沒想到，朱允炆卻反問了一句話：「外敵入侵，叔叔們可以去抵擋；如果叔叔們反叛，又有誰能抵擋呢？」

這個問題，朱元璋無法回答。心機算盡，誰知算來算去算自己。後來，正是這位猛將叔叔朱棣把朱允炆拉下皇帝寶座，史稱「靖難之役」。

提起靖難之役，人們往往認為朱允炆性格軟弱，失敗是遲早的事情。其實，靖難之役帶著很大的偶然性，如果朱元璋之前的安排全部落實，大明皇室也許不會淪落到同室操戈的地步。

事情還是得從朱元璋說起。

開國功臣已被朱元璋殺光，軍權落入三王之手

為了「藩屏帝室，永膺多福」[2]，洪武三年、十一年朱元璋分兩次把二十四個兒子、一個孫子分封為王。鑑於漢代七王之亂，這次分封還是比較謹慎的，藩王不能過問地方行政，護衛不過三千多人。

也就是說，除了在王府裡吃喝玩樂，這批藩王在地方上並沒有更多權力。欺男霸女、橫行鄉里的事情肯定有很多，不過最主要的收入來源還是要靠朝廷撥款。吃人家嘴軟、拿人家手短，沒錢，怎麼跟皇帝鬥？

但是，很多事情壞就壞在「特殊」二字身上。

二十五位藩王中，有三位比較特殊，他們分別是秦王朱樉、晉王朱棡和燕王朱棣，是朱元璋家的老二、老三和老四，封地分別在今天的陝西、山西和北京。這裡是與北元戰鬥的第一線，也是藉著這個機會，三位王爺把自己的護衛軍擴充到五千人左右，順便統轄了十餘萬邊防軍，就連傅友德、馮勝這樣的大將都是他們的下屬。

洪武二十六年，藍玉案發，朱元璋把宿將殺了個乾淨，北方軍權自然落到三位王爺手中。

即便如此，朱元璋也一定認為三位王爺對新皇帝是沒有威脅的，因為三王中秦王、晉王與太子朱標關係最好。秦王、晉王曾經被朱元璋召回京城受罰，還是朱標求情，才能再次出藩。（現在分析，應該是有意為之，讓秦王、晉王狠狠買太子一個人情）從三王與太子交情來看，秦王、晉王根本不可能反叛，有他們兩個在朱棣身邊，朱棣就是有反叛之心，也沒這個本事。

1 出自《明朝那些事兒》。

2 出自《明史・職官志》。

朱元璋是個不幸的父親。太子死後，洪武二十八年秦王病死、洪武三十一年晉王也病死了。

那些年，除了喪子的心痛，朱元璋一定還很著急，他甚至要把為晉王治病的所有醫生都殺掉。因為秦王、晉王死掉之後，北方邊陲已經無人可以制約燕王朱棣，而此時的燕王已經全盤接收北方的軍隊（請注意，不是護衛）。更離譜的是，晉王死後不足數月，朱元璋本人也病死了，沒時間對可能發生的反叛做任何準備，朱允炆只有獨自面對可怕的朱棣。

建文帝禁藩王印紙鈔，成了朱棣造反的導火線

朱允炆在皇帝寶座上只待了四年，《國榷》[3]對他的評論是「寬、仁、厚、慈」，如果不是後來被「猛將叔叔」拉下來，他的表現也許不會太差。朱允炆即位後，立即下令減免江浙一帶田賦，每畝收租不得過斗；放開江浙、江西一帶讀書人入朝為官的限制；為胡惟庸、藍玉案中的倖存者平反……

朱允炆確實廢黜了朱元璋很多苛政，也確實以一副「仁政」的面貌君臨天下，但他唯一沒有改變的就是貨幣制度：繼續濫發紙幣，以鐵腕繼續禁止銅錢、金銀流通。建文帝統治期間，整個大明帝國承認的官方貨幣就只有大明寶鈔。朱元璋好歹還發行過一點洪武通寶，建文帝卻從來沒有發行過任何金屬貨幣，哪怕是鐵錢。

他的爺爺朱元璋如此強悍，對貨幣經濟規律都一籌莫展，何況年僅十六歲的朱允炆？他雖然免除了江浙一帶部分田賦，人們卻照樣因為新鈔、昏鈔的兌換比例，被官吏敲骨吸髓。

剛剛當上皇帝的朱允炆感覺正好，是不會意識到這些問題的，何況他有更重要的事等著去做——削藩。為達到目的，朱允炆還創立一個新罪名——擾亂金融秩序罪，犯罪嫌疑人則是那些不怎麼猛的叔叔們。

據當時的一部筆記小說《革除逸史》[4]記載，湘王朱柏未經朝廷允許，擅自印了一些貨幣。其實，這在明太祖、明成祖時代並不是什麼大事，各地藩王經常自行印刷紙幣，在自己地盤上流通。

很快，朱允炆聽到這個消息。只有皇帝才能發行鈔票，你一個藩王就敢印刷紙幣？朱柏被自己的侄子按上了「擾亂金融秩序」的罪名，並派兵前往湘王府圍捕。

接下來的事情就比較恐怖了：面對圍捕的士兵，朱柏把王府的人集合起來，他自己則身著朝服、騎上一匹白馬——沒有造反，而是緊閉宮門，然後一把火燒掉王府，闔家自殺了。臨死前朱柏還說：「我是太祖皇帝的兒子，怎麼能為求得活路受獄吏的侮辱！」

朱柏大概忘了，太祖皇帝朱元璋流民出身，少年時代也沒少受氣，不照樣活得龍精虎猛？現在，你連獄吏侮辱都受不了，還敢自稱「太祖子孫」？朱柏曾經修道多年，還自號「紫微子」（紫微是皇帝上天後的專用住處），難道不知道自殺是一大罪孽，世人不能自我結束生命，這是在逃避上天安排好的因果。

大概朱柏之死過於慘烈，在社會上引起了極負面的迴響，朝臣對此也多有微詞。在眾多不滿的朝臣中有兩個人，是後來朱允炆對抗朱棣的主要將領——李景隆、耿炳文。

這兩人手握軍權，不僅是發發牢騷，還把這種不滿灌輸於靖難整個軍事行動：李景隆不但在戰爭期間與朱棣眉來眼去，還在兵臨城下時，打開了應天金川門[5]迎敵；耿炳文則一邊打仗、一邊公開上疏指責皇帝背棄人倫、悍然對自己叔叔動武，最後耿炳文也投降了朱棣。

朱棣挾金屬貨幣優勢，以金銀換得南方物資與軍心

再回過頭來看看朱棣。

---

3 記載明朝歷史史書，明末清初史學家談遷以《明實錄》為基礎，多方考證寫成。

4 明．朱睦著，記述建文帝一朝史蹟之筆記小說。

5 位於南京老城城北，因金川河由此出城而得名。

朱棣原本只是一個沒有地方治權的藩王，就連他居住的北平城，也在朱允炆的控制之下，因為北平防衛最高長官都指揮使，均由朝廷直接任命。這些人可不會聽朱棣的。所以聽到湘王朱柏自殺的消息，堂堂燕王、後來的明成祖居然使出了裝瘋之類的把戲。

在建文帝一系列昏招之後，朱棣成功從王府裡跑出來、殺掉了北平行政長官、聚攏了邊疆軍隊，從此走上造反之路。然而，造反之路注定是坎坷的，且不說朱允炆是帝國公認的皇帝，就是從雙方經濟實力對比來看，朱棣造反基本上就是自尋死路。

朱允炆控制著富庶的江浙，有荊襄一帶做為戰略腹地；朝廷全部歲入都在朱允炆手中，大把大把的稅收；論軍事力量，朱允炆手中有一百多萬軍隊。

再看看朱棣，誰都知道他是一個造反的王爺，地盤只有今山西東部、河北西部一帶，當地文官隨時有可能歸順朝廷；即使軍事力量，朱棣起兵時也只有十萬，其他都是後來胡亂拼湊出來的，還得防著某位將領突然投入建文帝的懷抱。

朱棣沒有地盤、沒有士兵，甚至沒有庶民為他當炮灰。然而他有著朱允炆無可比擬的優勢——金屬貨幣。

北平是元朝故都，這裡歷來都以銅錢、白銀做為主要交易媒介，元順帝逃跑後，韃靼人還是常來做生意。在這裡，大家只認識銅錢、白銀，不認識不值錢的大明寶鈔。

好笑的是，朱棣擁有這項優勢，並不是因為他背著朝廷鑄造了多少銅幣、銀錠，而是因為當時北平已經算是邊疆了，朝廷的重點在防衛，根

明成祖朱棣（1360 ~ 1424）。

本無心管束貨幣流通之類的小事。朱棣取得北平治權後，也根本沒有實力發行紙鈔，只能對貨幣流通完全放任自流，並未取締銅錢和白銀。

在任何時代，商人都有著無比敏銳的嗅覺，哪裡管制鬆散、哪裡能賺到真金白銀、哪裡就能成為商品集散地。相對寬鬆的貨幣流通環境，使得北平一帶迅速成為全國的商品集散中心。沒辦法，只有在這裡才能賺到真實的財富。

朱允炆控制著全國大部分地盤，全國大部分商品卻在北平一帶流通、全國商人都在朱棣地盤上做生意、全國大部分真金白銀也就自然集中到了朱棣的地盤。朱棣和他的軍隊確實曾經缺吃少穿，但不知有多少商人日夜川流不息地把物資運輸到北方。

在這場戰爭中，貨幣制度又給雙方帶來什麼樣的影響呢？

朱允炆一方用大明寶鈔、朱棣一方用銅錢和白銀，戰端一起，雙方也就自然按照各自貨幣體系付款給各自的軍隊。

朝廷有百萬大軍，很多都是軍屯中的「軍戶」，一旦主要勞動力在戰爭中死掉，全家生計又將如何託付？想像一下，軍戶拿到大明寶鈔的感覺：「明天也許就要戰死了，現在還拿這些紙幣來唬我？」又有哪個士兵心甘情願為皇帝拚命？

所以，在靖難中占著絕對優勢的南軍（皇帝一方），經常未接一戰就直接拔腿逃跑，從將領到士兵，無一例外。

不跑，留在這裡送死，家人怎麼辦？

朱棣用金銀買通宦官，裡應外合將皇帝拉下馬

非但如此，朱允炆還忽視了一項重要的工作：間諜與反間諜。由於雙方貨幣政策的區別，朱允炆雖然也付大明寶鈔給間諜，但更多還是靠那些虛無縹緲的君臣大義，整個靖難也只策反了燕王府長史

葛誠等少數人。

朱棣一方就完全不一樣了，鑑於黃子澄、齊泰、方孝孺這幫書呆子根本就不會被金銀收買，他選擇了一群毫不起眼的人——宦官。

朱元璋曾下令內侍不得干政，這些人在朱允炆手底下，實在混得不怎麼樣，個個地位極低又辛勞。其實內侍雖然身體殘缺，但也有自己的親人，也有自己一攤子事要擺平——那些都需要錢的。

就在內侍窮困潦倒時，救世主燕王出現了，他不斷給這些宮中的「賤役」們送禮，讓這些人看到了一線希望。靖難開始後，朱棣不再給這些人送什麼禮，反而變本加厲給他們送黃金、白銀，讓他們的下半生有了真實的依靠。

太監為錢而死，哪怕是追隨燕王造反。

大明寶鈔與黃金、白銀，雙方未戰，勝負已分。

明成祖的貨幣政策：不為繁榮經濟，只為鞏固權力

朱棣掌權之後，馬上禁絕金銀流通，並回收紙鈔，目的是要讓藩王沒錢做怪。為了遷都北京，把江南富戶移居北京，把有錢人的田地變成自己的，又大量印行大明寶鈔。好不容易發行了銅錢，卻只用來給自己買舶來品。

西元二〇〇八年全球金融海嘯，以美國為首的西方國家經濟受到重創。危機過後，為了挽救國內經濟，美國帶頭弄出一個「量化寬鬆政策」，此後各國競相跟從，貨幣也競相貶值。所謂「量化寬

鬆」，顧名思義就是「按照一個寬鬆的量發行貨幣」，也就是在經濟不景氣時，以增發貨幣刺激經濟。

量化寬鬆推出之前，美聯準會已經明確聲明，這些貨幣是增發的，並沒有對應的商品。既然已經是世人皆知的事情了，增發貨幣還能刺激經濟嗎？

能。

貨幣增發會導致通貨膨脹，但在人們拿到紙幣的一瞬間，仍舊從心底裡認可自己拿到了財富。這種虛幻的財富在經濟學中被稱為「財富幻覺」或「貨幣幻覺」，這是一個神奇的現象。虛無縹緲的幻覺也能辦成大事。

多印美元，人們自然也就覺得錢好賺了，就業也就增加了、經濟也就好轉了，以後的事以後再說。躲過這段艱難的日子，也許又能出現重大創新，很快市場有了、消費有了、就業有了、稅收也有了，一切又都恢復正常了。

所以，增發貨幣並不是一件特別可怕的事情，只要能「以時間換空間」，甚至不失為一件救市的利器。

少量的嗎啡可以鎮痛，過量攝取就會染上毒癮。「貨幣幻覺」就是這樣一種毒品式的藥劑，短時間確實可以刺激經濟，長時間使用則貽害無窮，「量化寬鬆」政策絕不能無限制持續下去。

所以危機之後，正確的貨幣政策應該是先鬆後緊。明白了這個道理，再回過頭來看永樂年間朱棣的所作所為。

據《明史》記載，永樂初年「宇內富庶，朝廷府庫裡的錢多得數不清，很多州縣官倉中的糧食都已經腐爛了」。

帝國剛剛經歷了靖難之役，天下會這樣富庶嗎？

《明史》修訂於清朝，修撰者張廷玉等人的政治傾向固不必提，就連《明史》大部分原始資料也不可靠。《明史》的相關記述大多源自於《太祖實錄》、《明成祖實錄》，而這兩部實錄是解縉[6]（被朱棣埋在雪中悶死）按明成祖本人意願修改而成，竄改是一定的。

官修正史中，抄襲《史記》描述文景之治的片段頗多，例如李世民的《太宗實錄》[7]。《明史》中永樂元年這段描述也是如此，仔細推敲一下這段內容，就會發現就連遣詞造句都與《史記》中的描述相當類似，比如「宇內富庶」、「腐不可食」。

有了一卷史書就能杜絕天下悠悠之口？

禁絕金銀回收紙鈔，緊縮貨幣以奪藩王財富

據松江、蘇州、常州一帶地方誌記載，永樂二年（西元一四〇四年），江南富庶之地發生洪災「大雨，田禾盡沒」[8]。水災的結果非常嚴重，人們在一片汪洋中踏木而行、眼望天哭；年幼的孩子哭啼著向父母索要食物，也只能以「糠雜菱、蕒、藻」[9]而食；壯年者四處行乞，很多人就這樣「投於河」[9]。

同年，朱棣的老巢北平一帶發生蝗災，地方誌記載，這一年百姓比靖難時還「困益甚」[10]，就連富裕之家也「家無宿儲」[11]。

有這樣一個開局，正好是「貨幣幻覺」大顯身手的好機會：帝國剛剛經歷了四年的戰亂，多發一些大明寶鈔不一定有害處，只要能解燃眉之急，也許後面朱棣就不打仗了，萬方黎庶可以安寧度日，這個時候就可以收縮大明寶鈔了。

誰也沒有想到，這位明成祖的方法，恰恰與正確的做法完全相反。

永樂元年，朱棣終於登上了皇帝的寶座。以前朱允炆削藩、朱棣造反，現在朱棣是皇帝了，同樣也要削藩！

至於手段，朱棣本人就是藩王造反起家，自然不好意思對兄弟們再動刀動槍，否則合法性何存？

於是，他想到了一個好辦法：貨幣緊縮，先從貨幣入手，徹底剝奪眾位兄弟的財富。

藩王有能力造反，可不僅是靠幾千護衛，更重要的是他們手中有錢，可以隨時招募一批亡命之徒。朱棣認為，藩王造反所依仗的無非是金銀財寶，只要金銀不成為流通中的貨幣，也就從根本上剝奪了藩王造反的能力。

登基之後，朱棣全然忘卻正是當年北平的黃金、白銀、銅錢才讓他取得這麼多戰略物資。永樂元年，明成祖宣布自己要嚴格恢復老爹朱元璋的一切命令，其中一條就是嚴格禁止金銀交易。

禁絕金銀當然會減少流通中的貨幣供應量，對本就凋敝的經濟形成打擊。更離譜的是，朱棣還做了另外一件事：以強制力回收大明寶鈔、限制大明寶鈔發行數量。大明寶鈔的發行權在朱棣手裡，只有天下人把大明寶鈔視為真正的貨幣，才能從根子上革除藩王手中的金銀優勢。

如何才能讓人們把大明寶鈔視為真正的貨幣？

收回多發的大明寶鈔，讓流通中的大明寶鈔升值。看起來，朱棣不僅是一員猛將，更是在權謀之術中，把貨幣金融手段運用到爐火純青。

永樂元年，朱棣立即停止對藩王賞賜紙鈔，並以強制性回收流通中的大明寶鈔：全國所有罰款一律以大明寶鈔繳納、部分鹽稅以大明寶鈔繳納，當年即收回面值四．八億貫的紙鈔。

6 解縉（西元一三六九～一四一五年），明朝首位內閣首輔。奉成祖命主持《明太祖實錄》、《列女傳》、《永樂大典》。與徐渭、楊慎並稱明朝三大才子。

7 唐朝貞觀年間史官所寫史書。在太宗授意下，此書貶低高祖起兵反隋的貢獻，強調多是太宗功勞。

8 出自《清史稿》。

9 出自清代《震澤縣志》。

10 出自北宋．蘇洵〈上歐陽內翰第一書〉。

11 出自元．歐陽玄《圭齋文集》。

戰亂剛剛停止、百廢待興，大家手裡有錢才好辦事。可您不但禁絕了金銀，還收縮了大明寶鈔。您把所有貨幣都收走，大明寶鈔購買力是上升了，天下之財的流通也就此停滯了。不過，朱棣是不會考慮這些的，他只看到一個結果：「現在朕徹底掌握了貨幣發行權，所有的錢都在朕手中。」沒錢，看你怎麼造反。

永樂元年，削去寧王護衛，遷寧王於南昌，之前朱棣曾與寧王立誓「事成當中分天下」[12]。

永樂四年，削去齊王朱榑官署、護衛；齊王當面質問明成祖：「你想學建文舊事嗎？」結果，齊王因為這句話被廢為庶人。

永樂六年削去岷王官署、護衛；永樂十年，削遼王官署、護衛。

……

藩王消失了、大明寶鈔的購買力也恢復了，之後就是謀發展、搞建設了吧！

遷都北京勞民傷財，大印紙鈔奪人田產

朱棣確實也是這麼做的，削藩之後，他做了很多符合自己心意的「建設」，至於手段則與立朝之初相反——「量化寬鬆」貨幣增發。例如，中國歷史上最大的工程之一「遷都北京」，就是這樣做出來的。

在中國史卷中，歷代昏君都有個明顯特徵，就是修建宮殿、花園，例如宋徽宗建「艮嶽」。宋徽宗修個園子都能搞得雞飛狗跳，遷都北京可是重建一個都城啊！

重建北京的工程從永樂四年（西元一四〇六年）開始動工，直至永樂二十二年朱棣死去也沒完工，每年都要徵發徭役百萬之眾。百萬蒼蒼烝民終年必須在北京勞動、無法在自己田地裡躬耕。

除此之外，數十萬江西一帶農夫被官軍趕入大山伐木，還得負責把這些木材運到北京。由於粉刷宮殿需要太多油漆，當時一斤靛青色染料居然能值一個農夫一年的收入，而一斤靛青色居然連一個柱

子都刷不完。

後世史家很多人將遷都北京看成一件大好事，說這是為阻擋北方韃靼，無論付出多大代價都值得，所謂「天子守國門」[13]。

「天子守國門」的道理或許沒錯，但只針對猛將叔叔朱棣本人。朱棣行伍出身、喜歡在前線親自砍人，可是，大明帝國後世皇帝還能都是猛將嗎？山海關向東可是冀東平原，一旦山海關被異族突破，游牧民族的騎兵就可以一馬平川衝進來。

何況，永樂年間的北京可不是今天的北京，當時華北地區多為鹽鹼地，所以《水滸傳》才有「林沖發配滄州」一說，滄州距離北京只有兩百公里。在荒蕪的邊疆建設一個新都城，華美的宮殿可以修造，空曠的馬路可以修建，可是居民從哪兒來？

移民，強迫富戶進北京。

永樂十六年至二十二年，遷應天、松江、蘇州、常州十五萬富戶到北京，應天一半以上的人口，被強行遷徙到北京（附帶產品是這些富戶的土地歸了朱棣，因為遷徙時土地是帶不走的，一律充公）。

永樂十八年（西元一四二〇年）十一月，太子朱高熾應詔由南京遷往新都北京，《明仁宗實錄》記載了他路上的見聞：「隨時可見輾轉於溝壑的流民，人們拿著籮筐在野地裡挖野菜，我下馬問他們用途時，皆跪說是為了『歲荒以為食』[14]；我走進這些人的家中，發現無論男女皆『衣百結不掩體』[14]，就連家中的灶臺也早已倒塌。」

朱棣遷都北京，比桀紂之酒池肉林、秦嬴政之阿房宮如何？難道只要不是亡國之君，無論如何消

12 出自《明史》卷一一七。
13 出自《明史》之〈大明祖訓〉。
14 出自《明史紀事本末》卷二一六。

耗民力，都值得被人歌頌嗎？在歌功頌德者的眼中，數百萬蒼蒼烝民的生命，就真的一文不值嗎？

朱棣曾吹噓，造北京城自己「不損民之分毫」。他確實沒增加名義上的田賦，卻增發了無數大明寶鈔、毫無準備的大明寶鈔。

永樂一朝中後期是大明寶鈔濫發最為嚴重的時代，據彭信威先生估計，永樂四年至二十二年，糧價大概上升了三十倍有餘，平均每年上漲一倍半。洪熙元年（西元一四二五年）的物價已經比洪武朝「率增數十倍」[15]，當時，大明寶鈔在市面上幾乎已經不能使用。

物不天來，終須地出，不損百姓，將何以求？[16]

鑄行銅錢「永樂通寶」，只供海外貿易用

當然，朱棣也鑄造了很多銅錢——永樂通寶。

一般情況下，歷朝歷代鑄造銅錢時，都會鑄行幾個版本，比如小平錢、折二、折三、折五。朱棣的永樂通寶不一樣，永樂朝二十二年只鑄造過一種永樂通寶小平錢，就連小平錢的版本都很少：所有永樂通寶都是光背錢、精整劃一，無論京師所鑄還是行省鑄造，看起來都差不多。當代也有人自稱收藏永樂折二、折三錢，不過，因為沒有見過實物，無法僅從拓片上辨別真偽。

為什麼永樂通寶只有一個版本？

永樂通寶是一種極為特殊的貨幣，它的用途只是向海外購買商品，國內根本不允許流通。所以才只有小平錢一個版本，就算鑄造大錢，外國人也不認識，還得一枚一枚數，就別費事兒了吧。

在當代錢幣收藏中有一個奇怪的現象——絕大部分永樂通寶出土於日本、東南亞各國，日本經常有很多出土上萬枚永樂通寶的紀錄；就連南海海底都曾出土過幾千枚永樂通寶，發現時這些銅錢已經和海底珊瑚礁結在一起。至於中國本土，只有鄭州、許昌等地有過零星出土。

隋、唐、宋、元，周邊國家已經理所當然地把中國銅錢當成國際貨幣，要去海外購買商品就必須

拿銅錢來。出於這個原因，朱棣才會下令鑄造永樂通寶，所有永樂通寶的用途只有一個——海外貿易，確切地說，是他個人用來購買海外商品。加之當時大明王朝生產力確實高出周邊國家很多，永樂通寶的購買力在國內遠不如國外，所以，也別指望這些銅錢能大批回流到中國。

永樂通寶，根本就不可能成為國內貨幣。

每當提到朱棣，很多人都引用《明史．成祖本紀》的開篇，朱棣之雄武不在朱元璋之下。其實《明史．成祖本紀》的結尾是這樣的：就算有這麼多成績，又豈能掩蓋住那些倒行逆施？

哥倫布為西班牙創造財富，為什麼鄭和賠光帝國家底？

鄭和下西洋本為逮回傳聞中逃亡海外的建文帝，結果變相成了「宣揚國威」，不但要維持數萬人在海上的花費，還把外國人帶進國內幫忙花錢，把帝國家底賠得一乾二淨。

如果麥哲倫（Fernão de Magalhães）[17]的航程早上一百年，他也許會遇到一批比自己大數倍的海船——大明帝國鄭和的艦隊。「鄭和下西洋」無疑是一段值得中國人驕傲的歷史：比迪亞士（Bartolomeu Dias）[18]發現非洲好望角（西元一四八一年）早八十二年、比哥倫布（Cristóbal Colón）[19]發現美

15 出自明．俞汝楫《禮部志稿》。
16 出自《舊唐書》。
17 麥哲倫（西元一四八〇～一五二一年），葡萄牙探險家，為西班牙政府效力。西元一五一九～一五二一年，率船隊首次環行地球。

洲新大陸（西元一四九二年）早八十七年、比達伽馬（Vasco da Gama）[20]遠航印度（西元一四九八年）早九十三年、比麥哲倫遠航菲律賓（西元一五二一年）早一百一十六年……

據《明史》記載，鄭和所率船隊由六十二艘海船組成，海船長一百五十公尺、寬六十一公尺，最大的戰艦排水量約在三萬噸左右，是名副其實的萬噸巨輪，直至西元一九四九年前，中國仍沒有能力再次建造這種噸位的巨艦。

憑著這些萬噸巨輪，鄭和的船隊在大海上乘風破浪，到達占城（今越南南部）、舊港（今印尼巨港）、古里（今印度西海岸卡利庫特）等三十多個國家和地區，甚至一度到達非洲赤道。

然而，「鄭和下西洋」其實並不是最值得驕傲的古代航海紀錄，甚至不是最遠的航程。

賺錢最多的時代當然是宋代，南宋鼎盛時期，每年從海外貿易中取得的關稅就有一千六百萬兩白銀，約占全年朝廷總收入的一〇％；元代經濟如此凋敝，鼎盛時期從海外貿易獲得的收入也接近六十萬兩黃金。

蒙元帝國雖然對漢人、南人盤剝，卻從來不禁止蒙古人、回回人去海外做生意；只要有錢賺，蒙元帝國從來不反對任何事情。中國古代最遠的航海紀錄就發生在元代，一個叫汪大淵的商人，曾兩次橫穿印度洋，船隊到達的最遠處是非洲東岸的桑吉巴島，著有《島夷志略》[21]。而《明史》記載，鄭和船隊到達的最遠處是比刺、孫剌二國，也就是今天的莫三比克港、索法拉港，還比不上汪大淵。

那麼，為什麼偏偏「鄭和下西洋」這麼如雷貫耳呢？要回答這個問題，首先要梳理大明帝國海外貿易發展史。

外國人到中國來做生意，大明帝國全部高價收購

明太祖朱元璋其實是一個很單純的人，想法也很簡單，帝國即我家，我只要為子孫守住這片國土，子子孫孫都能成為這片土地上至高無上的統治者就可以了，至於賺錢不賺錢、經濟發達不發達，

不是我的職責。海外貿易確實能賺很多錢，但有錢人都不是好東西，有了錢就會有很多想法、有了錢就能做他們自己想做的事情，就算不去造反，起碼也不好管理。

所以，洪武朝任何人下海都要有朝廷頒發的特許經營牌照——「票號文引」，否則，私自出海貿易與貪汙六十兩白銀以上的貪官同罪——梟首示眾、全家充軍；即使獲得「票號文引」，也不許使用三桅以上大船，違者同前罪；非但如此，買船、造船賣給外國人也不行，要梟首示眾。

明成祖從建文帝手中奪得天下，朱允炆卻活不見人、死不見屍。所以，他要尋找建文帝，哪怕是跑到天涯海角也要抓到他。當時，有傳聞建文帝已經「行遁海外」[22]，鄭和下西洋目標應該就是尋找建文帝（關於這一點，歷代史家已經有了很多論證，又以當代吳晗[23]為代表）。

建文帝雖然沒找到，鄭和卻做了很多大事、給大明帝國賺足了面子：擊潰海上巨寇陳祖義[24]、活捉錫蘭王亞烈苦奈兒、以武力平息蘇門答臘內亂，並生擒蘇幹剌（本次行動由朱棣本人親自策畫，鄭和不過是執行者），還帶回三十多個國家的朝貢使臣。

對朱棣來說，有了萬國來朝的榮耀，能否找到建文帝已經不重要了：我不但在自己地盤上是至高無上的皇帝，還能「耀兵異域，示中國富強」[25]（朱棣本人語錄）。在一次朝廷的慶功宴上，有大臣現場

18 迪亞士（西元一四五一～一五〇〇年），葡萄牙貴族與航海家。

19 哥倫布（約西元一四五〇～一五〇六年），西班牙航海探險家，於西元一四九二～一五〇二年間四次橫渡大西洋，發現美洲大陸。

20 達伽馬（西元一四六〇～一五二四年），葡萄牙探險家，第一個從歐洲繞過地中海、阿拉伯半島航海到印度的人。

21 原為汪大淵為清源縣縣誌所著之附錄《島夷志》，後改名為《島夷志略》。記述自己在西元一三三〇年、一三三七年航行南洋、西洋兩百多地之見聞、地理、風土、物產等。

22 出自《明史稿》。

23 吳晗（西元一九〇九～一九六九年），原名吳春晗，近代歷史學家。

24 陳祖義（生年不詳～一四〇七年），明朝海盜首領，占據麻六甲十多年，曾有成員萬人、戰船百艘，搶奪日本、臺灣、南海、印度洋等過往船隻，多次攻打沿海鎮城。後被鄭和押解回國斬首。

做了一首打油詩，怎麼看都像《天龍八部》裡的「星宿老仙揚威中原頌」：四夷率土歸王命，都來仰大明；萬邦千國皆歸正，現帝庭，朝仁聖；天階班列眾公卿，齊聲歌太平。[26]

當然，為了讓全世界都知道有富強的中國，朱棣還頒布了一項「通四夷」的政策。所謂「通四夷」顧名思義應該是與四夷通商，朱棣是要打破太祖成規，讓大明帝國那些有膽識、有眼光的人遠航海外做生意嗎？

當然不是，「通四夷」是鼓勵諸藩來大明帝國賺錢，至於大明帝國能否賺到他們的錢，就不得而知了。

有人對《明史》、《明實錄》[27]中鄭和在海外做生意的內容進行了統計，在不考慮兩者存在重複的情況下，一共找到十一句。就這十一句，所涉物品全部都是皇帝享用的專供產品，即吳晗先生講到的香料、染料、珠寶、珍禽異獸。

但凡來大明帝國做生意的人必須厚待，為「不使遠人有觖望之心」，衣食住行全由大明帝國包辦，販賣商品也由大明帝國官府全包，跋山涉水後再也不用去擺地攤。什麼，關稅？外夷來我大明是衝著我們的名聲來的，你卻要收人家稅，蚊子腿上刮油能有多少，卻「虧損國體多矣」[28]！

凡我大明子民，一律不准私自去海外做生意，除了皇帝和皇帝的使者，誰也不能下海。朱棣海禁的政策甚至比朱元璋嚴酷，除了砍頭、梟首一類的威懾性政策，更陰損的是下令把所有民間船隻都改

25 出自《明史．鄭和傳》。
26 出自《明史》卷六三。
27 記錄明朝太祖到熹宗十三朝史事之編年體史書，內容包含各朝奏章、詔敕、律令，及政經、文化大事等。
28 出自《明史》卷二一四。

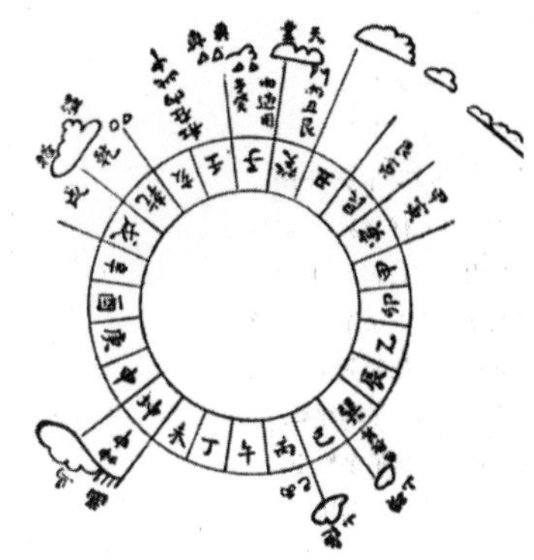

明代航海羅盤 24 方位圖
©Gisling@wikimedia

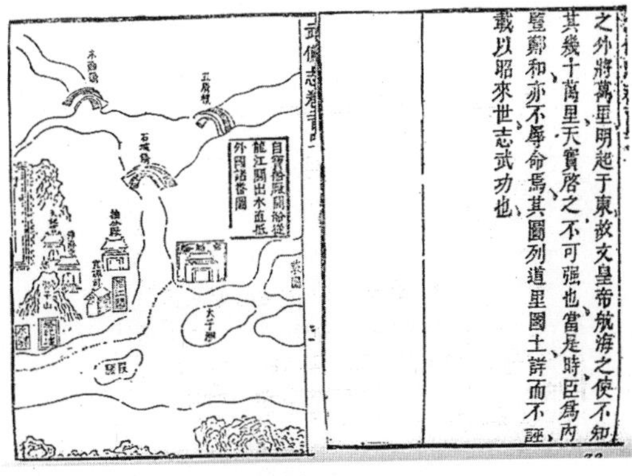

之外將萬里明起于東敌文皇帝航海之使不知其幾十萬里天實啓之不可强也當是時臣爲內豎鄭和亦不辱命焉其圖列道里國土詳而不誣載以昭來世志武功也

武備志記載：寶船從龍江關出水。@wikimedia

《瑞應麒麟圖》永樂十二年（1415）麻林迪（肯亞）國貢。

鄭和下西洋木刻畫。@wikimedia

為平頭，於是很多人印象裡，中國古代艦船的頭很寬，這種船絕對無法穿破海上風浪。

外國使臣來中國，一律免費包吃包住

最無厘頭的是華僑政策。鄭和下西洋的目標可能是尋找建文帝，建文帝沒找到，卻找到很多華僑。於是明成祖下令：但凡居住在海外的中國人，皇帝給你一次改過的機會，哪怕是元朝時祖先就逃亡海外、也無論出門做生意還是海盜，都必須立即回國（永為良民）[29]。否則，如果被鄭和抓回來，那就要殺頭（悉行剿戮）[29]。

除了朱棣特別值錢的面子，「鄭和下西洋」還有其他價值嗎？有，而且價值不菲。

第一，很高的花費。鄭和的船隊最多時有兩萬七千人，這樣一個規模應該說是一支海軍了，維持其運轉的費用就是一個天文數字。成化年間，吏部官員劉大夏估計，為維持鄭和船隊，當時大約每年要支出上百萬銀子。

第二，維持鄭和船隊的費用雖然可觀，但跟明成祖對番邦的「賜予」比起來，簡直就是一個零頭。永樂九年，明成祖賜予滿剌加國王金鑲玉帶一條、儀仗一副、鞍馬二匹、黃金百兩、白銀五百兩、鈔四十萬貫、銅錢兩千六百貫、錦綺紗羅三百匹、絹一千匹……請注意，這只是對國王一人、一次朝會的賞賜。

第三，外國商人來華，官府要全額收購貨物。為了厚待這些海外友人，收購價格大約為市價的三至五倍。最後，就連明成祖本人也承認，所謂朝貢者不過是一群趨利之徒，名為朝貢、實為慕利，**「遠方之人，知求利而已」**[30]。

第四，引狼入室。所謂番邦使臣，個個都不是省油的燈，《明實錄．宣宗章皇帝實錄》記載了他對這些番邦使臣的回憶：某地使者兩百多人大概覺得中國這地方還不錯，就在福州驛站住了下來，半年後這些人花掉了「銅錢七十九萬六千九百有餘」[31]（使用銅錢是番邦使節的專利），地方官不勝其擾，堅決要求把他們遣送回國的奏摺數不勝數。

以上幾項合計，使得大明帝國的臣子們對「下西洋」抱有徹骨的仇恨，人們甚至把鄭和下西洋與宋徽宗的艮嶽相提並論。

朱棣死後第三天，明仁宗朱高熾就在即位詔書中頒布了三十五條大赦令，其中，涉及停止下西洋的赦令占三條：立即把諸國使臣送回去；立即停止製造、維修下西洋寶船；下西洋的費用，立即轉撥用於賑濟災民。

三十年後的成化九年（西元一四七三年），為阻止明憲宗朱見深再次下西洋，戶部官員劉大夏藏匿了鄭和留下的航海圖。面對前來興師問罪的皇帝，這位頗有骨氣的官員理直氣壯地反問：「馬三保（明成祖賜名為「鄭和」，也稱「三寶太監」）七下西洋，所費錢糧無數，軍民死者以萬計，縱得奇寶而回，於國家何益？」[32]別說你沒有找到航海資料，就算找到了，我也會派人立即毀掉，以徹底絕了你的念頭。你現在還有臉來向我興師問罪？

西方航海家基於經濟理性而冒險

鄭和下西洋無疑是世界性航海事業的先導者，顯示了古代中國人民的偉大智慧和無畏的氣概，讓中國在世界古代航海史上，留下了頗為自豪的篇章。很多人扼腕歎息，六百年前，曾經有一次機會，

29出自《明成祖實錄》。
30出自《明史》卷三二三。
31出自《明實錄．英宗睿皇帝實錄》卷五八。
32出自明．嚴從簡《殊域周諮錄》。

就差那麼一點點，我們就能率先成長為第一世界性大國。

鄭和下西洋，是我們最好的機會嗎？

不是。鄭和與哥倫布等西方航海家遵循著迥然相異的經濟學邏輯，經濟學內涵已然如此，注定我們與機會擦肩而過。

如果用恩格斯的話來解釋，「黃金這兩個字變成了驅使西班牙人遠渡大西洋的符咒」[33]。

當然，西方海外貿易（搶劫）歷程也絕對不是什麼他們鼓吹的「世界文明之源」，人類沒有這麼野蠻的文明之源。這些所謂的「西方航海家」不過是一群徹頭徹尾的海盜，商船裡藏著海盜旗，該出手時就出手。

大名鼎鼎的哥倫布也是一個徹頭徹尾的騙子，在哥倫布的海圖裡，從葡萄牙到日本只有兩千四百海里，整個世界只有六分之一是海洋。真實情況是：兩地的空中直線距離已經超過一萬海里；靠這樣的海圖揚帆，基本上可以肯定，你不會再回來。

即使有以上瑕疵，西方航海卻有著最為珍

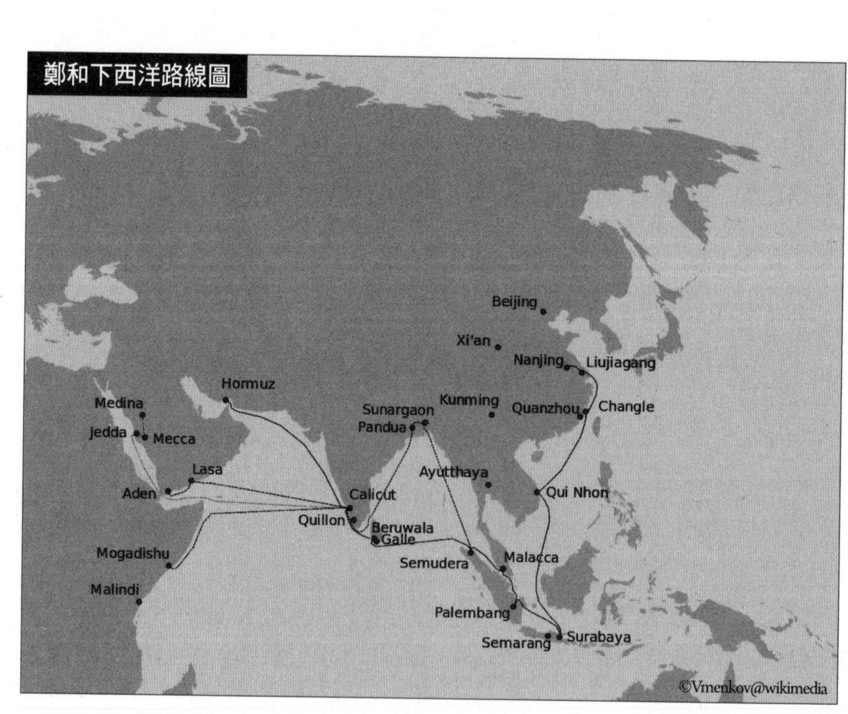

貴的動力：錢、賺最多的錢。

揚帆遠航、發現新航路，是改變世界的創新，必然有著極高的利潤，就如同後來的蒸汽機、電能、資訊技術。就是這種可以統治世界的利潤，才激發了無數人去試錯、去創新，在千萬次試錯中，成功就會成為必然。

在這種經濟理性支持下，會有無數人前仆後繼進行海洋探險，絕大部分會葬身於浩瀚無邊的波濤中，但總會有人能取得最終的成功。

鄭和下西洋只是為了滿足帝王的虛榮心

反過來看鄭和下西洋，這種行為在經濟學上也有一個專屬名詞，叫做「朝貢貿易」。與正常商人做生意不同，朝貢貿易不考慮盈虧，所有貿易來的商品只供一個人消費，只為滿足皇帝私欲。普通人絕不能涉足朝貢貿易，哪怕有勇氣經歷海洋的風暴，到頭來也難逃殺頭之罪。

皇帝需要的貿易，就是把帝國家底賠乾淨也得做。

鄭和有整個帝國做為強大的經濟後盾，成功的機率比單打獨鬥的西方航海家不知強多少倍。

可是，這種航海有連續性嗎？

任何重大的創新都是小機率事件，並非源自某個天才的突發奇想，而是所有人在追求利益進程中的點點積累，既需要財力積累、更需要人力資本的積累。既然這種積累需要全社會所有人都參與其中，也就必然要求一種綿綿不絕的動力——賺錢，那是一種加於天下人頭上的宿命。

大明帝國能支持鄭和七下西洋，還能支持大明帝國所有具備航海夢想的人去乘風破浪嗎？讓所有人有動力去追尋這個目標，唯一的方法就是：讓創新者賺到錢、賺到比別人更多的錢。

33出自《封建社會歷史譯文集．論封建制度的解體及資產階級的興起》，三聯書店，第九頁。

在所有人對利益的嚮往中，改變世界的創新最終一定能夠實現。

有人會問：「朝貢貿易」不能與「經濟理性」相容，畢竟兩者都是出海遠航，總會為後來人留下航海技術吧？

所有科技的最終目標都是轉化為利潤、提高人民生活水準，既然在經濟學邏輯上不能相容，沒有利潤支撐的技術，也注定無法傳承。

明成祖死後，明仁宗罷黜下西洋，鄭和被放在南京混日子。兩萬多久歷風浪的水手則承擔了一項新的光榮任務——背磚頭，在南京修城牆。至於鄭和下西洋的寶船，鑑於維修費用實在太高（每年維修費用相當於新造一艘的一半），被全部毀掉。數十年人才、數十年積累，可以真正統治世界的祕笈，就這麼毀於一旦。

很久之前，在對比了中西古代航海史後，一本非常流行的歷史教科書解釋了鄭和下西洋的結局：我們至少查明了當時世界上最重要的商路。

查明了世界上最重要的商路又能如何？由專制權力主導的行為，衡量成敗的結果斷然不會是利潤，而是公共經濟學中所謂的「效用」。**對帝國統治者來說，他們需要的是統治帝國的權力、是號令四夷的威風，這種帝國統治者一個人享用的「效用」，與創新帶來的經濟利潤完全是風馬牛不相及。**

梁啟超曾經慨歎：悠悠中華，鄭和之後卻再無鄭和，此豈鄭君之罪？

朱棣一生做了很多大事：靖難之役、五征漠北、四征安南、七下西洋、營建北京……《劍橋中國明代史》估算，永樂

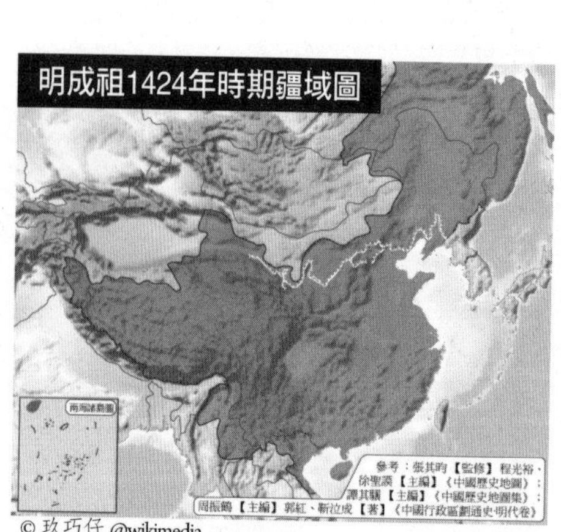

© 玖巧仔 @wikimedia

年間，朱棣每年花銷都已經超過帝國正常收入的三倍以上，只好以發行大明寶鈔來彌補虧空。永樂二十二年，一生醉心於武功的朱棣死了，堂堂大明帝國早就是「國之所儲、十之九空」，「戎馬資儲十喪八九」[34]。

民國年間，孟森先生嘗言：「大明王朝，國威最盛者非永樂朝莫屬。」在這位今人稱道的明史學家眼中，莫非只有開疆拓土、四夷賓服才是國威，萬方黎庶的生命又放在何方？如此觀點居然能推而廣之，真是讓人不寒而慄。

仁宣之治，真的媲美成康之治、文景之治？

由於明成祖發行了太多大明寶鈔，平均下來，每年大明寶鈔都要貶值一倍以上。所以，必須收回一部分紙鈔，以提高紙鈔購買力。但戶部尚書夏原吉的貨幣新政要求商人以大明寶鈔繳稅，而且稅金重稅目多，大明寶鈔逐漸絕跡。

朱棣的繼承者是自己的兒子朱高熾，朝政在他手裡有了些許改變。洪熙元年（西元一四二四年），朱高熾在登基詔書中發布了若干命令，第一道命令就是下令停止下西洋，接著停止遠征北元、罷安南之兵、追封建文帝朱允炆為建文君、赦免靖難中罹難大臣的後人……

更令人稱道的是，朱高熾公開承認了朱棣的一項錯誤——遷都北京。自唐宋以來，中國的經濟重

34 出自《明史紀事本末》卷二一。

心已經南移，以北京為首都，宮廷用度以及大量的官員消費不得不從南方運至北京，為節省這筆開支，朱高熾決定還都南京。可惜，他只當了九個月皇帝就病死了，這一條命令沒能執行，否則兩百年後，大明帝國最後的命運也許會改觀。

朱高熾的繼承者是明宣宗朱瞻基，他統治了大明帝國十年，加上前朝的九個月，這十一年是大明帝國少有的繁榮時期，合稱「仁宣之治」。《明史》記載：明代仁宣之治就如同周代的成康之治、漢代的文景之治，可追三代遺風。

有人說，明宣宗朱瞻基有乃父之風，放著皇帝不幹，卻跑到京城東郊（今昌平一帶）田間去看望農人。他拿起農人用的「耒」（犁）耕了幾下地，大概是由於常年缺乏體力勞動的原因，朱瞻基感覺很累並由此感嘆：我推犁三次就已經累得不行了，何況每天做這事的農人。人們都說「勞苦莫如農」[35]，今天我真信了。臨走，朱瞻基還沒忘記賞賜這家農人六十錠大明寶鈔。

有人說，明宣宗崇尚節儉，經常以漢文帝、漢景帝為榜樣。他這樣教訓臣下：「漢文帝的日用衣服、御帷都無文繡，我也要節儉治國。」因此，他自己的皇陵——獻陵，僅三個月就竣工。

有人說，明宣宗免掉很多田賦：宣德四年（西元一四二九年）京城大旱，宣宗免畿內稅糧十七萬石；宣德七年山西旱災，免稅糧二十四萬石。

有人說，明宣宗開墾屯田、勸課農桑：宣德元年，規定廢除開荒田道稅；宣德二年，下詔重申軍隊必須嚴格執行屯田法，除邊界軍隊外，其餘都被趕去種田；宣德五年，戶部尚書要親自掛帥推進淮北、河南、山東民屯工作……

借鑑西方經濟學的伎倆，假設以上《明史》記載皆為真，明朝一代，朱元璋的子孫始終把天下最值錢的東西牢牢把持在自己手中——土地，沒有「耕者有其田」的大明帝國，仁宣之治真的能與成康、文景相比嗎？

還是以貨幣為引，透過古樸的錢眼，看穿迷霧般的歷史。

夏原吉徵收高額商稅，除了繳實物，還要上繳大明寶鈔

永樂一朝，朱棣發行了太多大明寶鈔，平均下來，每年大明寶鈔都要貶值一倍以上。新皇朱高熾明白，再這樣下去，不但大明寶鈔流通不下去，大明帝國也將岌岌可危。所以，必須收回一部分紙鈔、提高紙鈔購買力。

永樂二十二年，朱高熾在太子監國期間，就已經動手回收大明寶鈔了，方法則是對罪犯加罰紙鈔，如果不交錢就加倍打板子。

洪熙元年，朱高熾登基後，立即對戶部尚書夏原吉下令：鈔法之所以不能在天下通行，無非是鈔票太多了，只要「民間鈔少」[36]，也就「將自通矣」[36]。

可惜朱高熾死時，夏原吉還沒提出貨幣改革方案，否則以他的仁厚，或許不致推行如此苛政。洪武以來，商人經歷了有史以來最慘澹的日子。朱高熾死後，夏原吉的貨幣改革方案讓商人知道：在大明帝國混商業，只有更慘、沒有最慘。

宣德四年（西元一四二九年），夏原吉宣布，從此以後，順天、應天、蘇松等「商賈雲集之地」的商人，不但要按原來的數額上繳實物商稅（洪武二十二年，朱元璋曾經把全國商稅都改為實物），還要上繳大明寶鈔，至於數額，看清楚，按官定價格的四十倍徵收（市鎮店肆門攤稅課增四十倍）[37]！

就算大明寶鈔不值錢，您也不能這麼坑人吧？

為了爭取絕大多數百姓的支持，夏原吉還給天下商戶安了一個擾亂金融秩序的罪名：天下鈔法不

35 出自《明史紀事本末》卷二六。
36 出自《明實錄．仁宗實錄》。
37 出自《明史．食貨志》。

行，都是因為一小撮商戶不遵守秩序，不用大明寶鈔、惡意壓低紙鈔價格、爆炒金銀。

所以，要狠狠向他們收稅。

此外，為了給一小撮商戶一點希望，夏原吉還同時宣布：這項稅收只是臨時項目，待鈔法暢行無阻後，自可「悉復舊」[38]。

把稅收提高四十倍，就連皇帝朱瞻基都覺得這個數字實在是太離譜了，在朝議時親自將之改為五倍。即使五倍也是一個不小的數額了。此令一出，天下譁然，大家的第一反應就是想方設法逃稅——不是不繳、實在是繳不起啊。

大明寶鈔逐漸絕跡，白銀逐步取代銅錢與紙幣

今天的稅法，稅基一般是營業額、利潤額，大明帝國沒有那麼多會計制度，稅基計算方法簡單易行，看你櫃面上有多少存貨，就要繳納多少稅收，才不管你能不能賣出去。

為了逃避稅收，大部分商鋪把存貨轉移到自己家中，而夏原吉也很快發現了這一點。因此，夏原吉想到一個更好的方法核算稅基：商人一般居住在市鎮，越有錢的商人營業額越大、住的房子也就愈氣派；從現在起，除按存貨收稅，還要清查商戶個人住房，一間房每月納稅五百貫。

此外，徵稅範圍擴大到菜地、果林、塌坊、庫房、店舍、驢騾車輛、船隻……只要跟商品有關的地方，都要按時繳納大明寶鈔。

夏原吉確實取得了立竿見影的良好「效果」：當年，不但使得整個大明帝國商人都關門歇業（商賈不通）[39]，還使得廣大商人賣兒賣女（有鬻子女）[40]，有人甚至直接把所有產業捐獻給朝廷了（產業輸官）。

比這更重要的是：這項政策使得大明寶鈔從市面上絕跡了，取而代之的是金銀（要買東西只能去黑市，黑市只收金銀）。宣德九年（西元一四三四年），大明帝國黃金產量達到三百三十五刃、白銀產量達到

三十二萬七千六百零八刃，相當於永樂元年的七倍。

從此，白銀開始登上中國古代貨幣的歷史舞臺，直至萬曆朝推行「一條鞭法」[41]後，完全取代秦漢以來的銅錢、北宋以來的紙幣，成為最主要的交易貨幣。

也是在朱瞻基的宣德朝，大明帝國停止了大規模發行大明寶鈔。但千萬不要以為大明寶鈔從此就沒有用處了。此後明代帝王經常會在心血來潮時（例如，明太祖、明成祖的生日）宣布當年必須以大明寶鈔繳納一部分稅收。於是催生了明代一種特殊的貨幣生意：有人專門囤積大明寶鈔，一旦碰到機會就可以大賺一筆。

內閣官員的施政意見，由宦官決定是否上呈皇帝

最後要說的事情跟金融關係不大，卻不得不提。

宦官干政，無論從程度還是結果的惡劣性，大明帝國都是中國歷史上當之無愧的第一。這批宦官，就是明宣宗年間登上歷史舞臺的，他們的出現將在後來的歷史中有了舉足輕重的作用。

權力欲極其旺盛的朱元璋廢黜了宰相制度，把所有權力牢牢把持在

38出自《宋書．武帝紀下》：「……諸供給昔減半者，可悉復舊……」「悉復舊」即恢復舊有的樣子。
39出自宋代《諸蕃志》。
40出自《明史》卷六。
41萬曆九年，張居正推行的賦稅徭役制度。將徭役、田賦、雜費等合而為一，按土地面積多少折合銀兩徵收。

明宣宗行樂圖。

自己手中，整個大明帝國就剩下皇帝一個有腦子的人。非法繼承者朱棣雖然貴為皇子，朱元璋對他的要求卻是掄刀砍人，文化課程幾乎是一片空白。看過朱棣批文原件就會發現，不但書法慘不忍睹，連語法也頗為生疏。為解決文牘處理問題，朱棣特意建立文淵閣，解縉等一批學士負責為帝王起草或潤色詔書。

朱高熾即位後，立即把當年太子東宮的三位舊臣提拔為文淵閣大學士，他們分別是：楊士奇、楊榮、楊溥，即明中期大名鼎鼎的「三楊」。自此，明代重新形成一個類似宰相的首輔制，文淵閣大學士有「票擬」之權，即在六部、地方送來的奏摺上貼上條子、提出初步處理意見，再轉由皇帝批閱。被貼了條子的奏摺會送到皇帝手中，由皇帝做出最終批覆，這道手續叫做「批紅」。由於全國每天往來的文牘實在太多，皇帝經常會對此頗感厭煩，於是哪天皇帝心煩時，就會只看幾本奏摺意思一下，其他的就交給宮內宦官分批。

理論上，這些宦官只能照本宣科寫上「依照閣中」字樣；實際上，他們經常會把自己當做皇帝，在批示中夾帶私貨，至於皇帝最後能看到哪本奏摺、親自批閱哪本奏摺，幾乎完全取決於皇帝身邊的宦官。

也就是說，自宣宗朝起，大明帝國政務最終決策權並不在內閣或首輔手中，甚至不在皇帝手中，而是掌握在一群太監手裡。難怪明末黃宗羲評論明代的內閣制度：「那不過是一個文案記錄員罷了，而真正有宰相實權的人不過是一批宮奴，他們有了對天下生殺予奪的權力，閣臣中的賢者不過就是把自己的文章賣給他們、不賢者就成了他們的幫凶。」

明代中後期很多太監權勢熏天，究其根本正是明宣宗朱瞻基定下的「票擬」和「批紅」。明宣宗死後僅九年，大明帝國第一位神奸巨蠹、司禮監掌印太監王振即將成為舞臺主角；這個太監的出現，將在瞬間把整個帝國的財富揮霍一空。

第十一章

大明帝國的經濟政策錯失角逐全球霸主的時機

同時代的荷蘭、英國、西班牙，因資本主義成為第一代世界強國

大明帝國「視野最廣闊，思想最解放的一部分中國人」被趕盡殺絕，
嘉靖三十二年（西元一五五三年），葡萄牙人登陸澳門，壟斷了中國對日本的貿易。
自此，大明帝國對外政策開始單純採取守勢。
就在大英帝國熱火朝天造大炮的同時，
大明帝國的軍人卻在啃磚頭、壘長城，在第一輪世界強國競爭中，大明帝國被淘汰出局！

沒有賺頭的朝貢貿易，還引來土木堡之變

英宗即位時，太監王振不只要求官員「孝敬」，連外族也先的賄賂也敢收，大開瓦剌朝貢的方便之門，朝貢的使節從數十人，變成數千人，最後讓也先有了入侵大明的藉口，終於引發英宗被俘、傷亡慘重的「土木堡之變」。

明仁宗、明宣宗是兩個有作為的皇帝，可惜也是兩個短命的皇帝，所謂「仁宣之治」加到一起不過只有十一年。明宣宗給大明帝國留下一位九歲的繼承者——明英宗朱祁鎮，還有一個太監——王振。英宗朝，在大明帝國與瓦剌部族的戰爭中，明英宗成為瓦剌的俘虜，史稱「土木堡之變」。

歷代以來，很多人總結土木堡的教訓，可以概括為一句話：王振對土木堡之變負有直接責任、明英宗負有領導責任。

其實，土木堡之變還有一個更直接的原因，那就是：朝貢貿易。

賄賂宦官王振，得官職者稱為「金中書」、「銀主事」

朱祁鎮剛剛即位時，帝國還看不到危機。從王振最初的表現來看，他似乎也不可能成為帝國的禍患，因為宮內有以公正廉明著稱的張太皇太后[1]，朝堂上有大名鼎鼎的「三楊」內閣，就連王振自己也以督促英宗讀書為己任。

小時候朱祁鎮喜歡玩皮球，是所有男孩都喜歡的遊戲。當時王振也看到了朱祁鎮玩皮球，但他沒有教唆這位帝國的繼承人繼續玩耍，而是在地上長跪不起，懇請朱祁鎮回到書房用功讀書。諸如此類的把戲贏得了朱祁鎮對他的信任，後來朱祁鎮居然不再直呼王振姓名，而是稱呼他為「先生」。

正統元年（西元一四三六年）朱祁鎮登基之後，王振同樣贏得了太皇太后的信任：讓他出面調和「三楊」對峙，賦予他秉筆「批紅」的權力（即替皇帝批閱奏摺）。也許，在太皇太后眼中，王振是一個能秉公處事的人。

可惜這一切不過是一種假象，一個貪婪太監的偽裝。王振耳濡目染了至高權力之威，所有偽裝的目標都是獲得這種權力。只要熬到太皇太后死去，以他跟皇帝的交情，天下就要跟他姓王了。

為了獲得至高無上的權力，付出任何代價都值得──哪怕是暫時隱忍自己貪婪、凶殘的本性。

王振並不知道、或者知道也不會在乎權力的副作用：權力並不能創造財富，只能毀滅財富，權力每攫取一分財富，不知道有多少財富被毀滅；一旦權力的力量反噬，但求做一富家翁亦不可得。

正統七年，張太皇太后去世，「三楊」也先後死去或退出內閣，王振立即變身為大明帝國的煞星，把人性之惡演繹到淋漓盡致……

外放官員來京陛見，都要有一道必修課──去王振那裡孝敬。否則，皇帝還沒見到就可能先被處置了，重者「下法司論死」[2]、「謫戍於邊」[3]，輕者也要「致仕去」[4]。也就是說，好不容易熬了個官，就因為忽視王振，最輕也要被罷官。誰叫你裝作不認識我！

王振府邸車水馬龍，包括吏部尚書在內的朝官，大家見了王振都要像見到皇帝一樣磕頭。

明英宗朱祁鎮（1427 ~ 1464）。

1明仁宗皇后。宣宗時皇太后、英宗時太皇太后，是明朝第一位太皇太后。宣宗每遇軍國大事，都先向其稟明再做決定。英宗九歲即位，她拒絕垂簾聽政，委任三楊輔政，曾重罰權宦王振，當時政局大體穩定。
2出自《明史．刑法志》。
3出自《明史．本紀第十二》。
4出自《明史》卷一五七、一五八、一七七。

只要給王振送足金銀，就能得到想要的官職。一時間，靠賄賂王振得官者充斥朝堂，他們也被冠以「金中書」、「銀主事」之類的綽號。

王振終於揚眉吐氣了，但悲劇的序幕也這樣拉開。

王振收受也先賄賂，瓦剌朝貢規模從數十人擴大到數千人

在中國古代對外貿易的歷史上，朱棣把「朝貢貿易」發展到極致，朝貢者也包括蒙古人的後代之一——瓦剌。這也難怪，當時大明帝國主要的對手是黃金家族[5]後裔，而瓦剌部族的存在對活躍於東北邊的韃靼部族是一個絕大的威脅。

為扶持瓦剌部族，朱棣下令，瓦剌每年可派遣五十名使者來京朝貢，當然，這筆生意還是要遵循「薄來厚往」的原則。自從進入大明帝國起，使者飲食起居不用自己操心，一路上不但可以享受很多美食，還能觀看很多教坊司的御用歌舞，大概這種待遇很好，這些使者會在京住上幾個月之久；所有使者都可以得到一筆價值不菲的禮物，按最低等級計算，大概也夠在邊陲之地生活個三年五載！

沒有永遠的朋友，只有共同的利益，在國際舞臺上，所有事情都在發展變化。在大明帝國扶持下，仁宣年間，瓦剌不但已經徹底遏制了韃靼部族，還向西降服哈密、沙州、赤斤等部族，向東攻破兀良哈三衛，進而控制女真、威逼朝鮮，征服了元亡以後最大的疆域。

如果按照朱棣「誰強就打誰」的邏輯，瓦剌部族一旦壯大了，就應該成為敵人。可是，當權者並不是眼睛裡容不下沙子的皇帝朱棣，而是眼睛裡只有錢的太監王振。他不但沒禁止瓦剌入貢，反而擴大瓦剌的朝貢規模：瓦剌朝貢的隊伍從五十人發展到幾百人，最後居然發展到數千人。

因為，瓦剌部族的首領也先[6]實在是個聰明伶俐的人，在派來使節的同時，也給王振帶來了豐厚的賄賂。

在王振看來，也先跟自己一樣，不過是貪圖財富、多要幾個出國名額而已。既然自己已經拿到足

夠的賄賂，就可以賞賜給瓦剌使者足夠的賞賜，又不是自己的錢，這有什麼大不了的？

瓦剌使臣變強盜，王振竟殺反對官員向也先示好

也先跟王振還是不一樣的，他是一個胸懷大志的人，素來以復興大元帝國為己任。所以，他派來的數千名使節絕不僅為了出國旅遊，除了官員、商人，還有很多士兵——在瓦剌地盤上是士兵、到中原就成了強盜，一路上燒殺搶掠，順便走私銅器、鐵器。

大明帝國不是沒有人看到危機，劉球等一批侍講學士曾先後多次向朱祁鎮當面提及瓦剌朝貢的危害。當時的北京還沒有今天的長城，大同（今山西大同）、宣府（今河北宣化）等要塞的烽火臺早在永樂末年就熄滅了，放任瓦剌無限制增加朝貢使團，很可能某一天瓦剌騎兵就會突然出現在帝國的首都。借用《劍橋中國明代史》中的描述：這種情況下，唯一能保衛帝國首都北京的設施，居然就是北京城的城牆和九門。

劉球：「與瓦剌通商，不但空耗國家財力、滋養敵國，西北、華北一帶黎民早已不勝其煩，此舉誤國，斷不可再行。」

王振：「你擋我的財路，我就斷你的生路。」

正統十年（西元一四四五年），劉球被下獄並迫害致死。

本著友好的原則，王振居然將殺死劉球的消息通知了瓦剌部族：「現在沒事了，放心派人來吧——只要你給我足夠的賄賂。」此後，瓦剌朝貢使團走私行為更加肆無忌憚，次數也從每年兩次變為四次。為了招待這些人，京城居民每年要無償提供牛羊上萬隻、酒上萬壇、雞鴨瓜果無數……

---

5 成吉思汗皇室直系子孫。

6 蒙古瓦剌部的領袖，在他領導下，瓦剌達到極盛。於土木堡大勝後俘虜英宗，後被部下暗殺，去世後瓦剌逐漸式微。

一方面，有朋自遠方來，不亦「摟」乎！另一方面，當時北京城裡的人口不過也就幾十萬，承擔幾千人食宿並非一件很輕鬆的事，最直接的結果就是「軍民應用畢日所存無幾」7。

正統十三年（西元一四四八年），瓦剌一次向大明帝國派出了近三千六百名使者。不過，這一次也先好像忘記了一件重要的事情——賄賂王振。

也先藉口受辱出兵，明英宗帶王振御駕親征

在王振看來，派多少人來其實不是大事，忘記賄賂就是大事，所以，王振火了！那一年，王振破天荒地下令禮部要認真核查瓦剌使者的資格。最後，經禮部核算，這將近三千六百名瓦剌使者，只有六百多人符合使者資格，其餘人員要驅逐出境（食宿費自理）。另外，經過認真核查，瓦剌此次送來的貢馬均為偽劣次品，所以馬價要降低到九〇％，對瓦剌的賞賜也要降到去年的五分之一。

對這種結局，也先也很惱火。

不僅是因為砍掉賞賜、馬價、不再報銷食宿費用，而是因為上一次朝貢使團的人曾經說過，大明帝國已經許諾把公主嫁給他（野史傳聞，也先的朝貢使團曾跟幾個看大門的聊天，期間可能談到此事，就當作功績報給也先了）。

現在，也先不但沒能迎娶到美麗的公主，朝貢使團反而在大明帝國被一個死太監百般羞辱。

正統十四年七月，也先率兵四萬，以明朝悔婚、侮辱使臣為由出兵毫無準備的大同府。

明朝對此的反應也是非常迅速的，在王振唆使下，明英宗率京師附近二十萬軍隊御駕親征。

動員二十萬軍隊用了多長時間呢？

三天！

從下達命令到集結出征，一共用了三天時間。其實所謂準備，不過是每個士兵發白銀一兩（由此可見當時白銀已經是主要貨幣之一）、衣服一身、鞋兩雙、炒麵三斗。《劍橋中國明代史》對此給了簡潔明

快的評論：準備不足、供應很差、領導無能。

八月二日，已經到達大同的王振聽說也先的軍隊非常凶悍，雙方未接一戰，王振就下令撤兵——對街頭混混來說，打不贏就跑也很常見。

問題出在撤兵策略上。

王振為了保護自己的財產，退兵至「死地」土木堡

按原計畫，撤退路線是蔚州（今河北蔚縣）和紫荊關（今河北易縣西北）南面的一條比較隱蔽的路線。王振說，這樣撤退是為了避免軍隊兩次經過一條路線，過分騷擾沿途居民。《明史》則給出了另一個答案：蔚州是王振的老家，王振要讓大軍經過自己的家鄉，讓鄉里鄉親都看看自己的權勢。當年我進宮時，不過是個小小的學官，現在已經統帥二十萬大軍了！

王振全然沒有想到，二十萬大軍是人，也是「城中少年」、「鄉間少年」聚集之處，何況他們身後還有四萬如狼似虎的瓦剌騎兵。臨近蔚州時，軍隊已經明顯失控，他們不但毀掉沿途的莊稼，還焚燒村落、打家劫舍。

準備衣錦還鄉的王振突然意識到，如果二十萬大軍真的經過自己家鄉，自己在蔚州的田產將受到莫大損失。於是，王振做出了毀滅性的決定：大軍返回大同，沿著原有出兵路線，從宣府返回北京。

王振哄騙皇帝跟他一起出征，當然不只是為了炫耀一下，而是想順便借皇帝的威名在所經之處狠狠撈一票。

就是為了這一票，徹底毀滅了明朝二十萬軍隊。

八月十三日，二十萬明朝大軍距離懷來城（今河北懷來縣）只有二十里。只要進了城，瓦剌騎兵在

7出自《明英宗實錄》。

攻堅戰中並不具備絕對優勢。就在這個時候，王振突然下令在附近的土木堡（今河北懷來縣東南）紮營、不再進入懷來城，因為，王振一路上撈了一千多車禮物（索賄所得），萬一自己進城，財物被人私分了怎麼辦？

土木堡是兵家所謂的「死地」，一個沒有水源的地方，就在這裡，長途跋涉的瓦剌軍隊看到了剛剛安營紮寨的明軍。

後面發生的事情就是明史中著名的「土木堡之變」，明軍未做任何抵抗即全軍潰敗，「六軍大潰、死傷數十萬」[8]；皇帝朱祁鎮被俘，英國公張輔、兵部尚書鄺埜、戶部尚書王佐、侍郎丁銘、王永和以及內閣成員曹鼎（狀元及第）等數百文官全部戰死；騾馬二十萬頭及輜重盡為也先所得……王振在亂軍中被一位憤怒的明軍將領樊忠錘殺，樊忠臨終時高呼：「吾為天下誅此賊！」

可惜，太晚了。

明武宗貪玩不問政，太監劉瑾成了「立皇帝」

劉瑾歷經景泰、天順、成化、弘治、正德五朝，終於從敲鐘的小雜役熬成了朝局上呼風喚雨的大太監。劉瑾並沒有取得王振那樣的絕對權力，他只是抓住正德皇帝的弱點，專門等皇帝玩在興頭上時去請示彙報……

土木堡之變以後，由於兵荒，大片軍屯荒蕪，明代宗朱祁鈺即位後下詔「近邊官豪勢要一應人等有力之家盡力開種」[9]。

詔書下達之日舉國歡慶，皇親國戚、朝廷官僚、地痞流氓全都跑去圈占軍屯、皇莊，大家都誇朱祁鈺是個好長官啊！

皇帝的意思原本是開荒，大家現在的意思是：無人耕種的土地要搶、有人耕種的土地也要搶。為此還發明了很多方法逼迫小農放棄自己的土地：包賠屯田籽粒、投獻、捐輸等等。

雖然名稱各異，實質的目的卻只有一個：強勢分利集團利用手中的權力，擠壓普通人的生存空間，逼迫他們獻出自己控制的土地。大家一起興高采烈地搶占皇莊、軍屯，就這樣過去了幾十年，大明帝國經歷了景泰、天順、成化、弘治幾位帝王，進入正德朝。

土地兼併慘烈，動輒殺光富戶全家

正德年間，有一位吏部尚書叫做梁儲，他的兒子梁次攄是地方上的「錦衣百戶」[10]。梁次攄生活的地方有一個人叫譚觀海，家中有一百多頃良田，也算是小康之家；當地還有一個人叫楊端，是一個惡霸。

楊端看中了譚觀海家的一百多頃田地，在他的操縱下，譚觀海因為一件小事被判處死刑。楊端的如意算盤是：一旦譚觀海被處斬，他的一百多頃土地就歸到自己名下了。

譚觀海有一定財富，所以，還是有些自我保護能力。他透過朋友，把土地投獻給梁次攄。所謂「投獻」，即中產之家把土地送給官員、自願降為佃戶，以免除無盡的騷擾或殺身之禍。

「投獻」在當時相當普遍，實在不算什麼大事。在這筆交易中，譚觀海把土地送給梁次攄，梁次攄則保譚觀海平安。當地官府當然不肯去得罪吏部尚書的兒子，也就無人去抓捕譚觀海，楊端的詭計

8自《明史》卷三二八。
9出自《皇明經世文編》卷三三。
10出自明．王世貞《錦衣志》。「百戶」是錦衣衛刑事機構「南北鎮撫司」下設的統領官之一。

眼看就要落空。

後面發生的事情就有點駭人聽聞了。

梁儲雖然貴為吏部尚書，卻以廉明著稱。老子都這樣，兒子就不用說了，所以，楊端不覺得梁次攄有多難惹。於是直接派人把譚觀海原來的佃戶從土地上打跑，在這次衝突中，共有四名譚觀海的佃戶被毆打致死。

看起來，楊端對這類惡事已經駕輕就熟，打死個把人也習以為常。不過，這一次他確實惹事了。梁次攄屬於標準的高幹子弟，沒事的時候尚且要去搶奪別人財富，何況楊端上門來找碴。

為了永絕後患，梁次攄聯合前吏部尚書的兒子戴仲朋以及另外幾家富豪，並且動用軍隊，直接殺掉楊端全家和楊端的所有佃戶（盡殺諸楊，以快其忿，且絕後患）[11]，一共兩百多人成了刀下之鬼。

當然，楊端和譚觀海所有的土地也被梁次攄、戴仲朋等幾人瓜分。

朗朗乾坤、光天化日，突然衝進一群人，不問青紅皂白見人就殺。

如此「法當極典」[12]的案件報到了刑部，刑部居然說自己無權過問此事；於是，案件被推到三法司（明代最高審判機構），三法司的結論卻是「此案難以常例處之，請皇帝聖裁」，沒人肯為兩百多條人命得罪吏部尚書。

正德皇帝給出的判決結果非常耐人尋味：梁次攄和戴仲朋殺人事出有因，發配邊衛五年（五年中照樣可以在邊境做官），另外，譚觀海、楊端的土地全部歸梁次攄和戴仲朋，楊端手下那兩百個佃戶就算白死了。

筆者猜想，為搶奪土地以致派兵屠村也許確實是個別事件，卻也足以昭示當時土地兼併慘烈。

武宗以愛玩出名，劉瑾權錢一把抓

第一個下決心要改變這種狀況的人，正是正德皇帝手下那個禍國殃民的太監——劉瑾。順便說一句，在中國歷史上，正德皇帝以愛玩出名，整個中國歷史上恐怕無人能望其項背（普通人沒錢玩不到這個地步，皇帝又無人敢玩出如此花樣）。

劉瑾，本姓譚，陝西興平人，六歲入宮，後追隨一個劉姓老宦官而改姓劉。劉瑾歷經景泰、天順、成化、弘治、正德五朝，終於從一個敲鐘的小雜役熬成了朝局上呼風喚雨的大太監。

劉瑾並沒有取得王振那樣的絕對權力，他只是抓住了正德皇帝的弱點，專門等皇帝玩在興頭上時去請示彙報。

於是，正在興頭上的皇帝就很生氣：「我養你們這些人是幹什麼的，自己不會處理嗎？」於是，劉瑾才成為所謂「立皇帝」[13]。於是，劉瑾才有了斑斑劣跡。

歷代史家關於劉瑾的論斷比較有意思：首先，大家一致認為劉瑾是一個禍國殃民的死太監，這一點確定無疑；然後，大家對劉瑾的惡行成因產生了爭議，有人認為劉瑾是一個壞事做絕的傢伙，也有人認為劉瑾做壞事是因為想做好事，只不過他把好事做成了壞事……

馬斯洛的需求理論認為，人類行為受到五種需求驅策，這五種需求依次為：生存需求、安全需求、歸屬需求、尊重需求、自我實現需求，五種需求像階梯一樣從低到高、按層次逐級遞升。劉瑾認為，自己是高層次的成功太監，所以自己要從「生存」這種低層次向「自我實現」這種高層次躍遷

明武宗朱厚照（1491 ~ 1521）。

11 出自《明武宗實錄》。
12 出自《萬曆野獲編》：「……事在正德八年，法當極典，乃父方為宰相，法官僅擬發邊衛，立功五年，仍還職而已……」
13 指天下有兩個皇帝，一個是坐著的皇帝明武宗，一個是站著的皇帝劉瑾，暗諷劉瑾把持朝政。

（請注意，是躍遷，不是變遷）。

其實，自我實現、尊重，這些高層次的玩意兒不是每個人都玩得起，需要大量金錢做支撐，沒吃飽飯就去追求自我實現的偉人不是沒有，古往今來不過也就那麼幾個。絕大部分人活著也就是為了生存、安全、歸屬，普通人如果非要從低層次向高層次邁進，那是一定要付出代價的。

劉瑾只是普通人，所以，他為此付出了極為慘痛的代價。

地方官靠高利貸「孝敬」劉瑾，利息高達三〇〇%到四〇〇%

最初，出於生存的需求，劉瑾曾經拚命撈錢。王振只是要求地方大員來孝敬，劉瑾卻連離京出差的官員也不放過。無論什麼差事、也不管你是不是撈到了錢，一旦被派了出京的差事，回京後第一件事就是到劉瑾府上孝敬。如果忘記了或者沒錢孝敬，結果必然是很悲慘的，有些朝官甚至因為無錢向劉瑾行賄而「畏罪自殺」。

開始時劉瑾沒見過世面，每次就收幾百兩白銀，後來一個叫劉宇的人一次向他行賄萬兩白銀。劉瑾非常高興，他問劉宇：「先生何厚我？」劉宇笑而不答，隨即，劉宇便被升為兵部尚書，加太子太傅銜。

自此，劉瑾的胃口大了起來，省級官員進京要供奉兩萬兩白銀、州府官員要供奉數千兩白銀（根據各地肥缺而定），縣級官員來也要供奉數百兩白銀……

孝敬劉瑾的錢在當時叫做「常例」。據《明史》記載，地方官「常例」的來源基本都是高利貸，謂之「京債」。「京債」的利息率是非常高的，年利率應該在三〇〇%到四〇〇%之間。

地方官肯承擔如此高昂的利率，並非他們還款能力很強，也並非他們議價能力很差，而是因為高利貸機構本身就是自家產業。一般來說，地方官在自家高利貸機構借出「常例」送給劉公公，回到任上後，再從公庫裡提取白銀運往京城還債，連本帶利一起付清（復任之日，取官庫所貯倍償之）[14]在整個過程中，劉公公只是拿到京債的一份本金，行賄者卻拿到三到六倍的利息，甚至還要更高。

當然，無論本息都會記在劉公公帳上，地方官員本人還是合理合法的。

劉瑾轉性改抓貪汙，用「罰米法」摟錢給皇帝花

吏部尚書張彩是劉瑾的爪牙，也是劉瑾最重要的心腹。張彩畢竟是讀書人，看著劉老大的名聲一天天臭下去，實在於心不忍。正德三年（西元一五〇八年），他跟劉瑾進行一次意味深長的談話。

張彩：「劉公，你以後不要再收『常例』了，這是一種極其愚蠢的撈錢方法。」

劉瑾：「『常例』這麼快的撈錢方法，為何要放棄？」

張彩：「地方大員都是貪汙的老油條了，你雖然只收兩萬兩，這些人回去就會在國庫裡拿走六萬兩，還要說這些錢送給劉公你了。」

劉瑾：「……」

經過張彩點醒之後，劉瑾終於更上層樓了，不再為「生存」貪汙受賄，而是立刻有了更高的追求——「自我實現」。

正德三年，劉瑾發布了一條消息：從今往後，朝廷要嚴厲查處貪汙，我也不再收「常例」了。

正德三年，刑部侍郎張鸞等三人從江西出差回來，按常例送給劉瑾兩萬兩白銀；結果，劉瑾不但將賄金送官，還將三人治罪，並牽連出江西巡撫以下官員三十一人。

正德三年，劉瑾開始派員核查各地公庫，但凡帳目與實存不一致者都要治罪。如果不想被治罪，也可以向朝廷捐出贖金以減輕罪名，這在歷史上被稱為「罰米法」。

《明武宗實錄》記載，正德三年九月，罰米法僅推行一個月，就有一百五十三人被罰，數量從千

14出自《明史紀事本末》。

石到百石不等，合算下來估計又幾萬石糧食，這在當時已經是一筆不小的財富了。

也有人認為劉瑾的「罰米法」實際是一種斂財利器、打擊異己的手段，但凡不肯依附於他的人，往往會因為小罪名被處以數百石乃至數千石的罰款，很多人因此傾家蕩產……

透過查處貪官，朝廷收到很多銀子。有了錢，就可供給邊用、就可供正德皇帝繼續揮霍……然後，劉瑾迷失了方向。

劉瑾動手解決土地兼併問題，卻得罪官僚與天下百姓

由於搶占官家豪強土地，劉瑾徹底得罪了整個強勢分利集團；「整理軍屯」又未能讓天下蒼生真正得到土地，劉瑾更是得罪了天下黎民百姓。從此，他再無朋友、只剩下敵人。

危及大明帝國統治根本的事情無疑是流民，造成流民的根本原因則是土地兼併。劉瑾身殘志堅，看明白了問題的關鍵，很快就找到第二條自我實現的路徑——不准土地兼併，即整理軍屯。

從土木堡之變到正德朝的五、六十年間，強勢分利集團最大的勝利就是蠶食了皇莊、軍屯，大家「侵占屯田，隱占為業，祖孫相繼，盤踞自如」[15]。正德初年，皇莊、軍屯已被侵蝕得所剩無幾，很多軍戶也變成無家可歸的流民。

發現問題後，劉瑾迅速付諸行動。正德四年，他奏請正德皇帝整理軍屯。劉瑾告訴正德皇帝朱厚照：「整理軍屯可以遏制土地兼併、可以增加國家收入、可以改善軍隊給養、可以減少流民、可以從強勢階層手中為流民奪回失去的土地、可以保我大明帝國長治久安……」

有這麼多好處，朱厚照連想都沒想就把手一揮：「很好，你去辦吧！」

整理軍屯，得罪封建強勢分利集團

整理軍屯，確實是一件利國利民的大好事。但有一個前提：如果能做成的話。這件事說白了就是：把官員們積累了幾代的財富拿回來。可是，帝國強勢分利集團主導財富分配的情況下，他們允許財富反向流動嗎？

官員們確實需要巴結劉瑾，拍馬屁、行賄，所有這些的目標都是為了從劉瑾手裡攫取更多利益。現在劉瑾不但不能給人家更多利益，還要奪人家田產，那人家又何必依附於你？劉瑾在瞬間就把整個強勢階層都推到自己的對立面，詔書頒布之日，敗亡便已在旦夕之間了。

《明通鑑》[16]記載，劉瑾奏明整理軍屯時，滿朝官員全部以沉默對抗，大學士楊廷和本來想出面阻止，卻被另一位大學士李東陽拉住。事後楊廷和問李東陽為何阻止自己，李東陽的回答居然是：「讓他把天下人得罪光了吧，這樣我們才有可能扳倒他。」

楊廷和、李東陽是內閣大學士，是明史中的名臣，這樣做是權謀之術，還是禍國殃民？

劉瑾得到了聖旨，興匆匆地回到家中，死黨張彩隨即趕來，怒氣沖沖地質問劉瑾：「這樣大的事情，為何事先不跟我商量？」

劉瑾：「這絕對是一件好事，是一件百世流芳的好事，我為什麼不能去做？莫非你侵吞了太多的土地怕我去查？」

張彩：「……」

15出自《皇明經世文編》卷三五九。
16清代官員夏燮仿《資治通鑑》編年史體例所編修，共一百卷。

一場不歡而散的談話之後，劉瑾得罪了最忠心的手下，也失去了重要的同盟。不過，劉瑾是不怕這些的。以前做壞事時，尚有這麼多追隨者，這樣的大好事，還怕找不到人？你還別說，做好事還就真找不到幫手。

劉瑾找到的新幫手是文官集團底層，選人的標準則非常別致：罵過劉瑾（看起來劉瑾倒是不記仇）。在已經上層次的劉瑾看來，凡是敢於得罪自己的人，一定有幾根傲骨的，都是清官能臣。

劉瑾沒有想到，有人罵他是以天下為己任，有人罵他純粹就是政治投機，畢竟絕大部分人的需求還停留在「生存」、「安全」層面。

事實證明了我們的猜測。

找周東核查土地，得罪天下黎民百姓

周東，成化二十年（西元一四八四年）進士。到了正德朝，周東混了二十多年還沒混上一個合適的位置（實在抱歉，筆者沒有查到周東此前的官職）。別看混得不好，周東還是很有骨氣的，劉瑾得勢以來，他經常發表言論抨擊劉瑾，見面的時候對劉瑾也是冷眼相對。

正德五年（西元一五一〇年）初，劉瑾要整理軍屯，他想到了周東。這個人敢罵我，人才啊！隨即將周東提拔為大理寺少卿（正四品），並派往寧夏整理軍屯。

跟劉瑾一樣，周東也認為整理軍屯是一件很簡單的事情：找到原始土地登記簿子，核查一下誰在耕種這些土地，讓他交出來就是了。

周東也許沒有意識到，自己要人交出來的不僅僅是土地，也是別人的身家性命。斷人財路如殺人父母啊！何況，周東想要的不僅僅是朝廷的土地，還有賄賂。

寧夏駐軍都指揮使是何錦義，任職期間確實撈了很多土地，大概有兩千五百多頃。在周東到來之前，何錦義就做了充分的準備，把土地掛在親戚名下。當然，何錦義還是很懂規矩的，自周東進入寧夏地界開始就不停逢迎，伺候得那叫一個周到。

剛開始何錦義很開心，周東豪爽，逢請必到、逢禮必收，看起來自己應該可以逢凶化吉。一段時間後，何錦義就有點犯嘀咕了：「您酒也喝了、錢也收了，這事情到底怎麼辦，倒是給句准話啊。」

周東沒有讓何錦義等待太久，半個月之後，他告訴何錦義：「我已經派人查過了你的田產，一共三千五百頃土地，都是你侵占的軍屯，交出來吧！」

滿打滿算才撈了兩千五百頃田地，周東卻把自己親戚的土地全算在自己頭上，自己不但傾家蕩產，還要倒賠一千頃！

原來周東是一個收錢不辦事的人。

何錦義很生氣，不過轉念一想，周東開出這樣的籌碼，莫非是覺得自己送錢不夠多？於是何錦義加大了送禮力度，再看這位大理寺少卿，還是禮物照收、酒席照喝，就一件事，田產的事免談。

實際上，何錦義還是幸運的，大概是看在何錦義級別比較高的份上，周東只是把何錦義的小老婆抓起來痛打了一頓（破相了），也沒把他本人抓進監獄。中下級軍官乃至小兵就沒這麼幸運了，經常被周東的手下抓進監獄，然後痛毆人家的妻子兒女、逼迫人家交出土地。更可恨的是，周東在丈量土地時，把五十畝田計為一頃地（實際為一百畝田一頃地），這樣計算下來所有的人都在侵占軍屯，即使普通的軍戶都要退賠土地。

整理軍屯的人跟搶占軍屯的人本就是一丘之貉，靠劉瑾一紙空文真的就能讓貧苦的軍戶得到土地嗎？《明史》這樣描述當時的場景：「周東這樣的人望風承旨、敲撲殘酷，富貴之家還可以坐賣田宅，普通人只能坐在街道上哭泣……」

搶占官家豪強土地，劉瑾徹底得罪了整個強勢分利集團；「整理軍屯」又未能讓天下蒼生真正得到土地，劉瑾更是得罪了天下黎民百姓。

從此，劉瑾再無朋友、只剩下敵人。

藩王討伐、百官告狀，劉瑾被抄家處死

早就心懷異志的安化王朱寘鐇利用寧夏戍邊將士的憤怒，在寧夏舉兵造反，同時打出「誅劉瑾、清君側」的口號。雖然安化王叛亂只花十八天就被平定了，但這件事卻成為人們攻擊劉瑾的口實。

正德五年八月十六日，在沒有任何先兆的情況下，劉瑾曾經的戰友、跟他同為宮內「八虎」的另一個太監——張勇，突然在宮廷御宴後，向正德皇帝呈上內閣成員李東陽奏摺，狀告劉瑾謀反。

次日，整個大明帝國的官僚全部行動起來，六部九卿、全國十三布政司同時上書，一致彈劾千古罪人劉瑾。也就是說，文官集團、宦官集團、中央勢力、地方勢力，無論是誰、也無論官大官小，大家都要對劉瑾踹上一腳。

總結一下，大家為劉瑾羅列了十九條罪名，內容小到不講文明、不懂禮貌，大到謀反、貪汙受賄、司法腐敗等等。正如整理軍屯之初李東陽的預料，劉瑾的命運從那時就已注定敗亡。

為了查證劉瑾的罪行，劉瑾被兩次抄家，第一次只抄出白銀五百萬兩、珍寶無數；第二次，經有關部門認真核查，終於在一個房間裡找到了上千幅鎧甲，並在一把扇子中找到一柄匕首。

最終，經皇帝裁定，劉瑾謀反罪名成立，凌遲處死，並籍沒全部家產。最後，借用**《劍橋中國明代史》對劉瑾之死的評論：改革王朝制度的唯一具有實質性的嘗試完全失敗了。劉瑾死了，大明帝國也失去了一次最好的中興機會，下一次清查土地要等到一甲子之後，帝國沉痾早已積重難返，張居正雖費盡移山心力，也未能延續大明帝國的最後一絲暮光。**

藩王叛亂、民間起義，武宗下詔罪己力挽狂瀾

此後，明武宗朱厚照這位中國歷史上著名的昏君，做出了無數極為荒唐的事情：修建豹房、擅自出巡並沿途強搶民女、加封自己為太師……就差沒造反篡位了。

當一個人再也沒有什麼可失去的時候，生命本身便成為活下去的唯一賭注——放手一搏或許還能活下去，乾脆反了吧！

正德年間，大明帝國叛亂和民間起義風起雲湧，宣化王、寧王先後叛亂，湖廣、江西、四川、河北、陝西等地區農民接連爆發起義：正德五年，劉六、劉七的起義軍隊伍甚至一度攻入京畿地區……

正德朝末年，皇帝在一份《罪己詔》中懺悔了自己的所作所為：自己為政數年來所為狂悖，致使官場奸吏頻出，優恤之旨被廢格不行；如今，勤勞者未盡甄賞、義烈者未盡褒揚，水旱相繼、盜賊充斥，最終使得饑饉遍野、邑井蕭條、室廬焚蕩，人們不得已委身江湖，然後身喪草野；儘管現在已經怨聲載道，大患只在旦夕之間，還是要請天下黎庶原諒自己少不更事……

朱厚照，你可以被原諒嗎？

大明帝國真的有資本主義嗎？

在經濟史學界有一種觀點，嘉靖、隆慶、萬曆三朝以來，中國商業已經發展到一個新的階段，即「資本主義萌芽」階段。遺憾的是，被後來的黨爭、內亂和明末的民變打斷，否則中國自明代起就應該能創造出蒸汽機、電動機，然後就應該領袖世界了。但為什麼中國會跟它再一次失之交臂呢？

正德皇帝的繼任者叫做朱厚熜，即嘉靖皇帝。嘉靖皇帝在位四十五年，四十五年間，荷蘭、西班牙、英國已經先後成長為第一代世界性大國，米字旗即將在全世界高高飄揚。

在經濟史學界有一種觀點，嘉靖、隆慶、萬曆三朝以來，中國商業已經發展到一個新的階段，也有人稱之為「資本主義萌芽」。遺憾的是，這株小嫩芽被後來的黨爭、內亂和明末的民變打斷，否則，中國歷史進程可能完全改寫。也有人這樣解釋「資本主義萌芽」：如果沒有東林黨、魏忠賢、李自成……中國自明代起就應該能創造出蒸汽機、電動機，然後就能領袖世界了。

確實有這樣的可能性，但為什麼中國會跟它再一次失之交臂呢？

如果把國家和民族的歷史看成是一條時間長河，那麼它一定有主幹也有支流。某一具體歷史事件在何時、何地發生，可能產生什麼樣的後果，這些是支流；再重大的歷史事件其實只能改變水位、流量，無法改變河流的走向。**決定河流走向的，是一個民族、一個國家千百年來每一個普通人遵從的思維方式、交易方式乃至生活習慣，這些細枝末節的小事才是歷史長河的主幹。**

這些看起來毫不起眼的點滴小事，形成了一個民族的習慣，在這些習慣主導之下，重大事件的偶然一定會變成歷史的必然，在新制度經濟學中被稱為「非制度因素」。

與白紙黑字的制度因素相比，「非制度因素」決定制度因素，必須經漫長的歲月，才可能改變每個人身上潛移默化的基因，這才是一個國家、民族最大的變數。

中華歷史源遠流長，流長到嘉靖朝已經形成了很多牢不可破的非制度因素，沒有魏忠賢，也會有崔承秀、沒有東林黨，也會有復社[17]、沒有李自成也會有張獻忠。何況，所謂「資本主義萌芽」也不具備資本主義屬性，甚至根本不是經濟自然演進中產生的商業。

明世宗開皇店，只要皇帝插手，私商就不得經營

嘉靖朝這部分內容，就從「資本主義萌芽」中所謂的商業說起：皇店與官店。

嘉靖皇帝（明世宗）一生都在為長生不老而奮鬥，修仙這種工作既需要高超的技術，也需要大量財富支撐。為了讓神仙早日在長生報告上簽字，嘉靖皇帝幾乎耗盡了傾國之財。

嘉靖十年（西元一五三一年）開始，嘉靖皇帝為表示玄修的誠篤，不惜動支巨額國帑，修建各種道

家建築物。

沒過幾年就撐不住了。

嘉靖十九年，工部尚書溫仁和上疏痛陳：近年來，內外工程不斷，都是殿堂、廟宇、祭壇、碑文，兩三年內就花掉了六百三十四萬七千兩白銀（約折合明朝這些年歲入的三〇％），現在還有三十餘處沒有竣工，但是，內藏早已耗竭……

嚴格來說，嘉靖皇帝這種追求長生不老的方式並不能算是修道，只能算是行賄，我為您花掉傾國之財修築廟宇神殿，您該讓我長生不老了吧……

如果真的能用金錢買動神仙，這樣的神仙你敢信嗎？

嘉靖皇帝是不會考慮這些的，他只是覺得自己的長生報告始終沒有批下來，手頭的錢卻越來越不夠花了。於是，在動用國庫、內帑之外，嘉靖皇帝又想到新的生財之道——壟斷所有賺錢的商業和手工業，即中國歷史上臭名昭著的「皇店」。

所謂皇店，顧名思義就是皇帝開設的店鋪。

皇店出現於正德年間，正德皇帝為了玩出花樣，在京城內先後開了一些店鋪，朱厚照以皇帝

17 明末江南一帶讀書人組成的團體，因主張「興復古學」而得名。崇禎初年創立，後演變為政治團體，涉入黨爭。明亡後，轉為抗清組織，直至順治九年（西元一六五二年）被迫解散。

明代中葉的錢幣。

之尊親自上陣當起店小二。這種皇店不過是一種遊戲，最多是增加一些人們茶餘飯後的談資。

嘉靖皇帝卻對皇店做了大規模創新，把地攤擺到了全國各地，不但在北京城內形成了統一的標示、經營網路，還將分店開到了張家灣、河西務、盧溝橋、臨清、宣府、大同等處。

從朱元璋開始，大明帝國但凡稍微賺點錢的生意，早就已經被官家壟斷，比如，食鹽、冶礦、煮糖、茶葉……現在，皇店又來擠壓本就已經很小的私商生存空間。

最可恨的，只要皇店經營的東西，其他商人一律不得觸碰。

為貫徹這一指示，皇店還設有武裝，用於檢查水陸來往客商，即使走街串巷的小販亦不能免。有人膽敢和皇帝競爭——資財罰沒、人即收監。

正德皇帝化裝成店小二，好歹算是演繹了一把真實版的「正德微服私訪記」，與民無害；嘉靖皇帝卻親自「持籌握籌」[18]，對皇店下達年度經營計畫，確定商品售價和盈利，這些內容均見於煌煌聖諭，在歷朝歷代也算是僅有的孤證。

官僚大開「官店」，最熱門行業是放高利貸的當鋪

既然皇帝開「皇店」，當官的就可以開「官店」。

嘉靖朝中期後，各級封建官僚也紛紛開設了自己的商鋪——「官店」。最常見的業務之一是中國第一代金融業——當店。據《嚴嵩抄沒冊》[19]記載，嚴嵩任首輔期間，在南昌、宜春、分宜、揚州等處繁華的黃金地段廣置店面，並委派家奴開設當店。

當店，也就是後來的當鋪，是中國金融業的鼻祖，看起來金融業官營的傳統自古有之。

提起當鋪，多數人印象裡大抵是一個菱形牌子上書一個大大的「當」字。大家對當鋪一定不會有什麼好感，在影視劇裡，當鋪專門盤剝瀕於絕境的窮人。

這是不對的。

金融的本質是實現資源有效配置，只會把錢送到更能賺錢的地方，什麼時候會輪到窮人？用今天的語言描述，當店或當鋪的主營業務其實就是抵押貸款，窮人自己都混得無以為生了，還能指望當店給他放貸款？

前期的當店、後期的當鋪，都只做錦上添花、從不雪中送炭，最初客戶幾乎全部來自候選或初任官員，當店會事先借給這些人數千兩白銀，待上任後連本帶利還清。當然，當店的風險控制措施還是很有威懾力的，因為，當店後臺老闆往往可以決定借款人的仕途——不怕你不還。

到了隆慶朝，當鋪才在大明帝國逐步普及，普通生意人遇到資金緊缺也會在當鋪抵押融資。從《三言二拍》[20]中的記述來看，抵押品一般是地契、珠寶，價值一般在數百兩白銀，折合今天的價格約為百萬。

這些皇店、官店就是嘉靖朝最為普遍的商業模式，也就是所謂的「資本主義萌芽」。西漢武帝年間推行鹽鐵專營，「官商」在數十年內就能摧毀「文景之治」民間近百年的積累，何況現在一馬當先的是皇帝。

強權之下，何利不可求，又有何利不可得？用一句時人的口頭禪來描述皇店與官店的後果：嘉靖、嘉靖，家家皆淨！

18 出自《明通鑑》：「……令內官仿設市肆，身穿估人衣與貿易，持簿握籌喧騰不相下……」

19 抄沒嚴嵩家產清冊，鉛印本厚達一四〇頁，足見嚴嵩家產之多。

20 明末反映明代生活的話本小說集。三言為馮夢龍所寫的《喻世明言》、《警世通言》、《醒世恆言》，二拍指凌濛初所寫的《初刻拍案驚奇》和《二刻拍案驚奇》，於通俗文學界具重要地位。

少了財產權保護，無法累積資本，哪來真正的資本主義？

西方王室展開海外經濟掠奪時，大明帝國還在官僚的荼毒下苟延殘喘；大英帝國造大炮的同時，大明帝國的軍人仍在啃磚頭、壘長城。長此以往，大明帝國與西方列強的國力距離，怎能不愈拉愈大？

如果一國經濟處於封閉環境下，西漢《鹽鐵論》[21]就能把官營壟斷的害處演繹得淋漓盡致；大國爭霸的背景下，官營壟斷的害處又不僅限於損害經濟效率。正是這個原因，大明帝國在世界強國角逐中被紅牌罰下。

「皇店」、「官店」包含了一種可怕的邏輯：財富階層與官僚階層合二為一，波譎雲詭的官場成為左右財富分配最強有力的指標，每當一任首輔倒臺[22]，財富分配就要重新洗牌，「君子之澤，五世而斬」[23]。

無法累積資本，扼殺商業創新與海外爭霸動機

宦海沉浮本無定標，大明帝國財富循環的流轉速度實在太快了，快到根本無法形成正常的資本積累，財富階層也根本不能獨立、長久地維持其經濟上的優勢地位，所以，依靠上層社會內生演進出產權保護制度便成為泡影。

仕途險惡造成的不穩定性，進一步加劇了「官商」的掠奪性——人們只看重短期利益，根本無暇顧及長期獲益的技術創新、管理創新，即使游離於朝廷之外的私商也很快捲入其中，把目光緊緊盯在專制權力之上。

更大害處則體現在海外爭霸的動機：**皇店、官店即使產生再大的收益，與帝國行政也沒多少關**

係，官員不可能把自己的灰色收入用於納稅；如果帝國不能從商業等創新行業中獲得足夠收益，就沒有動力扶持、支撐這些創新行業。

據黃仁宇[24]估計，嘉靖年間大明帝國正常商稅不足帝國總收入的一%；而同一時代，英國海外貿易的稅收就已占英國皇室收入的四〇%。在強烈的經濟激勵下，西方王室的最佳選擇便是從掠奪國內轉向掠奪海外，以荷蘭、西班牙、英國為代表的第一代世界強國，無一不是選擇這樣的路徑：**以國家名義授予商人海外貿易專營權，以國家武力擴張殖民地、搶劫各種財富、維護不平等貿易。**

在西方大國的成長邏輯中，私商的財富相對穩定，一個逐漸脫離王權束縛的新興資產階級開始壯大，最終積聚了足夠的力量，從技術創新延伸出了制度創新，專制王權被徹底拋棄。

反觀大明帝國，既然帝國無法從商人手中獲得足夠的利益，加之「薄來厚往」朝貢貿易的思想根深柢固，由帝國出面支持對外貿易也就失去了最根本動力——帝國未能從中獲益。

官方不支持，黑社會霸占海外貿易大餅

帝國無法從中獲益，並非意味無人染指中國海外貿易利潤。既然在正常法律框架下無法從事海外貿易，這塊大餅就必然被黑社會拿走了——也只有黑社會能突破帝國「片板不得下海」的禁令。

21 西漢「鹽鐵會議」紀錄，以對話體撰寫，為大臣官員間的辯論，內容包含西漢後期政經、思想、中央與地方對立情況。

22 嘉靖朝是一個非常熱鬧朝代，四十五年間換了二十三個首輔，其中嚴嵩還曾獨占十七年。二十三任首輔少有善終：夏言被嚴嵩所害，成為明代第一個被處斬的首輔；嚴嵩又被徐階扳倒，籍沒全部家產、其子嚴世蕃被處斬；徐階又被後來者高拱清算，幾乎家破人亡；高拱的下場同樣也很淒慘，差點被張居正逼到自殺的地步。歷任首輔也為嘉靖皇帝貢獻了豐厚的財富。「貴極人臣，富甲天下」的嚴嵩自不必說，向嘉靖皇帝貢獻了三萬兩千兩黃金、兩百零二萬兩白銀、一萬一千兩百多頃土地；就連素為史學界稱讚的徐階，最後也因為土地問題而被清查。

23 出自《孟子．離婁章句下》：「……君子之澤，五世而斬；小人之澤，五世而斬。予未得為孔子之徒也，予私淑諸人也。……」

24 黃仁宇（西元一九一八～二〇〇〇年），美籍華裔史學家，曾任職於哥倫比亞大學、哈佛大學，並參與英國劍橋大學《中國的科學與文明》研究工作。病逝於紐約。著有《萬曆十五年》、《中國大歷史》等暢銷書。

當時，從中國販賣生絲、絲絹、瓷器、漆器乃至脂粉到日本的利潤都在十倍以上，由於缺乏必要制度束縛，海外貿易商（走私商）逐步蛻變為真正的海盜。

所謂「倭寇」、「倭患」，其實十之八九都是東南沿海的中國人。明代以後倭寇研究逐漸廓清了迷霧，民國史學界甚至將當時的「倭寇」譽為「明代視野最廣闊，思想最解放的一部分中國人」、「當時世界最強大的海上商隊」。

這樣的評論雖然有一定道理，可是倭寇畢竟是倭寇，對社會帶來的負面影響同樣非常巨大。對他們而言「片板下海」已經是殺頭之罪，此後犯下再大的罪行也不可能被砍頭兩次。這些人從海盜、走私發展到登陸劫掠平民，甚至武裝攻取帝國州縣，威脅帝國存亡。因此，嘉靖皇帝痛下殺手，誘捕並殺害了「倭寇」首領王直、徐海——兩個正宗的中國人。

大明帝國「視野最廣闊，思想最解放的一部分中國人」被趕盡殺絕，嘉靖三十二年（西元一五五三年），葡萄牙人登陸澳門，壟斷了中國對日本的貿易。

從此大明帝國對外政策開始單純採取守勢，著名的萬里長城真正的修築時間正是這個年代（秦代所築不足今天的三分之一）。就在大英帝國熱火朝天造大炮的同時，大明帝國的軍人仍在啃磚頭、壘長城，官僚主導經濟發展。既然皇權主導下的國防事業未能向近代軍事工業轉型，城郭之間就更不可能出現劃時代的技術創新。

在第一輪世界強國的競爭中，大明帝國被淘汰出局。

第十二章

西班牙擁有全世界三分之一的白銀，
大明帝國的白銀遠超過西班牙

當全國財富集中於皇帝與官僚手中，政權就該滅亡了

海外貿易為大明帝國帶來了巨量白銀，
卻沒有帶來真正的財富，
因為白銀全部進入官僚與皇帝的口袋，
接著又成為官僚兼併土地的利器。
皇帝與封建官僚再一次徹底洗劫了整個社會的財富，
民間沒有資本、沒有商業，更淪為奴隸、淪為流民……

新大陸的白銀，超過一半跑到大明帝國

為解決全國銀荒，穆宗開放海外貿易，用貨物跟西歐諸國換白銀，結果全世界一半以上的白銀，全進了中國——官商的口袋。

中國第一代貨幣是銅錢，盛唐之前中國的主要貨幣始終是方孔圓錢。經過了宋代原始自由經濟大發展，銅幣不能適應當時的經濟總量，取而代之的是紙幣——交子、會子、中統交鈔等等。

為什麼大明帝國會突然放棄紙幣，轉而向銀本位演進呢？

不是大明帝國想放棄紙幣，實在是朱家王朝不爭氣，把自己的牌子砸了。紙幣是紙做的，根本就不值錢，值錢的是紙幣背後的信用。大明帝國從開國皇帝朱元璋起就亂發紙鈔，把紙幣背後的國家信用破壞得一乾二淨，明成祖之後大明寶鈔已經基本變成了廢紙。

正統元年，明英宗發布命令：江南府縣必須將四百萬石的糧食貢賦，改為一百萬兩白銀，變相承認了白銀的法償貨幣地位。嘉靖四十一年（西元一五六二年），帝國完全放棄了金銀交易禁令，被迫承認白銀為帝國的合法貨幣。《水滸傳》成書於明代嘉靖末年，全書全無使用紙幣的描寫，甚至用銅錢也罕見，市場交易不論款額大小，幾乎專用白銀。

從幣材有效性來講，白銀的限制是很多的，皇帝權力再大也不能變出白銀來，有多少白銀才有多少貨幣。

白銀貨幣體系束縛了專制帝國的掠奪之手，帝國再也不能隨意動用貨幣政策這種殺手鐧來劫掠民間資財，但這是好事嗎？

未必，因為大明帝國沒有多少銀礦，不適合以白銀做為貨幣。

白銀產量稀少，造成全國嚴重銀荒

據《天工開物》[1]記載，大明帝國銀礦分布於湖廣、江西、浙江、雲南一帶，一半以上的白銀產自雲南。即使在雲南行省，每年產白銀不過也就是十萬兩，全年帝國產銀不過也就十八萬兩。

也就是說，整個大明帝國每年所產白銀用幾輛大卡車就能拉走，即使大明帝國放開一切對新興產業的束縛，從國內貨幣供應量來看，原始自由經濟也不可能實現經濟起飛。無論您想幹什麼，哪怕是擺個地攤，第一位需要做的就是籌集資本。資本，就是錢；沒錢，再有天賦的人也會被埋沒。

同時代的西歐卻是大明帝國一個完整版的反證。**西元一五一〇年到一六〇〇年，新大陸金銀迅速湧入西歐，倏忽而來的金銀形成了巨大的購買力，幾乎所有商業領域都獲得了巨大的市場，然後就是商業興盛、各行業隨之興盛。**

在人類剛剛走出洪荒的年代，只有足夠的貿易才能刺激出更精細、更有效的專業分工，而這一切，先決條件是必須有足夠的貨幣。西方這場持續了近一百年的黃金白銀流入被譽為「價格革命」，意思是說：黃金白銀供應量劇增刺激了國內需求，以紡織業為代表的產業相繼興起，這也是後來工業革命最直接的誘因。

反觀大明帝國，嘉靖年間白銀貨幣化的趨勢已經無法阻擋，也是從這個時候起，整個帝國開始遭受「銀荒」的困擾。嘉靖四十三年，帝國正式承認白銀為貨幣兩年後，戶部有了這樣的奏報：太倉全年歲入不過兩百萬兩白銀，半年不到就已經花掉了一百七十萬兩，過頭稅也不能再收了，順天府正稅每年不過十萬兩白銀，額外加徵的稅銀已經到了十一萬兩，所轄大興、宛平兩縣，無論窮富，全村逃亡的不在少數。

1 明末科學家宋應星著，成書於崇禎十年（西元一六三七年），記載明朝中葉前的各種技術。

嘉靖四十五年（西元一五六六年），一輩子向神仙行賄的朱厚熜還是沒有看到長生不老報告獲批，終於帶著無限遺憾去跟神仙面談了。

隆慶皇帝剛剛登基，就面臨這樣一種尷尬的局面：大明帝國缺錢，想鑄錢沒有銀礦，想發行紙幣又沒有人承認。時人慨嘆：天下之民最缺的並不是五穀錦帛，而是白銀乏（天下之民，惶惶以匱乏為慮者，非布帛五穀不足也，銀不足耳）[2]。

辦法總比困難多。

沒有銀礦沒關係，國內沒有，國外還沒有嗎？

隆慶開海，引進全世界一半以上的白銀

隆慶元年（西元一五六七年），隆慶皇帝下令，放開海禁、承認私商下海合法、進口白銀，即《明史》中所謂「隆慶開海」。

很多人認為，大航海時代國際貿易集中於西歐與新大陸、非洲、印度，中國沒有參加這場世界性的大變革。

這種想法是極端錯誤的。十五到十六世紀，確實有很多貨物（請注意，不是商品）從新大陸、非洲、印度運輸到西歐，但這些貨物相當一部分不是買來的，而是搶來的，所以不能稱其為商品。

當時，西歐人做買賣，買的是中國貨。

西歐人對華貿易多是轉口貿易，呂宋、日本、麻六甲、臺灣島和澳門是幾個最重要的中轉站。有三條商路最為著名：一是從美洲、西歐—呂宋—中國，主要販運中國的生絲、棉織品；二是西班牙、葡萄牙與臺灣、澳門之間的直接貿易，主要販運瓷器、香料、絲綢；三是西屬美洲殖民地—日本—臺灣，每年春節之前，早已來到日本的西方商人揚帆起航，借助東北季風載著白銀駛向臺灣等地，他們可以在這裡買到中國的白糖、小麥、絲綢、沉香木、樟腦和陶瓷。

在運回中國貨的同時，所有西方貿易艦船只向中國運輸一種東西——白銀。根據當時的一些航海與海難紀錄推測，即使一條小商船也會載有上千條白銀，每條重七十磅（約三十一公斤多）。萬曆年間，曾有一艘葡萄牙商船在駛往澳門途中，沉沒於東南亞海域，西元一九八五年，這艘沉睡了幾百年的航船終於重見天日，打撈者驚訝地發現，這艘船上居然裝了整整一萬公斤白銀。

第一代全球霸主西班牙獨占了當時世界上三分之一的白銀，據說，是當之無愧的全球霸主。僅就白銀占有率而言，還有一個比西班牙更厲害的霸主——大明帝國，根據西歐官方資料估計，全世界另外三分之一的白銀流向了中國，而美國學者沃德·巴雷特（Ward Barrett）等人則認為，三分之一僅僅是官方的統計數字，如果加上走私，新大陸四三％～五七％的白銀最終流入了中國。臺灣著名經濟史學家全漢昇[3]教授估計，隆慶到崇禎年間，共有一．五億兩白銀從海外流入中國。

沒有外國貨就不會帶來創新，海外貿易只是肥了官商

很多人說「隆慶開海」激發了大明帝國對外貿易，自此，大明帝國商業如雨後春筍般蓬勃興起，這也是大明帝國中後期「資本主義萌芽」的一個證明。

隆慶年間大明帝國確實有繁榮的海外貿易，只不過城郭之間的私商同樣沒有撈到任何便宜。「隆慶開海」並非所有人都可以任意揚帆遠航，還是要辦很多手續的。首先要在居住地由鄰里進行擔保；然後才能向當地縣、州兩級衙門遞交申請；最後由朝廷海防機構核准，並發給「船引」，即出海貿易的營業許可證。

2出自《皇明經世文編》卷二九九。

3全漢昇（西元一九一二～二〇〇一年），中國歷史學家，擅長中國經濟史。畢業於北京大學，曾任中研院總幹事、臺大經濟系教授兼系主任、香港中文大學教授、中研院院士等。

一個普通商人可能確實去過縣裡、州裡的衙門，去朝廷辦「船引」難度就比較大了。因為，一張船引的價格只有三兩白銀，而一船白銀的利潤卻至少是幾十萬兩白銀。行業准入需要審核，如此低廉的入門費、又有如此豐厚的利潤，要說沒有黑幕鬼都不信，獲得「船引」的人又豈能是私商？

先不要生氣。其實，在世界歷史中，商人與帝國權力相結合是一種常態。大航海時代，哥倫布、麥哲倫等航海家都是獲得了王室資助，才得以率隊遠航，荷屬東印度公司、英屬東印度公司也都是在王權庇護下，才獲得貿易專營權。

都是帝國支持下的對外貿易，為什麼西歐演進出資本主義，大明帝國卻只有資本主義萌芽，最後連資本主義萌芽也跟大明王朝一起被如火如荼的民間起義埋葬？

大明帝國販運出去的是實實在在的商品——生絲、瓷器、香料、絲綢、紡織品……拿回來的只有一種東西——白銀。《劍橋中國明代史》描述：中國商人想從大多數外國商人那裡得到的是白銀，他們只關心自己能得到多少白銀，而不關心其他西方貨物。

貨物和白銀，兩者有區別嗎？

有。

西方大航海時代，任何海外商品都是重大的創新——國內從來都沒見過，必然有著極其廣闊的市場，新的貨物帶來新的產業，新的產業帶來新的生產能力，新的生產能力又會帶來新的財富。

反觀大明帝國，這場財富盛宴的獲益者甚至不是帝國統治者，而是原有利益分配鏈條上那些大大小小的官商。中國近現代主要的商人集團基本形成於嘉靖、萬曆年間，例如晉商、徽商，萬曆朝首輔張四維就是晉商首領，後來的東林黨也是江浙一帶的商人集團。據《明史》記載，時人感歎，當今朝廷歲入不過兩百萬兩白銀，一州之地富豪也富可敵國了。

海外白銀集中在少數官商手中，絕大部分會成為窖藏，沒有形成新的購買力、沒有創造新的市場、也沒有帶來任何創新……這還不是最壞的結局，更糟糕的是，大明帝國並不具備一個真正的國內市場，在投資管道極為有限的農耕社會，土地便成為一種最好的投資管道。在原本土地兼併就已經非常猖獗的情況下，新湧入的貨幣資本致使地價倍增。

根據一些明朝江浙地區的地契交易紀錄，隆慶、萬曆年間的土地價格上漲了十五倍左右；京城的地產價格尤其離譜，據《劍橋中國明代史》估計，一座尚書、侍郎的宅邸價值在七千兩白銀左右，當時一個技藝精湛的手工業者年收入不過只有十二兩。

海外貿易為大明帝國帶來了巨量白銀，卻沒有帶來真正的海外財富，畢竟白銀本身不可能提高國民福利，最終所有的財富還是來自於每一個普通人的生產勞動。這些白銀最終成為超量的土地兼併的利器，官員們再一次徹底洗劫了整個社會的財富，流民再一次充斥了大明帝國。

嘉靖、隆慶年間，大明帝國市面上再次流傳一幅新的〈流民圖〉，所繪城

荷蘭地理學家約道庫斯．洪第烏斯（Jodocus Hondius）編製的萬曆三十八年（1610年）明朝版圖。

市為魚米之鄉蘇州，大量居無定所的流民湧入了這座以富庶和繁華著稱的城市，人們衣衫襤褸、瘦骨嶙峋，或匍地行乞，或以雜耍為生……

大明帝國擁有全世界一半以上的白銀，真的就國富民強了嗎？

張居正不變法，卻把國庫從虧空三百萬兩，理成存銀四百萬兩

張居正用「考成法」考核大小官員績效，接著丈量土地，核查財產，向富人徵稅，再來個壓軸絕招「一條鞭法」，將田賦徭役都改成白銀，短短數年，使白銀成了法定貨幣，也把國庫由虧轉盈。

在中國歷史上，真正把白銀變為貨幣的人是張居正。

張居正，嘉靖二十六年進士，萬曆初年（西元一五七三年）成為內閣首輔，是一個可以與唐代楊炎、宋代王安石相提並論的人物。與楊炎、王安石一樣，張居正也以擅長理財著稱：隆慶年間（西元一五六八～一五七三年），帝國太倉幾乎年年虧空兩、三百萬兩白銀之巨；萬曆十年（西元一五八二年），張居正死的時候，帝國太倉存銀已高達四百萬兩，糧食可供此後數年之用。

《國榷》將當時的情況譽為「海內肅清、四夷懾服」。此前、此後大明帝國都從未有過如此強盛的國勢。

如此成績，張居正身後的評論同樣毀譽參半，有人將他稱為「宰相之傑」、「曠古之奇才」、「救時宰相」，也有人說他「專權搜政」、「自作威福」、「苛察」、「擾民」。自張居正去世，這場爭論已經延續了四百多年，世事輪迴，直至今日仍然「迄無定評」[4]。

張居正，究竟是一個什麼樣的人物呢？

制度不必改，要改的是考核官員績效

相信大多數人知道王安石，都是從「王安石變法」這個名詞開始，然而，歷代史家極少有人以「張居正變法」來描述張居正，張居正雖然做了和王安石一樣的事，卻從未標榜自己要「變法」，他所做的一切都是「悉遵成憲」[5]。

王安石打出口號是「天變不足畏、祖宗不足法、人言不足恤」，看似痛快淋漓，其實不過是花哨的武術套路，近身實戰根本抵不過凶悍的直拳、勾拳。奸臣當道、山河殘破，說穿了是有人拿了不該拿的錢、利用手中的權力分走了太多利益。地攤討價還價尚能爭得面紅耳赤，變法者要重新分配天下之財，又是一場多大的鬥爭？

國事唯艱，舊制度一定有不合理的地方，卻一定也有很多合理的地方——那是無數前人心血的結晶，制度制定者和執行者都是絕頂聰明的人，所以這些制度才能歷經百年不變。在習以為常的舊制度中，突然跑出一個自以為聰明的人，打了這個飯碗、扒了那個官衣，脾氣好的寫封信勸一勸（例如司馬光），脾氣不好的沒準抄傢伙就奔你家去了（例如蘇轍）。

張居正曾這樣評論「變法」二字：「今上繼承了祖宗的皇位、臣民、江山與輿圖，變法、變法，今日豈無法、祖宗之法豈惡法？治新者仍舊是原來的那些人，新法不過是幾個新名目，焉能指望舊人依新法？所謂變法，不過是一群宵小自作主張，試圖打破現行利益分配框架另謀利益！」

所以，法絕不可輕變！

4出自《張太岳集》：「……神宗初年，居正獨持國柄，後毀譽不一，迄無定評。要其振作有為之功……」

5出自《續資治通鑑長編》卷二三〇：「……朕祇承洪業，夙夜惟寅，凡所以圖治者，悉遵祖宗成憲。曩屢詔中外百官，宣布德澤……」

挽狂瀾於既倒、扶大廈於將傾，最需要的不是變法，而是變人、變心，尤其要變官（惟在於核吏治）[6]**！只要「悉遵成憲」就能管住這些不可一世的封建官僚。**

不變祖宗之法，就收拾不了你們嗎？

治吏第一招：用「考成法」考核官員績效

第一個辦法就是要管住當官的，讓他們知道自己的職責，即「考成法」。

「考成法」說白了就是業務考核，今日的金融業員工深受其累，銀行有存款業務、券商有經紀業務、保險有保單業務，年底算帳沒完成，可以，您就得「聽狗叫、看豬臉、業務加重工資減」。

大明帝國當官原本也沒那麼容易，州道府縣都有稅收指標，朱元璋時代如果無法完成任務，就會被一刀喀嚓掉——任務無法完成就是貪汙。後來皇帝懈怠政務，官僚也就失去制約，隨著土地兼併愈演愈烈，當官的不敢、也不會向官家豪強收稅，考核也就成了一紙空文。

在張居正看來，這樣下去是不行的。**為政之初他就宣布：治事並不在那些毫無用處的一紙空文，而難在法之必行、言之必效**。如果從來不去考核、不去總結教訓、不去追究責任，人人就會都懷著苟且之念，縱使堯舜為君、禹皋（夏禹、皋陶）為佐，也難有回天之力。所以，要「月有考，歲有稽」[6]，一月一小考、一年一大考。

六部及州道府縣都要設立三本帳簿，把每個月該辦的事情都寫在上面，自己留一本、監察機構一本、張居正一本。到時候對帳，不把活幹完就降職。

張居正（1525 ~ 1582）。

治吏第二招：丈量土地，核查財產，向富人徵稅

為了明確考核指標，張居正的第二條辦法是丈量土地，核查財產，向富人徵稅。

帝國太倉年年虧空，完全是因為有錢人通過各種名目掠奪小民土地（曰飛訪、曰影射、曰養號、曰掛虛、曰過都、曰受獻……），掠奪土地又隱瞞土地。洪武二十一年，天下尚有土田八百五十萬七千六百二十三頃，正德年間朝廷可以徵稅的土地已經不足四百萬頃了，隆慶年間這種情況愈演愈烈，無一畝田者居然要負擔七、八十畝土地的稅收，富者種無糧之地，貧者輸無地之糧！如果豪富之家膏腴之地跨連郡邑，編戶末民無衣無食卻要負擔絕大部分田賦，人們焉能不逃亡山林又轉為盜賊？

「向富人徵稅」只是遏制土地兼併的手段之一，並非張居正首創。大唐帝國的楊炎曾推行「兩稅法」，試圖「唯以資產為宗」[7]向富人徵稅，然而，土地所有者本身就是官僚，又怎麼可能依靠這些人剝奪自己的財富？楊炎的改革根本就不具備最基本的社會條件，最終楊炎也被唐德宗賜死。

跟楊炎相比，張居正還是有底氣的，張居正有楊炎等人不可能具備的一個特徵：楊炎只是宰相，張居正卻擁有絕對權力。

皇帝是中國古代理論上的最高統治者，也只停留在理論上，事實上經常有人只把皇帝當幹部。在張居正眼中，皇帝就是一個傀儡，有一次張居正讓萬曆皇帝讀《論語》，這個十歲的兒童把「色勃如也」讀成「色背如也」，結果，張居正怒吼一聲：這個字應該讀「勃」！萬曆皇帝居然嚇得抖如篩糠，估計就如同當年班主任讓筆者請家長一樣。對萬曆皇帝而言，張居正基本上是類似狼外婆之類的狠角色，李太后在教育萬曆皇帝時，就經常把張居正掛在嘴邊：「使張先生聞，奈何？」[8]

6出自《張太岳集》。

7出自《舊唐書·楊炎傳》：「……唯以資產為宗，不以丁身為本，資產少者則其稅少，資產多者則其稅多。……」

按照張居正自己的說法，吾非相，乃攝也。[9]這句話的意思擺在當時其實足以殺頭了，張居正先生早就看不上宰相這個頭銜了（雖然他實際上連宰相都不是），而是要當攝政——真正的皇帝。**攝政至高無上的位置賦予了張居正絕對權力，所以他才能清丈土地，並剷滅一切反對者。**萬曆五年（西元一五七七年），大明帝國開始重新丈量土地、清查戶口，無論封疆大吏、勛臣貴戚還是皇室王爺，必須交出匿藏的土地；否則，無論官至幾品都要把你發去戍邊。萬曆九年，帝國在冊土地擴大到七百多萬頃，達到了劉瑾整理軍屯以來的最高水準。

治吏第三招：推出一條鞭法，將田賦、徭役都改為繳交白銀

萬曆九年，做完以上兩項，張居正使出絕招——「一條鞭法」。

明太祖朱元璋以漢文帝自標，規定帝國田賦不得超過三十分之一。「三十稅一」的稅率確實不高，實際操作中就完全不是那麼回事了。

在白銀還沒成為貨幣的時代，大明帝國田賦直接收實物，簡單點說就是種什麼收什麼，種蔬菜就繳蔬菜、種桑樹就繳蠶絲、種糧食就繳糧食。您把蔬菜運來了，先在門口等兩天吧，壞了，再去拉一車來，稅率立馬上升兩倍；您把糧食運來了，太潮，按三折算、再去拉兩車來，稅率立馬上升三倍；您把蠶絲運來了，陳絲，按一折算、再去拉九車來，稅率立馬上升十倍……

實物稅賦具體按幾折算、稅率上升幾倍，完全要看苦巴巴的小農向胥吏孝敬多少。看起來沒有問題的「三十稅一」，實際執行下來，無數百姓就這麼妻離子散、家破人亡。

田賦好歹是有標準的，徭役就一點譜都沒有了，帝國每年都要治水、修路、運漕糧……男子十六歲以上就要為國家服役，不到六十不能休息，一般情況下，每年一個月。

徭役有很多種，有的只是在當地搬磚鋤泥修城牆、有的卻是長途運輸、有的是讓你去前線送死……同樣的活兒放在不同時候，結果也截然不同，例如，農閒時節沒人找你，專撿農忙的時候讓你

去修路……不能及時播種或收穫，咱這一年就難過了。

稅制愈複雜，官員上下其手的機會就愈多。為了根除這些弊病，自嘉靖年間就有很多名臣試圖把稅制化繁為簡，根除胥吏撈錢的機會，例如，著名的清官海瑞在任淳安縣令時曾經試驗，無論正稅、賦役一律折價為白銀，可惜，這一改革觸動當地強豪的利益，海瑞很快被按上了「魚肉縉紳、沽名亂政」[10]的罪名並被罷官。

海瑞的法子其實是一個好辦法，萬曆九年，在全國土地丈量基本完成的情況下（也有人認為根本沒有完成），張居正推出了「一條鞭法」。**「一條鞭法」又名「一條邊法」，即把所有的稅收合併到一邊，簡單點說就一句話：把所有的田賦、徭役都改為白銀，具體而言又可分為三個單詞：「賦役合併」、「官為簽募」、「田賦徵銀」**。

所謂「賦役合併」，就是將各種名目的徭役併入正稅，不再徵發居民為帝國無償幹活。

所謂「官為簽募」，就是不再按人頭計算徭役，誰家土地多、誰家就要服更多徭役。什麼？不願意服役、沒有時間？您不來也行，交錢，收到銀子後，官府會雇人替你服役。

所謂「田賦徵銀」就更簡單了，除部分軍需專案外，田賦一律折銀交納，不再繳納實物。

明人徐希明曾這樣評論一條鞭法：這種方法相對公平，便於小民而不便於官府貪墨，便於貧人而不便於豪富之家，便於鄉民而不便於造弊之胥吏。

「一條鞭法」的原意肯定是增加朝廷收入、減少胥吏盤剝，實際上，「一條鞭法」對歷史的最大作用卻在於影響了貨幣運行，這恐怕也是張居正自己沒有想到的。

8出自《明史．張居正傳》：「……慈聖訓帝嚴，每切責之，且曰：『使張先生聞，奈何！』於是帝甚憚居正。……」
9出自《萬曆野獲編》。
10出自《明史．海瑞傳》。

在經濟自然演進中建立一種貨幣制度需要很長的時間，例如，銅材從流通到出現統一的貨幣標準（五銖錢），耗去中國歷史上第一個千年，西歐貨幣從白銀轉化為黃金，也用了將近千年的時間。

如果以國家信譽為貨幣背書，這種貨幣很快就會成為人們通用的交換媒介，畢竟國家信用是這個世界上最強大的信用，例如，官交子從出現到為大眾接受，只用了不足百年時間——那可是毫無使用價值的一張廢紙。

在張居正的「一條鞭法」中，所有帝國稅賦都必須以白銀完成，這就等於說：不但帝國承認白銀是法定貨幣，同時也以帝國的力量鼓勵乃至強迫人們在交易中使用白銀——你可以不用白銀，但賺不到白銀如何繳稅？

張居正治國有方，死後卻被判謀反、叛逆、奸黨三大罪

張居正推動「一條鞭法」，拿走強勢分利集團千辛萬苦聚斂來的土地。在權力巔峰的時候，數十年宦海沉浮的洞察力就告訴張居正，他極有可能不得善終。在一封與地方督撫的信箋中他這樣說：世事變遷，他日高臺可平、詔令可毀，我怕是連一寸葬身之地尚不可得，只不過國事維艱，就讓我做霍光[11]、宇文護[12]吧！

很不幸，一語成讖。

張居正之所以能超越楊炎、王安石，最重要的原因是他自己的那句話「吾非相，乃攝也」。不幸的是，張攝政和萬曆皇帝存在於同一時空之中，總有一天那個十歲的孩童也會長大，那時候的皇帝便不會允許張攝政存在。

萬曆十年（西元一五八二年）六月二十日，張居正去世。張居正死後九個月，萬曆皇帝宣布張居正犯有謀反、叛逆、奸黨三大罪，甚至險些將他剖棺戮屍。從此，大明帝國失去了最後一位有能力總攬全域的人物，帝國則再次陷入一片混亂。

三十六年前，一位意氣風發的少年進士走入了帝國的心臟；三十六年中，夏言、嚴嵩、徐階、高拱一任又一任首輔在他身邊倒下；三十六年後，少年已逝，上柱國、張文忠公回到了故鄉，江陵山水應無恙吧。

六十年後，張居正的兒子張允修已年逾八十高齡，張獻忠逼迫他出山做官，張允修懸梁自盡，張氏家族血脈伴著大明帝國一同消失在歷史長廊之中。

大明帝國，再無張居正。

明朝亡國導火線：萬曆礦稅

神宗巧立「礦稅」名目，派「稅監」搶盡官民錢財、挖墓盜寶，無所不用其極，致使十八萬流民飢寒瀕死。連死人都不得安寧，百姓又豈有活路？

萬曆皇帝朱翊鈞特別喜歡錢，他對錢的癡迷已經到了駭人聽聞的地步，史籍對此的評論是「好貨成癖」[13]。朱東潤[14]先生曾經解釋這個問題：萬曆的生母李太后本是貧困小農出身，生活壓力迫使她曾

---

11 霍光（西元前一三〇左右～前六八年），西漢權臣。得昭帝信任而獨攬朝政，主張休養生息國策，恢復與匈奴和親政策，國力日盛。使昭宗朝與宣帝朝合稱「昭宣之治」。去世後第二年，霍家因謀反全族被誅。

12 宇文護（西元五一三～五七二年），北周權臣。原為西魏將領，迫西魏恭帝禪讓於宇文覺（孝閔帝），國號北周，宇文覺封其為晉國公。專擅朝政，廢黜孝閔帝、毒殺明帝宇文毓，改立武帝宇文邕，後被周武帝計殺而死。

13 出自《明史·馬經綸傳》「……罪四，陛下好貨成癖，御不少恩，肘腋之間，叢怨蓄變……」

經錙銖必較，進宮後，她把這種秉性灌輸到萬曆皇帝骨子裡，所以，朱翊鈞嗜利出自天性。

張居正活著的時候，萬曆皇帝嗜利的種子就已經發芽了。

自從白銀成為大明帝國的通用貨幣，帝國政府再也不能無限制增發貨幣。在朱翊鈞看來，弄不到白銀、弄點銅錢也是好的——不能增發百元大鈔就弄點毛票。

萬曆五年，朱翊鈞下旨讓戶部出銀子、工部鑄一千萬枚「萬曆通寶」，最後所有的「萬曆通寶」都要歸內廷使用。

官價規定千文可以換一兩白銀，永樂之後朝廷極少鑄幣，民間私鑄盛行，銅錢已經蛻化為莢錢（輕薄如榆樹之莢的小錢），按照當時的市價，六、七千錢才能換到一兩銀子。官鑄銅錢不可能減重，如果按照當時市價，一千萬枚「萬曆通寶」至多也就換兩、三千兩銀子。

堂堂大明帝國皇帝居然為了兩、三千兩銀子跟戶部、工部糾纏不清整整一年。最後，還是張居正出面才罷鑄錢之議，沒有做這筆擺明賠錢的買賣。

張居正死後，朱翊鈞那顆嗜利之心開始從幼芽成長為一棵參天大樹——貪婪吮吸生民之血的參天大樹。

神宗用度昂貴，花錢速度居明朝帝王之冠

張居正曾經教導朱翊鈞節衣縮食，做一個節儉的好皇帝。萬曆十年張居正被抄家，朱翊鈞驚訝地發現自己這位老師實實在在是一個大貪官，在他家中抄出一萬兩黃金、十萬兩白銀；就連他的轎子也有五十幾平方公尺，不但臥室、客廳、觀景長廊一應俱全，還專門有童僕在轎中伺候，張居正本人就經常坐在這樣的轎子裡從北京跑到湖北江陵。

現實與理想的差距極度刺激了這位周身流著嗜利血液的皇帝，小打小鬧鑄造銅錢早就不可能滿足他的貪欲，從此以後，朱翊鈞瘋狂的斂財事業開始起步……

嘉靖年間，朱翊鈞的父親每年要和神仙一起吃掉二十四萬兩白銀。萬曆十年之後，朱翊鈞的胃口超過了神仙，光祿寺（御廚）每年花費居然高達三十萬兩白銀，要知道，大明帝國全年的歲入不過也就是兩百萬兩白銀。

但凡有人進諫停止內廷供奉，無論是御史、巡撫還是大學士，也不管請停事項是珠玉、織錦還是平時用的扇子，都會得到如下幾個結果：斥責、謫戍、罰俸、追贓、廷杖。其中，追贓最為陰損，你不是要體恤民力嗎，這些錢就由你來出。

萬曆十年後，宮廷樓堂館所建設項目一項接一項，再也沒有停止。偏偏這位仁兄對建築材料要求又非常苛刻，只要南方的金絲楠木。刑部尚書呂坤曾經發牢騷：一丈粗的樹木都是百年之物，都生長在人煙絕少、瘟疫瘴氣之地，一木砍臥、千夫難移，每走一步都不知耗費多少人命，這樣的木頭官價雖逾千金，實際上所費何止萬金？

萬曆五年朱翊鈞大婚，曾向戶部借款二十萬兩白銀。朱翊鈞下令把此視為定例，要求戶部每年要從太倉中撥款二十萬兩白銀。在幾任戶部尚書和內閣首輔的連番轟炸下，朱翊鈞居然下達這樣的批示：「稍待積剩，自然停止。」[15]要你點錢怎麼了？等我有錢了自然不向你要了。

即使貴為皇帝，這樣花錢也是不行的。

萬曆十年張居正死的時候，太倉積存白銀四百萬兩，五年後的萬曆十五年，太倉居然只有存銀九萬兩。

萬曆皇帝搶錢，有機會我要搶，沒機會創造機會我也要搶。於是，大明帝國上演了中國歷史上最

14 朱東潤（西元一八九六～一九八八年），近代文學史家。一生追求民主。赴英留學時，因袁世凱復辟放棄學業回國抗袁。奠定中國文學批評史學科、現代傳記文學基礎。著有《中國文學批評史大綱》、《張居正大傳》、《杜甫敘論》等。

15 出自《明神宗實錄》。

荒唐、最無恥的一幕——礦稅。

「稅監」斂財，窮人、富人，小官、大官，活人、死人都不放過

萬曆二十四年，朱翊鈞直接從宮內選出一批宦官為他聚斂錢財，這些人被稱為「稅監」。稅監的權力無遠弗屆，他們直接對皇帝負責，設立獨立的衙門，不但不受地方官制約、反而將地方官置於麾下，他們對地方官有生殺予奪的權力，甚至包括封疆大吏。

面對無可更改的貨幣規律，礦稅的設計非常簡單、可操作性高：既然無法任意增發白銀，就直接掠奪白銀。普天之下莫非王土，但凡有銀礦的地方就要有稅監，所有開採出來白銀都要歸皇帝所有。

所謂「礦稅」顧名思義應該只針對銀礦，有銀礦的地方，稅監可以掠奪銀礦，沒有銀礦的地方怎麼辦呢？

有銀礦自然要搶白銀，沒有銀礦也沒關係，只要稅監認為有銀礦，一樣也要交出銀子來。看起來這批稅監不但是斂財能手，還個個都是地質勘探專家。

方法一：一塊地方確實有銀礦，為了完成皇帝的聖旨，馬上在全縣、全州徵發徭役，什麼也不說，先把所有壯丁全部抓起來。什麼？「一條鞭法」規定可以用銀子抵徭役？很好，拿錢來。

方法二：找到一家富戶，經過實地考察勘探，稅監及其隨從一致認為這家人的宅子下面有豐富的銀礦，為完成皇帝的聖旨，馬上要派人開採。開採銀礦自然要拆掉人家的房屋，什麼？您不要拆？很好，拿錢來。

方法三：為做好礦稅工作，一定要發動群眾，富戶家中的銀子也算銀礦。稅監來到一個州縣，馬上宣布但凡僮僕、佃農告發主人家中有現錢者，告密者賞抄查額的三〇%。

這道「告緡令」讓帝國沸騰了，一旦得到舉報，稅監立刻派出一批亡

明神宗朱翊鈞（1563 ~ 1620）。

命之徒（請注意，不是差役和胥吏，這些人不會一點顧忌都沒有）衝入家中直接搶，人即收監、財即充公。此令一出，「中產之家，破者大半」[16]，堂堂大明帝國的富裕之家再一次被洗劫。

方法四：「告緡令」是一種被動行為，稅監能否及時掌握當地富人財產情況，完全要看別人的良心，實在是很不可靠。於是化被動為主動，例如，找幾個地痞流氓打聽一下誰最有錢。然後開始勘探銀礦，沒有找到銀礦，怎麼可能？一定是當地富戶盜挖，膽敢偷盜皇帝的銀礦？馬上按照富戶名單抓人。放人？很簡單，拿錢來。這個方法簡單易行，可以充分發揮稅監的主動性，很快就被推而廣之，稅監所到之處富人「立破其家，中戶以上，無一得免」[17]，碩果僅存的小康之家也被掃蕩殆盡。

方法五：搶完富戶，還有一撥人更有錢——官員，皇帝搶錢，當官的也不能放過。對縣令、知州一級的小幹部不用客氣，有人把縣令投入監獄、有人當堂把縣令毆打致死、有人把縣令當做鬥牛士扔入鬥牛場……對巡撫一級的地方幹部，誣告、謀殺、綁架，有人在背後告巡撫的黑狀、有人在巡撫酒中三番兩次下毒、還有人綁架巡撫的兒子……。

對尚書一級大幹部也有特殊待遇——詔獄，詔獄的主管單位是錦衣衛，無論官至幾品、位有多高，進了詔獄，家人基本就可以準備後事了。萬曆朝，詔獄又多了一種新業務——「礦稅獄」。膽敢對抗礦稅的高官一律關進詔獄，這裡監房狹小、冬冷夏熱，有吃飯噎死、痢疾拉死、布袋壓死等各種《監獄風雲》專案，保證有一款適合你。

方法六：活人搶完了，死人也不能放過。我大明帝國地大物博，土地中蘊含著無數寶藏，例如古墓。萬曆二十七年，興國州礦監奏請盜挖唐李林甫墓，明神宗准奏。此後，湖廣、陝西境內古墓全都遭了殃，史稱「盡發歷代寢陵，搜摸金玉」[18]。

16出自《明史·馬堂傳》。
17出自《五雜俎》卷一五。

萬曆礦稅，窮人、富人，小官、大官，活人、死人，一個都沒放過，劫掠之慘烈可見一斑。山東巡撫楊光訓氣得拍桌子大罵：「所謂稅監不過是一群虎狼，白天挽起袖子來硬搶，晚上就去殺人放火，真是罪惡滔天、神人共憤。」

萬曆皇帝並非不知礦稅之害，為了給自己斂財，他寧可看著帝國一天天被自己的貪欲淹沒。

萬曆三十年（西元一六〇二年），大明帝國已經「萬民失業，朝野囂然」[19]，這年二月朱翊鈞病得很重，以為自己將不久於人世。此時，皇帝詔令首輔沈一貫進宮，並對沈一貫說：「我享國已久，太子就交給你了，礦稅不過是權宜之計，自此再不得有人提及此事，所有稅監即日還京。」

之後，沈一貫立刻將談話整理成正式聖旨，並遞入大內（可以理解為檔簽批流程，小兵先和領導溝通，然後起草檔，最後讓領導簽批）。為了應對可能的變化，那個晚上沈一貫沒有回家，深夜時聖旨送出來了，內容沒有絲毫變化，馬上停止礦稅、稅監還京。

第二天，就在沈一貫和內閣大臣撫掌相慶時，朱翊鈞突然覺得自己病情好轉，不至於馬上死掉。

朱筆御旨的煌煌聖諭就這樣成了廢紙，朱翊鈞清晨就下令宮內太監去內閣索回聖旨，一連派了二十多個太監，首輔沈一貫就是不肯退還詔書。最後，皇帝命令司禮監太監田義去索還詔書，田義卻趴在地上一直磕頭。

下一個鏡頭估計驚呆了在場的所有人，昨天還病得要死的萬曆皇帝突然來了精神，從床上躥了下來，還不知從哪裡找到一把刀子，對著田義就捅了過去……

除了被刀子捅過的田義，其他二十幾位品秩最高的太監一起來到沈一貫處，據說場面頗為壯觀，二十幾位炙手可熱的太監一起向首輔磕頭，鮮血流了一地。那意思很明顯：今天你不給，哥兒們就得磕死在這裡了——連我們都知道礦稅不能再徵了，可詔書拿不回去一樣是個死，宮裡那位還不得把我們全捅了？無奈之下，沈一貫只得退還詔書。

皇帝其實只拿到十分之一，其他都被太監汙了

那麼，萬曆皇帝通過礦稅一共摟了多少錢呢？

明人所著《定陵注略》[20]按月記載了各地稅監進奉礦稅的總額，萬曆二十五年至三十四年的十年間，這位貪婪的皇帝一共從礦稅中摟到了白銀五百七十萬兩、黃金一萬兩千兩。

五百七十萬兩白銀、一萬兩千兩黃金，城郭之間僅僅損失了這些財富嗎？

當然不是。

生產財富和劫掠財富是兩個完全不同的過程，邏輯也截然相反：生產財富會增加財富總額，這個過程很漫長，也很痛苦，一粥一飯當知物力維艱、一絲一縷當思來之不易；劫掠財富的致富速度雖然很快，相伴而生的是更多財富被毀滅。

劫掠一分要損失多少呢？

《明史》記載，這些稅監聚斂的財富，最多只有三分之一供奉給了皇帝，其餘的或者被稅監據為己有、或者就直接揮霍掉了。《明史》中一比三的數字並不是很高，如果按當時一些筆記小說的記載，這個比例應該是一比五，甚至是一比十。即使按照最低的數字，當時大明帝國直接損失的財富也達到一千七百萬兩白銀、三萬六千兩黃金——幾乎是大明帝國十年的歲入。

稅監及其手下本來就是「郡邑諸偷」[21]、「黥面者」[22]，這些人從未擁有過財富，也就沒有任何值

18 出自《明史・宦官傳》。
19 出自《明史紀事本末》卷六五。
20 主要記述萬曆一朝如黨爭、稅監橫行等重大問題。明末清初文秉著，成書於清順治年間。
21 出自明・文秉《定陵注略・軍民激變》：「……其黨夥者三十七人，皆邵邑諸偷，臂上鯨墨猶新。……」
22 出自《周禮・掌戮》。

得珍惜的東西，作惡根本沒有底線。惡劣的人性又在皇宮中耳濡目染了權力之威，這些宦官出京之後的表演，可謂荒謬絕倫：有人在飲食起居上模仿皇帝的排場、有人在宅邸門前豎起獵獵黃旗、有人自稱「千歲」，居然還有人奪人妻女自立三宮六院。

本就一無所有，他們又有什麼好怕的呢？山東稅監陳增曾口出狂言：「出了京城，我就沒打算把腦袋再帶回去，先享受了這好日子再說，否則，豈不白來人世走一圈。」

讓筆者來說，一比三、一比五、一比十都低估了財富的損失，這個數位遠比史籍的記載要大很多，甚至趨向於無窮大。

帝國官僚貪汙腐敗、行賄受賄，說白了不過是一個財富分配的妥協過程，行賄者和受賄者就某次利益分配達成均衡價格，這肯定會阻礙財富創造，卻沒有人去肆意毀滅財富存量。稅監的劫掠手法根本就是明火執仗的搶劫，是赤裸裸的殺戮，既然這些毀滅者絲毫沒有底線，財富的損失當然也就沒有盡頭。

滿城地痞流氓頂著皇帝的名義招搖過市，即使強大如官僚也被殘害，普通人也就只能在破屋頹牆之中，看著兒女啼飢號寒。

君門萬里，誰復垂憐？[23]

萬曆二十九年五月，在毫無徵兆的情況下，十八萬流民突然湧進了京畿之地，堂堂北京居然變成「草茅既盡，剝及樹皮，夜竊成群，兼以晝劫」[24]，直隸按察上奏轄區災荒已經超出了「易子而食」的範疇，因為有人「手殺其六歲兒，烹兒食之」[24]。

一人之心、千萬人之心，皇帝自己的金銀高於泰山北斗、天下百姓再無糠秕之財，天下百姓沒有朝夕之計，帝國又怎麼可能有萬年之計？萬曆末年，堂堂大明帝國已經變得「四大皆空」：賢人空、太倉空、百姓家中空、邊塞守軍也空了……

《廿二史劄記》如此評論萬曆朝：明之亡，亡於萬曆。

東林黨與魏忠賢的大鬥法

東林黨什麼錢都要皇帝、農民買單，絕對不會動到官商的錢，間接動了魏忠賢的私房錢。東林黨vs.魏忠賢＝「發內帑＋既得利益者」vs.「保住內帑＋閹黨新貴」。雙方決裂是必然的事。

萬曆四十八年（西元一六二〇年）七月，以摟錢為畢生志向的萬曆皇帝終於死了。彌留之際，一生醉心於斂財的朱翊鈞留下了一份遺詔，懺悔一生所為：「自我御宇天下，礦稅繁興、徵調四出、民生日蹙、邊釁漸開、夙夜思維、不勝追悔……（總之，貶義詞用盡）；鑑於上述原因，立即撤回稅監、犒勞邊軍、釋放『礦稅獄』中關押的所有人員……」

這份遺詔，內容是真實的、檢查是深刻的、態度是誠懇的，結果是相當扯淡的。

礦稅已經劫掠了天下財富，就連太倉也已經「環視庫房，一空如洗」。管理一個帝國需要日理萬機，「萬機」說白了不外乎三件事：生產財富、分配財富、消費財富。一個龐大的帝國四大皆空，舉國皆窮皇帝獨富，你還讓後人去管理什麼？

萬曆皇帝的兒子是朱常洛，也就是泰昌皇帝，即位僅一個月就因「紅丸案」[25]一命歸西了。泰昌朝有很多大事，比如「移宮案」[26]、「紅丸案」，不過，此處的重點是討論貨幣財經政策，這些宮帷

23出自明．呂坤《去偽齋集》：「……兒女啼飢號寒，父母吞聲飲泣。君門萬里，誰復垂憐……」

24出自《明神宗實錄》卷三五九。

25明光宗即位不久，因縱慾過度精神委靡，服藥後卻病情加劇。鴻臚寺丞李可灼上呈仙方紅丸，光宗服後即死，有人懷疑是鄭貴妃下毒，史稱「紅丸案」。

祕事還是直接省略。

接下來的繼任者就比較有名了，明熹宗朱由校，年號天啟。中國歷史上留下名字的木匠，除了魯班大概就屬朱由校了，魯班是一個職業木匠，朱由校只是業餘木匠，職業是這個國家的皇帝。

天啟初年，朱由校忙於自己的事業——木匠活。他偶爾也把自己做的東西偷偷拿到市場去賣，每件居然都能賣到幾十兩銀子以上，可見手藝之精湛。由於皇帝比較忙，朝政落入一個叫做「東林黨」的政治團體手中，據說，東林黨人都是正人君子，是有知識、有理想、有紀律、有道德的「四有新人」，史稱此時「眾正盈朝」[27]。

中國正史編纂者有一種傾向，歷史人物非黑即白，忠臣一心謀國、披肝瀝膽，這些人從來就沒有錯誤；奸臣陰險狡詐、聚斂無度，從來就沒幹過一件好事。

東林黨，就是《明史》中的天啟朝忠臣。

如此忠臣，「眾正盈朝」的天啟朝最後怎麼會搞得國事糜爛，甚至比奸臣遍地跑的嘉靖朝、皇帝甩開膀子摟錢的萬曆朝還要糟糕？

這究竟是怎麼回事？

東林黨花光皇帝的私房錢，又把主要賦稅負擔壓在小農身上

最初知道「東林黨」是因為無錫東林書院的一副楹聯：「風聲雨聲讀書聲，聲聲入耳；家事國事天下事，事事關心」。後來知道，東林黨並不是一個緊密的團體，只是很多朝官曾在東林書院讀書、講學，是「同學加校友」的關係。明末黃宗羲在《明儒學案》[28]中這樣描述，東林黨這個名字只是「小人者加之名目而已矣」，也就是說，所謂「東林黨」只是一個綽號。

天啟朝還有一本書叫《東林點將錄》，把《水滸傳》一百零八將的綽號扣到了東林黨人的腦袋上。從《東林點將錄》一百零八人的背景來看，這些人確實有很多共同之處：一是籍貫在江浙一帶，

二是反對礦稅，三是出身多為商人。

對讀書人來說「聲聲入耳」是對的，對商人來說「事事關心」也沒錯。對身兼官員、商人、讀書人的東林黨人來說，這樣做顯然就不厚道了。

天啟初年，努爾哈赤[29]在寧遠到錦州一線跟明朝大打出手，邊餉靡費甚重，僅「遼餉」一項就超過五百萬兩白銀。

打仗需要錢，怎麼辦？

東林黨：「犒勞邊軍、賑濟災民。」

錢從哪裡出？

東林黨：「動用皇帝的私房錢（學名「內帑」），發帑。」泰昌元年發內帑一百八十萬兩白銀「勞邊」[30]；眾正盈朝的天啟元年，先後五次發內帑「勞邊」，一年內發內帑五百萬兩白銀。

今日發內帑、明日發內帑，不足一年時間，東林黨花光了萬曆皇帝幾十年摟來的帑藏。然後，大明帝國就真的沒錢了。

怎麼辦？

東林黨：「沒有白銀，可以造銅錢、造大錢。」

土木堡之變以來，雖然白銀是大明帝國的主要貨幣，市面上還是有銅錢流通的，類似於今天的輔

---

26 明熹宗因未受太子教育，朝政由養母光宗寵妃李康妃與魏忠賢把持。大臣左光斗、楊漣反對李康妃與熹宗同住，迫其移居他處，史稱「移宮案」。

27 出自《明史》：「……東林勢盛，眾正盈朝。南星益搜舉遺佚，布之庶位。……」

28 描述明朝學術思想及流派之發展與演變。

29 努爾哈赤（西元一五五九～一六二六年），自稱愛新覺羅氏，為清朝奠基者。雖未親自建立清朝，仍有「清朝第一帝」之稱。

30 出自《大明熹宗悊皇帝實錄》卷二。

幣。白銀不可能任意增發，東林黨人認為，不能發行主幣，還可以發行輔幣，雖然面值小，蚊子腿上也是肉，多發點一樣也是錢（當年以聚斂著稱的萬曆皇帝也想這樣做）。

按照東林黨人的計畫，天啟初年就要鑄造天啟通寶，計畫分為小平錢、當十、當百、當千三種，意在效仿漢武帝的「白金三品」。

銅幣雖然不值錢，一枚當千大錢也可以當一兩白銀用了。

眾所周知，漢武帝的「白金三品」分為龍幣、馬幣和龜幣，名義上分別可以兌換三千錢、五百錢和三百錢。這是中國歷史上出名的惡政，所謂龍幣、馬幣、龜幣都是虛值貨幣，真實作用是為朝廷搶劫真金白銀。

白金三品剛剛問世就惹得盜鑄者蜂擁而至，漢武帝殺掉幾十萬人尚且「不能盡誅」[31]。鑑於發行「白金三品」的後果實在是太離譜，人們甚至認為是「龍幣」、「馬幣」和「龜幣」中的動物帶走了國運，搞得後世兩千年再無一個皇帝敢把動物做為貨幣吉祥物。

如今，東林黨人居然想效仿「白金三品」，這就不是書生、商人、官員所為，而是改行當劫匪了。結果，東林黨的鑄幣計畫剛剛出爐，就遭到舉朝反對，最終只鑄造了一批當十大錢。

當十大錢不能滿足需要，怎麼辦？

徵稅，只針對特定群體——小農。

天啟元年（西元一六二一年），帝國收入為六百二十四萬兩白銀，其中四百六十九萬兩來自自耕農田賦；天啟二年，帝國收入降五百六十三萬兩白銀，卻仍有四百五十一萬兩來自自耕農田賦……

明熹宗天啟朝的錢幣。

東林黨本身就是官商，財經政策肥了官商累死農民

為什麼專門在農人身上割肉？

東林黨人是商人，也是官商，他們不可能在自己身上割肉。

《東林點將錄》中的第一男主角是葉向高，因是首輔，仿照《水滸傳》被稱為及時雨（宋江）。葉向高的祖先曾是地方級實權人物，例如知縣。

一個知縣當然是不足以發財的，所以，葉氏家族還有很多非常賺錢的產業，例如當年的金融業——高利貸；葉向高父親這一代人（葉常秀）「逐機絲為利，稍饒，已乃大饒。」[32]；到葉向高這一代成為朝廷首輔，葉氏家族的生意也達到巔峰。當時，福建巡撫在緝私工作中抓過很多海盜，相當一部分海盜都自稱是葉向高家人。

其餘，《東林點將錄》中的玉麒麟（盧俊義）趙南星、入雲龍（公孫勝）高攀龍等等，這些東林黨人皆出身於「治生之家」[33]。

沒錯，東林黨人其實就是集官、商、地主、黑勢力於一身的「官家豪強」、最具備掠奪能力的強勢分利群體，本書始終鞭撻的一群人。

至於**東林黨人提出的財經政策，可以概括為兩條，「官民兩便」、「貧不累富」**。所謂「官民兩便」，就是說絲織業等非農行業稅賦，要砍到原來的三分之一，帝國邊患也不要擋著我發財的路子，要賺錢、找小農。所謂「貧不累富」，就是窮人不能連累了富人，見到快要餓死的人，施捨一碗薄粥即可，就這個還要量力而行（恤窮民而易於累富民，如煮粥、買米，要以量力而派，必不使富者因貧

31 出自《漢書．食貨志》。
32 出自明．葉向高《蒼霞草》卷十五：〈家譜列傳〉。
33 指從事農、工、商業以積累私產的家庭。

者而傾家）[34]。

大明帝國第一太監魏忠賢出場

官民兩便、貧不累富，如此下去，東林黨人、官商將天天都是好日子。

就在這個時候，一個逆天的人物出現了。此人是明末一部超級暢銷書《玉鏡新譚》[35]的主人公，據《玉鏡新譚》記載，他「形質豐偉」，多才多藝（歌曲、弦索、彈琴、蹴踘事事勝人），為人豪爽（囊無餘蓄，恬不掛意），膽大心細外加不要臉（家無儋石而一擲百萬）……現在，隆重推出大明帝國第一太監，集道德敗壞、陰險狡詐、貪汙腐敗等各種劣習於一身的人渣，貪官、地痞、惡霸的超級綜合體，比萬歲只差一千歲的「九千歲」——魏忠賢。

萬曆年間，二十幾歲的魏忠賢悍然揮刀自宮，為了弄到一份有穩定收入的工作，好去償還賭債（這在當時是違法的，皇宮沒有那麼多宦官編制）。

入宮後的幾十年中，魏忠賢仍舊是一個渺小得不能再渺小的小人物，最輝煌的履歷是朱由校（天啟皇帝）的主廚。這個時候的魏忠賢，最大的快樂就是每年貪汙個百八十兩銀子，然後再到賭場上去被其他太監騙走，所以他還有一個綽號叫「魏傻子」。

萬曆皇帝恨不得長子朱常洛馬上死了，好給福王騰出太子位置，所以才有萬曆朝幾十年的「爭國本」[36]。父親朱常洛尚且不受待見，更何況魏忠賢只是兒子朱由校的主廚？如果朱常洛在「爭國本」中失敗，魏忠賢根本不可能在史書上留下哪怕一個字。後來那個不可一世的「九千歲」魏忠賢不過是一個偶然得志的小人，如此而已。

東林黨花皇帝私房錢，就是花了魏忠賢的私房錢

在《新龍門客棧》等影視劇中，邪惡的太監雖然不能奈何張曼玉、林青霞、梁家輝等武林高手，

對文臣武將卻頤指氣使、趾高氣揚、生殺予奪。

真實的歷史也不是如此，或者說恰恰相反。天啟初年，魏忠賢主動接近東林黨，甚至親自向吏部尚書趙南星送禮（行賄）；東林黨卻對其不屑一顧。趙南星不但把巴巴趕來送禮的「九千歲」從大門口轟走，還不止一次在公開場合警告魏忠賢老實點。

您沒看錯，在這一幕中東林黨人是地主惡霸，魏忠賢才飽受凌辱。

真實的歷史遠比影視劇複雜，從來就沒有絕對的善、也沒有絕對的惡。魏忠賢的強項是溜鬚拍馬、引導皇帝去幹木匠活，他如果真的想控制朝局、想獲得更多財富，最佳選擇就是依靠東林黨。

所以，魏忠賢最初的選擇是妥協，對東林黨妥協。東林黨並非從不與宦官合作，泰昌年間「移宮案」、「紅丸案」中，東林黨人楊漣、葉向高等人就曾與太監首領王安進行極有默契的合作。

天啟朝的情勢下，魏忠賢的選擇是錯誤的，因為，東林黨已經根本無法與魏忠賢合作，即使王安在世也不行。

東林黨人治國的方略是花掉皇帝的私房錢，不准對「官商」動刀子；要知道，皇帝的內帑就是魏忠賢的錢，他絕不可能容許東林黨人毫無限制地花他的錢。另一方面，對魏忠賢這樣的幸進之徒來說，聚斂財富的最佳手段是打擊最強大的官商集團，而這些人恰恰就是東林黨。

於是，東林黨 vs. 魏忠賢＝「發內帑＋既得利益者」vs.「保住內帑＋閹黨新貴」。

---

34 出自明．徐如珂《徐念陽公集》卷七：「救災之策，主於恤窮民，而易於累富民。今被災非常，如煮粥，如買米，勢不得不責之大戶，要以量力而派，審便而行。必不使富者因貧者而傾家，斯為兩便。」

35 明朝朱長祚著，即魏忠賢傳記，詳述魏忠賢崛起、權傾天下與東林黨恩怨等經過。

36 指明神宗冊立太子問題。按祖制應立皇長子為太子，但神宗不喜長子朱常洛，欲立寵妃鄭貴妃之子朱常洵為太子，但受群臣、太后反對，遂數十年不上朝做為抗議。後朱常洛被封為太子，朱常洵被封為福王，卻遲遲不至封地。直到「梃擊案」發生，輿論不利鄭貴妃，才離京就藩。

雙方決裂是必然的事。

之所以做出上述判斷，是因為筆者把天啟四年後的財政收支紀錄及一系列歷史事件串聯起來，恰好又能解釋得通，也就順著這個邏輯聊下去了。

魏忠賢不收田稅改收商稅，斷了東林黨的官商財路

隨著魏忠賢的勢力逐漸強大，大明帝國的稅收結構突然從徵收田賦轉向徵收商稅。天啟四年，商稅從前一年的三百二十二萬兩猛增至五百四十八萬兩、次年亦為五百四十八萬兩，同時，主要針對工商業的「雜項銀」也從天啟三年的六十萬兩增加到兩百二十萬兩、次年亦為兩百二十萬兩，兩年內針對小農的田賦基本沒有增加。

一年時間多出來將近三百萬兩白銀全部出自工商業，如此稅賦比當年萬曆皇帝的「礦稅」有過之無不及，把持工商業的東林黨人又怎麼可能選擇與魏忠賢合作？

在一連串鬥爭中，一大批東林黨人被魏忠賢迫害致死，魏忠賢也終於變身為「九千歲」。此後，便是天啟五年到天啟七年那段極其荒唐的歷史：隨著東林黨人被屠戮殆盡，大明帝國再無任何人可以抗衡閹黨勢力，「九千歲」的業務範圍開始大規模擴張，大到買賣內閣大學士、小到刑獄撈死囚，只要有錢什麼都做，就連南京內庫的金銀珠寶也被矯詔盜取一空。這就是為什麼魏忠賢不許東林黨任意調配內帑。

閹黨成員靠賄賂魏忠賢身居高位，搶劫財富可不像東林黨，從來不講文明、懂禮貌，什麼損招都用，除了臉，什麼都要。

天啟五年（西元一六二五年），山海關外重鎮遼陽、廣寧失守，遼東經略熊廷弼因此獲罪下獄。為了聚斂財富，魏忠賢甚至冤殺熊廷弼。

熊廷弼是當時對抗後金的最佳將領。一開始魏忠賢向熊廷弼索賄五萬兩銀子，可惜，熊廷弼沒有

這麼多錢，魏忠賢就汙蔑熊廷弼貪汙十七萬兩軍餉，並用於賄賂東林黨。熊廷弼因此被傳首九邊（屍首分別傳送九個邊鎮示眾），東林黨「六君子」[37]因受賄（部分屬於汙蔑）被殺，其姻親皆被抄家，闔家俱破。《國榷》如此評論這段史實：熊廷弼不死於戰事而死於時局，閹黨不汙蔑熊廷弼又怎能誣陷東林？不殺熊廷弼又如何繼續「追贓」？

在不足三年之內，堂堂大明帝國居然被更無恥的閹黨搞到「搜無可搜、刮無可刮」的地步，帝國的敗亡已經只是時間問題。

崇禎皇帝面臨內憂外患，卻繼續向百姓撈錢

彷彿注定成為亡國皇帝，朱由檢面臨內憂外患也就罷了，日本、西歐、美洲白銀來源又統統告吹。但他不知拯救萬民於水火，還伸手跟百姓要錢。百姓窮到不怕死當盜賊……

天啟七年，中國歷史上最傑出的木匠皇帝朱由校英年早逝，年僅二十三歲，且沒有留下任何子嗣。按照兄終弟及的傳統，朱由校的弟弟朱由檢登上了皇位，即大明帝國最後一位皇帝明思宗，年號崇禎。

崇禎元年（西元一六二八年），皇帝朱由檢在御宇天下數月後，斷然翦除魏忠賢閹黨，因此曾被視為一代中興之主。

37指楊漣、左光斗、魏大中、顧大章、周朝瑞、袁化中六人。

其實，除掉魏忠賢並不代表朱由檢有多強的能力。魏忠賢所有的權力都來自天啟皇帝的信任，一旦天啟皇帝死掉，魏忠賢還是那個剛剛進宮的小雜役。另一方面，魏忠賢消失並不代表大明帝國立刻變成清平世界，崇禎皇帝還是要面對無盡的內憂外患。

外患後金騷擾北境，內憂大旱荒災連年

先說外患。

崇禎年間皇太極[38]稱帝，國號「清」，不但錦州、松山、塔山、清山等關外重鎮一個個淪入敵手，皇太極還先後四次繞過山海關、兵臨北京城下，燒殺搶掠無惡不作，大大消耗大明帝國實力。

如果單從經濟實力對比來看，後金與大明帝國就如同地球人對陣變形金剛，一點勝利的機會都沒有。大明帝國人口約為一億，後金人口滿打滿算不過兩百萬人；大明帝國有著廣袤的國土，糧食、紡織、造船等各種產業一應俱全，後金只有畜牧業，吃糧食基本靠搶；後金軍隊全算上不過二十萬人，大明帝國的常備軍卻有一百八十萬，另外還有西洋進口的「紅夷大炮」、裝備有火槍的神機營……

對此，皇太極有著清醒的認識，從為數不多的前清資料來看，他從來沒想過要取代明朝，而是想方設法與明朝談判，效法當年宋遼澶淵之盟。

如果沒有「內憂」的話，皇太極這種想法是對的。內憂即流寇。有了內憂，皇太極猶如增加百萬雄兵，事情就完全不一樣了。

崇禎二年，皇帝冤殺了抗清名將袁崇煥，同年還有一件大事——陝西大旱。陝西督撫在奏摺中描述當時情景：去歲一年無雨，八、九月間人們尚能採山間蓬草而食，可延不死；十月蓬草皆盡，就開

明思宗朱由檢（1611 ~ 1644）。

始剝樹皮，也可稍緩其死；冬天的時候樹皮也吃光了，人們只有掘觀音土為食了，數日後就會腹脹下墜而死。有人不甘心食石而死，始相聚為盜……這些「盜賊」中有一個人，他的名字叫做李自成。

彷彿蒼天不再眷顧這個久已失德的國度，此後，大明帝國發生了更為嚴重的災荒，崇禎十年到十七年，河南地區居然連旱七年。

在塵封的故紙堆中，人們經常以「賣兒賣女」、「鬻妻賣子」這樣的詞彙形容災荒的悲慘。崇禎十年後，人們才明白，骨肉分離、賣兒賣女並不是最悲慘的事，最悲慘的事是，賣兒賣女卻賣不掉，倒貼錢也賣不掉！

曠日持久的災荒耗盡了黎民百姓的財富，倒賣人口成為賠本生意，剛開始一個子女價格不足一頭豬、後來不足一隻雞，再後來只能白送，最後賣人者反而要倒貼錢。

是啊，災荒之年每一粒糧食都是一絲活命的希望，買來一個人就多一份負擔，所謂原來的「小康之家」每日也僅得一粥，再買來一個人，咱這日子還過不過了？對此，時人評論：此亦千古所不經見之事！

如果絕大部分普通人都到了「夫棄其妻、父棄其子」的地步，社會秩序恐怕早已崩潰，只有毀滅一切的天下大亂，才能整合現行利益格局，也只有開天闢地的革命，才能強迫皇帝放棄手中的財富。

凶年不肯就死者，必淪為盜。

各路流寇紛紛出世，飛天虎、飛山虎、混天王、王和尚、黑殺神、大紅狼、小紅狼、一丈青、上天龍、過天星……最終，「迎闖王、不納糧」的兒歌響遍天下。

關外抗清，需要錢。

內平流寇，需要錢。

38皇太極（西元一五九二～一六四三年），清太宗，努爾哈赤第八子。

救民於水火，更需要錢。

就在這個時候，大明帝國沒錢了，整個帝國都沒錢了。

德川幕府「閉關鎖國」，斷了來自日本的白銀

自隆慶開海，大明帝國的白銀主要來自海外貿易，這也算是中國進入經濟全球化的第一步。但依靠外貿供應貨幣，等於把貨幣命脈交於他人之手，海外貿易航路有可能衰落、國際貿易商有可能不再與大明帝國做生意、海外白銀也有可能枯竭……

朱由檢很倒楣，這些事情他全碰到了。

隆慶朝開放海禁，對日貿易成為大明帝國重要的白銀輸入途徑。與大明帝國相比，當時的日本是一個更為開放的國度，在外國傳教士引導下，本土基督徒曾一度占有很高比例。崇禎十年（西元一六三七年）日本出事了，由於無法容忍領主的殘酷壓迫，部分基督徒在正月十五起事，戰火席捲了整個九州。

部分海外商船在基督徒起義時幫助起義者，對德川幕府軍隊開炮，德川幕府決定對外部世界永遠關上日本的大門，**日本開始長達兩百年的「閉關鎖國」，間接影響了參與經濟全球化的大明帝國，一則是倭寇徹底消失，二則是來自日本的白銀也不見了。**

西班牙屠殺呂宋島華人，西歐白銀輸入被迫停止

十六世紀末，西方列強全球爭霸已經從文鬥改為武鬥，西班牙對英國動手了。很快，第一代日不落帝國西班牙的無敵艦隊被新貴英國擊潰，西屬海外殖民地也同時開始衰落。

這個消息對大明帝國絕對是不幸的，因為，大明帝國白銀貿易最主要的航道，恰恰就掌握在西班牙殖民者手中——西屬殖民地呂宋島（今菲律賓）。

西班牙帝國的海外殖民史本來就是一部搶劫史，海外貿易賺錢時就當國際貿易商，沒錢賺時就操起老本行——搶劫。崇禎十二年十一月，呂宋島上三萬早已定居於此的華人被屠殺，隨之呂宋島對華貿易中斷，大明帝國最重要的海外白銀輸入也被迫停止。

荷蘭攻破麻六甲，美洲白銀無法輸入中國

最後一條白銀輸入途徑來自「美洲—麻六甲、澳門—大明帝國」，這條航路之前掌握在葡萄牙人手中。

崇禎十三年，荷蘭人開始進攻麻六甲海峽，次年，麻六甲被荷蘭人攻破，非但美洲白銀不能輸入中國，就連澳門的白銀貿易也被迫停止了。而在長達一年的戰爭中，自顧不暇的大明帝國未派一兵一艦，沒有保護這條最後的白銀生命線。

崇禎十三年之前，每年從海外貿易流入大明帝國的白銀仍約三百萬兩，到崇禎十五年就剩下一百多萬兩了。

物價飛漲十數倍，一兩白銀竟然可以兌三千枚銅錢

貨幣是經濟的血液，失去了白銀儲備的貨幣經濟最直接的後果是物價飛漲。在中原之地，崇禎十年一石米不足四、五錢白銀；崇禎十二年，一石米的價格為白銀一兩五錢；崇禎十四年，一石米的價格上漲到白銀四兩。

米價四年內十倍漲幅並不算什麼，因為，還有一個因素會使得物價以級數翻倍，那就是——銅銀比價。中原素來銀銅並行，大宗貨物用白銀、小生意用銅錢，崇禎十年之前，一兩白銀大約可以兌換一千兩百至一千五百枚銅錢，一年之後，一兩白銀居然可以兌換三千枚銅錢。

「一條鞭法」推行之後，大明帝國所有的賦稅都要繳納白銀，普通百姓手中更多的是銅錢，隨著

糧價上升和銅銀比價狂飆，普通人更加難以活命。

大廈將傾、狂瀾既倒之時，坐在皇帝寶座上的朱由檢拿出了自己的手腕——不是救災、不是整飭兵備，而是伸手向全國人民要錢：只要有錢，我就能搞定所有的事情；沒有貨幣增量沒關係，還有貨幣存量，只要聚斂天下之財，何愁大事不成？

產出只有七八兩，卻收稅十兩，天下人淪為流賊

說起崇禎皇帝朱由檢，史學界頗多同情者：他生活節儉、不近女色，每天批閱奏章都要到深夜，在治史者看來，就算是中興令主也不過如此。在史冊上崇禎皇帝也有很多褒義詞，焦心求治、旰食宵衣、恭儉辛勤、萬幾無曠……

在筆者看來，崇禎皇帝最大的特點卻是能摟錢、特別能摟錢，就連以聚斂著稱的萬曆皇帝，也遠遠比不上他的孫子。

為了平叛、為了平遼，崇禎宣布，在萬曆末年的基礎上（請注意這句）再加徵「遼餉」、「剿餉」、「練餉」。崇禎四年開徵遼餉，當年遼餉總數就高達一千萬兩；中原旱魃肆虐，崇禎十年卻開徵剿餉，當年剿餉高達兩百八十萬兩；海外白銀已經枯竭，崇禎十二年依舊開徵「練餉」，當年練餉高達七百三十萬兩。

僅以上幾項相加就接近兩千萬兩白銀。要知道，萬曆年間海外白銀充足，朱翊鈞的礦稅不過才摟了五百萬兩白銀，就這還被罵了幾百年。

明代的錢幣與銀豆。

據顧炎武在《天下郡國利病書·福建三》中記載：當時江南富裕地區一畝熟田的產出，只能賣七、八兩白銀，按照崇禎皇帝要求，每畝地要繳十兩白銀（民田一畝值銀七八兩者，納餉至十兩）。

馬克思在討論剝削時曾經提出，奴隸社會的剝削極其殘酷，奴隸主只給奴隸留下維持生命的生存資源。大明帝國應該是封建社會，到了崇禎皇帝，封建社會的農民混得都不如奴隸社會的奴隸，別說讓自己活下去，就算是把自己賣了，也抵不上朝廷的稅賦。

甭管你有多慘，崇禎皇帝的錢仍舊是一文都不能少。本人死了，租賦要由親戚代繳，親戚死絕了租賦要由鄉鄰代繳，鄉鄰都死絕了，就在州縣裡平攤。

總之，皇帝就要錢，無論何種方法，還必須拿到。

賦加而民不聊生、民不聊生而益起為盜，盜賊就是黎庶、黎庶就是盜賊。如此，天下人都會變為盜賊，平息流寇就僅剩下一條路——殺盡天下之人。所以，《明史·流寇傳序》在開篇中這樣說：明之亡亡於流賊，而其致亡之本不在於流賊也。

所有的財富集中在皇帝與官僚之手，百姓造反只是剛好

如果大明帝國真的沒有一丁點財富，大家都餓死也就算了，根本不會有流民作亂。問題是，帝國還是有財富的，而且財富集中在皇帝和一小撮官員手中。但是，任何時候社會財富總額是一定的，如果官員的掠奪超出人們的生存極限，天下人為了繼續活下去，光怪陸離的亂世必將如影隨形。

現在皇帝都放開手撈，就別說文官集團不厚道了。科舉要花錢、升官要花錢、地方到朝廷辦理正常公務也要花錢，就連關外軍隊動用火炮等重型武器，也要賄賂軍火庫看守，否則給你弄幾門壞炮。

吏部給事中（人事部門的監察崗）曾對朱由檢說：「今之世局，有哪一個關節不用錢就可以走通呢？今之世人，又有哪一個當官的不是愛錢之人呢？皇帝可知道，文臣不得不愛錢？本來是錢買來的官，怎麼可能不以錢來償還？但凡有高官過境，知縣送十幾兩黃金只是很正常的書儀（饋贈的錢物），

如果想「結心知」[39]則至少需要五十兩黃金，每年對上的供奉還不知道有多少。此金非天降、非地出，而欲守令廉，可得乎？[40]

文官如此，武將就更糟糕。高級將領欺負中下級軍官，中下級軍官只能欺壓小兵，小兵拿不到軍餉就去搶劫百姓。鄖陽巡按高斗樞在《守鄖紀略》中記載了明末官軍所作所為：崇禎十四年，他奉命駐守鄖陽，數百里農田長滿了蓬蒿，只有城池邊上的土地還有人耕種。這年六月，明軍左良玉部進駐鄖陽，三萬軍兵湧入城內，城中沒有一戶人家不遭洗劫，大軍開拔之後，全城居然找不到糧食和蔬菜，所謂「淫汙之狀不可言」[41]。

如此，小民誰能安枕？

如此，朱由檢焉能不敗？

如此，大明帝國安有幸理？

就在天下岌岌之際，崇禎皇帝又拿出絕招——發行紙幣。

崇禎十六年，帝國秩序已經蕩然無存，南北漕運已斷絕、西北糧餉不濟，朝廷也失去了在民間聚斂租賦的能力。為了挽救岌岌可危的帝國，是年十一月，崇禎皇帝下旨印行紙幣，此後，無論賞賜、罰款、軍餉、賦稅都要用紙幣。紙幣發行之初，士農工商各色人等都要用手中的現銀兌換紙幣。

當年，以太祖皇帝朱元璋的威風，大明寶鈔尚且被擱置不用，現在天下大亂已經十幾年了，帝國怎麼可能還具備發行紙幣的信譽？真金白銀是絕對無法作假的，無論誰當皇帝，黃金白銀照樣還是黃金白銀。

如果以大明寶鈔支付大順帝國的租賦，還不得給打成殘疾啊？

從這道命令發出直到次年三月，崇禎皇帝費盡心力印刷的紙幣，根本就沒有換到多少白銀，「百姓雖愚，誰肯以一金換一紙？」[42]

西元一六四四年三月二十九日，崇禎十七年甲申，延續了兩百六十年的大明帝國終於崩潰了，這一天，李自成率軍攻破北京城。城破之後，李自成在皇宮內庫發現了三千七百萬兩白銀、數萬兩黃金，面對如此金碧輝煌的景象，李自成驚嘆：「以此破敵，又有什麼敵人不能被戰勝呢？」隨後，李自成的軍隊在北京官員、宦官家中又「助捐」出七千萬兩白銀。一面是上億兩白銀，一面是遍地餓殍，大明帝國焉有不亡之理？

大宋王朝亡國時，曾有十萬將士自殺殉國，李自成進攻北京時，居然沒有遇到一兵一卒抵抗，滿朝文武大臣都跑去迎接新皇；崇禎皇帝吊死煤山，只有一名太監陪他走完最後一程。

君視民為草芥，則民視君為賊寇[43]！

朱由檢死後留下一封遺書：「十七年來我薄德匪躬，以至於天怒人怨，但是，這跟我沒關係，都是群臣的錯（朕非亡國之君，臣皆亡國之臣）。我死之後無面目見祖宗於地下，可任賊分屍裂首，但勿傷百姓一人。」

至死不悟的朱由檢，這個時候你真的想到百姓嗎？

39出自《全宋詞．衛宗武》：「……正色幽香不滅，與冬蘭、並秀結心知。天賦花中名節，不教桃李同時。……」

40出自《明實錄．崇禎實錄》。

41出自明．李清《三垣筆記．下．弘光》：「……左兵兩三萬，一湧入城，城中無一家無兵者，淫汙之狀不可言。數日啟行，復罄沒其家以擊。……」

42出自《明史》卷二五一。

43出自《孟子．離婁下》。

明朝小結：大明帝國為什麼比不上西方大國？

當西方大國用海外貿易殖民壯大自己時，大明帝國卻仍在與民爭財不思進步。皇帝把帝國當成私財予取予求，官僚更要趁機掠奪社會財富，窮百姓滿天下，又怎能創造出長治久安的富強國家？

西元一三六八年，朱元璋在南京稱帝，建立了漢族最後一個大一統的專制王朝——大明帝國。從明太祖朱元璋到明思宗崇禎，大明帝國一共經歷了兩百七十六年、十六帝。

在另一個平行的時空中，這兩百七十年間，西方經歷了大航海時代。乘風破浪的海船溝通了全世界，自此，東西方開始觥籌交錯，荷蘭、西班牙、英國，第一代世界性強國脫穎而出。

西方「封君－封臣」的地域分割體系提供了無數試錯空間，騎士精神培養了公平競爭的理念，相對穩定的私商積累了社會財富，就連王室也從海外貿易中獲得不菲的收益，大航海帶來的巨量白銀促成「價格革命」，當社會各個階層都陶醉在這些帶血的財富中，天翻地覆的社會巨變即將來臨。

有了錢、有了這些資本，私商就可以改變整個世界。

兩百七十年間，中國同樣無法逃出經濟全球化的宿命，大航海時代同樣為大明帝國帶來了巨量白銀，東籬南山式的小農田園被貨幣洪流衝破。據華裔美籍學者趙崗估計，嘉靖、萬曆年間，就連最封閉的小農，也要把四〇％以上農產品拿到市場上銷售。

這本來是大明帝國一個向資本主義演進的機會：實現了商品化、有全世界三分之一乃至一半以上的白銀、無數流民恰好又為工業革命提供充足的勞動力，資本主義大生產的先決條件一應俱全。

很遺憾，中國根本就不可能抓住這個機會。

皇帝把帝國當成私人財產，豈容商業發展？

朱元璋原名朱重八，是中國歷史上唯一真正出身貧寒的皇帝，大明帝國也是漢家天下最為專制的一個王朝。當國之後，朱元璋表現出一種前所未有的貪婪，他試圖把全國的土地都據為己有，壟斷了所有非農產業、廢黜了丞相、以錦衣衛等特務方式管理朝政。

然而，朱元璋錯了，無往不勝的帝王並不能戰勝貨幣規律，大明帝國的開國之君濫發紙幣，親手毀掉帝國的信用，大明寶鈔黯然退出歷史舞臺。

試想，一個無法把握自己貨幣的帝國，又如何能把握自己的命運？

在大明帝國，整個帝國都是皇帝的私財，最重要的事情就是保住這份莫大的產業，傳之子孫，享受無窮。**自朱重八起，大明帝國歷代帝王都不可能允許商業發展，更不可能允許天崩地裂式的社會生產方式變革。**

在這種簡單再生產複製的過程中，沒有自由的商業、沒有自由的手工業、更沒有產業的創新，土地便成為唯一的財富增值保值手段。朱元璋式的強人政治一旦退席，大明帝國就陷入了土地兼併的惡性循環，連皇室的土地也未能逃出官員們的掠奪之手。

官僚對社會財富的劫掠，始終是歷朝歷代亡國主因

皇帝雙手再大、再強，也不可能掩蓋住白銀之上的血腥，官員們在第一時間嗅到了財富的味道，私商根本沒有能力挑戰官商，就連驍勇的海盜也迅速被清洗出局。

中國依舊面臨那個封印中華數千年的魔咒：皇權只有借助官僚才能統治整個帝國。但官員自身就是一個強勢分利集團，他們會利用一切手段劫掠社會財富，土地兼併則是最強大的手段。當人們被迫離開自己的土地成為流民，這種病毒式的財富掠奪，就成為帝國難以治癒的沉痾。

隨著白銀貨幣化成為不可逆轉的趨勢，帝國中樞也失去了以貨幣掠奪財富的能力，於是，大明帝

國有了嘉靖皇帝這樣嗜財如命的昏君，以赤裸裸的劫掠加諸天下之人。

崇禎初年海外白銀流入斷絕，這樣的危亡時刻，皇帝依然在民間劫掠了數千萬兩白銀，朱由檢似乎天真地以為：聚斂天下之財便可舉天下之事。

最終，超量剝奪使得人們失去了生存的希望，也使得社會失去了最基本的秩序。

當鋪天蓋地的流民揭竿而起，帝國的敗亡就已成定局，崇禎十七年（西元一六四四年），大明帝國，一個歷時兩百七十六年的王朝崩潰了。

明亡後一百多年內，英國國王查理一世[44]人頭落地、紅白藍三色共和旗在法蘭西上空高高飄揚、「人人生而平等」的口號響徹新大陸，同時代的中國滿清王朝卻依舊在尋找出路。

嗟爾明朝，氣數已盡！

44 查理一世（Charles I，西元一六〇〇～一六四九年），英格蘭、蘇格蘭及愛爾蘭國王。欲推翻國會權威，而與之爆發戰爭，史稱英國內戰。被擊敗後，不願接受國會君主立憲制要求，另與蘇格蘭結盟，導致第二次英國內戰。再次被擊敗後，立即被捕、審判、定罪，以叛國罪被處死。

後記——

從貨幣之道中見證各朝代興衰

在任何時代，貨幣、金融制度試錯的成本都異常高昂，制度供給成功固然能刺激經濟增長，一旦制度設計失敗，也會使經濟社會地動山搖，甚至讓一個強大的帝國灰飛煙滅。

在塵封的故紙堆中，貨幣、金融制度試錯又無處不在，華夏數千年往事，人們不斷尋找著財富天道，先賢在貨幣金融制度方面進行了許多極其寶貴的社會實驗：宋代出現了人類的第一張紙幣交子，展開了一個繁花似錦的古代盛世；元代超量發行至元鈔造成了一場社會大災難，驍勇的蒙古鐵騎竟然終毀於一張薄薄的紙幣；明代與西方大航海同處於一個平行的時空，巨量海外白銀湧入造就了資本主義萌芽，也為帝國埋下了敗亡的種子……

以史為鑑，可知興衰。那些帶著腐土氣息的古籍，可以穿越時空讓人看清貨幣之道。原來貨幣與金融就是活生生的歷史人物，可以如此精采！

正是出於這種考慮，我們希望能跳出紛繁的數理模型，為大家講述歷史大河中光怪陸離的金融世界。

西元二〇〇七年，我和忠恕開始將這種想法付諸實踐，並形成了《世界金融大歷史3000年》、《中國金融大歷史》兩部書稿，這部《中國金融大歷史：從史上最富有的兩宋到錯失全球霸主的大明朝》便是《中國金融大歷史》系列的第二冊，以貨幣金融為綱，講述了宋、元、明三代的財經往事。

漢唐相傳，為實現「耕者有其田」的大同社會理想，統治者會將土地授予全體臣民，即推行「均田制」。然而，即便武功如秦皇漢武，他們的帝國最終仍毀於土地兼併。

宋代是第一個沒有推行「均田制」的王朝，也正是宋朝的經濟達到了古代歷史的巔峰，大宋王朝如何做到了這點呢？

元朝是一個疆域橫跨歐亞大陸的強大帝國，為什麼最後毀於一場貨幣改革？

在第一波全球化浪潮中，湧入到大明帝國的白銀並不比西歐新貴少，為何明朝沒有主導世界變革潮流，反而無法主宰自身貨幣的命運？

本書為讀者梳理了這些問題，希望能再次交代孔方乾坤中的貨幣之道。

我們的日常工作都比較繁忙，所幸，基於共有的志趣和使命感，一直未間斷定期深入交流和書稿寫作，期間忠恕付出了比我更多的勞動，認真考證了大量的史料。今年，《中國金融大歷史》終於與讀者見面了，希望能為您帶來一些思考和啟迪。

陳雨露

二〇一四年二月

索引

一劃

五劃

二劃

三劃

四劃

七劃

六劃

九劃

八劃

十一劃

十劃

十四劃

十三劃

十二劃

二十～二十四劃

十七～十九劃

十五～十六劃

地球觀 27

中國金融大歷史

從史上最富有的兩宋到錯失全球霸主的大明朝（西元960～1644年）

※初版書名為《中國金融史3000年[中]》

作　者　陳雨露、楊棟

野人文化股份有限公司		讀書共和國出版集團	
社　長	張瑩瑩	社　長	郭重興
總編輯	蔡麗真	發行人兼出版總監	曾大福
責任編輯	蔡麗真	業務平臺總經理	李雪麗
助理編輯	李怡庭	業務平臺副總經理	李復民
協力編輯	林麗雪	實體通路協理	林詩富
專業校對	黃怡瑗、魏秋綢	網路暨海外通路協理	張鑫峰
行銷企劃	林麗紅	特販通路協理	陳綺瑩
封面設計	萬勝安	印　務	黃禮賢、李孟儒
內頁排版	洪素貞		

出　版　野人文化股份有限公司
發　行　遠足文化事業股份有限公司
地址：231新北市新店區民權路108-2號9樓
電話：（02）2218-1417　傳真：（02）8667-1065
電子信箱：service@bookrep.com.tw
網址：www.bookrep.com.tw
郵撥帳號：19504465遠足文化事業股份有限公司
客服專線：0800-221-029
法律顧問　華洋法律事務所　蘇文生律師
印　製　成陽印刷股份有限公司
初　版　2015年10月
二版首刷　2019年10月

歡迎團體訂購，另有優惠，請洽業務部（02）22181417分機1124、1135

國家圖書館出版品預行編目資料

中國金融大歷史：從史上最富有的兩宋到錯失全球霸主的大明朝（西元960-1644年）/陳雨露，楊棟著．-- 二版．-- 新北市：野人文化出版：遠足文化發行，2019.10
面；　公分．--（地球觀；27）
ISBN 978-986-384-372-6(平裝)

1. 金融史 2. 中國

561.092　　108012877

野人文化
官方網頁

野人文化
讀者回函

中國金融大歷史

線上讀者回函專用 QR CODE，你的寶貴意見，將是我們進步的最大動力。

野人文化
讀者回函卡

書　名

姓　名　　　　　　　　　　□女 □男　年齡

地　址

電　話　　　　　　　　手機

Email

□同意 □不同意　收到野人文化新書電子報

學　歷 □國中(含以下) □高中職　□大專　□研究所以上
職　業 □生產/製造　□金融/商業　□傳播/廣告　□軍警/公務員
□教育/文化　□旅遊/運輸　□醫療/保健　□仲介/服務
□學生　□自由/家管　□其他

◆你從何處知道此書？
□書店：名稱 ＿＿＿＿＿＿　□網路：名稱 ＿＿＿＿＿＿
□量販店：名稱 ＿＿＿＿＿＿　□其他 ＿＿＿＿＿＿

◆你以何種方式購買本書？
□誠品書店　□誠品網路書店　□金石堂書店　□金石堂網路書店
□博客來網路書店　□其他 ＿＿＿＿＿＿

◆你的閱讀習慣：
□親子教養　□文學　□翻譯小說　□日文小說　□華文小說　□藝術設計
□人文社科　□自然科學　□商業理財　□宗教哲學　□心理勵志
□休閒生活（旅遊、瘦身、美容、園藝等）　□手工藝／DIY　□飲食／食譜
□健康養生　□兩性　□圖文書／漫畫　□其他 ＿＿＿＿

◆你對本書的**評論**：（請填代號，1. 非常滿意　2. 滿意　3. 尚可　4. 待改進）
書名 ＿＿ 封面設計 ＿＿ 版面編排 ＿＿ 印刷 ＿＿ 內容 ＿＿
整體**評論** ＿＿

◆你對本書的建議：

野人文化部落格 http://yeren.pixnet.net/blog
野人文化粉絲專頁 http://www.facebook.com/yerenpublish

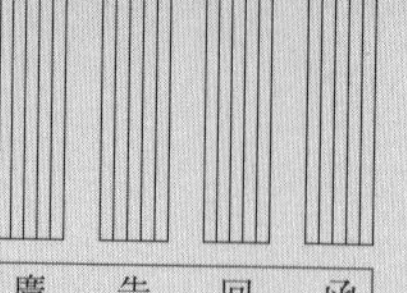

廣　告　回　函
板橋郵政管理局登記證
板 橋 廣 字 第 143 號

郵資已付　免貼郵票

23141
新北市新店區民權路108-2號9樓
野人文化股份有限公司 收

請沿線撕下對折寄回

書號：0NEV4027